社会保障の保守主義
増補改訂版

岸　功、増田幹司 著
KISHI Isao　MASUDA Kanji

ブックウェイ

まえがき

　本書の執筆動機は社会保障の概要を紹介し、また、「日本型福祉社会」と「世代間扶養」を説明することである。そして、社会保障の周辺の領域にも触れた。
　本書の構成は次のようである。
　　　第 1 章　社会保障の給付と負担
　　　第 2 章　社会保障の方法
　　　第 3 章　社会保障の変遷と方向転換
　　　第 4 章　福祉国家レジーム
　　　第 5 章　「新自由主義」と「第三の道」
　　　第 6 章　高失業率と中道政権
　　　第 7 章　社会保障と経済
　　　第 8 章　わが国の戦後社会保障の条件
　　　第 9 章　保守政権下の社会保障
　　　第 10 章　生活安定の保障
　　　第 11 章　社会保険
　　　第 12 章　雇用労働における今日的課題と現行制度
　　　第 13 章　最低生活保障
　　　第 14 章　社会保障制度における保守主義的要素

　近年、わが国の社会保障の仕組みは政府により「日本型福祉社会」や「世代間扶養」と呼ばれる。政府がつけた名前のせいか社会保障や社会福祉の教科書ではその由来や性質はほとんど触れられないが、日本の事情を組み込んだ理論は「特殊日本型」で一般的ではないと見なされたりしてきたせいかも知れない。しかし、保守政権のもとでの社会保障を理解するには欠かせない概念である。
　ところで米国の市場経済をモデルにする経済学者はわが国の社会保障を縮小せよというが、方法は税負担軽減のために社会保障に対する国庫負担などを減らし、また、公的部門を圧縮するために民営化することである。推奨する福祉は貧困層限定の福祉で、ともかく公的な事業は出来るだけ民間企業や非営利団体などに任せ、国民の自己責任の範囲を広げるのが良いというのである。
　わが国はヨーロッパの北欧型福祉国家や大陸型福祉国家とは違って、米国と並んで社会保障給付費の対 GDP 比が小さい。ところが米国のような競争や業

1

績主義などの社会的風土は支配的とはいえず経済学者はもっと自己責任や個人間の競争を後押しする仕組みを導入すべきだという。

しかし政府の方針はそれとは違う。少子高齢長寿社会での現役や将来世代の負担を重くさせないために、費用が急増すると見られる介護では社会連帯や親和動機を活性化し地域住民の助け合いによって高齢者を包み込み、介護保険への依存を減らそうとしている。これが日本型福祉社会の自立と連帯を基礎にした「地域共生社会」である。そして、年金や医療では今まで「世代間扶養」といって高齢者負担を軽くしてきたが、年金給付を抑えたり高齢者の医療負担を増やしたりし始めた。

社会保障論では少子高齢社会の選択肢としては「低福祉・低負担の米国型か高福祉・高負担の北欧型か」と提示されることが多かったが、「中福祉・中負担」という声もある。その一つの例はヨーロッパの「大陸型福祉国家」である。ところがこちらは保守主義的とされるせいか、あるいは「効率と公正はトレードオフ」という経済学の定石に反して両者の両立を目指す社会的市場経済を基礎にするせいか、わが国では理解されにくいようである。しかし政府の「全世代型社会保障」は低負担では支えられない。マスコミは負担を無視した高福祉や、給付を無視した低負担を煽るが、少子高齢長寿社会の成り行きでは低福祉・中負担路線も見えてくる。

初版との主な変更点
第12章を追加し最低賃金制度と労災保険を解説した。その他では
第1章 「自立と社会連帯」を追加し日本型福祉社会とヨーロッパでは言葉は同じだが意味が違うことを説明。
第2章 保守指向の方法の「社会的包摂」はグローバル化と平等化のジレンマに対応するものという仮説をたて相対的貧困対策とされることを説明。
第7章 アベノミクス以降、相対的貧困率やジニ係数が改善されたことを説明。
第8章 「国と家」ではわが国では家族は自立した存在で国は家族の保護を行わないことを説明。
第9章 日本型福祉社会は家族と地域を福祉国家から自立するものと位置づけ、家族機能の補完代替はするが家族形成の支援は行わないことを説明。
第13章 生活保護は「救済と自立の関連」によって人間的な制度となることを説明した。相対的貧困率と貧困指標の関係、社会的ニード、非貨幣的ニード

を明確にした。

　第 14 章　「専業主婦の年金権」は児童養育の負担をして世代間扶養に貢献するから正当化できる。子ども家庭福祉は日本型福祉社会と整合的ではないことを説明。

　この増補改訂版では、厚生労働省で実務経験のある旭川大学の増田幹司氏に第 12 章の執筆をお願いし共著者になって頂きました。感謝を申し上げます。

　最後になりましたが、今回も初版と同様にブックウェイの黒田氏には大変お世話になりました。厚くお礼を申し上げます。

目　次

まえがき ……………………………………………………………………… 1

第1章　社会保障の給付と負担 ……………………………………… 19
第1節　社会保障の定義例 …………………………………………… 21
1　最初の社会保障法 ……………………………………………… 21
　1)「社会保障法」は米国発 …………………………………… 21
　2) 所得保障と医療保障を含む ……………………………… 21
2　最低生活水準以上の保障 ……………………………………… 22
3　わが国の最低生活保障と生活安定の保障 ………………… 23
　1) わが国の古典的な定義 …………………………………… 23
　2) 生活を安定させる ………………………………………… 23
　3) 定義例 ……………………………………………………… 24
　4) 自立と社会連帯 …………………………………………… 25

第2節　社会保障の給付の範囲 ……………………………………… 26
1　OECD の社会支出の範囲 ……………………………………… 26
　1) 政策の9つの分野 ………………………………………… 26
　2) 日本は米国より「低福祉」 ……………………………… 27
2　社会保障給付費の増大 ………………………………………… 28

第3節　社会保障の負担 ……………………………………………… 29
1　財源調達の方式 ………………………………………………… 29
　1) 税方式と保険方式 ………………………………………… 29
　2) 年金保障の方法 …………………………………………… 32
　3) 国庫負担の8割は社会保険のため ……………………… 34
2　負担の公平性 …………………………………………………… 35
　1) 応能原則と応益原則 ……………………………………… 35
　2) 所得の捕捉のトーゴーサン ……………………………… 36
　3) 公平の原則 ………………………………………………… 36

第4節　社会保障の正当化 …………………………………………… 38
1　社会保障の正当化 ……………………………………………… 39
　1) 福祉を高める機能 ………………………………………… 39
　2) 人格の発展のために ……………………………………… 40

3）憲法の最低生活権保障 ……………………………… 41
　　　4）国家の役割 …………………………………………… 42
　　　5）労働供給を支える …………………………………… 43
　　　6）消費需要の下支え …………………………………… 44
　　　7）貧困の減少と所得格差縮小 ………………………… 44
　② 伝統的な相互扶助の機能的等価物 ……………………… 45
　　　1）機能的等価物としての社会保障 …………………… 45
　　　2）世代間扶養の年金 …………………………………… 46
　参考文献（第1章）……………………………………………… 48

第2章　社会保障の方法 ……………………………………… 51
第1節　産業社会と生活の再生産 ……………………………… 53
　① 産業社会の自由放任主義と貧困 ………………………… 53
　② 生活の再生産 ……………………………………………… 54
　③ 社会保障抑制の経済学 …………………………………… 55
第2節　「経済と福祉の両立」を目指す三つのシナリオ …… 56
　① 社会民主主義のシナリオ ………………………………… 58
　　　1）平等の価値観 ………………………………………… 58
　　　2）経済と福祉の両立 …………………………………… 58
　② 自由主義のシナリオ ……………………………………… 59
　　　1）自由の価値観 ………………………………………… 59
　　　2）経済と福祉の両立 …………………………………… 60
　③ 保守主義のシナリオ ……………………………………… 61
　　　1）自由と公正 …………………………………………… 61
　　　2）ヨーロッパ大陸と米国のシナリオ ………………… 62
第3節　社会保障の方法 ………………………………………… 63
　① 「平等」指向の方法 ……………………………………… 64
　　　1）均等待遇 ……………………………………………… 65
　　　2）従前所得比例保障 …………………………………… 65
　　　3）普遍主義 ……………………………………………… 66
　　　4）保育・介護の社会化 ………………………………… 66
　　　5）積極的労働市場政策 ………………………………… 67
　② 「自由」指向の方法 ……………………………………… 68

　　　　1）民間重視 …………………………………… 68
　　　　2）選別主義 …………………………………… 69
　　　　3）ワークフェア ……………………………… 70
　　　　4）最低生活保障 ……………………………… 70
　　3　「保守」指向の方法 …………………………… 71
　　　　1）社会的包摂 ………………………………… 72
　　　　2）パターナリズム …………………………… 74
　　　　3）補完性原理 ………………………………… 75
　　参考文献（第2章）………………………………… 77

第3章　社会保障の変遷と方向転換 ……………79
第1節　英国における社会保障の変遷 ……………… 81
　　1　救貧法時代 ……………………………………… 81
　　2　近代保守主義 …………………………………… 82
　　　　1）バークの近代保守主義 …………………… 82
　　　　2）ディズレーリのパターナリズム ………… 82
　　3　ニューリベラリズムとリベラル・リフォーム … 83
　　　　1）ニューリベラリズム ……………………… 83
　　　　2）リベラル・リフォーム …………………… 84
　　4　失業法 …………………………………………… 85
　　5　ベヴァリッジ報告と福祉国家 ………………… 86
　　6　戦後の労働党内閣 ……………………………… 87
第2節　北欧と大陸 …………………………………… 88
　　1　スウェーデンの社会保障の変遷 ……………… 89
　　　　1）「国民の家」構想 ………………………… 89
　　　　2）サルチオバーデン協約 …………………… 89
　　2　大陸型福祉国家 ………………………………… 90
　　　　1）ビスマルクの社会保険 …………………… 90
　　　　2）大陸型福祉国家 …………………………… 91
　　　　3）ドイツの社会的市場経済 ………………… 91
　　　　4）賦課方式年金の世代間契約 ……………… 92
第3節　社会民主主義と社会保障 …………………… 93
　　1　英国のウェッブ夫妻 …………………………… 93

	②	フランスの社会連帯主義	93
	③	スウェーデンの「レーン＝メイドナー・モデル」	95
第4節		レーガンとサッチャー	96
	①	米国保守主義とリバタリアンの結合	97
		1) 19世紀末の自由放任主義批判	97
		2) 米国保守主義と共和党	98
		3) ハイエクとフリードマン	100
	②	ジョンソンとニクソンによる福祉国家	101
		1) ジョンソンの医療保障	101
		2) ニクソンのリベラルな政策	102
		3) 秩序の崩壊と道徳の強化	103
	③	レーガン政権	104
		1) 貧富の格差の拡大	104
		2)「結果の平等」と「機会の平等」	105
		3) ネオコンの福祉批判	105
	④	英国のサッチャー政権と経済の復活	106
	参考文献（第3章）		108

第4章　福祉国家レジーム　111

第1節		三つの福祉国家レジーム	113
	①	国営の社会保障	113
	②	「脱商品化」と「階層化」の指標	113
	③	三つのレジーム	114
	④	儒教と自助努力のシンガポール	115
第2節		脱福祉国家レジームと福祉社会	116
	①	脱イデオロギー	116
	②	業績主義と連帯主義の倫理	117
	③	脱福祉国家レジーム	118
	④	ポスト福祉国家の福祉社会	119
		1) 福祉国家に代わる理想としての福祉社会	119
		2) 私的年金の奨励	120
第3節		日本のレジーム	120
	①	保守政権の三つの福祉構想	120

２　自由主義レジームと社会民主主義レジームの折衷……………… 121
　　　３　雇用のリスクの分散………………………………………………… 123
　　　　　1) 雇用のリスク ……………………………………………………… 123
　　　　　2) 会社の内と外 ……………………………………………………… 124
　　参考文献（第4章）…………………………………………………………… 125

第5章　「新自由主義」と「第三の道」……………………………… 127
第1節　リバタリアニズム批判と新自由主義……………………………… 129
　　　１　コミュニタリアニズムによるリバタリアニズム批判……………… 129
　　　２　米国の民主党系「ネオ・リベラル」………………………………… 130
　　　３　「新自由主義」的政治と社会保障……………………………………… 130
　　　　　1) 市場指向と格差容認 ……………………………………………… 130
　　　　　2) ワシントン合意とグローバリゼーション ……………………… 132
　　　　　3) トリクルダウン効果 ……………………………………………… 133
第2節　第三の道と社会保障………………………………………………… 133
　　　１　米国・クリントン政権の福祉改革…………………………………… 134
　　　　　1) リベラルではないニュー・デモクラット ……………………… 134
　　　　　2) 個人の責任の復活 ………………………………………………… 135
　　　２　英国・ブレア政権の福祉ニューディール…………………………… 136
　　　３　ドイツ・シュレーダー政権の「アジェンダ2010」………………… 137
　　参考文献（第5章）…………………………………………………………… 139

第6章　高失業率と中道政権……………………………………………… 141
第1節　スウェーデンの自由主義化………………………………………… 143
　　　１　1990年代初頭の金融危機……………………………………………… 143
　　　２　社会民主党政権の1999年年金改革…………………………………… 144
　　　３　中道右派政権による福祉国家路線の後退…………………………… 145
第2節　大陸型福祉国家と英米……………………………………………… 145
　　　１　ドイツ・メルケル政権………………………………………………… 145
　　　２　フランス・オランド政権とマクロン………………………………… 146
　　　３　オランダ・モデルとフレキシキュリティ法………………………… 148
　　　４　英国・キャメロン政権とメイ………………………………………… 149
　　　５　オバマ政権とオバマケア……………………………………………… 151

1）ブッシュ政権からオバマ政権へ ……………………………… 151
　　　2）財政の崖 ……………………………………………………… 152
　　　3）左右両派がオバマケア批判 ………………………………… 152
　　　4）2016年トランプ旋風 ………………………………………… 153
　参考文献（第6章）………………………………………………………… 155

第7章　社会保障と経済 ……………………………………………… 157
第1節　経済学者の社会保障批判 ……………………………………… 159
　1　社会保障批判………………………………………………………… 159
　2　G7と北欧5カ国の社会保障と経済の関係 ……………………… 159
　　　1）社会支出と国民負担の規模 ………………………………… 159
　　　2）1人当たりGDP ……………………………………………… 160
　　　3）実質経済成長率 ……………………………………………… 161
　　　4）失業率 ………………………………………………………… 161
　　　5）国際競争力と生産性 ………………………………………… 162
　3　米国の共和党時代と民主党時代の比較…………………………… 162
　　　1）成長率と失業率 ……………………………………………… 162
　　　2）所得格差 ……………………………………………………… 163
第2節　平等化と不平等拡大の時代 …………………………………… 164
　1　平等化の批判………………………………………………………… 164
　2　平等と経済成長……………………………………………………… 165
　　　1）IMFとOECDの平等化支持の論説 ………………………… 165
　　　2）トマ・ピケティの主張 ……………………………………… 166
　　　3）日本は格差と平等が成長を促進 …………………………… 167
　3　わが国の相対的貧困率……………………………………………… 167
　　　1）非正規社員の増加と賃金格差 ……………………………… 167
　　　2）相対的貧困率の国際的順位 ………………………………… 169
　　　3）高齢世帯と公的年金の底上げ効果 ………………………… 170
　　　4）子どもの貧困率 ……………………………………………… 171
　　　5）東京都「子供の生活実態」調査 …………………………… 174
　参考文献（第7章）………………………………………………………… 176

第8章　わが国の戦後社会保障の条件 …… 179
第1節　わが国の社会保障に先立つもの …… 181
1. 「父母を敬え」 …… 182
2. 育まれた「保守性」 …… 183
3. 伝統的保守主義 …… 184
   1) 人々の内面に形を与えたもの …… 184
   2) 明治の忠 …… 186
   3) 恤救規則 …… 188
   4) 国と家 …… 189
   5) 家族と家長の権威 …… 190
4. 日本人にとっての自立 …… 192
5. 相互扶助と勤倹貯蓄 …… 193

第2節　わが国社会保障の戦前戦中例 …… 194
1. 社会保険 …… 194
2. 貧困救済 …… 195
3. 社会連帯 …… 196

第3節　戦後の経済 …… 197
1. 石油危機と第二臨調基本答申 …… 198
2. 貿易不均衡とバブル発生・崩壊 …… 199
3. 「新自由主義」的政権 …… 200
   1) 構造改革路線 …… 200
   2) 貯蓄から投資へ …… 201
4. アベノミクス …… 202

参考文献（第8章） …… 204

第9章　保守政権下の社会保障 …… 207
第1節　戦後の福祉国家路線 …… 209
1. 保守政権 …… 209
2. 社会保障の離陸 …… 210
   1) 最低生活の保障 …… 210
   2) 措置で国庫負担と国の規制 …… 211
   3) 皆保険・皆年金の始まり …… 212
3. 高度成長と福祉元年 …… 214

	④ 出生率の低下 ･･･	217
第2節	保守政権の福祉社会構想 ･･････････････････････････････････	218
	① 日本型福祉社会論 ･･････････････････････････････････････	219
	1)「生涯設計計画」 ･･････････････････････････････････････	219
	2)「日本型福祉社会」構想 ･･･････････････････････････････	219
	3) 福祉社会は共同体と市場の二枚看板に ･･･････････････････	221
	② 1985年の年金改正 ･････････････････････････････････････	222
	③ 措置から契約へ ･･･････････････････････････････････････	223
	④ バブル崩壊以降の社会福祉 ･････････････････････････････	223
	1) 自立と連帯の「21世紀福祉ビジョン」 ･･････････････････	223
	2) 社会福祉基礎構造改革 ･･･････････････････････････････	224
	⑤ 介護保険と障害者総合支援法 ･･･････････････････････････	225
	1) 介護保険 ･･	225
	2) 保険証の返納 ･･	226
	3) 障害者総合支援法 ････････････････････････････････････	227
	⑥ 安心社会と一億総活躍社会 ･････････････････････････････	228
	1) 安心社会構想 ･･	228
	2) 一億総活躍社会構想 ･･････････････････････････････････	229
	⑦ 中流意識と生活意識 ･･････････････････････････････････	233
	参考文献（第9章）･･････････････････････････････････････	235

第10章　生活安定の保障　････････････････････････････ 237

第1節	所得保障と生活安定 ･･････････････････････････････････････	239
	① 社会保険の所得保障例 ･･････････････････････････････････	239
	② 海外の失業扶助 ･･････････････････････････････････････	240
	③ 保守政権の同一労働同一賃金 ･･･････････････････････････	241
	1) 欧州の同一労働同一賃金 ･････････････････････････････	241
	2) わが国の同一労働同一賃金 ･･･････････････････････････	242
	3) 経済学者の同一労働同一賃金 ･････････････････････････	243
第2節	雇用維持と就職支援 ･･････････････････････････････････････	243
	① 雇用調整助成金 ･･････････････････････････････････････	244
	② 再挑戦を支える制度 ･･････････････････････････････････	245
	1) 失業手当支給から転職支援へ ･････････････････････････	245

2) スウェーデンの積極的労働市場政策 ……………………………… 245
　③ わが国の求職者支援制度 ……………………………………………… 246
　　　1) 教育訓練給付制度 ……………………………………………… 246
　　　2) 求職者支援制度 ………………………………………………… 247
第3節　児童手当とシングルマザー …………………………………………… 247
　① 児童手当と現物給付 …………………………………………………… 247
　② 児童扶養手当とシングルマザー ……………………………………… 249
　　　1) 児童扶養手当 …………………………………………………… 249
　　　2) シングルマザーの自立支援 …………………………………… 250
第4節　在宅福祉と在宅医療 …………………………………………………… 252
　① 社会福祉サービスと自立 ……………………………………………… 253
　　　1) 社会福祉の「自立」 …………………………………………… 253
　　　2)「自立」と「主体性」 …………………………………………… 254
　② 在宅福祉とコミュニティケア ………………………………………… 256
　③ 在宅医療と地域医療 …………………………………………………… 258
　④ 地域包括ケア …………………………………………………………… 259
　参考文献（第10章） ……………………………………………………… 260

第11章　社会保険 …………………………………………………………… 263
第1節　社会保険方式 …………………………………………………………… 265
　① 社会保険の特徴 ………………………………………………………… 265
　② 強制加入と垂直的再分配 ……………………………………………… 266
　③ 低所得者対策となった国庫負担 ……………………………………… 267
　④ 社会保険の福祉原理 …………………………………………………… 268
　⑤ 社会階層と社会保険 …………………………………………………… 269
第2節　社会保険と福祉国家 …………………………………………………… 270
　① 労働者の「連帯意識」と「連帯主義」 ……………………………… 270
　② 連帯の解体 ……………………………………………………………… 271
　　　1) 福祉国家批判 …………………………………………………… 271
　　　2) 連帯の弱体化 …………………………………………………… 271
　③ リスクから「不安定」へ ……………………………………………… 272
　　　1) 長寿によるリスクの常態化 …………………………………… 272
　　　2) 少子化による連帯の揺らぎ …………………………………… 273

第3節　わが国の社会保険の特徴……………………………………… 274
　[1] 保険料の転嫁と帰着…………………………………………… 274
　[2] 年金保険……………………………………………………… 275
　　1) 会社員と専業主婦への年金の計算 ………………………… 275
　　2) 微妙な立場の第3号被保険者……………………………… 277
　　3) 欧米に立ち後れた支給開始年齢の引き上げ ……………… 279
　　4) 超高齢者にも高年金グループがいる ……………………… 280
　　5) 国民年金の被保険者の年収 ……………………………… 280
　　6) 低年金・無年金 …………………………………………… 281
　　7) 公的年金の変遷 …………………………………………… 281
　　8) 世代間扶養と「年金100年安心プラン」…………………… 285
　　9) 世界銀行の年金レポート ………………………………… 286
　[3] 医療保険……………………………………………………… 287
　　1) 診療報酬と医師の動機付け ……………………………… 287
　　2) 医師会が反対する混合診療 ……………………………… 288
　　3) 高額療養費 ………………………………………………… 289
　　4) 高齢者医療 ………………………………………………… 290
　　5) 短命県ワーストワンになった沖縄 ………………………… 292
　　6) 高齢者が支える医療需要 ………………………………… 293
　[4] 医療供給体制………………………………………………… 294
　　1) 社会的入院対策 …………………………………………… 294
　　2) 東西日本の都道府県別医療費 …………………………… 295
　　3) 日米に病床数の格差はないとする説 …………………… 297
　[5] 介護保険……………………………………………………… 298
　　1) 要介護度別の発生率と給付 ……………………………… 298
　　2) 介護慰労金と混合介護 …………………………………… 300
　　3) 高額医療・高額介護合算療養費制度 …………………… 301
　　4) 応能負担の強化 …………………………………………… 301
　　5) 地域包括ケアシステムの深化・推進 ……………………… 302
　　6) 都道府県別の介護費用 …………………………………… 304
参考文献（第11章）……………………………………………………… 306

第12章　雇用労働における今日的課題と現行制度 ……… 309
第1節　最低賃金制度 …………………………………………… 312
 1　最低賃金とは …………………………………………… 312
 2　最低賃金決定の仕組み ………………………………… 312
 3　最低賃金制度の沿革 …………………………………… 316
第2節　労災保険と過労自殺 …………………………………… 317
 1　労災保険とは …………………………………………… 317
 2　労災保険の仕組み ……………………………………… 317
  1）保険給付の種類 ……………………………………… 318
 3　労災保険における過労自殺の位置づけ ……………… 320
  1）業務上疾病の一つ …………………………………… 320
  2）過労自殺の労災認定（過労自殺の労災認定基準のあらまし）320
 参考文献（第12章）………………………………………… 324

第13章　最低生活保障 …………………………………………… 325
第1節　最低生活保障と最低生活費 …………………………… 327
 1　救済と自立の関連 ……………………………………… 327
 2　最低生活保障の制度 …………………………………… 329
  1）海外の公的扶助以外の制度例 ……………………… 329
  2）最低賃金との関係 …………………………………… 329
 3　最低生活費 ……………………………………………… 330
  1）収入が足りずに貧困になる ………………………… 330
  2）怠けなくても貧困になる …………………………… 331
  3）最低生存水準と最低生活水準 ……………………… 332
  4）食べるのに困らなくても貧困 ……………………… 332
  5）住民の話し合いで決める最低所得標準（MIS） …… 335
第2節　生活保護制度 …………………………………………… 336
 1　生活保護 ………………………………………………… 337
 2　生活保護の基準 ………………………………………… 338
 3　級地と物価差 …………………………………………… 341
 4　扶助費 …………………………………………………… 342
  1）高校授業料は生業扶助で …………………………… 342
  2）医療費は無料 ………………………………………… 343

	⑤ 捕捉率と保護率	344
	1）捕捉率	344
	2）都道府県別の世帯保護率	345
第3節	最低生活の保障と自立	346
①	自立助長と就労自立給付金	346
②	生活困窮者の自立支援	347
第4節	負の所得税と給付付き税額控除	348
①	負の所得税	348
②	給付付き税額控除	348
	1）給付付き税額控除	348
	2）2分2乗方式	349
	3）AIとBI	349
	参考文献（第13章）	350

第14章　社会保障制度における保守主義的要素 … 353

第1節	家族主義	355
①	「家」思想の継承	355
②	産業化と家族	356
	1）社会保障が三世代同居を応援	356
	2）「家族志向」再生で脱少子化	357
③	親族の扶養義務	359
	1）扶養義務者からの費用徴収	359
	2）父母に子育ての第一義的責任	360
	3）家族主義的な負担配分	360
	4）親の扶養と個人主義	361
	5）自民党の憲法改正草案	362
④	生活保護と家族	363
	1）世帯単位の原則と単身世帯促進	363
	2）扶養義務を実行させる	365
⑤	介護保険	366
	1）ヨメによる介護	366
	2）世帯単位の保険料算定	366
⑥	公的年金	367

		1）専業主婦の年金権 …………………………………………	367
		2）高齢者の年金財産権 …………………………………………	369
	７	保育と子ども家庭福祉…………………………………………	370
		1）外で働く嫁の「孝」 …………………………………………	370
		2）保守とは逆の子ども家庭福祉 ……………………………	371
第2節	世代間扶養の正当化 ……………………………………………………	373
	１	老親の私的扶養と社会的扶養…………………………………	374
		1）高齢化社会以前の私的扶養 ………………………………	374
		2）生前贈与はだめ ……………………………………………	375
		3）世代間契約抜きの賦課方式 ………………………………	376
	２	世代間扶養の正当化……………………………………………	377
		1）祖父母の扶養として正当化 ………………………………	377
		2）私的扶養の気兼ね・トラブルの解決 ……………………	378
	３	年金100年安心プランの見通し ……………………………	378
		1）厚生年金保険料率29.8％ …………………………………	378
		2）年金100年安心プランのXデイ …………………………	378
	４	経済学の中立命題と世代会計…………………………………	380
		1）中立命題 ……………………………………………………	380
		2）世代会計への反論 …………………………………………	381
	５	世代間合意の構成………………………………………………	382
		1）高齢世代内部の再分配 ……………………………………	382
		2）高齢富裕層の貢献（保守主義の例題）…………………	383
参考文献（第14章）…………………………………………………………	386

社会保障の給付と負担

ヨーロッパで始まった社会保障のうち、社会保険の前身は 18 世紀ころの労働者仲間の共済活動で、生活保護など公的扶助の前身は 17、18 世紀以来の救貧法といわれる。また、1935 年に米国で社会保障法ができ、戦後、先進国では経済成長の後押しによって社会保障が拡大した。

　ちなみに社会保険は「社会的扶養」と呼ばれる。それに対して家族や近隣の自然発生的な助け合いや民法の扶養義務などは「私的扶養」と呼ばれ、生活保護は「公的扶養」と呼ばれる。

　図式的にいうと自由主義的な社会保障は貧困対策中心とし各人の自由な努力と組み合わせるのが特徴で、社会民主主義的な社会保障は、自由主義者からは違和感があるが、低所得層を引き上げて格差を縮める平等化が特徴である。わが国では後者の方が進んだ社会保障と見る人が多い。それに対して保守派は福祉について自由や平等という固有の価値観がないように見え、いずれの社会保障も採用できる。例えば 2013 年にできた「子ども貧困対策推進法」の目的は第 1 条で、子どもの将来のために、貧困の状況にある子どもの生育環境を整備し、また教育の機会均等を図る、とある。つまり名称は貧困対策法だが、実際には最低保障と機会の平等の両方が目的とされ、社会保障はいずれにも役割を持つといえる。

　めいめいに自助的な努力が求められるのはどの社会、どの時代でも共通である。ヨーロッパはそれと同時に連帯主義が受容され、個人や家族を助ける社会保障を行い福祉国家と呼ばれる。福祉国家と対比して、社会保障が貧弱で生活に困っても自助努力と私的扶養中心なのが「自己責任型社会」と呼ばれ、米国が引き合いに出される。一方、日本の場合は、社会保障の規模が米国並みなのを根拠にして日本も私的扶養中心で自己責任型社会だという見方もある。

　通常、国が社会保障にどれほど関わっているかの指標の一つは国庫負担の大きさである。わが国の場合、国の歳出から地方交付税交付金等と国債費を除いた残りが一般歳出で、その一般歳出に占める「社会保障関係費」の割合は、2012（平成 24）年度は 51.5％だった。

第 1 節　社会保障の定義例

1　最初の社会保障法

1)「社会保障法」は米国発

　世界大恐慌の後、1935 年に米国の民主党主導で「社会保障法」ができたが、社会保障という名前の最初の法律である。「社会」はヨーロッパの社会保険から、「保障」は当時の政府の経済保障委員会からとった造語とも言われる。当時の内容は（ア）老齢年金保険、（イ）失業保険、（ウ）特別扶助（公的扶助。老人・要扶養児童・視覚障害者への扶助）、（エ）社会福祉（州運営の母子保健・肢体不自由児・児童の福祉に連邦補助金）などだった。（会社員の医療は会社の福利厚生で民間保険を利用したものだった。貧困層などの医療保障は 1965 年のジョンソン大統領まで待つ）。のちに「老齢遺族障害保険」(OASDI) ができ、これが米国の社会保障の正式名称とされる。

　現在の米国では根底的な価値の自由が共有されるが、ニューディールのような「大きな政府」を支持するのが「リベラル派」、ニューディールを真っ向から批判する「小さな政府」の支持者が「保守派」と呼ばれる。ところが戦前の民主党支持の労働者には信仰や郷土愛の保守的な人が多かったが、今も実際には民主党にも共和党にもリベラル派と保守派が混ざっているといわれる。

　1938 年にはニュージーランドでも「社会保障法」ができ、老齢年金、寡婦年金、孤児手当、児童手当、障害児手当、失業手当、医療などがあった。

2) 所得保障と医療保障を含む

　戦後しばらくの間、先進国の福祉国家のモデルとされた英国の『ベヴァリッジ報告』(1942 年) のプランでは社会保障とは「所得保障」であり、その方法は公的扶助と定額の社会保険給付による最低生活費の保障だった。定額給付だったので多子世帯には不十分だから、別途、児童手当を支給する。ここでの「医療保障」は病気で賃金がもらえない場合の所得保障だけで、保健医療サービスは別途、社会保障の外で税によって保障するという構想だった。また、社会保障計画の前提として雇用の維持を設定したのは、ケインズ的に国による完全雇用対

策を支持していたからであろう。

　同じ1942年のILOの『社会保障への途』では、社会保障は社会保険と社会扶助の統合であるとした。統合というから社会保険でも社会扶助でもなく別の本質を持ったものなのか、という疑問に答えた文献はなく、両者の寄せ集めとも解される[1]。(もっとも1902年にフランスの下院社会保険・社会的生活保障委員会は、「社会的連帯の原理は、保険と扶助の二つの形態によって実現される」と決議していた)。

　1944年のILO総会で、社会保障には基礎的所得と包括的な医療を含めるように勧告した。

2　最低生活水準以上の保障

　1942年に出された『ベヴァリッジ報告』は、もし、強制保険によって「最低生活水準以上の給付」を行なうのであれば、「まずナショナル・ミニマムを最低生活水準以上に引き上げるという国民的決断が表明されなければならない」と述べていた[2]。そのために保険料負担が増える以上は国民に問うべきであろう。

　ベヴァリッジの社会保険は最低生活費を保障する定額給付であったが、英国では戦後に実際にやってみると労働者がその年金では老後生活が成り立たないといったので、1960年代に老齢年金、失業給付、傷病給付などに所得比例給付が導入された。これをナショナル・ミニマムと呼ぶなら、ナショナル・ミニマムは新たに「従前生活に応じた保障」と定義すべきであるが、これは社会民主主義的といえよう。

　わが国では、例えば「平成23年の老齢年金受給者実態調査」によれば75～80歳男性の回答者の平均の年金受給額は198万円だが、250万円以上のものは34.8％で、自由主義的だけではなく社会民主主義的な要素も持っている。

　ちなみに社会保障をセイフティー・ネットと呼んでいるスウェーデンでは、2007年までは傷病手当や失業手当は従前所得の70～80％であったが、政権交代後の現在は80％を受給するのは1割程度とされる[3]。70～80％の水準の保障は最低生活費というよりは、収入が途絶えたサラリーマン家庭の育児や子どもを守ることで長期的に将来の労働の質を維持する機能があると考えられる(別途、児童手当もある)。ところが中道右派政権の2007年改正で受給要件の厳格化、長期受給者の給付引き下げ、支給期間短縮、保険料引き上げなどがなされた。これは短期的な労働供給を増やす動機付けだが、長期的には家族や労働力を守る機能は減退するから、社会保障論的には家庭外の支援がいっそう重要に

なる。

③ わが国の最低生活保障と生活安定の保障

1) わが国の古典的な定義

　戦後、社会保障制度審議会がつくられ1950年に出した勧告は英国の『ベヴァリッジ報告』の影響を受けたといわれる。しかしW.ベヴァリッジは、社会保障は最低生活費の保障とし、原則として「社会保障は国と個人の協力によって達成される」、また、社会保障計画は社会保険と国民扶助（日本の生活保護）と任意保険の三つの組み合わせであり、社会保険は国民扶助と任意保険によって補完される必要があるとした[4]。任意保険が必須であるというのがW.ベヴァリッジが自由主義的といわれる理由だった。

　わが国の社会保障の古典的な定義は上記の勧告のものである。社会保障とは、困窮に対し「保険的方法または直接公の負担において経済保障」を行い、それでも生活困窮の者には「国家扶助によって最低限度の生活を保障」し、また公衆衛生および社会福祉の向上をはかり、それらにより「すべての国民が文化的社会の成員たるに値する生活」を営めるようにすることとされた。

　続けて、国家がこういう責任をとるから、国民も社会連帯の精神にたって、「それぞれその能力に応じてこの制度の維持と運用に必要な社会的義務を果さなければならない」と述べたが、無気力な人をただ保護するパターナリズムではないというわけである（おそらくフランスのL.ブルジョワの連帯主義の影響があろう）。同時に、新生国家の役割を強調して「生活保障の責任は国家にある」とも述べた。その後の1960年の朝日訴訟第1審判決が、20世紀には「国家権力」の積極的な配慮による国民の「人間に値する生存」の保障が不可欠であると述べたこともあって社会保障の国家責任が強調されてきた。

2) 生活を安定させる

　高度経済成長が始まっていた1962（昭和37）年の社会保障制度審議会の答申では、社会保障の目的は「憲法第25条の健康で文化的な最低限度の生活をすべての国民に保障する事」で、その手段は時代とともに変わるが、その際の「公準」の一つは「国民生活を安定させる機能を持つ」ことであるとした。そのまま読

めば、生活保護による「最低生活の保障」と社会保険による「生活の安定」と解せる。ベヴァリッジだったら、生活安定に必要なことのうち、最低生活の部分は社会保険の定額給付で充たすから、残りの部分は各自が民間保険に加入して賄って下さいと言うはずである。

　経済成長の過程で自営業や農村の生活を捨てて会社や工場に勤務し始めた人たちも多かったが、失業や退職、病気などのときに、もはや身内や田舎の家族による伝統的な「私的扶養」に頼ることは難しい。そこで、まずは社会保険による所得保障・医療保障で暮らしを守ることで労働供給を確保できる。つまり、経済成長により増えた収入の一部を社会保障に使えば暮らしと成長を続けられる、そういって国民を説得したのかもしれない。

　また、この答申では公的扶助は貧困階層、社会福祉は低所得層、社会保険は一般階層、公衆衛生は各階層に対応づけられた（一般階層とは、定職についている勤め人、自営業、農民世帯であろう）。

　現在、勤め人の健康保険や年金など社会保険の「法律」ではそれぞれの目的には「生活の安定」が含まれる。健康保険は早く健康を回復して職場復帰し従前の生活を取り戻すということであろう。また厚生年金や公務員の共済組合では働く者とその遺族の「生活の安定」と福祉の向上に寄与、とある。つまり、私学共済以外は「生活の安定」が目的に含まれている。

　ここの生活安定は各保険の「加入世帯にとっての生活安定」と考えるのが自然であろう。『平成24年厚生労働白書』でも社会保障には生活安定・向上機能があると指摘していた。もっとも内閣府『平成25年度経済財政白書』では「社会保障制度の機能である生活保障機能と所得再分配機能」と述べ、生活保障機能に防貧の社会保険と救貧の生活保護などをあてている[5]。

3) 定義例

　このようなわが国の実情に鑑み、ここでは社会保障とは「現金給付、医療給付、福祉サービス給付により最低生活や生活安定を保障するもの」と定義しておく。年金や児童手当などの現金給付 (benefits in cash) と病気治療や老人ホームや保育所などの現物給付 (benefits in kind) がある。

「最低生活を保障」するとは、例えば働くこともできず財産や収入のない人でも生活保護制度によって最低限度の生活ができるように保障することである。「生活安定」には二通りの方法がある。一番目は、定職に就いている「一般階層」

が退職、病欠、障害、失業などで収入が減ったとき「各人の従前の生活水準に応じた所得保障」で収入の下支えを行い、医療や福祉サービスで各人の生活安定の努力を支援すること。二番目は、わが国では1970年代に始まった児童手当などの社会手当で特定のニード充足を改善させる給付で、これには一定の所得以下の人に限定した給付と所得制限のない給付がある。

所得制限のない給付を除けば、最低生活の保障も生活安定も格差を縮小する平等化の効果がある。

4) 自立と社会連帯

今日の日本型福祉社会論ではいつも「自立と社会連帯」が二つ並べて強調されるが、ここでその意味を考えておきたい。

日本型福祉社会に先立って、1950年の社会保障制度審議会勧告で、国家扶助受給者や身体障害者や児童などには「自立してその能力を発揮できるように」生活指導すると述べたが、この「自立」は福祉サービスを受けないで生活できるようになる脱社会福祉と考えられた。また、同年の生活保護法の「自立の助長」を小山進次郎が、怠ける人の救済をやめる脱社会福祉ではなく、人が持っている可能性と能力に相応しい社会生活ができるように支援することとした。

それに対し、1978年に大平正芳総理が日本型福祉社会[6]にふれて「日本人の持つ自立自助の精神、思いやりのある人間関係、相互扶助の仕組み」と述べ、79年の「新経済社会7カ年計画」では「個人の自助努力と家庭及び社会の連帯の基礎のうえに適正な公的福祉を形成する」とした。この「連帯」は大平の脱福祉国家の文脈では親族・企業・地域社会などの相互扶助を活性化することである。

近年では社会福祉法で、福祉サービスは利用者が「能力に応じ自立した日常生活」ができるように支援するものというように「自立」を強調したがその定義はなかった。(これらは主に本書第8、9、10章を参照)。

そこでさまざまな使用例から帰納的に「自立」を三通り考えて見る。(ア)自助的自立。公的福祉サービスへの依存や家族・共同体への依存をやめること。市場や非営利団体やボランティアなどのサービスを利用する。(イ)依存的自立。障害者や高齢者などで福祉やボランティアのサービスを利用する人の自立(このままでは英訳は困難である。福祉サービスを利用すると世間からは「依存的な人間」と見られがちだが、依存的なのではない。障害や高齢などで要介護になった場合にもその状況の中で自分のやるべきことをやり遂げようとする人が生活の補助としてサービスを

利用するのであればこれも「自立」である)。(ウ) 脱福祉国家。特に福祉国家のサービスを減らす日本型福祉社会の自立で、例は二宮尊徳の実践のように地域住民の協力で相互扶助・共助・互助を活性化し、お上に依存しなかった事例が挙げられる（戦前は家長の権限が強く、家庭内暴力や妻や子へ理不尽な仕打ちがあっても官憲は介入せず、しかし家族・親族はどこまでも扶養し合う義務があった。また、地域社会といえば農村だったから農道や橋の修理などはいつも村民総出でやっていた、などのイメージであるから「家族と地域社会が国に依存せず自立していた」といえる)。

　一方、「連帯」も帰納的に二つある。(ア) 欧米の場合、個人の自助努力では立ちゆかない場合に、レオン・ブルジョワやスウェーデンのように「全国規模の社会連帯」で公的な助け合いや福祉国家建設を目指す。そして「分け隔てのない」平等が目標となる。(イ) 日本型福祉社会の場合、社会連帯の内実は「連帯意識」で職場や近隣など顔見知りの仲間内の相互扶助を活性化し、戦後の公的サービスには依存しない脱福祉国家を目指す。社会的包摂で全ての人を地域社会に包み込もうとすると副産物として平等化効果があるが、「分け隔てなく」とはいきにくく階層化や逸脱者の差別など伝統的な保守社会の側面を残す。

　結局、欧米の自立は保守社会否定の自由主義、連帯は自由主義抑制の社会民主主義だが、日本型福祉社会では自立も連帯も自己充足的といえる。

第 2 節　社会保障の給付の範囲

1　OECD の社会支出の範囲

1) 政策の 9 つの分野

　今は社会保障審議会があるが、その前身の社会保障制度審議会の事務局の「社会保障費用」の範囲は「社会保険、公的扶助(生活保護)、社会福祉、医療と公衆衛生」と「老人保健」だった。この事務局の推計作業を社会保障研究所が引き継ぎ ILO 統計をベースとして「社会保障給付費」を出していたが、今は OECD 準拠の「社会支出」を集計するようになり、2012 年度から国立社会保障・人口問題研究所『社会保障費用統計』により公表されている。

　OECD「社会支出」の推計は政策分野別に算出されていて、次のような分類である。カッコ内はわが国で該当する制度・政策の例である(『社会保障費用統計』

の末尾の解説による)。

- (ア) 高齢 (老齢年金、各種恩給、介護保険、老人福祉ほか。ただし高齢者医療は「保健」へ)
- (イ) 遺族 (遺族年金、国年一時金ほか)
- (ウ) 障害、業務災害、傷病 (障害年金、労災保険、障害者福祉の身体障害者保護費ほか)
- (エ) 保健 (医療保険、公費負担医療、予防接種事故救済給付ほか)
- (オ) 家族 (児童手当、児童扶養手当、出産育児諸費、介護休業給付、保育所・施設ほか)
- (カ) 積極的労働市場政策 (雇用保険等の教育訓練給付、職業能力開発強化費ほか)
- (キ) 失業 (雇用保険の失業等給付費)
- (ク) 住宅 (生活保護の住宅扶助、公営賃貸住宅家賃対策補助)
- (ケ) その他 (生活保護の生活扶助・生業扶助、引揚者等援護費ほか)

OECD 基準では 2013 年度の社会支出は 114.1 兆円で対 GDP 比は約 24％で、そのうち年金が54.6兆円、医療が35.4兆円である。(なお、従来の「社会保障給付費」はやや範囲が異なり 110.7 兆円である)。

2) 日本は米国より「低福祉」

2011 年度のわが国の社会支出の対 GDP 比は 23.65％であったが、フランスが 31.36％、スウェーデン 27.58％、ドイツ 26.77％などが高く、英国は 23.53％、米国は 19.30％と低かった。

近年、フランスの家族支援が充実している。ミッテラン大統領の下で、シモーヌ・ベイユ法と呼ばれる 1994 年の家族に関する法律が成立し、第 1 条で「家族は社会がその基礎をおく本質的な価値の一つである。国家の未来は、家族にかかっている。それゆえ、家族政策は総合的でなければならない」とし、育児親手当の充実や保育サービスの推進をめざした[7]。手厚い家族手当は出産促進的だが、他方で女性の就業を抑制するといわれていた。

ところでわが国は、老齢年金や介護保険のサービスなど「高齢」分野が得意種目である。そこで、社会支出のうち「高齢以外のもの」の対 GDP 比を比べてみると、日本 12.65％、米国 13.26％、英国 16.77％、ドイツ 18.21％、フランス 18.84％、スウェーデン 18.18％となる。つまり得意種目の「高齢」を除いてみれば日本は「低福祉」といわれる米国以下のレベルである。「高齢以外のもの」の日米の比較をすると、2007～10 年はいずれも米国よりも低い。「小さい政府」

27

論者が社会保障を「身の丈に合った」ものに変えようと提案するが、実は「高齢」以外は切り詰めようがないといえる。

2 社会保障給付費の増大

(ア) 1961〜70年度までの10年間について回帰式を求めてみると、社会保障給付費 = − 0.997 + 0.0593 × 国民所得、(t値は1.54と33.2)、決定係数0.99を得る。つまり高度成長期には経済成長の果実が国民の生活安定に還元されていたという解釈と整合的である。

(イ) ところがバブル崩壊以降で1992〜2001年度までの10年間について同様の回帰式を求めてみると、社会保障給付費 = 847.3 − 0.0454 × 国民所得、(t値は0.48と0.1)、決定係数0.001を得る。つまり国民所得の低迷にもかかわらず社会保障給付費が一方的に増加していたので、もはや、社会保障は「経済成長の成果を国民に還元するシステム」ではなくなっていた。

(ウ) 1995〜2011年度の17年間について回帰式を求めると、社会保障給付費 = 2.96 + 0.0337 × 65歳以上人口、(t値は1.0と28.2)、決定係数0.98を得た。つまり、バブル崩壊以降は社会保障を拡大させたエンジンが高齢人口、または「高齢者のニード」に変わった。(ニードは社会生活の中で何かが不足しているという個人の意識・自覚・不満)

(エ) 2000年度の医療給付費(患者の一部負担を含む)は26.0兆円で対GDP比は5.09％、年金給付費は41.2兆円で8.07％、介護などを含む社会保障給付費合計は78.3兆円で15.34％であった。それに対して2013年度は医療は35.4兆円(7.32％)、年金は54.6兆円(11.30％)、社会保障給付費合計は110.7兆円(22.91％)であった。また、国民経済計算の民間と政府の最終消費の合計に対する社会保障給付費の割合は、2013年度は28.1％に増えた[8]。(社会保障給付費または社会支出と国民経済計算(SNA)の勘定項目との対応関係は、国立社会保障・人口問題研究所『社会保障費用統計』の巻末に解説がある)。

第3節　社会保障の負担

1　財源調達の方式

1）税方式と保険方式

ⅰ）(形式的な分類)

　社会保障の財源調達の方法には、税方式(サービス方式または扶助方式ともいう)と保険方式とがあり、保険方式の場合に年金のように積立金があるとその運用益も財源とされる。なお、国民健康保険の保険料は保険税という市町村も多いが内容は違わず、制度設立当時は現金収入が不安定な農家や自営業主には社会保険料の理解が得にくく、「税」とした方が役所として徴収しやすかったという説もある。

　税方式には公的扶助の生活保護や社会手当の児童手当などやサービスがあるが、サービスにはたとえば児童相談所、児童養護施設など利用者負担なしのものと、保育園のように利用者負担ありのものがある。社会手当は特定のニーズの充足のために一定の支給事由を満たす場合に支給されるもので、事前の拠出を前提とせず保有資産の調査なども伴わない定型的な現金給付だから社会保険とも公的扶助とも違う第三の所得保障といわれる。所得制限付きのものもある。

　特に、児童手当は変則で、財源は国と地方のほかに事業主の負担も求めたので税方式だが「児童手当方式」と呼ばれ、社会手当に事業主負担を求めた新しい方法とされた。(事業主拠出は民間被用者の場合の0〜3歳未満に用いるが、子の有無と関係なしに従業員の賃金・賞与の0.23％である。事業主の「児童手当拠出金」は2015年から「子ども・子育て拠出金」に変更し、児童手当、地域子ども・子育て支援事業(放課後児童クラブ・病児保育・延長保育に限定)に用いる。特例給付(所得制限以上の親への低額給付)は国・地方である)。

　一方、保険方式としては医療・年金・介護・労災ほかの社会保険制度で、保険の加入者が拠出する保険料が主たる財源となる。社会保険は加入資格を満たす人は強制加入で被保険者または加入者(被扶養者など)となる。ちなみに会社員の場合大まかに言うと、厚生年金の保険料が賃金の約18％、健康保険が約8％で介護保険が約1％、雇用保険が約1％で、これらを本人と事業主が半分ずつ負担し、本人負担は約14％となる(労災は全額が会社負担)。

わが国の社会保険には公費による負担があるものもある。たとえば国民健康保険は市町村が管轄し住民の医療費を予測し、そこから患者負担を除いた残りは保険料と国や地方の公費が充てられる。また老齢基礎年金の半分は消費税で賄われる。75歳以上が加入する後期高齢者医療制度は5割が公費、介護保険も利用者負担を除いた残りの費用の5割は公費で賄われている。問題は公費を賄う財源であるが、2016年度政府歳入の場合、その29.3％が特例国債（赤字国債）で、59.6％が印紙・税収入である（残りは建設国債）。だからわが国の社会保険は保険方式とはいえその内実は拠出と公費の「ハイブリッド方式」である。また税方式の方も、国の歳入を見れば税収は6割だから「6割税方式」が実態である。

　こうして「保険」と名前が付いているが民間保険のように「給付反対給付均等の原則」（加入者が払った保険料と受け取る保険金が確率的に見合うように設計すること）と「収支相等の原則」（保険全体として保険料や運用収益などの収入と保険金支出が均衡するように設計すること）の保険原理ではない。そこで市場志向の経済学者はもっと保険原理を取り入れ保険料の引き上げや給付削減を行い、国庫負担を減らすべきだという。

　ⅱ）（「賦課方式」の年金保険）

　公的年金は積立方式で始まったが、戦後のインフレなどに対応するために賦課方式がつくられたので、先ず積立方式から見ておく。

　公的年金は19世紀末にドイツで老齢年金が創設されたときは労働者と会社が拠出した保険料を積み立てて70歳から支給する「積立方式」でそこへ国も拠出した。労働者は高齢になると働けないから誰でも老後生活は不安だったが、自分で計画的に20年も30年も貯金を続けることは誰でもできるわけではなかった。そこへ会社と国も拠出して年金で引き出すという話は労働者にはいい話だったに違いない。ただし早死にした人が遺した積立金は遺族には払われず、長生きした人への終身にわたる年金支払いに充てられたが、長生きした場合のお互いの助け合いという「連帯意識」で納得できた。

　いずれにせよ積立方式は拠出した保険料は自分か仲間の年金に使われるだけだから、人口ピラミッドが富士山型であれタコツボ型であれ、年金を引き上げない限り保険料率を引き上げる必要はなかった。（この方式は強制貯蓄といわれることもある。わが国の場合、成長期には積立金は大蔵省資金運用部に預託され財政投融資計画の資金に充てられたが、2001年の財政投融資改革で積立金は自主運用することになり、それまでの預託分は08年度末で払い戻しを完了したとされる）。

ところが、戦後西ドイツではインフレで年金の実質価値が下落し高齢者の生活が苦しくなった。そこで現役労働者の賃金上昇で増えた保険料の一部をその時の高齢者の年金水準引き上げに使うシステムになり「賦課方式」(pay as you go 方式)と呼ばれた。これも、保険料収入総額が十分に増えるとか、あるいは人口ピラミッドが富士山型であれば、積立金に手を付けなくてもわずかな保険料率引き上げで賄えるはずである。いずれにしても保険料拠出を増やしても自分がもらう年金が増えるわけではないが、賃金が上昇している限り現役の生活水準を低下させずに親世代の生活を支えることができ、「世代間の連帯」として納得できよう。

ところが保険料収入総額の増加が不十分な場合に、いまある積立金のうち現役世代の分も取り崩して高齢世代の年金支払いに使ってしまうことになった。そうなると自分たちの将来の年金が賄えなくなるのだから誰も賛成しない。そこで賦課方式は賃金上昇や富士山型人口ピラミッドなど経済的人口的条件が充たされないなら、経済外的に、将来世代が将来の高齢者 (今の現役世代) の年金水準を支える支援をするいう架空の約束 (契約) が不可欠になる。

ところがわが国のように少子高齢長寿社会になり人口ピラミッドがタコツボ型になると、仮に賃金上昇で保険料収入総額が増えてもそれだけでは高齢者の生活水準を維持する年金支給総額を賄えない。そこで対応策として(ア) 年金支給総額を抑制する (支給開始年齢の引き上げ、所得代替率 (所得に対する年金の比率) の引き下げ)。(イ) 保険料収入総額を増やす (保険料率の引き上げ、加入者を増やす、拠出年数の伸長など)。(ウ) 積立金を大幅に取り崩す (賦課方式は年金支給総額の1年分程度の積立金が残るように設計する)、などがありうるが世論はいずれも「痛みを強いるもの」などという。

積立方式の場合は労働者相互の助け合いで「連帯」は分かりやすかったが、賦課方式では少子高齢長寿社会で経済的人口的条件が満たされないときになぜ自分たちがそこまで身を削らなければいけないのか分かりにくく、「連帯意識」による動機付けは難しい。

そこで政府は公的年金を継続させるために「連帯」に代わって「子による親の扶養」の代行を持ち出し、1990年頃から「世代間扶養」と呼ぶようになった。政府は、現役世代は親世代の遺産の恩恵を被っているから一方向の支援ではないと強調する。

iii)（公費負担医療）

なお、医療保障には医療保険のほかに「公費負担医療制度」がある。例えば

生活保護の医療扶助や戦傷病者特別援護法の医療費は全額を公費で、ほかに医療保険の患者一部負担を公費で賄うものがある。

また「社会保障給付費」に含まれないが地方自治体のものとして、1899（明治32）年に制定され今も生きている「行旅病人及び行旅死亡人取扱法」がある（第1条　行旅病人トハ歩行ニ堪ヘサル行旅中ノ病人ニシテ療養ノ途ヲ有セス且救護者ナキ者ヲ謂ヒ、行旅死亡人ハ行旅中死亡シ引取者ナキ者ヲ謂フ。2　住所、居所若ハ氏名知レス且引取者ナキ死亡人ハ行旅死亡人ト看做ス。第2条　行旅病人ハ其ノ所在地市町村之ヲ救護スヘシ。2　必要ノ場合ニ於テハ市町村ハ行旅病人ノ同伴者ニ対シテ亦相当ノ救護ヲ為スヘシ）。現在はこの法律によって外国人の医療を行う場合もある。

また公費負担ではないが、社会福祉法に第2種社会福祉事業の一つとして、「生計困難者のために、無料または低額な料金で診療を行う事業」が掲げられている。これをやっても地域住民が評価してくれないし、その費用は病院負担なので、市町村から補助金があってもあまり普及していない。

ちなみにホームレスが救急車で病院へかつぎ込まれた場合には、病院の医療ソーシャルワーカーが福祉事務所への生活保護の申請を手助けし、「急迫した状況」ということで福祉事務所は家族扶養や貯金の確認など正規の手続きを省いて医療扶助を適用して入院中の医療費を無料にすることもあるが、それも退院までである。退院後、改めて生活保護の手続きを取るときは家族へ連絡が行くことになる。

2）年金保障の方法

ⅰ）（公的年金の方法）

公的年金には税による年金と社会保険による年金がある。

ニュージーランドではすでに19世紀末に老後のために税を財源とした無拠出老齢年金を作って移民を受け入れていた。そして、1977年にそれまでの給付を一本化し国民年金とし、年齢（60歳）と居住要件（10年間）によって受給資格要件を定め、租税を財源にして定額年金を支給した。オーストラリアは2階建てで、1階は税財源の老齢年金、2階は労使や自営業者の拠出によるスーパーアニュエイション（退職年金保障制度）である。

一方、社会保険の年金では、保険料拠出と年金受給の結びつけ方には3通りある。

「掛け金建て」（代表は確定拠出型年金 D.C : defined contribution）はあらかじめ保

険料を決め、年金額は保険料の積立金の運用実績によりあとから決める。「給付建て」（代表は確定給付型年金 D.B:defined benefit）はあらかじめ年金給付額を決め、それに必要な保険料をあとから決める。わが国の厚生年金は「給付建て」であったが、2004年改正で厚生年金と国民年金の保険料の上限を設定したので、加入者が減れば将来の年額を減らす「拠出建て」になったといわれた。民間保険の企業年金の場合、D.B だと退職者の長寿化やリストラによる加入者減少で生じた穴埋めのために会社の負担が発生し経営問題化することもあり、近年は D.C への転換が起きている。

　もう一つ 1999 年にスウェーデンの制度改正によって制度化された「見なし掛け金建ての賦課方式」がある。まず、加入者が拠出する保険料は、その時々の年金給付に用いられ積立てられない。ところが、保険料拠出額は加入者個々人の「年金個人勘定」に記録しバーチャルな積立金とし「みなしの運用利回り」をつけて管理し、最終的には生涯の保険料拠出総額が算出される。そして平均余命を参考にしてあとから年々の給付額を決める（掛け金建て）。加入者の拠出と給付の対応関係が明確なので若者の年金離れや年金不信を取り除く効果があるとされる[9]。その上で、無年金者や低所得者のために、税を財源とした最低保障年金が付随している。

ⅱ）（厚生年金の方式）

　厚生年金は創設時には「積立方式」であった。『平成 16 年財政再計算』では、戦後のインフレで積立金の実質価値が激減したことや昭和 23 年に保険料大幅引き下げがあったので、これ以後、「厚生年金は実質的には賦課方式を基本とした制度となったと考えられる」と述べている[10]。つまり、政府が「来年から賦課方式に変えます」といって方式を変更したわけではなく、国民が知らない間に変わったのである。この説明は賦課方式への移行は福祉元年の年金改革が引き金になったという政策起因説を否定し、むしろ戦後インフレが原因であるとするものである。

　スタンダードな賦課方式では現役の将来の年金は将来世代が負担してくれるから現役は自分の積立金を持たなくてよく、今の積立金残高は今の高齢世代の年金に使ってしまってもよい。やがて積立金残高が枯渇すれば、自分が受け取る年金は自分で積み立てた分から出ていないことが分かるはずだった。

　ところがいつまでたっても積立金は枯渇しなかった。

　政府は積立金が枯渇する前に、これを「世代間扶養」方式に変更した。これは

保険料収入を今の高齢世代の年金支払いと、少子化による将来の保険料収入激減に備えた積立金の積み増しの両方に充てるという方法である。

マスコミは平成 27 年度の厚生年金の歳入は約 45 兆円、歳出は約 43 兆円で、差額の 2 兆円分だけ積立金が増えると伝えた。ところがその歳入のうち 27 兆円は保険料収入で、仮に積立方式ならばこの 27 兆円は「現役世代の積立金」の増額になる。一方、43 兆円の支出のうち年金給付などは主に「高齢世代の積立金」から引き出され、その分、積立金が減る。しかし、世代間扶養では積立金をどんぶり勘定にして高齢世代の積立金の減少を見えなくした。

こうして積立金は今までずっと残っているから、高齢世代は今ある積立金は自分たちが積み立てたもので、自分たちの年金はそこから支払われている、という意識が抜けない。だから、なぜ年金をもらい過ぎていると文句をいわれるのか分からない。年金管理者も積立金は将来世代の年金の原資という「規律」がなく、積立金で保養施設の建設をやり、しかもそれを小泉政権下の民営化で安く払い下げたりしても誰も責任を感じなかった。

もっともわが国の公的年金は、国民年金も厚生年金も共済年金も、老後の終身の「老齢給付」だけではなく障害者になったときの「障害給付」や家族の大黒柱が死亡したときの「遺族給付」がセットのいわば総合保障の年金であるから、「世代間扶養」の年金が若い人に「払い損」とは言い切れない。

3) 国庫負担の 8 割は社会保険のため

国立社会保障・人口問題研究所『社会保障費用統計』の「社会保障収支表」の収入欄には拠出（被保険者・事業主）、国庫負担、他の県や市町村の公費負担、資産収入などがある（ただし、「他の公費負担」は地方自治体の単独事業分は含まない）。

2012 度には収入総額は 127.1 兆円で国庫負担はその 23.8％（他の公費を合わせると 34％）を占める。国庫負担の 8 割が社会保険等への支出で、残りの 2 割が生活保護・社会福祉・公衆衛生・戦争犠牲者援護への支出となっている。社会保険で国庫負担を行う理由としては、皆が助け合うのを奨励するとか、保険原理になじまないような給付（例えば国民年金には保険料免除制度があり、手続きをした人には税を財源に減額した老齢基礎年金が支給される）を行うためとかが考えられる。

なお、バブル崩壊以降は赤字国債を抑えるために予算は抑制しているのに社会保障の国庫負担が一本調子で増え続けるために、財政健全化のターゲット

にされやすい。その際には国庫負担分の大宗を占める社会保険が標的になる。2015年に自民党行政改革推進本部は財政健全化に向けたつぎのような歳出削減策をまとめたという。高所得者への基礎年金給付の2分の1の国庫負担分を減額・支給停止、高所得の75歳以上後期高齢者の患者一部負担の引き上げ（現役の負担に近づける）、また、全ての外来患者の窓口負担に一定額の上乗せ（おそらく「保険免責」であろう）、後発医薬品（ジェネリック）の「原則義務付け」など[11]。

2 負担の公平性

1）応能原則と応益原則

　応能原則と応益原則の二つはもともと税を誰にどのように配分するかに関するものであった。「応能原則」は貪欲を戒め貧しきものに分かつという聖書以来の道徳的理念を基礎にするものである。一方、「応益原則」は、かつて、道路や港などを利用して利益を上げたり、治安活動の恩恵に浴したりした富裕層や地主層などに負担を求めたことに発するが、今日では住民に行政サービスの対価として負担を求める場合もある。

　社会保障でも医療、介護、保育などのように利用者に費用を一部負担させるときに、その決定方法は「応能負担」と「応益負担」といわれる。「応能負担」はサービス量とは関係なく利用者の所得に応じて利用料などを決める方法で、わが国では、源泉徴収票や市役所などの住民の課税状況で決めることも多い。たとえば保育園の利用者負担（費用徴収）は、かつては親の所得に応じた応能負担であった。社会保険の保険料は保険料率が所得水準や自分の医療費に関係なく一定であるため、基本的には高所得層が多額を負担するので応能負担である。「応益負担」は、例えば、かつて障害者福祉ではヘルパー利用にかかった費用の1割負担であった。しかし、それだと重い障害でサービスを多く利用する人ほど負担が重くなり、障害年金等では生活が成り立たないとして応益負担が批判された経験がある。なお、医療保険の患者の3割負担や介護保険利用者の1割負担は使ったサービスに比例するから応益負担だが各種の負担軽減措置は応能原則によるものである。介護保険も2015年から高所得者は2割負担となったから応益で応能といえよう。

　中小企業の会社員が加入する健康保険は都道府県別の「協会けんぽ」であるが、その保険料は各県とも標準報酬の10％前後（これを労資で折半）であるから

高所得層の保険料負担額は大きくなる。病気になりやすいわけではないのに保険料額が高いのは応能負担による貢献である。低所得層は保険料が安いからといって給付を減らすことはしない。また、介護保険には所得に応じた保険料の負担軽減制度があるが、介護給付を減らすわけではない。

公的年金の場合は事情が違う。世代間扶養方式の場合は支払った保険料は今の高齢者の年金に使われるところをみれば応能原則による制度への「貢献」である。ところが、数十年にわたる保険料拠出を動機付けるため、支給する年金額を計算するときに賃金や加入期間など拠出した保険料総額に比例させる要素を取り入れてあり、結果的に、多く保険料を払った人が高い年金を受け取るので、実質的には応益負担による保険料拠出になる。

2) 所得の捕捉のトーゴーサン

社会保障制度審議会の1950年勧告では国民も「能力に応じて」協力するとされ、「応能負担」が適しているように見えるが、実際には所得の把握が不正確なのでそうともいえない。会社員はたとえば所得が500万円ならその100％が税務当局に把握され課税対象とされるが、自営業ではその50％しか把握されず、農業では30％しか把握されないので税金が安くなっている、ということをさして「トーゴーサン」(またはクロヨン)といわれ、政治家を加えて「トーゴーサンピン」といわれた。保育所の負担を比べると、近所の繁盛しているお店よりもうちの方が高い、という会社員の不満がよくある。ただし、深尾光洋ほかは、近年はこれらの比が10対9対8程度にまで改善している、という研究を紹介している[12]。

財政学では、所得の100％把握をやらない理由として、税務署員の人件費など「徴税コスト」が大きいことを挙げる。(しかし生活保護の不正受給になるとコストは気にせず徹底的に調査しろという国会議員もいる)。

3) 公平の原則

ⅰ)

近年は、育児・介護休業法により満3歳未満の子を養育するための育児休業等期間について、健康保険・厚生年金保険の保険料は被保険者分及び事業主分とも徴収しない。その結果、育児休業しない・させてもらえない被保険者に余分

な負担が生まれるが、社会保障が不公平に設計されていたためとはいえない。

　また、世代間扶養方式では年金・医療・介護保険ともに高齢者の負担を軽くしている。これは高齢世代の生活安定に寄与し、逆に、現役世代は可処分所得が余計に減り生活安定にマイナスである。しかし、今まで政府は明示的に高齢者を優遇するといったことはなかったが、近年の社会保障制度改革国民会議の報告書では年齢ではなく負担能力に応じた負担を求めている。これは高齢有権者数が多いからその要望に応えるという長年にわたる与野党の政治主導の「高齢者の負担軽減」「高齢者の福祉優先」の結果、不公平な制度になったからである。

ⅱ）
　福祉行政では「敬老精神」と、高齢者は成長から取り残されて貧しいという「老人貧困論」を前提にしてきたから、病院や老人ホームなどの食事代などは入院費や入所費に含まれていたが、在宅者と比べて不公平だということで今は自己負担である。利用者負担は応能負担という考え方だったが所得把握が難しい、それなら、いっそのこと「資産」も勘案しようとなる。

　そこで2015年8月からは介護保険で、今まで行っている利用者負担の軽減に資産調査をして金融資産の保有を反映させることにした。現在は、介護保険3施設（老人ホームなどの介護老人福祉施設、介護老人保健施設、介護療養型医療施設）やショートステイの食費・部屋代は利用者負担だが、低所得者は補足給付により負担軽減をしている。だが、在宅者との公平のため補足給付対象者の範囲を狭めることになった。配偶者が市区町村民税課税の場合（世帯が同じかどうかは不問）や預貯金等が配偶者との合計で2000万円、単身者で1000万円を超える場合は軽減の対象外とする。配偶者の範囲は、離婚状態や長期別居の場合も含める。

　また資産の範囲は、預貯金、有価証券、金・銀、投資信託、タンス預金を含み、負債は差し引く（借入金・住宅ローンを借用証書などで確認）。また、あらかじめ金融機関に残高証明確認をしても良いという同意書を提出する。

　医療保険では、まえもって保険料を払っているのに患者一部負担があるが、その理由として、（ア）保険を使えばいいんだからと油断して暴飲暴食したり不摂生な生活をしたりするモラル・ハザードを防ぐため。（イ）日々、健康維持のためにコストを掛けている人との公平のため。（ウ）寝不足や二日酔いなどのたびに来る患者や医師と話がしたくて来る患者に希少な医療資源が浪費されることを防ぐため、などが挙げられる。そして、かつての「老人医療無料化」（患者一部負担を税金で肩代わりした）は病院のサロン化を招き資源の浪費をもたらした、と経済学者

は否定的に見る。社会福祉では「この政策には社会的ニードがあった」と肯定的にみる（第9章1節(3)参照）。

　ちなみに、海外の医療保険には患者の一部負担がないところや1割、2割のところが多く、3割負担は重い部類である。

第4節　社会保障の正当化

　ヨーロッパでは貧しいとはどういう意味だったのだろう。例えば「旧約聖書」（日本聖書協会、1982年）では申命記15：11で「乏しい者と貧しい者とに、手を開かなければならない」。箴言でも「貧しい者を憐れむ者は主（しゅ）に貸すのだ。その施しは主が償われる」（19章）とある。ところが「富める者と貧しい者とは共に世におる、すべてこれを造られたのは主である」ともいう（22章）。貧者は富者が施しという善行の機会をつくるためだったといわれることもある。

　それに対して「新約聖書」（共同訳『新約聖書』講談社学術文庫、1981年）のマタイオスによる福音書5：3やルカスによる福音書6：20などには、天の国は心の貧しい人々のものだから彼らは幸いである、とある。訳注には「霊において貧しい人々」とは自分の人間的貧しさを悟って神によりすがる人、という（p.12）。そこで、心貧しき人々は神に祝福されたものとされる。

　一方、1987年の阿部謹也『甦える中世ヨーロッパ』（日本エディタースクール出版部）では、中世都市における救貧院、孤児院、養老院では、古代以来の「有力者の行い」や貧民の中にキリストをみるという思想のもとで、寄進者の霊の救済の手段として少数の貧民が選ばれ教会で扶助された（健康で教会の雑用を行った者も多かった）。あるいは富裕な人が財産を喜捨して貧者になって巡礼の旅に出掛けることもあった。「貧者」や「貧しい」という言葉に経済的貧困という意味が強くなったのは12世紀以降だったという。

　そして社会主義者のF.エンゲルスは1845年の『イギリスにおける労働者階級の状態　下』（国民文庫）において、貧乏な賃金労働者は健康がむしばまれ、やがて「窮乏が、財産に対する祖先伝来の尊敬の念をおさえつけ」他人のものを盗むこともあると述べた。

　次に、貧困や生活安定に社会保障という形で対応するのはどのようなメリットがあるか列挙してみたい。

1　社会保障の正当化

1）福祉を高める機能

ⅰ）（国民の福祉）

　生活上のニーズを満たすことを国民の「福祉」という概念と結びつけた人のひとりはドイツのエルンスト・エンゲルであった。

　エンゲルは1857年の「ザクセン王国における生産及び消費事情」で、第1法則のエンゲル法則に続く第2法則で、栄養のための支出の尺度（つまりエンゲル係数）が、他の条件が等しければ、一般に「人口の物質的状態の誤りない尺度である」とした。その支出の次に「より高尚な、より遠大な欲望」を充足することに大きな関心が向けられると考え、国民が栄養の支出と高尚な欲望のための支出をどれ位行っているかが「国民の福祉」であり、すべての住民にそれが行きわたるほど、国民の福祉はいよいよ大きくなる、「それゆえに生活欲望の充足される度合いが、国民の福祉を決定する」と述べた[13]。

　また、自由主義の経済学者ピグーは『厚生経済学』（1920年）のなかで、国民所得の平等な分配は「経済的厚生」を増大させると述べた。

ⅱ）（福祉を高める機能）

　社会保障推進派が列挙する社会保障の機能があり、それらの機能は一般的にプラスの「社会指標」に含まれ生活に役立つから広義の福祉ということができる。例えば『平成24年厚生労働白書』では（ア）生活安定・向上機能：医療費や老後生活費などのリスクを心配せずに生活を送り、過度な貯蓄をしなくて済む。（イ）所得再分配機能：現金給付で低所得者の生活を支える。現物給付は応能負担でニーズに応じ給付を行う。（ウ）経済安定機能：ビルト・イン・スタビライザー機能で経済変動を緩和する、の三つを挙げた。ほかに「社会的統合機能」を挙げる例もある。これはそれまでの労働者だけではなく自営業主、農民を含む全国民のための社会保障により、利害対立を乗り越えて「国民」という枠での社会連帯を醸成し社会不安や労使対立を防ぐのに役立つ、という意味である。

　なお、経済学者が挙げる機能の例として、リスク・プーリング機能：自己責任のない原因により最低限度の生活を営めない場合に備えて、社会全体で生活を保障するや、リスク軽減機能：生活水準が最低限度以下に陥る危険を社会全体で引き下げるや、所得再分配機能：社会全体で所得の平準化を図る、がある[14]。

これらのミクロの欲望充足とマクロの社会的機能は福祉の効果を持つといえるが、両者の間に社会福祉学者の岡村重夫は「社会生活の基本的要求」（経済的安定・職業的安定・家族関係の安定・健康の機会・教育の機会・社会的協同・文化娯楽の機会など）というカテゴリーを設定した[15]。欲望は個々人の生活を動機付けて、その充足は人の生活状態を改善する場合に福祉を高める。岡村の「基本的要求」は欲求を基礎にして構成したもので同時に社会の存続条件だから、社会学の「役割」概念と同様にミクロとマクロをつなぐ構成概念といえる。同時に、「生活全体をカバーする福祉のカテゴリー」ということもできる。

　その一方で自由主義者は「逆機能」つまり社会保障のデメリットを挙げて社会保障を批判する。(ア) 社会保障の充実は家族による介護・育児を減少させ育児放棄を増加。(イ)親の年金を当てにする息子や自立をあきらめる失業者の増加。(ウ) 福祉依存を賄う税や強制加入の社会保険は財産を自由に使う権利を奪う。(エ)自由社会なのに慈善活動がすたれる。(オ) 投資に回す貯蓄の減少。(カ) 不況時にも福祉予算の削減は難しく財政が硬直化する、などである。

2) 人格の発展のために

　世界人権宣言の第22条には「すべて人は社会の一員として社会保障を受ける権利を有し」、「自己の尊厳と自己の人格の自由な発展」に必要な諸権利を有するとある。社会保障と人格の発展を結合するのは、19世紀英国のトマス・ヒル・グリーン以来のニューリベラリズムの思想と同類である。

　自由主義者にとって人格の発展といえばどの子にもチャレンジ精神が備わるようにすることが必須である。なぜなら自由な社会では保守的社会とは違って競争を容認するから結果的に格差が発生する。しかし保守的な階層社会に逆戻りさせないためには、格差の世代的な固定化があってはならず、若い世代のチャレンジ精神を涵養し競争を維持することが不可欠だからである。

　人格の成長ということなら儒教にもある。『礼記』大学篇に、国を治めようとする者はまずその家を斉え（ととのえ）、家を斉えようとする者は先ずその身を修めるとある。修身は家と国のためである。『孟子』離婁（りろう）上篇では「天下の本は国に在り、国の本は家に在り、家の本は身に在り」とある[16]。これらは個人そのものの価値に発するというよりは「個体－家族－国家－天下」という連続体において個人の成長を位置づける発想で、漢籍に堪能だった福沢諭吉は独立自尊を唱えるとともに、一身の独立を国家の独立に結びつけ、列強に植

民地化されまいとする時代の要請に応えた。

　ヨーロッパでも自分のことは他人に頼らない独立心は大切な道徳であったが、各人が努力してもうまくいかないから社会連帯で社会保障をつくることになった。一方、米国は自助努力の結果を自己責任として引き受ける独立心が規範であった。それに対してわが国の伝統は、家族や地域などが助け合うことで「お上」に迷惑を掛けないというのが一人前の人間の証だったから、米国と同様に社会全体の連帯や国の社会保障には関心が向きにくかった。

3) 憲法の最低生活権保障

　日本国憲法第25条1項に「すべて国民は、健康で文化的な最低限度の生活を営む権利を有する」と定めているが、これは生存権に基づくものであるが、国に最低生活の確保を目標にした諸政策を行なうように求めた指針で、個々のケースで具体的権利を賦与したものではないという見解がある。このような理解の仕方はプログラム規定説と呼ばれ、ワイマール憲法当時の、社会権などの全てを実現する財政力がなかった事態に由来する解釈とされる。他方で、この条項は、抽象的ではあるが憲法上の権利を規定している、あるいは、既に具体的な権利を規定した条項であるという見解もある。

　憲法第25条第2項には「社会福祉、社会保障および公衆衛生の向上および増進に努めなければならない」とあるが、ベヴァリッジ報告や欧米の通例では社会保障は所得保障である。そして英国のウェッブ夫妻の1920年の『大英社会主義社会の構成』(木鐸社)のナショナル・ミニマムの公衆衛生に医療が含まれていたし、現行のOECDの社会支出統計では「保健」に医療保険が含まれているから、欧米流なら「公衆衛生」に医療が含まれると解せる。

　また、「社会福祉」の内容は、当時の具体的な内容は「必ずしも明らかではない」といわれた[17]。先の50年勧告では「社会福祉とは、国家扶助の適用を受けている者、身体障害者、児童、その他援護育成を要する者が、自立してその能力を発揮できるように、必要な生活指導、更生補導、その他の援護育成を行うこと」とされ、62年の答申では「低所得対策」とされた。

　フランスの現行憲法は人権宣言やそれまでの憲法などの継承を宣言したので、国民の権利はその前文・本文には出てこないが、「フランス共和国憲法」(1946年)の前文では、国はすべての人、特に、児童、母親及び年老いた労働者に対し保健、物質的保証、休息及び余暇を保障する。人は誰でも、労働することので

きないとき、国家又は公共団体に対して相当な生活の手段を求める権利を有する、と細かい。また「イタリア共和国憲法」第38条にも細かな記述がある[18]。

ただしドイツ、米国の憲法には生存権規定がない。その米国では最小限国家論という国家による再分配を否定する哲学が興った。

4）国家の役割

先進国はいずれも国民の福祉の向上を目指し、福祉国家と呼ばれることも多い。しかし、それまでは貧困は施しや慈善の対象で国家が介入すべき問題ではなかったし、救貧法も国家の役割というよりも地主などの施しを行政が取り込んだようなものだった。

19世紀半ばにドイツの社会主義者F.ラサールが当時の英国のブルジョアの自由主義的国家観を、ブルジョアの私有財産を守ればその他は自由放任に任せる夜警国家観だと表現した。当時の租税は国家が主にインフラ整備や財産保護や治安などのために徴収するという租税利益説で正当化されていた。

しかし新興国ドイツでは、先進国の自由放任主義的な経済学を批判し、国家の保護があるから個人や企業の活動が成り立つと考えて国家活動に必要な経費を負担するのは国民の義務という租税義務説が受容された。今の発展段階は英国とは違うから政府が関税で産業を守り育成すべきであると主張していたフリードリッヒ・リストは、税は浪費されるだけという論に反対して、「諸々の法律や公の制度が直接的価値を生産しないとはいえ、それらは生産力を生産する」とし国家の重要性を主張した[19]。1855年にディーツェルは社会資本、防衛、治安維持、労働者保護のための政府経費は「生産的」と主張した。

その頃の英国では国民が豊かな階級と貧困階級に二分したことを憂えた保守派のディズレーリが、伝統を破って国家が労働者保護に乗り出すパターナリズムの政策を始めた。また、伝染病が起こると郊外に住んでいる支配層や実業家も会社や教会や召使いを通して感染の危険にさらされたから、防疫は大きな関心事になった。公衆衛生、上下水道の整備、ゴミ処理、排泄物の処理、伝染病患者の隔離などは切実なテーマだった。また19世紀末には大英帝国が海外の植民地や財産を守るために労働者階級の子弟を兵士にしようとしたが、彼らの体位があまりにも貧弱だったことに支配階級は衝撃を受け、自分たちの財産を守るために労働者の栄養状態を改善すべきだと考え始めた。

こうなると国家が社会や家族に介入することに反対してきた人々の中にも、

生活環境を改良したり労働者の生活を改善させたりする役割は国家や自治体が一番ふさわしいと考える人も出てきた。

19世紀末には自由主義者の中には夜警国家観を捨て、人格の完成を妨げる条件の除去は国家の役割と主張するT.H.グリーンによるニューリベラリズムを受け入れる人もあり、当時の英国では労働者保護の社会政策を右派も左派も受け入れる素地があった。

そして世界大恐慌に際して、国家が国民の福祉を守るという福祉国家観が広く支持された。戦後の米国では、ドイツの大学を卒業して米国に移住した財政学のR.マスグレイブが1959年の『財政理論』(有斐閣)で、それまでの古典派の財政学とは全く違って、所得の適正な分配、経済安定、資源の効率的配分などを国家財政の役割とした。これによって社会保障が社会的欲求やメリット欲求により理論的に国家財政の中に位置づけられたといえる。

5) 労働供給を支える

大河内一男は労働者保護の社会政策の必要性を、「支配層の温情」(パターナリズム)や「労働者の不満を抑える安全弁」などではなく、経済の存続それ自体から説明した。まず、国による社会政策の実質的主体を国家ではなく「社会的総資本」に求めた。「個別資本」の立場ではブラック企業のように利潤のために労働力を酷使し喰い潰すが、しかし「社会的総資本」の立場からは、総体としての健全な「労働力」を世代から世代にわたって確保することが課題となる。そこで、資本制経済の再生産を順調に確保するために「労働力の保全、培養」が必要となり、社会政策が必要になると主張した[20]。

生産力に注目する点では、ウェッブ夫妻が『産業民主制』(1897年)の中で、全産業に国民的最低限の労働条件(ナショナル・ミニマム)を守らせることは「国民経済の効率」を高めると主張したのと同類である。また、社会政策は失業者への所得保障によって求職中の生活を支えると同時に、子どもの生活を守り将来の労働力を確保する機能がある。また、健康保険は一日も早い職場復帰を可能にし、介護保障は家族の介護離職を減らすなどの労働供給効果が強調される。いわば「経済と福祉の両立」において社会保障を正当化できる。

6) 消費需要の下支え

　不況対策として需要の喚起を重視するケインズ経済学に照らせば、失業保険は不況期には保険給付により消費需要を下支えし、好況期には上昇した賃金から保険料を徴収し消費需要を抑えインフレ予防に役立つという「ビルト・イン・スタビライザー」であるという見方が出てくる。

　また、労働組合も、英国労働党が戦時中にケインズ主義の経済政策を受容したことにならい、個人消費を喚起するために社会保障給付を増やせと要求する。(ただしわが国には、近年は低所得層の消費性向(所得に対する消費支出の比率)が低いから所得保障をしても需要効果は大きくないという説もある。その場合に有効なのは現物給付となろう)。

　ところで、リストラで効率化や生産性向上を図り国際競争力が高まると輸出は増加するが、雇用は減っているから国内の消費需要が減る。スウェーデンでは生産性向上を目指すと同時に所得保障を充実させているので消費需要を維持しているといえよう。

　最近は、AIという技術革新を与件にして需要の下支えのために増税によるベーシックインカムを提案する経済学者もいる(第13章4節(2)参照)。

7) 貧困の減少と所得格差縮小

　英国のB.S.ロウントリー(1871～1954年)はヨーク市で世帯調査を行い貧困原因を調べた。第1回調査(1899年)の貧困原因は低賃金と多子が多かったが、第2回調査(1936年)は失業と老齢が多かった。第3回の1950年になると老齢と疾病が主な貧困原因だった。つまり社会保障の充実はニード充足によって資本主義経済の欠陥から発生した貧困を減少させる効果があると考えられた[21]。

　一方、食べては行けるが世間並みに生活ができないという相対的貧困には教育や住宅など個別の対策があり得る。ところがそれらのニードは優先順位に個人差があるからこの場合の社会保障は、基礎的ニードの最低保障というよりは、低い層を引き上げて格差を縮小する平等化の効果がある生活安定保障といえる。

　社会保障制度は世帯から徴収した税や社会保険料を財源にして、所得喪失者や低所得者への各種の給付が行われ、その結果、個々の世帯の所得が増減するがこれが「所得の再分配」で、財源を主に高所得層が負担し低所得層へ再分配

するのを「垂直的再分配」という。ところで、不平等の測定は「ジニ係数」が代表的でジニ係数が小さいほど所得分布は平等である。

　実証的には社会保障が充実している北欧福祉国家は「再分配後の可処分所得」の格差は大幅に縮小している。わが国でも最近の当初所得のジニ係数は0.55だが再分配後は0.38である。そこで「所得再分配はジニ係数を引き下げる」という仮説を得る。

　G7の国々（カナダ・フランス・ドイツ・イタリア・日本・英国・米国）と北欧5カ国（デンマーク・フィンランド・アイスランド・ノルウェー・スウェーデン）の可処分所得のジニ係数を比べてみる。社会支出の対GDP比が大きいほど所得再分配の規模が大きいと仮定すれば、北欧はG7よりもジニ係数が小さいという予言が得られる。2012年は、G7のジニ係数はドイツの0.289から米国の0.39で、北欧はノルウェーの0.25からスウェーデンの0.271であった[22]。

　金融危機前の2007年前後のジニ係数と2007年の社会支出の対GDP比の相関係数は負の相関が予想されるが、G7は−0.77で北欧は−0.63で、両グループを併せた12カ国では−0.51であった。ところが、2012年のジニ係数と2011年の対GDP比の相関係数は、G7（日本を除く）は−0.52で北欧はプラス0.52、11カ国では−0.29であった。北欧の乱れはスウェーデンが原因である。（データの年次がずれるのは資料による）。

　なお、トマ・ピケティの『21世紀の資本』（みすず書房）の格差論は、超富裕層のシェアの減少によって格差が縮小するという見方だから、社会保障が出る幕がなかった。今も米国の格差拡大は超富裕層のシェアの拡大が主な要因であるから失業を別にすれば社会保障よりは富裕層への課税強化が有効であろう。一方、わが国の所得格差拡大は主に母子世帯・高齢者世帯や非正規社員など低収入世帯の増加によるから、格差縮小には賃金引き上げや職業能力アップ、低所得層への給付などが考えられる。

2　伝統的な相互扶助の機能的等価物

1）機能的等価物としての社会保障

　従来の社会保障論では高齢者の年金は貧困によって説明してきた。たとえばロウントリーの労働者家族のライフサイクル図式の通り高齢期には所得が貧困線より下がる貧困者が増えるからとか、ベヴァリッジのように高齢期は稼得所

得がなくなるからと説明してきた。わが国政府の1999年の年金の財政再計算でも「公的年金制度は、老齢、障害、死亡による稼得能力の喪失や減少に対し被保険者本人や遺族への年金給付により生活基盤を支えるもの」と述べていた。
　ところが機能主義の社会学ではちがう。富永健一は産業革命による社会変動で伝統的な共同体の相互扶助が弱体化したので、その機能的空白を埋めるために福祉国家が登場したという[23]。つまり、福祉国家は共同体が持っていた相互扶助と同じ働きをする「機能的等価物」といえる。機能は同じだと言っても、かつての共同体の相互扶助は仲間内の相互の善意や理解や祖先伝来のしきたりで成り立ったが、それに対して社会保険などは、人工的に善意なし感謝なしで権利・義務を中心にして官僚によって設計された再分配装置といえる。
　もっとも、機能的等価物の概念を用いると、必ずしも福祉「国家」でなくてもよく、福祉ミックス論のように市場部門・公的部門・インフォーマル部門の3部門体制でも良い。ただし、これに反対するのが国家責任論者である。
　1986年にR.ローズは「民間市場、国家、家族はいずれもすべての福祉を供給するのには不完全な存在であり、各部門の強いところが、他の部門の弱い部分を補完できるのである。」そして、社会の福祉の全体量は3部門が提供する福祉の総和で、社会における「混合福祉」はこれら3部門で提供される財とサービスの比率によって特徴づけられると述べたとされる。ところが経済学の丸尾直美は1993年に、福祉ミックスは「単なる混合ではなく、福祉改善を効率的かつ公正に行う上で最適な組み合わせ」と混合経済と同様に規範的に位置づけた[24]。効率的な福祉とは低い予算で従来と同程度あるいはそれ以上の満足を与える、また格差縮小をもたらすことである。

2) 世代間扶養の年金

　わが国では公的年金は賦課方式とされるが、公的年金の目的は「私的扶養の代行」であるという「世代間扶養」の考え方とされる。
　石油危機以降の急激な少子化で賦課方式の人口的経済的条件が変化し、少子化で保険料収入は減り高齢化で必要な年金支給額が増えるのだから、図式的には保険料引き上げや、年金支給額の増加の抑制が当然で、そのために支給開始年齢引き上げや所得代替率（本来は、受給する年金水準÷本人の現役時代の賃金水準だが、最近は、高齢者の平均年金水準÷現役被保険者の平均賃金水準）の引き下げを行うのが先決であった。ところが定年になったらすぐに年金で生活を支える「年

金生活」というライフスタイルと、所得代替率6割が当然とされたせいか、政治はこれら抑制策を先延ばしにした。もともとは長年働いた労働者に報いるためのものだったが、そうもいっていられなくなった。結果的に、若い世代・将来世代の保険料負担が大きくなりしかも年金水準が低くなるので、負担給付比率（生涯年金受給総額÷生涯保険料拠出総額）に大きな世代間格差が生まれてきた。

　厚生労働省の「年金制度における世代間の給付と負担の関係について」によれば、平成16年財政再計算による「厚生年金（基礎年金を含む）」の生年別世帯の負担給付比率（妻は40年間専業主婦）は、つぎのようである。1935年生まれ（2005年に70歳）は8.3倍、1945年生まれ（60歳）4.6倍、1955年生まれ（50歳）3.2倍、1965年生まれ（40歳）2.7倍、1975年生まれ（30歳）2.4倍、1985年（20歳）2.3倍、1995年生まれ（10歳）2.3倍、2005年生まれ（0歳）2.3倍である。これには従来から「世代間の不公平」という批判や「年金の損得論」があったが、堀勝洋は給付や負担の適正化、支給開始年齢引き上げを提言していた[25]。

　厚生労働省は「負担と給付に世代間のアンバランスがある」という批判に対してアンバランス自体を、昔からあった「親子の私的扶養の社会化」という論法で正当化している。しかし、意図的に「世代間扶養」方式を採用したのか、意図せざる結果に過ぎないのか、明らかにしていない。

　新規に受給する年金額を算出するとき、各人の過去の「平均給与」×「再評価率」（過去の物価水準などを勘案し給与を水増しする）×「拠出期間」により、生涯の擬似的な所得総額を算出している（第11章3節(2)1)参照）。ここから再評価率を除き平均保険料率を掛ければ生涯の保険料拠出総額を得る。それと年金の受給総額を年々比較すればどれ位、現役世代から支援を受けているのかの見当がつく（ただし、これは長生きほど支援が大きくなり、毎年責められるようで、現役への感謝どころか「怨み」を生むといけないから、これは封印するのであろう）。

参考文献（第1章）

(1) 隅谷三喜男「社会保障の理論形成」社会保障研究所編『リーディングス日本の社会保障　総論』有斐閣、1980年。
(2) 『ベヴァリッジ報告　社会保険および関連サービス』（1942年）至誠堂、pp.181～182。
(3) 「失業保険制度の国際比較－デンマーク・フランス・ドイツ・スウェーデン」平成26年、労働政策研究・研修機構「調査シリーズ」No.143、p.87　http://www.jil.go.jp/institute/siryo/2014/documents/0143_04.pdf。
(4) 『ベヴァリッジ報告』至誠堂、p.6、pp.185、186。
(5) http://www5.cao.go.jp/j-j/wp/wp-je12/pdf/p03032_1.pdf。
(6) 堀勝洋「日本型福祉社会論」季刊社会保障研究1981年　http://www.ipss.go.jp/syoushika/bunken/data/pdf/sh170104.pdf　ほか。
(7) 江口隆裕「フランス少子化対策の系譜」筑波ロー・ジャーナル、2010年　http://www.lawschool.tsukuba.ac.jp/pdf_kiyou/tlj-07/tlj-07-eguchi.pdf。
(8) 国立社会保障・人口問題研究所『社会保障費用統計』　http://www.ipss.go.jp/ss-cost/j/fsss-h25/H25.pdfほか。
(9) 高山憲之「年金用語解説」　http://www.ier.hit-u.ac.jp/~takayama/pension/argument.html。
(10) 『平成23年厚生労働白書』p.41、p.76。
(11) ヨミウリ・オンライン、2015年5月27日。
(12) 深尾光洋ほか『年金制度をより持続可能にするための原理・原則と課題』経済産業研究所、2006年　http://www.rieti.go.jp/jp/publications/dp/06j012.pdf。
(13) エルンスト・エンゲル『ベルギー労働者家族の生活費』（1895年）、栗田出版社、pp.15～16。
(14) http://www.f.waseda.jp/ksuga/PubEco1015.pdf。
(15) 岡村重夫『社会福祉原論』全国社会福祉協議会、1983年、pp.72～。
(16) 加地伸行訳注『孝経』講談社学術文庫、2007年、p.90。
(17) 仲村優一『社会福祉概論（改訂版）』誠信書房、1991年、p.3。
(18) http://www.mhlw.go.jp/shingi/2010/02/dl/s0215-12e.pdf。
(19) フリードリッヒ・リスト『政治経済学の国民的体系』（1837年）勁草書房、p.177。
(20) 野田稔「社会政策の一問題点」　https://mrepo.lib.meiji.ac.jp/dspace/bitstream/10291/12718/1/shogakuronso_36_3_1.pdf。
(21) 社会保障研究所『社会保障の潮流』全国社会福祉協議会、1977年、p.87。
(22) http://stats.oecd.org/index.aspx?queryid=66670。
(23) 富永健一『社会変動の中の福祉国家－家族の失敗と国家の新しい機能』中公新書、2001年。
(24) 坂井素思（もとし）「生活政策論序説－『公私ミックス』論あるいは『公私分担』論

の基礎原理は何か？－」放送大学研究年報、2001年　第19号、pp.1-17　http://u-air.net/workshop/board/sakai2002.htm。神山英紀「最適福祉ミックスとは何か？-高齢化社会を念頭に-」ソシオロゴス、1999年23号　http://www.l.u-tokyo.ac.jp/~slogos/archive/23/kamiyama1999.pdf。

(25)　http://www.mhlw.go.jp/topics/2004/03/dl/tp0315-2r.pdf。堀勝洋「公的年金と世代間の公平」季刊社会保障研究、1991年Spring　http://www.ipss.go.jp/syoushika/bunken/data/pdf/sh260408.pdf。

社会保障の方法

グローバル化を推進する投資家は、国家や国民の枠を超えたグローバル思考で国内に問題があれば海外で経済活動すればいい考えから、国内の格差拡大という問題には関心が持てなかった。それに対して政党の世界観には国民の福祉を高めるシナリオもあるはずで、ここではそれを「経済と福祉の両立」として考えた。ここで「福祉」は国民の福祉を高める福祉政策一般である。ただ、実際の政党の内部にはいくつも異なった主張の持ち主がいるが、便宜的な見取り図として政党名を使うことにした。

　19世紀のヨーロッパではフランス革命の「自由と平等」のうち、平等を強調したマルクス主義は生産手段の公有による社会主義を目指し、社会民主主義は平等を引き継いだが生産手段の公有よりも社会政策による事後的な平等を重視した。一方、自由主義は長時間労働も低賃金も自由に資本家任せであった。また、保守主義は自由や平等よりも国王や国家の権威を守るために施しとして労働者を保護し支配するパターナリズムの姿勢であった。

　そして、福祉国家は自由主義と社会主義の混合体として誕生したといわれていて、また、わが国では保守派が根強いこともあり、本章では社会民主主義と自由主義と保守主義の三つの世界観を取り上げた。そして社会保障の方法としては「平等」指向、「自由」指向、「保守」指向としたが、学界でこういう分類が通説というわけではなく、説明の便宜の試みである。

第 1 節　産業社会と生活の再生産

1　産業社会の自由放任主義と貧困

　A. スミスに由来する自由放任政策は経済活動では各自の「自愛心」に任せておけば「社会的利益」が増進する、いわばミクロ最適がマクロ最適をもたらすという考えである。ところがスミスは、雇用については雇う側の親方が有利であると注意を向けていた。「親方達は、その数が比較的少数であるから、はるかにたやすく団結できるし、そのうえ法律は、親方達の団結を権威付け、否、少なくともこれを禁止していないのに、職人達の団結を禁止している。……いっさいの争議の場合、親方達ははるかに長期間もちこたえることができる。多くの職人は、仕事がなければ、1 週間とは生存できないであろう。[1]」そして、雇ってもらう側には、もう一つ働かなければいけない理由があった。

　M. ウェーバーは『プロテスタンティズムの倫理と資本主義の精神』(1904〜05 年) の中でプロテスタンティズム、特に 17 世紀のカルヴァン派を取り上げた。カルヴァン派の「予定説」では神に「撰ばれ」救われる者は既に決まっていて、善行を積んでも救われない人は救われないという教えだった。しかしピューリタンは、絶え間ない職業労働によってその疑惑が消えて自分は救われる側にいるという確信を得た。カルヴィニズムは世俗的職業生活を信仰の証とすることが必要であると考えるようになった。カルヴァン派から派生した英国ピューリタンのリチャード・バックスター (1615〜91 年) の著作によれば、自分が救済されることを確信するために、自分の召命 (神から与えられ自分が果たすべき使命のある職業) を果たさねばならない。従って「労働の能力のあるものが乞食をすることは、怠惰として罪悪である。」カルヴァンは物乞いを禁じピューリタンの合言葉は「施しは慈善にあらず」であった[2]。

　人々は現世が苦しいからせめて死後の安らぎを祈ったが、働かない人は救われないという「恐怖から逃れる」ために貧困者は「信仰心」で動機付けられて働いた。この信仰上のマインドは中産階級が強調した世俗的な「自立」(self sufficient。他の人からの助力がなくても自分に必要なことをやり、生み出すことができる。『オックスフォード現代英英辞典』) と一致した。まさに共同体の保護と支配から解放された労働者がせっせと働く「自立」だった。こうなると貧困は資本主義の失敗ではなく生産的機能を持つ、というどんでん返しがおきる。マルクス

も『資本論』で、J．タウンゼントが1817年に貧困は勤勉や労働を強制によらず自然に動機付けるものとみなしていたと言及した。

このように貧困を肯定してしまえば、自由放任主義者は働く能力のない者だけを貧弱な救貧法で食べさせるだけで良かった。

またA．スミスは、「労働貧民」つまり人民の大多数にとって賃金は勤勉の刺激剤で、さらに、今の境遇が改善され晩年は安楽で豊かに過ごせるという希望が持てるときに彼の力を最大限に発揮させると述べた。つまり「あの世」の救済を持ち出さなくても、「この世」で将来に希望が持てれば勤勉の動機付けになると信じていた。

② 生活の再生産

19世紀に、家庭生活の充実は労働力再生産を通して産業・生産に役だつという、社会保障につながる視点があった。それが「生活の再生産」という見方である。

昔も今も、職場での労働は生命を「消費」するが、同時に、財を「生産」し、それに対して家庭での「消費」は、会社員や家族の生命・労働力を「生産」するという生産的な機能がある。副田義也はこれを生活構造の循環式で捉えた[3]。

副田の発想は社会主義者F．エンゲルスの「生活の再生産」に由来すると思われる。「歴史における究極の規定的要因は、直接的な生命の生産と再生産とである。しかし、これはそれ自体さらに2通りにわかれる。一方では、生活資料の生産、すなわち衣食住の諸対象とそれに必要な道具の生産、他方では、人間そのものの生産、すなわち種の繁殖が、これである。」[4] これらの順調な再生産があって、はじめて個人も社会も存続する。

19世紀の末に経済学者A．マーシャルは労働者の賃金引き上げのメリットを語った。「賃金の上昇は、それが不健康な状態のもとで得られたものでないかぎり、ほとんどつねにつぎの世代の肉体的・知性的、否、道徳的な力さえ強化し、他の事情に変わりがなければ、労働によって得られるはずの稼得の増大はさらにその上昇率を高める[5]。」つまり、栄養や教育や良い生活環境が労働力の質を高め生産性向上につながるというのである。マルサス人口論の世界では、豊かになると人口が増え生活水準は向上しないのだが、マーシャルの時代の英国はすでに出生率低下が労働者階級に普及し始めたから、賃上げは生活改善のために役立つと考えられたのであろう。

穏健な社会主義者ウェッブ夫妻は二つの「ナショナル・ミニマム」の概念を生み出したが、19世紀末に最初の「ナショナル・ミニマム」を提唱した。それは産業の共通規則を意味した。共通規則が存在しない場合、会社間の競争が労働条件を悪化させて労働者がその産業を嫌い産業が衰退する。しかし「その産業を通じてある共通なる最低標準を強行するときは、ただにその退化を停止するばかりではなく、あらゆる点において産業上の能率を高むるの助けとなる。」一社会にあっても「共通規則の方策を産業から全国民にまで拡大すること――衛生や安全、余暇や賃金に関する国民的最低限の条件を広く強行し、それより以下の条件ではいかなる産業も経営さるるを許さないということ――は、その国の産業にとって、共通規則の採用が各特殊の産業に対して及ぼしたのと同様の経済的効果を有するものである。[6]」つまり、資本家にも損な話ではないと言って説得した。

ここでは労働力の再生産を強調したが、「取り残された人々」や働く能力のない人たちを切り捨てるわけではない。A.マーシャルも対応する必要性を説いた。今日は、教育訓練も叶わず働くことができない人がいれば救済するのは、憲法上、当然のことといえる。それを含めての「福祉」（福祉政策一般）である。

3　社会保障抑制の経済学

オーストリア出身のF.ハイエクなどの自由主義の思想家や米国の自由至上主義（最小限国家論）や、経済学の新古典派のうちの社会政策を後回しにする格差容認派を、以下では「リバタリアン」としておきたい。

リバタリアンの祖先とされるのは19世紀ヨーロッパの自由放任主義的な古典派経済学だが、内実は国家による産業や労使関係の規制に反対し、労働時間も雇用契約も立場の強い資本家任せであった。また、19世紀末から始まる新古典派経済学は市場の価格変化を通して資源が「効率的」に配分されるとし、失業も賃金下落や労働市場の需給関係により解消されるという考えだった。

しかし現実には都市は貧困層があふれ、19世紀末ロンドンでは人口の3分の1が貧困であるという調査もあった。そして20世紀の大恐慌期になると失業解消のために政府が公共事業をやることを主張したケインズ経済学が興り、戦後も景気対策で強い支持を得た。これは英国労働党も支持したし、政府の役割を評価するという意味では労働者や社会保障の追い風に見えた。

ところがそれとは対照的に、1950～60年代に実証を重んじたシカゴ学派の

経済学が台頭し、思想としては自由主義で、そして経済学としては価格メカニズムを原則にして「規制廃止」を主張していた。政策としてはM.フリードマンは財政や金利でなく貨幣供給量を重視しマネタリストと呼ばれた。名目貨幣量の増加で名目所得が変化し短期的な生産と雇用に影響を及ぼし、長期的にはインフレに関係するという。そして政府の役割は犯罪や不正の排除や低所得者対策だけであるとした。1960年代のインフレ議論は「デマンドプルかコストプッシュか」で、インフレ対策は金利引き上げが中心だったから、それと比べマネタリストには新しさがあり単なる自由放任の復活ではなかった。

そのころの米国では、ケインズ経済学が中心で市場と公的部門の両方を並列させる混合経済の思想が普及したが、1960年代後半からのインフレ傾向や70年代のスタグフレーションの抑制には成功していなかった。それに対してシカゴ学派の政策がインフレ克服に寄与し、ここから80年代にはシカゴ学派がケインズ経済学に代わって経済学の主流になった[7]。つまり、これ以降は社会保障に批判的な経済学の時代となる。

そして米国では1980年代90年代になるとコンピュータを駆使する専門職とその他の職種の賃金格差が広がり、さらに金融の自由化やグローバリゼーションで社会的な格差が広がった。

この問題について経済自由主義の経済学は市場メカニズム重視では全体としては共通だが、所得格差の是正や分配の平等化に関して、格差容認派と格差是正派と中間派の三つのグループに分けられるようである。(ア)格差容認派。経済成長すれば雇用が増加し、機会が平等で移動の障害がない限り世代内、世代間で賃金格差は固定化されない。機会の平等があればあとは本人の努力次第、というリバタリアン。(イ)格差是正派。賃金引き上げや政府による労働者保護は労働者生活を安定させ労働生産性向上に役立つ。市場競争を支持する点で自由主義と両立する。(ウ)格差容認だが、経済成長したあとに税の自然増収を減税財源ではなく福祉政策に充てる、という政策の順番を強調する。成長率が回復するまでは社会保障抑制を続ける。

第2節 「経済と福祉の両立」を目指す三つのシナリオ

19世紀のヨーロッパでは自由や平等という価値観を掲げて社会政策が論議

されたが、経済と福祉の両立と読み替えて考えてみたい。

　平等指向の社会主義者も自由に無関心というわけではなかった。マルクスが『ゴータ綱領批判』(1875年)で「各人は能力に応じて、各人に必要に応じて」という「平等」の理念を掲げた。また、1846年のマルクスとエンゲルスの『ドイツ・イデオロギー』では「自由」について次のように述べていた。「他人との共同体において初めて各個人は彼の素質をあらゆる方面へむかって発達させる手段を持つ。従って共同体において初めて人格的自由は可能になる」。そして個人の「全体の自由な発展」は、一つの欲望を満足させるために他の全ての欲望を犠牲にせざるを得ないという状態では不可能であると述べていた。

　ところでマルクスとエンゲルスは1848年の『共産党宣言』では、当時の社会事業家などは資本主義を温存するものとみなした。それとは対照的に、わが国のマルクス主義的な社会福祉研究者の中には人類の未来は共産社会になるという発展法則を前提にして、社会福祉は歴史の発展法則の所産だから資本主義温存ではなく社会主義へのステップだとか、社会福祉の「生活の社会化」機能は社会主義社会に継承されるから、資本主義のもとで社会福祉を発展させることは社会主義建設とは矛盾しないという主張もあった[8]。

　これは一般の国民からは福祉優先の思想と見られたが、その一方で、資本主義経済の果実を社会福祉のために使ってしまい、そのあとは社会主義経済で、という考え方として警戒された。また「福祉国家」は自由主義者や保守主義者からは社会主義社会を目指す運動のイデオロギーと見られ、個々の福祉政策には賛成でも福祉国家を受容しにくくなったと考えられる。

　近年、わが国の野党の福祉充実による需要回復の提案はアベノミクスの成長指向との差別化のために成長は後回しにする。また韓国文政権の最低賃金引き上げは税を投入するが、この所得主導成長論を成長や投資との関連で批判すると前政権の「積弊」と攻撃してくるマスコミをおそれ、批判したくても口をつぐむといわれる。つまり日韓では「経済と福祉の両立」の立場でも政治がらみで「福祉」だけが強調されるという仮説もできる。

　一方、1971年の児童手当法の目的には「家庭等における生活の安定」と「次代の社会を担う児童の健やかな成長」、つまり貧困対策と将来の労働力の涵養、従って、経済と福祉の両方が目的とされ企業も財源の一部を負担した。

　ところで、2011年10月にIMFのアジア太平洋局長のブログ「もう一つの再調整：アジアの包括的成長を求めて」では、中国、NIEs、南アジア(インドを除く)のこの20年間は不平等な成長であるが、持続的成長のためには所得の公平性

が重要であること、そして、最低限のセイフティ・ネットなら低コストであると述べた。この公平化あるいは包摂の提言は成長のための提案である。

1　社会民主主義のシナリオ

1）平等の価値観

マルクスは『ドイツ・イデオロギー』で平等に関連して次のように述べた。個人に「全ての欲望の正常な満足を、すなわち、欲望そのものによってのみ制限されるような満足を彼らに可能にする」ような社会を実現すると述べた。これが「大衆の欲望を抑えるな」とわが国のマルクス主義的な社会福祉学者が教えた根拠であろう。それは資本主義の高い生産力水準を引き継ぎ労働者の欲望充足を保障するということであろう。

その意味では平等を引き継いだ社会民主主義も、個人の自由な成長のために国民全員に平等に消費生活を確保する発想といえよう。スウェーデンの社会民主党はそれを税や社会保障や教育や住宅保障などで国民に実現し自由の拡大と生活安定を図ろうとしてきた。

1970年代80年代になると、かつて産業の国有化を主張する社会主義勢力だった英国労働党やフランス社会党は市場経済と共存する社会民主主義の路線になり「平等」をオールマイティな価値とした政党ではなくなった。

2）経済と福祉の両立

スウェーデンの社会民主主義は戦前から、労働者も農民も自営業者も分け隔てのない「平等の理念」の実現を追求してきた。戦後は、1950年代のレーン＝メイドナー・モデルのように「同一労働同一賃金」と「積極的労働市場政策」をリンクさせたが、従業員の経営参加や「政労使」が協議して労働・賃金・福祉を約束するという手法である（ここは後で述べる社会自由主義との大きな違いである）。手厚い社会保障給付があるから「労働者は恐れることなく、成長と効率性を促進する『創造的破壊』に邁進できる」[9]。つまり「社会保障は成長と生産性向上に役だつ」という見解だが、これはリバタリアンとは逆である。

しかし同一労働同一賃金を実行すれば低生産性の企業は倒産し、失業者という「痛み」が発生するが、男女を問わず若者と社会人を問わずに職業訓練・教

育を受ける「平等な機会」を提供し、成長産業への就職を支援し社会全体の生産性向上を狙う。常に生産性向上を継続するには労働への動機付けが重要で、平等を目指すといっても労働市場では専門性に応じて賃金格差がある。その上で、失業者等の所得喪失者へ強力な再分配により「事後的に」平等な社会になる。

2 自由主義のシナリオ

1) 自由の価値観

ⅰ)

今日のレッセ・フェールの経済学は A. スミスに由来するといわれるが、エスピン-アンデルセンは、それは違うという。国家がいかなる社会的保護もおこなわなくて良いという意味の自由放任主義的な政治経済を提唱したのは A. スミスではなく、スマイリーやハリエット・マルティノーのように自由放任思想を大衆化した論者だという。第1に、社会的に最低限の生活を保障することは貧困や失業を根絶するよりもそれらを増やすと主張し、第2に、社会的な保護は道徳的な退廃、浪費、怠惰、飲酒を拡げると主張した[10]。

確かに、スミスは1776年の『諸国民の富』では、「汝の敵」でなく「自分」を愛する自愛心に任せると社会がうまくいくという逆転劇を次のように描いた。「自分自身の利得だけを意図しているが、……見えない手に導かれ、自分が全然意図してもみなかった目的を促進するようになる。……自分自身の利益 (self interest) を追求することによって、実際に社会の利益を促進しようと意図する場合よりも、いっそう有効にそれを促進する場合がしばしばある」[11]。

一方スミスは、それに先立つ1759年の『道徳情操論』の冒頭で「人間がどんなに利己的なものと想定されうるにしても、明らかに彼の本性の中には、いくつかの原理がある」、それらは「他の人々の幸福を、それを見る喜びのほかには何も、彼はそれから引き出さないのに、彼にとって必要なものたらしめる」、これは「哀れみまたは同情(共感)」であると述べた[12]。しかし行き過ぎた自愛心にブレーキをかけるのは理性、良心、内部の力であるとも述べた(ここでは神ではなく人間に任されている)。また、第2部第1編第5章で「人間は、生まれながらに社会の福祉と保存についての意欲を与えられている」とも述べている。結局、スミスは社会関係では「良心」に従ったフェアプレイであれば自愛心に基づく競争をやっても周りの

人の共感を得ることができる、だから、自由放任でも商業社会はうまくいくと主張したといえる。

ⅱ)
　社会保障に関連する自由主義には、19世紀の自由放任主義由来のリバタリアニズムと、ニューリベラリズム由来の社会自由主義（現代自由主義）がある。
　リバタリアンはもともと米国の保守主義者と同様に「小さな政府」を理想とし税や社会保険料の負担は財産の自由な処分を妨げるからそれらに反対し「社会保障は削るべき」となり、個々人が自己責任で保険や福祉サービスを購入すれば、もっと豊かな生活になると主張する。自由な創意工夫を至上価値とするから、まずは民間の経済活動を活発にするための政策を行うが、それとは別に税の増収をまって、それから福祉に充てるというシナリオもある。
　一方、社会自由主義は、ケインズやベヴァリッジのように逆説的だが、私有財産を否定する社会主義から自由な資本主義を守るために政府の経済への介入や社会政策が必要になるという発想で、英国の自由民主党や米国の民主党の基本になっている。
　同じ自由主義でも図式的には、リバタリアンは才能と勤勉から生まれる格差は容認し「自由を守るために政府の介入を拒否する」が、社会自由主義は「自由を守るために政府の介入が必要である」といえよう。

2) 経済と福祉の両立

　自由放任主義的なリバタリアニズムは今日の米国で健在で共和党保守派はそれを政治に取り入れている。能力と勤勉で勝ち組になるチャンスは誰にでもあり、それを活かせないのは本人の能力と勤勉が足りないせいだという。そして、税金で負け組を救済したら低所得層の勤労意欲が薄れ福祉依存が蔓延しますます税金が重くなると強調する。教育や住宅や社会保障の予算削減、そして生活を守ってきた規制の廃止まで要求する。これでは富裕層と大企業に顔を向けた弱肉強食の政策だと批判されてしまう。また、ハイエクにならって、国家が再分配をやろうとすると「膨大な官僚機構が作られ生活の自由が損なわれる」という理由で福祉国家を否定する。
　現実には親が貧しいと子は十分な教育を受けられず低賃金の職に就くほかはないという「貧困の（世代的）再生産」が指摘されるが、米国のリバタリアンは自

分たちは刻苦勉励し奨学金をもらってそれを乗り越えてきたと主張する。米国では共和党政権の1990年「障害を持つ米国人法」により障がい者差別を厳しく制限しているが、これはノーマライゼーション（障害のある人も障害のない人と同じような生活ができるように環境を整備すること）であるが、リバタリアンにとっては障害者にも自助努力を求めるための条件整備とみた方が分かりやすい。

それに対して、2016年5月の米国民主党のサイトでは「進歩」や「公正な分け前」や「最上位層だけでなく全ての国民が良くなっていく経済を目指している」などと書かれている[13]。ニューディール以降の民主党の政策は、国民一般の自由のためには公的な所得保障、医療、教育、住宅、労働条件などで国が前面に出ることが必要という考え方であるから分類としては社会自由主義であろう。

2016年の民主党の大統領候補選出で、民主社会主義を自称したサンダースはウィキペディアによればバーモント州のバーリントン市長時代（1981～89年）に、低価格住宅の供給、累進税導入、児童福祉、女性の権利、若者のための施策等を推進したといわれるが、そういう政策は社会自由主義としても違和感がない。

③ 保守主義のシナリオ

1）自由と公正

「近代保守主義」は18世紀末英国でフランス革命を否定するところに始まった（第3章1節(2)）。国王の威信、家族による庇護、家長への従属、そして格や序列を優先させ、また郷土の伝統や人間関係などの継承を重視した。19世紀には従来からの同業者団体の相互扶助や事業主による福利厚生を重視し、国家に依存しないことや反社会主義という点で自由主義と親和的だったが、やがて伝統を破って困窮する労働者の保護を国家が行うパターナリズムの政治家が生まれた。

保守主義の伝統的な経済論は均衡財政論だが、戦後は戦中のような統制経済や産業の公有化の社会主義をきらって経済自由主義と親和的だった。ところがヨーロッパと米国の保守派では、取り入れた「新自由主義」の中身は全く対照的だった。

ヨーロッパ大陸の保守派は「ドイツの新自由主義」に由来する自由と公正の両方を追求する「社会的市場経済」、一方、英国保守党や米国共和党は米国流リ

バタリアンの「新自由主義」である。(共和党幹部が 2016 年 5 月にトランプ候補に共和党が譲れない価値観を示した。憲法順守、小さな政府、妊娠中絶反対、自由貿易、海外紛争への積極的関与など[14])。

　それに対して戦後わが国では、保守政党は反社会主義を掲げる自由主義政党と合同し反統制経済の自由な市場経済を取り入れた。その結果、保守の中には、誰にでも自己責任を求めるリバタリアンと、階級協調と「和」を目指す穏健派がいるようである。しかし米国の優勝劣敗や競争促進とは違って共存共栄路線だったが、それでも中曽根政権以降は民営化や競争原理を取り入れ橋本政権の 98 年金融危機では銀行の破綻さえ容認するように変わった。

　いずれにせよ保守主義は経済運営ではともかく、福祉政策では自由や平等などの固有の理念を持っていないように見える。だから逆に温情的なパターナリズムだけでなく平等指向や自由指向の方法もイデオロギーに悩むことなく採用出来ると考えられる。

2) ヨーロッパ大陸と米国のシナリオ

　19 世紀のヨーロッパの保守主義者は、国が家長の差配する家族に口出しすることを嫌い、また、労働者保護の社会政策が職人や親方などの相互扶助組織や雇い主と使用人との強い関係などの伝統を壊すことを警戒した。ところが 19 世紀末ドイツでできた社会保険は、疾病金庫など従来の労働者の相互扶助活動を取り込んで労使協調を進めるものだったから保守主義者にも受け入れられたと考えられる。またフランスでは「連帯主義」が強調されるが、社会保険は今でも職域ごとに分立しているのは団体ごとの「連帯意識」の影響かも知れない。

　戦後のヨーロッパ大陸の最大の政治勢力になった保守的なキリスト教民主主義政党はキリスト教を基礎にして、市場優先でもなく社会主義でもない新しい政策理念の「第三の道」を模索した。そしてヨーロッパ大陸では保守も革新も社会的市場経済の理念に共鳴し、自由で効率的な市場経済を守ると同時に社会政策・社会保障で社会的公正の実現をはかるという効率と公正の両立という目標を共有し大陸型福祉国家を支えている。これをヨーロッパ大陸保守主義のシナリオとしておく。

　それに対して米国保守派は、国家が家族や郷土の秩序を破壊する性質があることを警戒し、「小さな政府」である州政府主導を主張し連邦政府を押さえ込もうとし、内政では政府による産業への介入を嫌い、リバタリアンの経済学の競

争原理を重視した。この保守主義と自由主義が結合した米国保守主義は共和党によって投資家や富裕層や法人税の減税などを行い「新自由主義」と呼ばれる。その背景には「大砲とバター」のように、効率と公正は両立が難しくトレードオフつまり「あちら立てればこちら立たず」の関係である、という定石がある。

ヨーロッパでも英国のサッチャー保守政権が米国のリバタリアンのシナリオだった。

わが国の保守主義も、家族は国家から自立した存在であるべきとし国家が家族そのものを保護することはなく福祉の焦点は個人に向けられる。米国保守主義に影響される一方、「和」を重んじヨーロッパの大陸型福祉国家路線にも共鳴する。ところが、既成勢力を守るために政権維持を最優先し政策は選挙区や業界の人気取りといわれてしまう。しかし英国保守主義の元祖バークは、国会議員は地方の伝統的支配を脱して国家的な所信を貫くべきであると主張していた[15]。

一般的に、現実の「保守政治」は平衡感覚が重要で、政策の内容を問うものではないとまでいう人もいる[16]。これは社会保障政策では保守指向も平等指向も自由指向もありということであろう。実際に英国保守党は緊縮財政だったが福祉を重視する自由民主党と連立政権を組み、2015年には「労働者のための党」とまでいって低所得層の住宅対策を強化した。「小さな政府」論から転換し「政府の役割」を強調し格差問題や高齢化対策や教育改革を議論した。キャメロンは「国家支配とも自由放任とも違う、責任ある社会の再生」を掲げ、国民も金融危機やテロや高齢化などの不安から政府の復権に期待しているのかもしれない[17]。

わが国では、「思想は必ず実を結ぶ」と米国保守主義をまねた自民党が、今度は英国保守党のように社会自由主義的な政策を取り入れても保守主義の大枠を外れるわけではない。そして、結婚は個人の選択だが、住宅や手当支給や減税ほかで低賃金の若者も結婚できるように「家族形成の保護」をやれば保守派独自の政策になろう。

第3節　社会保障の方法

ここで「平等」と「自由」と「保守」といってもそれぞれを社会民主主義、自由

主義、保守主義に対応させたわけではない。しかし、例えば福祉を低所得層に限定する選別主義の方法は格差縮小効果や垂直的再分配効果が大きく「平等」指向の方法としても良いが、自由主義が採用してきた方法なので「自由」指向としてある。逆に、これまで新自由主義的だった IMF や OECD が、反グローバル化の「保護主義」とリンクしがちな所得格差に危機感を抱き「平等」指向の方法を提言している。自由主義者が「平等」指向の方法を使っても違和感はない。

1　「平等」指向の方法

「平等」指向の方法は「分け隔てなく」格差を縮小するものである。公的扶助は確かに平等化効果があるが最低生活保障が目的だからここに入れない。そこで、まず、公的扶助以外の現金給付がある。これは「各世帯・各人の個別のニードに対応」するもので、従前所得比例型の社会保険、「年金生活者」型の年金、社会手当などである。ついで公的にサポートされたケアや住宅等の供給がある。これらは「一定の共通のニード」が誰でも充たされるという意味で平等であるが画一的でもある。

　以下では「均等待遇」、「従前所得比例」、「普遍主義」、「育児・介護の社会化」、人々のスキルアップを図る「積極的労働市場政策」などを取り上げた。ただし、「従前所得比例」は賃金格差を反映するから業績原理重視の自由主義にみえるが、自由指向の最低生活費保障と対比させれば、資産がない人でも従前に近い生活ができるという意味で「平等」指向に含めた。

　ところでここでは垂直的再分配を含めなかった。むろん、土木や産業振興などと比較すれば社会保障は「再分配政策の筆頭」である。しかし、垂直的再分配は社会保障全体が具える「効果」とみなした。また、税方式は累進的な税制の下で垂直的再分配に有効であるが、わが国の場合は財源に逆進的な消費税や、庶民の預金を集めた金融機関が保有する国債を含むことも多いから垂直的再分配の概念とずれる。

　なお垂直的再分配により平等化が進んでいるといわれてきたスウェーデンの場合、社会保険の事業主の保険料負担がかなり重いが、株主の配当を削っているのかは分からない（第 11 章 3 節 (1) 参照）。また、付加価値税の税率が 25％と高く、1990 年代には富裕層の海外流出を防ぐために法人税や金融所得への税を減税したから、歳入面からは垂直的再分配の要素は後退した。

わが国の所得税の場合、財務省のウェブサイトによれば年収が増えるに従って所得税負担率は上昇するが、年収5000万円程度を超えるあたりから分離課税20％の株式譲渡分が増え、また、1億円を超えると、所得税の実際の負担率そのものが右下がりで低下する[18]。そして政府は高所得者の負担を増やすという建前で年収1000万円超の「給与所得」を増税するが、リバタリアンは「努力した者が報われない」といって反対し、新聞も「低所得層は政治に守られ、富裕層は低税率の金融課税で守られている。がんばって1000万円を超えた会社員が所得税の4分の1を負担しているのは妥当か」と疑問を呈する[19]。

1) 均等待遇

北欧も含めてヨーロッパの均等待遇は、「期限のない雇用契約の社員」（わが国では正社員と和訳）と「期限付きの雇用契約の社員」（非正規社員と和訳）の労働条件や時間給を同じにすることを指すが、社会保障では社会保険加入を正社員・非正規社員の区別なく適用する方法である。ヨーロッパの各企業は国際的な協定により均等待遇が求められているが、しかし、その水準の人件費を負担できない企業は倒産する。スウェーデンなどでは倒産企業の社員が再就職できるように再教育などの手立てを講じる政策とワンセットである。だから、均等待遇は平等もさることながら産業全体の生産性を高めるための方法となっている。

また、スウェーデンでは専門性の違い以外には賃金の「男女格差がない」ので共働きならば世帯主の賃金が高くなくても生活が出来る。その結果、製造業の男子賃金は相対的に低くて済むので、国際競争力向上に効果があったとされる。

なおわが国も2016年に政府が同一労働同一賃金を導入する方針を決めた。しかし「年功賃金をやめて」とか「生産性の低い企業が倒産しても」とはいわない。

2) 従前所得比例保障

いわゆる「従前所得保障」は実際は従前所得全額ではなくそれに比例した給付なので、ここでは従前所得比例保障としておく。例えばスウェーデンでは従前所得の7〜8割の所得保障があり、これなら子供にも大きな不自由をさせず将来の労働力確保に良い影響がある。

なお、20歳から退職年金の標準的な支給開始年齢までの間、平均賃金で就労した者が受け取る年金額（本人分のみ）について、OECD調べの2012年の純所得代替率（年収に対する年金の割合。年金と報酬共に税・社会保険料控除後）は、日本40.8％、米国44.8％、英国38.0％、ドイツ55.3％、フランス71.4％、イタリア78.2％、カナダ50.6％、スウェーデン55.3％、OECD平均64.2％である[20]。年金が手厚いフランス・イタリアは解雇規制も強い国である。
　わが国が批准したILO第102号条約（1952年）では、退職年金について「標準受給者（有配偶男子）について、30年拠出した場合に従前の所得額の40％の給付を確保する」から、従前所得比例の保障といっても最低保障といえる（わが国が批准していない128号条約では45％の確保である）。これは7～8割を保障する従前所得保障とは区別したい。

3）普遍主義

　保育や介護などの福祉サービスは低所得者に限定せず、家族にニーズがあれば高所得層にも給付する方法である。わが国ではかつては保育や介護は低所得層のためのものだったが今は普遍主義的サービスである。それでも供給が間に合わないので「ニード判定」、例えば特別養護老人ホームの入所なら高齢者の要介護度や単身世帯かどうかなどのポイントにより優先順位をつけている。
　また、ヨーロッパのように親の所得と関係なく支給する児童手当（家族手当）は高所得層にも支給されるから格差縮小効果は小さくなるが、スウェーデンでは高負担の中高所得層にも給付を行い損させないようにしているという解説もある。普遍主義的方法はスティグマの問題（所得制限があると利用者に貧乏人のレッテルが貼られる）がないという面を強調する考えもある。
　普遍主義的サービスが受容されるには、子どもたちが将来、高所得者や資産家になったら多額の社会保険料や消費税や資産税を負担してもらう仕組みがあるからであろう。その意味では高所得層の所得税率引き下げや配当を増やす法人税引き下げで負担を減らす新自由主義的政治と普遍主義的サービスは整合的ではない。

4）保育・介護の社会化

　社会化の方法として家庭での育児や介護の時間を短縮するための施設サービ

スの給付、児童養育費用を公的に負担する家族手当などの現金給付、特殊な事情を抱えた人の在宅生活を支援する情報・技能の給付などがある。

育児・介護は伝統的に家族の仕事とされてきたが、主婦も就労できるように専門職の保育士やヘルパーに委託する方法が普及してきた。これは女性にも働く機会を平等に提供するという意味で平等指向だが、経済的には労働供給の確保である。スウェーデンの場合、育児や介護の社会化を充実させてはいるが離婚した夫には厳しく養育費を請求しているから「育児の国家化」を狙うとはいえない。

近年はドイツやフランスで子育て支援や保育の充実が図られ、安倍政権も女性の就労支援を強調するから、保育の社会化という方法は「平等」の価値抜きで、むしろ成長戦略としての労働力確保の手段といえる。わが国では政府が少子化対策を出したとき野党には、それは戦時中の「産めよ殖やせよ」の人口政策類似だからという反対意見があった。それらのせいか、今のところ主に労働力確保を目的にした政策とされ、出生率回復のための結婚支援など「家族形成の保護」はない。

5) 積極的労働市場政策

スウェーデンのように、失業者や新規に就労する人に職業教育や訓練を積極的におこない専門的能力を高め、成長が見込める企業に就職させ国全体の生産性を高める方法が「積極的労働市場政策」である。その期間の生活費を支給する場合もある。

伝統的な失業者対策は失業者に失業手当を与えるとか元の職場に復帰させることだったが、それとは違って、労働者にも勉強する努力を求めるのが特徴である。今では先進諸国で労働需給のミスマッチを解消する手段として広く採用され始めた。

スウェーデンの「積極的労働市場政策」の一つの手段に社会人の大学入学支援がある。そのために大学キャンパスには実に社会人が多いという。大学の入試選抜の際には25歳以上であれば、4年以上の職業経験が評価される。

わが国では、パートタイム労働者と女性労働者の賃金水準は平均的に見ると、生産性に対応している。だから、「経済全体としての賃金格差を縮小していこうとするならば、相対的に生産性の低い労働者の生産性自体を引き上げていくような人的資本投資（教育・訓練など）が不可欠」であるという意見もある[21]。

OECDの統計では、「社会支出」合計に占める「積極的労働市場政策」の支出の割合は、2011年度は、スウェーデン4.4％、フランス3.0％、ドイツ3.0％、英国1.0％、米国0.7％、日本0.8％であったから、ヨーロッパ優位で英米日はずいぶんと少ない。

② 「自由」指向の方法

近年のリバタリアンは今までの公的な社会保障を低所得者限定に作りかえ、同じ予算でも生活改善の効果が大きくなるように「効率化」することを主張するが、その方法として「民間重視」、「選別主義」、「ワークフェア」、「最低生活費保障」などがある。

なお、能力主義をここでの方法から外した。社会保障における能力主義は積立方式の年金のように社会保険において本人の所得に応じた保険料拠出で、結果として拠出に応じて保障給付に差がつくものでいわゆる業績原理である。ところが、リバタリアンは、近年は社会福祉の利用者負担について応能負担をやめて応益負担を主張し、所得税の累進税率も累進度を弱めフラットにするなどして高所得層の負担軽減を主張している。そのためにここでは取り上げなかった。

その一方で、障害者を「チャレンジド」と呼び、今までのように保護される存在ではなく起業したり一般企業で働いたりして納税者になってもらおうという支援がある[22]。これは本人の能力と努力に応じて障がい者の間に経済的格差が生まれるのを辞さない能力主義といえる。

1) 民間重視

わが国では、例えば公立保育所が両親のニーズに応えて早朝保育や夕方の延長保育をやろうとすると労働組合が労働条件を守るために拒否することもあった。また公立保育所の保母が勤続30年40年となると公務員の年功序列賃金で相当の高給取りになるが職務に照らしてどうなのかといわれることもある。そこで公的事業を民営化する動機の中には利用者のニーズに柔軟に対応することや人件費などのコスト削減がある。したがって公務員夫婦が保育所民営化反対の先頭に立つ。付随して、民間事業者の参入のために各種の規制を緩和する（反対論者はサービスの質が低下すると批判する）。その他には、公的年金の比重を下げ

企業年金や個人年金などを奨励したり、職業訓練を民間に委託し成功報酬型にしたりする方法もある。

今まで福祉国家指向だった国でも福祉に民間のサービスを取り入れる福祉ミックスと福祉多元主義がある。福祉ミックスは公的部門を減らし非営利部門や市場部門などを取り入れるもので、その方法論の一つが福祉多元主義である。

福祉多元主義の概念は1978年の英国ウォルフェンデン委員会報告『ボランタリー組織の将来』によって普及した。それは英国の社会サービスには労働組合や保守派のように「国家か市場か」ではなく、脱イデオロギー的に私的部門の様々な主体による多元的な供給が有効であるとしたものだった。その内容は、高齢者等のケアでは家族親族の役割が大きいことも踏まえて、「ボランタリー・システム(民間非営利団体や協同組合)」「インフォーマル・システム(家族や地域)」「商業主義的システム(市場)」「制度的システム」の4部門が連携することが重要とした。

2) 選別主義

手当を支給したり福祉サービスを提供したりするときに、支給対象を例えば低所得者のみに限定する方法で、これなら同じ予算でも、もたらされる効用・満足は大きくなるので「効率的」である。例えば、わが国はホームヘルパーの前身の老人家庭奉仕員は低所得世帯限定のサービスであった。

2014年4月の消費税率引き上げの影響を緩和するために15年度に低所得層に「臨時福祉給付金」と「子育て世帯臨時特例給付金」が配布されたが、これは選別主義である。ところが消費税10%への引き上げに対して低所得層の「痛税感」緩和ということで、食品に軽減税率を採用するという普遍主義の案があるがそれは中高所得層の受益が大きいという批判があるが当然である。政策目的と政策手段が整合的でないのだが、それなら選別主義の地域振興券タイプもあり得る。1999年の「地域振興券」の場合は個人消費の喚起の効果がほとんどなかったと批判されたが、今回の低所得層の痛税感緩和なら「効率的」である。

(今ではIMFやOECDが軽減税率の導入を批判しているという。「欧州では消費への課税の伝統が長く、付加価値税を導入する際、既に存在した低い税率が温存されたのが軽減税率の始まりで、それが廃止できないのは、既得権益を守り権利を配分できる軽減税率を一部業界や政治家が手放さないからだ。新たに導入するのは、先進諸国としては日

本が初めてである」(加藤淳子「軽減税率を考える（下）所得分配の平等に逆行」日本経済新聞、2016年1月27日）。但し、住宅については社会政策としてデンマーク・ドイツ・フィンランド・スウェーデンのように新築は標準税率、譲渡は非課税の国や、新築・改築に軽減税率の国などがある）。

3) ワークフェア

　米国で、福祉政策が貧困者の福祉依存を作り出しているという保守派の批判に答えて、働く能力がある人は、就労するとか就労のための訓練を受講しないと社会保障の手当を支給しないという方法を始めた。「福祉から労働へ」ともいわれる。わが国の生活保護制度で働けるのに働こうとしない場合には保護を打ち切る場合もあるのが代表例である。なお、「積極的労働市場政策」は、職業訓練を受けることが福祉サービスを受け取るときの条件になっているわけではないのでワークフェアとは呼ばれない。

　ワークフェアは救貧法とよく似ていて、それは働ける者は強制的に働かせた上で食事などを与えるという伝統があった。英国の1547年の法律では働けるのに労働を拒む者はそれを告発した者の奴隷にして、奴隷が2週間逃亡すれば終身奴隷となり焼きごてで額か背にS字を烙印され、浮浪者が3日間徘徊すれば胸にV字を烙印されて酷使された（ただし訳の「背」はBacke「頬」の誤訳といわれる）[23]。これが「貧民の烙印」であった。

　1834年の英国「改正救貧法」は、働けるのに浮浪者や乞食をやっている者には厳しい扱いをすれば、それを避けようとして自発的に労働するはずだという功利主義の発想があった（苦痛を回避し快楽に接近する）。これは今日のワークフェアの先駆けといわれる。

4) 最低生活保障

　所得保障では「最低生活費保障」を行う方法であり、フリードマンの経済学も「負の所得税」のように最低保障だけを考慮する。『ベヴァリッジ報告』は各人の自主性を尊重し、各人が任意保険に加入することとセットであった。

　最低保障の内容としては、エルンスト・エンゲルは「栄養学」的基準を満たす食費が賄える生活費とし、ワイマール憲法は「人間に値すべき生存」とした。こうした発想の影響のせいか、自由主義者は保障するのは「最低生活を賄う生

活費」と考える。ただし医療は最低というよりは治療に「最適」なサービスである。

　介護保険の最低保障は ADL（Activities of Daily Living。食事、入浴、排泄、洗濯、通院ほか）ならヘルパーの介助により給付され、IADL（インスツルメンタルな ADL で、買い物、服薬や金銭管理、電話ほか）は場合により給付される。しかし QOL（生活の質。お化粧の手伝い、好みの食事メニューほか）の給付となると意見が分かれる。障がい者の性欲処理のアシストもやがては給付されるかもしれない。

③　「保守」指向の方法

　ここでいう「保守」指向は人と人のつながりや広い意味のコミュニティ重視で、必ずしも保守主義ではない。自由主義のように個人が家族から自立し達成動機で競争に駆られるのとは対照的に、中間社会（家族、企業、団体、地域社会など）で地位を占め帰属意識を共有することを優先する。仕事でも同僚との競争や効率重視よりはチームワーク重視で成果はチーム全員のものとする。

　この意味での「保守」指向は欧米の社会学にもあり、家族は親も子もそれぞれの役割があり児童の発達や成人の安らぎなどにとって重要であるとしているし、地域社会（community）は住民が経済的取引以外にも近隣のルールを大切にし交流・協働しそのために時間を割くことを当然としている。同じく基礎的集団（primary group）の考え方も個人は独りで生まれてくるわけではなく家族や遊び仲間や近隣との生活の中で人への信頼感や社会性を養うとしている。

　貧困論でも、第13章に紹介する P. タウンゼントの相対的剥奪（不足）という概念が、それまでの個人の生活に必要な生活費を基準にした貧困とは違い、地域社会の一般的な生活様式を享受できない家族は貧困であるというもので、個人ではなく近隣を基準にするから「保守」指向としておく。

　この貧困解消は近隣との違和感がないようにする「社会的包摂」となり、結果的には格差縮小という平等化効果がある、つまり相対的剥奪は「保守」指向だが解消する社会的包摂には平等化効果がある。一方、社会民主主義の平等化は分け隔てのない平等であるが、それに対して保守指向の平等化は逸脱者には手薄になるが、それでも保守主義のシナリオの「自由と公正」の公正には叶う。「保守」指向のなかの保守主義的な側面はパターナリズムで家族や集団や国家の権威や恩恵を重視し、責任者の裁量を広く容認しがちである。合理的に判断

すればおかしなことでも裁量で実施したり実施しなかったりして、住民から歓迎されることもある(それはポピュリズムと紙一重といえる)。

1) 社会的包摂

ⅰ)

近年、社会的包摂ということばは様々に用いられるようなので中島恵理と福原宏幸を参考にしながら[24]整理してみたい。

1983年に市場経済との共存を選んだフランス社会党・ミッテラン政権は「市場の失敗」を修正するかのように、1988年の参入最低所得法で生活上の困難に陥る人々にとって「社会的、職業的な参入(insertion ≒包摂)は国民的要請である」とした(挿入は何かを別のものの内側に組み入れること。包摂は何かを一定の範囲の中に包み込むこと『広辞苑』)。参入最低所得は誰もが包摂される社会をつくるために教育、雇用、職業基礎教育、健康、住宅などにおける排除を解消し、社会や職業への参画という権利を保障する制度とされた。

ヨーロッパでは1980年代から失業率が高くなり、特に若者の失業率は20%を超え人生の始めの段階に職業訓練を積めなかった人も増えた。本来は職について社会に寄与すべき現役世代の中に長期的に失業を続け、共同体から追放状態の人が出始めた。これを「社会的排除」(social exclusion)と呼び、このような状態に置かれている人たちが再び社会参加し社会成員の地位を得るようにするのは「連帯(または統合)」の問題とされた。1992年にEUは文書「連帯の欧州をめざして」において社会的排除に対する対策によって統合を促すとしたが、EUが目指す欧州統合は単一市場や行政機構だけではないことを示すものだった。

2000年のEUは貧困と社会的排除を解決する対策として雇用や福祉への権利の保護を打ち出し、雇用確保、資源・権利・モノ及びサービスへのアクセス、排除のリスクの削減、最も脆弱な者への支援、全ての関係主体の動員などを挙げた。

一方、英国のブレア政権(1997～07年)の2004年当時の社会的排除対策には、障害者の雇用促進、雇用のための教育、最低賃金設定、有子失業家庭に対する税制優遇や雇用促進、若者の教育と技能向上、子供の健康や居住環境の向上、障がい児の雇用と教育、地域再生対策、10代の妊娠、ホームレス対策などがあった。

こうして今では、長期的失業者だけではなく教育の機会や基本的能力の欠如

や差別のために就労、収入、教育機会が得られず生活が不安定な人たちも含めて「社会的排除」と呼ぶことが多い。

　職業教育訓練や生活安定や福祉を図るソーシャル・ポリシーなどの内実は平等化といえるが、「社会的排除」に対応して「社会的包摂」(social inclusion)と呼ばれるようになったのは、それらが個人の福祉(well-being)を高めるだけでなく「成員の地位を回復させ地域社会の標準的な生活と福祉サービスを得られるようにする」という社会統合の問題として位置づけられるからである。

ⅱ)（グローバル化と平等化のジレンマ）
　ヨーロッパの各国政府は英米の「新自由主義」的政治にならい、EU単一市場や外国人労働者やグローバル化そして構造改革などで経済を浮揚させ失業を減らそうとしてきた。その一方でEUの財政赤字3%の規律に縛られ各国は緊縮財政のために失業が減らず消費が冷え、新興国から一層低価格の製品が輸入される危惧もあった。また、中間層も長期失業でどん底まで落ちる前に政府の支援を望んでいた。

　これら長期失業や非正規雇用や「社会的排除」はグローバル化や構造改革の副産物と考える人もいたが、だからといってその対応策を「平等化」と呼んでしまうと富裕層・投資家・法人税などの増税をやれという話になる。しかしそれでは資本が海外へ逃避してしまうことも分かっていた。政府も、自分だけグローバル化をやらない（EU離脱）というリスクは取れなかった。そこで各国政府はグローバル化と平等化のジレンマを解決するために、スウェーデンでは普通に「平等」指向で行われている積極的労働市場政策や社会福祉を「統合」や「包摂」として実行しながら構造改革を進めようとしている、という仮説も可能となろう。

（英国では、サッチャー以後はロンドンとスコットランドや投資家と専門的技能のある金融関係者などが繁栄したが、それ以外の地域と階層は所得上昇の機会から排除され特に製造業労働者はひどかった。しかし、ブレアもグローバル化をやめられず、しかし「平等化」で労働組合を応援すれば有権者離れが起こるから、そのジレンマの中で「社会的包摂」を利用してグローバル化と共存してきたと推測できる)。

　こうした「社会的包摂」は平等化効果があるから、平等化推進の立場では社会的排除や相対的貧困の解決策として位置づけるが、EUでは政策目標は相対的貧困率の引き下げ、方法は社会的包摂という形になる。その中では自由主義者は公平な機会と自助努力に期待し、社会民主主義者だと平等化な結果まで進み、保守主義者は「社会参加から取り残される人」がいないレベルまでの支援と

なろう。

2) パターナリズム

パターナリズムは政府主導による弱者救済や労働者保護で温情主義ともいわれる。

わが国では1950年の社会保障制度審議会勧告で社会保障の「国家の責任と国民の義務」の両方を主張していたが、それは国民が費用負担を義務として実行しないと社会保障は成り立たないということだった。ところが最近は国民の義務といわなくなったし、従って権利にも触れない。これはパターナリズムという文脈では、政治家もマスコミも、国民に社会保障を与党または野党の「政治の恩恵」と思い込ませようとしているのと同じである。

治癒の可能性がない患者の延命処置や自立の見込みのない重篤の人の介護に医療保険や介護保険を適用するのは、「保険医療機関及び保険医療養担当規則」第14条や介護保険法第1条に照らせば違和感があるが、パターナリズムによる措置としてならば理解できる。それなら税で賄うべきであるが、だから医療保険や介護保険には多額の公費が投入されている、という説明も成り立とう。

高山憲之は、厚生年金の超過債務が530兆円以上あるが、この債務超過の原因は少子化や運用の失敗ではなく、これまで高額の給付を約束しながら、その支払に必要な財源を十分に手当してこなかったことが主な原因であるという[25]。つまり現役世代に不人気な政策をやらずに高齢者も優遇した政治の大衆迎合的政策に起因するということもできよう。

こういうこともあって、わが国はオール与野党が温情主義つまりパターナリズムだという池田信夫の見方もある。「与野党ともに、社会保障費の削減にはまったく言及しない。自民党から共産党まで、日本の政党はすべて大きな政府にぶら下がる日本的温情主義」、「将来世代の負担が激増することは確実だ。与野党ともに、この問題は知っているがまったく言及しない」という[26]。これでは若者が選挙へ行っても納得のいく選択肢はなく、若者や現役から機会を奪って高齢者に差し出す「老人社会」を醸成していく。

3) 補完性原理

ⅰ) (補完性原理)

　震災のあと国がもたもたしていても地元の人々が前を向いて歩んでいる観があるが、国家が社会の基礎的集団あるいは中間集団としての家族や地域社会の問題に介入しないこと、逆にいうと家族や地域社会が多かれ少なかれ国家から自立することを要請するのが補完性原理である。

　ヨーロッパの教会が国家を牽制する意味もあったが分権型社会の一つの原理でもある。1891年教皇レオ13世の回勅では、社会問題の解決は家族・友人・隣近所など要援助者に最も近い社会組織にゆだね、それらの手に負えない場合にのみ上級の組織に任せるとした[27]。また、1931年の法王ピウス11世の社会回勅は、当時の全体主義の脅威に対して、個人、家庭、民間組織、私有財産の尊厳と権威を守るという趣旨であった[28]。

　エスピン-アンデルセンは、ビスマルクの社会政策は国家主導だったが、カトリックの補完性原理は、社会サービスにおいては民間組織（主に教会）が中心になるべきであると強調してきたという[29]。

ⅱ) (地方重視)

　欧州評議会の1985年の「欧州地方自治憲章」の第4条は「公的な責務は一般に、市民に最も身近な当局が優先的に遂行しなければならない」と規定し、補完性原理は世俗的な行政原理になった。

　社会民主主義も地方重視で、英国の穏健な社会主義者ウェッブ夫妻の1920年の『大英社会主義社会の構成』（木鐸社）では、ナショナル・ミニマムとしての住宅・公衆衛生・教育・環境などの提供は「国と地方自治体の機能」としていた。

　スウェーデンの福祉国家の内実は、年金は国、医療は県（ランスティング）、福祉は市町村（コミューン）という役割分担がある。W.ロブソンによれば、スウェーデンのG.ミュルダールが「市民が自らの労働と生活を地方的、地域的協同によって組織化し、国家の直接干渉は必要最小限にし、自分たちが大きな責任を取る地方分権化した民主国家」が適切だと述べたという[30]。

　しかしなによりも補完性原理は国家や公的部門の役割を削ごうとするところが社会民主主義と違う。わが国の社会福祉も地域主義というくらい市町村重視であるが、これを支えるのが補完性原理である。

ⅲ）（家族保護の矛盾）

　保守主義は家族や郷土など中間社会を重視すると同時に、家族や郷土が国家に支配されることを嫌うが、これは補完性原理や日本型福祉社会論が家族にも国からの自立を求めるのと整合的である。その一方で、産業社会では家族機能が縮小し保育や教育、介護などでは福祉国家の給付に依存しているが、これら給付は家族機能を補完・代替し「家族の維持」を支援するものである。しかし、保守主義者としてはそれよりも労働力確保ということで支持できる。

　実際にわが国の「家」制度では家長任せで国が介入しなくても家族は自然に再生産されたから、戦後も家族機能の公的支援には熱心でない時代が続いた。

　脱福祉国家の日本型福祉社会論は家族の自立が前提で「家族の形成」支援には手を出さず社会に任せている。また、欧米の個人主義は個人の家族からの自立を重視し、非婚でも事実婚でも子どもを産んでくれれば社会の持続に問題はないから、家族成員の well-being 支援は行うが家族の保護や「家族の形成」支援を行わない。一方、戦後の社会主義国家は人口を増やすために結婚を支援した。

　ところが、最近は「家族の形成」は個人の選択に任され非婚が増え意識調査でも「結婚はすべき」や「した方がいい」は減少傾向である。わが国では法律婚以外の出産は逸脱と見られがちで非婚が増えると出生数が減少するので、保守主義者としては補完性原理とは矛盾するが家族の保護や「家族の形成」の公的支援を求めることになろう。

参考文献（第2章）

(1) A.スミス『諸国民の富』(1776年) 岩波文庫、第1編第8章。
(2) M.ウェーバー『プロテスタンティズムの倫理と資本主義の精神』岩波文庫（下）pp.44〜80、168〜195。
(3) 副田義也「生活構造の理論」青井和夫ほか編『生活構造の理論』有斐閣双書、1971年。
(4) F.エンゲルス『家族、私有財産および国家の起源』(1848年) 岩波文庫。
(5) A.マーシャル『経済学原理』(1890年) 東洋経済新報社、邦訳（IV）、p.40。
(6) S.&B.ウェッブ『産業民主制論』(1897年) 法政大学出版局、pp.928〜971。
(7) 平山健二郎『貨幣と金融政策—貨幣数量説の歴史的検証』2015年　https://books.google.co.jp/books?isbn=4492654704　ほか。
(8) 一番ヶ瀬康子ほか編『社会福祉論（新版）』有斐閣、1975年、p.13、pp.125〜133。
(9) 「なぜ北欧モデルで成長できるのか」週刊東洋経済、2008年1月12日、pp.74〜。
(10) エスピン-アンデルセン『福祉資本主義の三つの世界』(1990年) ミネルヴァ書房、pp.46〜47。
(11) A.スミス『諸国民の富』(1776年) 岩波文庫、第4編第2章。
(12) A.スミス『道徳情操論』(1759年) 筑摩書房。
(13) https://www.democrats.org/about/our-party。
(14) ヨミウリ・オンライン、2016年5月14日。
(15) 水田洋「イギリス保守主義の意義」『世界の名著34　バーク・マルサス』中央公論社。
(16) 櫻田淳　http://www.sankei.com/premium/news/160201/prm1602010008-n2.html。
(17) 日本経済新聞、2008年12月27日。
(18) 財務省「申告納税者の所得税負担率（平成19年分）」平成22年度税制改正の大綱参考資料所収 https://www.mof.go.jp/tax_policy/tax_reform/outline/fy2010/zei001e.htm。
(19) 日本経済新聞、2015年12月7日。
(20) http://www.mhlw.go.jp/stf/houdou/0000030467.html。
(21) 「各国の制度の概要スウェーデン」『ユースアドバイザー（仮称）の研修・養成プログラムの開発に向けた調査研究報告書』　http://www8.cao.go.jp/youth/kenkyu/use/index.html。森川正之「労働力の質と生産性－賃金ギャップ—パートタイム労働者の賃金は生産性に見合っているか？—」経済産業研究所　http://www.rieti.go.jp/jp/publications/nts/17j008.html。
(22) 竹中ナミの発言「一億総活躍社会に関する意見交換会　議事要旨」pp.28〜　https://www.kantei.go.jp/jp/singi/ichiokusoukatsuyaku/dai3/siryou8.pdf。
(23) マルクス『資本論』（岩波文庫）、第3分冊、p.393。
(24) 中島恵理「EU・英国における社会的包摂と ソーシャルエコノミー」大原社会問題研究所雑誌、2005年8月　http://oohara.mt.tama.hosei.ac.jp/oz/561/561-02.pdf。福原宏幸「『社会的排除／包摂』についての概念的整理 」2011年　http://www.kantei.go.jp/jp/singi/housetusyakai/dai2/siryou1.pdf。

⑮　高山憲之「厚生年金の債務超過に目を向けよ」http://takayama-online.net/Japanese/pdf/media/magazine/nihon-ronten04.pdf。
⑯　池田信夫『戦後リベラルの終焉』PHP新書、2015年、pp.199 〜 200。
⑰　北島健一「福祉国家と非営利組織」宮本太郎編『福祉国家再編の政治』ミネルヴァ書房、2002年、p.251。
⑱　池田省三「サブシディアリティ原則と介護保険」季刊社会保障研究、2000年秋、pp.200 〜 201。
⑲　エスピン - アンデルセン『福祉資本主義の三つの世界』ミネルヴァ書房、2001年、p.145。
⑳　W. ロブソン『福祉国家と福祉社会』(1976年) 東京大学出版会、p.215。

社会保障の変遷と方向転換

わが国で福祉国家のモデルといえば英国だった時期がある。ところがその後、英国で労働組合が強くなり、石油危機の時にはインフレ抑制のための賃上げ抑制論を攻撃しストライキを連発し、やがて、英国経済の力が低下したが、これではモデルにならない。
　それに対してスウェーデンは、戦前に1回のゼネストをやったが何も解決しなかったので、労使が対決路線では何も解決できないことを学習し労使協調路線となり、社会民主党も経済の生産性を向上させながら福祉国家を発展させた。しかし、人口900万ではわが国のモデルにならないと一蹴される。
　また、ヨーロッパ大陸諸国では保守的なキリスト教民主主義系の政党の下で、米国型の市場万能論でもなく社会主義でもない第三の道で中福祉中負担といわれる「大陸型福祉国家」を築いていた。
　一方、低福祉といわれる米国では、民主党政権がニューディール政策を牽引してきたが、それに対して米国保守主義の政策を訴えた共和党ではレーガン以降は主流派が反ニューディール路線で社会保障にも不熱心だった。

第1節　英国における社会保障の変遷

1　救貧法時代

　英国では19世紀になっても、貧困は不信心・不道徳など本人の欠陥によるものとみられ施しや慈善の対象だった。もっぱら地主や富裕層が負担した税による救貧法の救済もそれを国家の役割にしたというより富裕層の施しの延長で、貧民監督官という役人も富裕層の代理人のようだった。18世紀末にパン価格が上昇し多くの農業労働者が食べていけずワーキングプア状態だったので1795年に救貧法に新たにスピーナムランド制度を設けパン代の不足分を補填した。こうして「働く能力のある貧民」を救貧施設の外の在宅福祉で救済したが、農業資本家には賃金補給となり低賃金で雇える有利な制度だった。しかし都会の工業資本家には農村からの労働供給が細るということで不人気だった。また、受給者が急増し救貧費用はうなぎ登りで、救貧税を負担する地主層が猛烈に反対した。

　1834年の改正救貧法では低位性原則（救貧は、働いて得た賃金で生活している底辺の労働者の生活水準より低い程度に限る。劣等処遇原則ともいう）を掲げ、スピーナムランド制度を廃止した。「労働能力のある貧民」は病人、老人、障害者、児童、妊婦らの働けない人と一緒に救貧施設に収容されたが、怠け者と見なされたので作業を義務づけられ、かろうじて命をつなぐ程度の食事だったからまるで懲罰のようだった。そのかわり救貧費用は激減したとされる。

　19世紀後半には、実業家など中産階級の慈善としてロンドンに夕食やスープの供給所、慰問グループ、無料宿泊所などができたが、「濫給」（不必要な人や別にもらっている人にも給付する）と「漏給」（必要な人に給付が行き渡らない）が混在していた。そこで1869年にできた「慈善組織化協会」（COS）が家庭訪問をして慈善給付の重複を調整した。その活動参加者の思いは貧民を感化し勤勉や節約などの道徳を身につけさせ、救貧法から救い出し市民として自立させることだった。同時に、慈善の対象を「救済に値する貧民」だけとし、仕事嫌い、堕落者、泥酔者、自立しない者など「救済に値しない貧民」には支援を拒否し、救貧法に委ねるという方針だった[1]。（おそらく「自立」は、針仕事をしたり中産階級の使用人になったり親方にくっついて工場で働けるようになったりして救貧法や慈善団体の施しを受けずに暮らせるようになることであろう）。

救貧法は1948年の国民扶助法により廃止されるまで、劣等処遇を改善しつつ一般的な社会サービスの充実により役割を縮小しながら続いた。

2　近代保守主義

1）バークの近代保守主義

　英国のエドモンド・バーク（1729～97年）に代表される「近代保守主義」はフランス革命後の混乱を重視し、そのもとになった危険な思想が英国に浸透することを恐れた。フランス革命に影響を与えたジャン・ジャック・ルソー（1712～78年）は、もともと自由で平等な個人が社会契約を締結した結果として社会状態や国家が成立したとみた。人民が国家の主権者で政治体制を変更し新たな社会契約を締結できるとしたが、保守主義者はこれを真っ向から否定した。

　バークは、社会契約は契約に関わった世代だけしか関係しないのに対し、英国民が受け継いできた自由・名誉・財産は世代を超えたもので、法（コモン・ロー）・慣習・習俗や道徳の拠点となる家族・村・教会等によって守られてきたと述べた。そして議会は「権利請願」で参政権を要求したが「人間の権利」ではなく、王位が相続されるように祖先から引き継いだ相続財産として主張したものだったと述べた[2]。

　結局、近代保守主義は「人は過ちを犯す」という前提に立ち、理性・進歩・平等・人権・民主主義などを認めず、「計画」は個人の自由を剥奪すると考えて拒否した。逆に、先祖の知恵や伝統や慣習を尊重し「伝統は祖先からの相続財産であるから、子孫に相続させる義務がある」と考えた。

　バークは「人間らしい、道徳的な規律ある自由」を愛したが[3]、経済政策では自由主義経済論だったという[4]。

2）ディズレーリのパターナリズム

　自由主義者のJ.S.ミルは当時の雇い主たちの考え方を次のように記述した。富める人たちは、貧しい人たちに対し親代わりの地位に立ち、彼らを子供のように導き叱らねばならぬ。貧しい人たちが、日々の労働をなし道徳を守り宗教を信ずるならば、それ以上のことを求めてはならぬ。彼らの上位者に当たる人たちは、彼らの労働と敬愛との代償として、適当な食料と衣料と住居と、精神

的教育と良い娯楽を与えなければならない[5]。

　ベンジャミン・ディズレーリは、トーリー党（後の保守党）の国会議員だったが、「自由主義的な保守派」[6]とされる。ところが自身の小説『シビル——二つの国民』（1845年）で、英国が上流階級と下流階級の「二つの国民」に分裂している現状を非難し、慣例を破り上流階級が率先して社会政策を行うべきだと説いた。バークは上位の階級に属する者は革命に訴えてしまう民衆の不満を察知し率先してよりよい社会へと改良すべきだと語り、ディズレーリもこうした政治観を受け継いだといわれる。それは祖先のやり方を変え「家長が家族あるいは使用人を保護する」ように、工場法を改正し57時間労働とし児童雇用を10歳以上に制限し住宅問題や雇用契約を改善した。こうして、ディズレーリは貧困解決のために伝統を改めるパターナリズムで、現在の保守主義的政治の原型とされる。ディズレーリの修正点は資本家や労働者階層を社会秩序の一部として位置づけ肯定的に評価したことである[7]。

　たしかに、「保守するための改革」（バーク）や「維持せんがために改革する」（ディズレーリ）のように、保守主義は漸進的な改革を否定しない。

　（ただし英国の自由主義者はこういう保守主義の守旧性を真っ向から批判した。J.S.ミルは1859年の『自由論』の第3章で次のように述べた。あらゆる人間が努力目標とすべき目的は「能力と発展との個性」であり、そのためには「自由と状況の多様性」が必要である。そして、単に慣習に従っているだけの人を批判し、「自分の生活の計画を世間または自分の属する世間の一部に選んでもらう」のはだめで、人間性とはモデルを真似て作り上げられるとか、あらかじめ指示された仕事を正確にやる機械ではなく、「自らを生命体としている内的諸力の傾向にしたがって、あらゆる方向に伸び広がらねばならない樹木のようなものである」）。

3　ニューリベラリズムとリベラル・リフォーム

1）ニューリベラリズム

　英国では19世紀末の大不況で大量の労働者が失業していたが、自由党は自由放任主義の建前を守っていた。しかしT.H.グリーンが国家とは「その成員の権利を、より完全により円満に保持するための制度」であり、国民の人格の完成を妨げる条件の除去は国家の役割であると主張した。そして労働時間の制限、危害不衛生の設備の取り締まり、児童の親に干渉する義務教育法案、飲

酒制限や酒類販売業の取り締りなどを支持した。また隣人への愛が神への奉仕の道であると教えたが、これはキリスト教徒と労働者問題を結びつけた。もちろん、信仰や思想など内面は国家の干渉を拒否し自由を強調した。こうして自由主義のもとでも政府が国民生活に介入すべきという転換を示した[8]。これがニューリベラリズムの始まりであった。

これにより現代でも、社会保障は主観的な幸福そのものを与えるものではなく、個人の幸福追求の環境条件を整備するものと考えられている。今、社会福祉で「その人らしい安心のある生活」というが政策としては施設や病院ではなく自宅で周囲の協力を得ながらできるだけ自分で暮らせる条件の整備であろう。

そのころ、新古典派経済学だが格差是正派だったA.マーシャルは次のように述べた。社会には、肉体的・知性的・道徳的な原因でふつうの賃金が稼げない「取り残された人々」が多数いる。この人々は「経済自由を活用することができない。」児童を養育する人々は児童に見苦しくない服装をさせ、清潔で、かなりよい栄養をとらせ、子供達をきちんと通学させるべきだが、それが守れない場合には、両親に注意するか、家庭を分解させるか、あるいは両親に統制を加えるほかはない。そして、次のように述べた。国家は「貧しい労働者階級の人々が自力では用意できないような彼らの福祉（wellbeing）のための施設」を作り出す義務がある。同時に、「彼らの家の中を清潔にし、将来、責任ある市民になる児童にふさわしい雰囲気を作るべきだ、と彼らに要求してよい」と述べた[9]。

当時の社会調査や知識人のセツルメント活動は市場経済の外側に積み上がった貧困層を見ていた。マーシャルも市場で交換すべきものを持たずエッジワース・ボックスの外側にいる貧民の生活に目を向けていて、1885年の講演で「冷静な頭脳、しかし温かい心」をもって社会的苦難と格闘する人材を育てたいと述べていた。それに対してフランスでは、社会学者のデュルケムが1893年に「分業の進歩は不平等の不断の増大を含む」と資本主義の現実を批判し、「現代社会の理想は、われわれの社会関係にたえずより多くの公正（エキテ）を実現して、すべての社会的に有用な力の自由な展開を揺るぎないものにすることである」と理想も述べていた[10]。

2) リベラル・リフォーム

英国は1905年から22年までは自由党政権と自由党・保守党の連立政権だっ

た。労働者の老後貧困が問題だったが、労働党提案の「無拠出老齢年金」を保守党は勤勉と節約の心を損なうものとして反対した。しかし自由党のロイド・ジョージは、大英帝国の兵士には年金が出るのに「産業の老兵が貧苦の中で死んでいく」のは間違いとした。無拠出とするのは収入がない婦人や貧しい労働者に対応するためだった。やがて保守党は過激な立法よりはこちらの方がましだとして賛成し、1909年より70歳以上の高齢者に所得制限付き無拠出老齢年金が支給された[11]。拠出制年金は1925年に「寡婦・孤児・老齢年金法」ができて65～69歳の老人に支給した（70歳以上は無拠出年金から給付）。

1911年にロイド・ジョージの主導で労資と国家の3者負担で賄う「国民保険法」が制定された。その中の「医療保険」はドイツがモデルで、16～69歳の労働者と低所得の事務職員が加入し療養給付と傷病給付（休業中の賃金補償）があり薬代を含め医療費は無料になった[12]。同じく「失業保険」は機械、製鉄などの7産業の労働者が加入し失業したら15週間以内の給付が受けられるものだった。

これらに先だって保守党政権下の1897年に労災補償としての労働者賠償法ができて、雇い主の無過失責任で補償する仕組みが始まっていた。実は、欧米諸国では19世紀末から20世紀はじめには労災補償制度が始まった（ドイツ1884年、フランス1898年、スウェーデン1901年、米国1908年ほか）。それに対して『ベヴァリッジ報告』の改革4では、必要なのは原因や業務上と業務外を問わずにすべての災害による傷害をすべて包括する総合的制度である、と述べていた。

4 失業法

第一次大戦後の戦後恐慌で、失業保険の加入期間が不足するとか給付日数を過ぎても再就職できない失業者が増えたが、救貧法による救済では落伍者扱いされるのでこれを拒んだ。そこで、1921年、保険料納付期間が不足しても12週間まで失業給付をする「無契約給付」が始まった。また大恐慌の1931年、無契約給付を過渡的支払と改め、支給には貯蓄や年金その他の所得、息子や娘の収入などの資産調査を行った。

1934年の失業法では、半年以内の失業には失業保険の給付、半年をこえると「失業扶助」の給付とすることになり、失業扶助には資産調査を必須とした。

『ベヴァリッジ報告』は導入部の「社会保険の性質」では、失業法には否定的で、長期失業の場合に保険料を安くし国の負担を増やすのは「原理的に間違って」

いて、政府は「失業や疾病を最小限に引き下げる」大きな責任を果たすべきで、恵みを施せばよいわけではない。「国による直接の支払いの本領は、疾病を防止し撲滅すること」と述べた[13]。

5 ベヴァリッジ報告と福祉国家

戦時中には英国では1942年に『ベヴァリジ報告—社会保険と関連サービス』(至誠堂)が出された。新聞の見出しには「ゆりかごから墓場までのプラン」とあり、また1943年にチャーチルも「ゆりかごから墓場まで、すべての階級のすべての要請に応えうる国民皆保険制度」をつくろうと演説した。つまり、戦争遂行のために指導層も国民皆保険により挙国一致を図るという提案に賛成した。

ベヴァリッジは報告書のなかで、「強制保険が最低生活水準以上の給付を行うことは、個人の責任に対する無用の干渉というものである。」「強制保険によって最低生活水準以上の給付を行なうことになれば、最低生活水準をこえる部分については各人の自由裁量にゆだね国は最低生活水準を全国民に保障する、というナショナル・ミニマムの原則は放棄され」[14]ると述べた。ここの社会保障は最低所得保障という意味でのナショナル・ミニマムの保障だった。彼はそれを労働者だけではなく全国民に定額拠出・定額給付(flat-flat)の仕組みでやろうとしたわけである。診察や治療など医療サービスは社会保障(つまり所得保障)の外で税により保障するものとされた。

このように「最低生活費の保障」と「自由裁量に任せる部分」の二つがそろって自由主義の社会保障らしくなる。

ところがその所得保障はその前提条件として医療保健サービス、雇用維持政策、多子貧困を防ぐ児童手当の三つを置いていた。またベヴァリッジは五つの巨悪を挙げ、「窮乏」との戦いに所得保障を提案したが、「疾病、無知、ろうあい(squalor)、無為」には保健サービス、教育、環境衛生、雇用対策などの社会政策が想定でき、その財源に主に高所得層の負担を充てれば垂直的再分配効果が期待できる。さらに、その「改革8」で、有給であれ主婦や家事手伝いとか無給であれ、それまで生計が成り立っていた人がその道を失うとき、訓練を受けるという条件つきで一定期間失業給付と同額を支給する、と提言した。

国家の役割を積極的に取り入れるところは労働党寄りであるが全体的には社会自由主義の系列であろう。

こうした過程をエスピン-アンデルセンは、福祉国家への第一歩は旧支配階

級によって踏み出され、保守主義的な貴族層やブルジョアの自由主義者などが現代福祉国家の基礎を築いたと見なされる、「初期の社会政策では、労働者階級は、通例、その主体ではなく客体であった」と述べた[15]。

また、小山路男は次のように整理した。「福祉国家理念が複雑な経済的・政治的諸利害の妥協の産物であった。この理念はあらゆる政党の政策や主張が一致し重複したところで成立した。」だから、開明的保守主義者にも進歩的自由主義者にも社会主義者にも訴えることができたという。英国の場合、ロイド・ジョージやチャーチルのニューリベラリズムの運動として始まったものが、保守主義者のチェンバリンによってさらに推進され労働党内閣によって完成された。「福祉国家はかくして、自由主義と社会主義の原理的混合体として理解されている」[16]。

6 戦後の労働党内閣

労働党は 1944 年に「完全雇用とそれを実現するためにケインズによって提唱された方法」を採用していた[17]。そのせいか今日でも労働組合や社会民主主義的な政党の経済政策の指針はケインズ経済学である。

1945 年 7 月 5 日の総選挙では労働党は社会主義路線で、イングランド銀行やエネルギー産業や鉄鋼業などの国有化、完全雇用政策、無料医療と全国民加入制の社会保障を訴え政権に就いた。

当初は定額給付の国民年金制度だったが、それは退職者の生活安定のために 1961 年から定額給付と被用者の所得関連の付加給付の 2 本立てとなった。さらに第 1 次ウィルソン労働党政権（1964～70 年）の 1966 年に国民保険の失業給付と傷病給付にも所得比例給付を導入し、第 2 次ウィルソン政権（1974～76 年）の 1975 年に定額年金を基礎年金とし所得比例年金を上乗せする 2 階建てとした。

こうして労働運動はベヴァリッジの最低保障型の所得保障を従前所得に比例する保障に転換させたが、それは根本的な価値観の転換であった。『ベヴァリッジ報告』の「まえがきと要約」では社会が「窮乏、疾病、無知、ろうあい（不潔不衛生）、無為」の除去に努めれば、あとは各人が努力してその生活を再建できるという自由主義だった。ところが労働党の改革は（おそらく、年金は賃金の後払いという理論もあって）労働者は退職に続いて公的年金で暮らす「年金生活」に入るというライフスタイルの提案だった。

1970年代はストライキが増加し「英国病」が始まった。第1次石油危機のあとのスタグフレーションを克服するために保守党ヒース政権（1970～74年）は労働組合と賃金抑制の交渉をしたが組合を説得できず、それと交代した第2次ウィルソン労働党政権は賃上げを認めた。これもあったが、70年代半ばは労働党政権による景気刺激の財政出動でインフレ率が26％、失業者100万人を超え、78年末から基幹産業が大幅な賃上げを行った。ついで医師や看護婦やゴミ収集人ほかも賃上げストを行い、病院、学校、ゴミ収集などが混乱し国民のひんしゅくを買った。労働党ではさすがに穏健派の不満が強まったが、強硬派が強く労働組合を制御できなかった。勤労意欲も低く国民に労働党と労働組合への不満が醸成された。労働党キャラハン政権（1976～79年）の1976年にはポンドが暴落し、そして、77年にはIMFから緊縮財政を条件に多額の融資を受け、財政出動を放棄し金融政策で対応することになった[18]。

　1979年総選挙でサッチャーに敗れると労働党は左派の社会主義路線となり、81年に右派の社会民主主義者は離脱し「社会民主党」を結成した（この党は88年に自由党と合併し、89年に「自由民主党」に改称し、2010年に保守党と連立政権を組む）。

第2節　北欧と大陸

　アイスランドは1944年にデンマークから独立して以降、その基本構造は北欧型福祉国家モデルであったが、島国で家族や近隣ネットワークを通じた私的扶助のシステムが機能し、北欧の中では公費負担率が低かった。また、社会民主主義政党が弱く保守系優位だったので「新自由主義」の影響を受け入れやすかったといわれる。90年代半ば以降、保守政権の下で福祉政策を見直し社会サービスの民営化も進められ「アイスランド・モデル」が形成された。しかし、金融危機で2008年に社民党主導の左派連立政権が福祉国家の再構築を試みた。しかし、次に再び保守系政権が成立し「アイスランド・モデル」に復帰するかのようで、行方はまだ明確ではない。金融危機後には通貨暴落の結果、輸出が増え、また、観光業に恩恵をもたらし、2013年現在、EU平均を上回る成長を見せている[19]。こういうこともあり北欧の福祉国家にはアイスランドを含めない場合もある。

1 スウェーデンの社会保障の変遷

1)「国民の家」構想

　20世紀のスウェーデンの社会民主党は、「社会化」の内容を「生産手段の公有」から「経済に対する民主的な影響力を増すこと」へと再定義した[20]。したがってスウェーデンの福祉国家を生産手段の公有を図る社会主義国家とみなすと食い違いが生まれる。

　1902年に里子法ができた。スウェーデンでは私生児は社会悪だったので、ひそかに産んだ子にはお金をつけて里子に出す風習があったが、金だけとって子の世話を怠る金銭目当ての里親が横行し、それを取り締まるためだった。1924年に児童福祉法を制定し、親が子供を私物化して酷使し虐待するのを防止した。

　1909年に最初で最後のゼネストが起こり、1ヶ月も全面対立したために経済が完全に麻痺したが得たものは何もなかった。この経験をもとに、労使紛争は平和的に解決すべきという意識が労使の間に生まれた。

　1913年に社会民主党の提唱で、労働者・自営業主・農民を対象にした定額を基本にした国民年金が出来た。1928年、社会民主党が議会で「国民の家」構想を発表し、労働者だけでなくすべての市民の平等が実現する家を理想とした。「国民の家」は人々の「連帯意識」を国民という枠にまで広げた「社会連帯」の仕組みを目指し、男女や所得や職業による分け隔てのない「社会統合」を呼びかけたものであった。これは階級闘争理論の否定であった。

2) サルチオバーデン協約

　1932年に社会民主党が公共事業による雇用対策を提唱し、ケインズ的な経済政策の先駆けとなった。また、ミュルダールは「出産と育児の社会化国家化」により、出産・育児関連の消費を量・質ともに社会的に管理し、平等負担とするということを提唱した。ミュルダールは所得に関係なくすべての子ども・家族に無料サービスを提供し、それを所得に応じた課税で支える垂直的再分配で実現するという解決策を示した[21]。

　1935年に、ミーンズテスト(資産調査)付きの家族手当(児童手当)を創設した。
　1938年に、サルチオバーデンで労働組合全国組織(LO)と経営者連盟(SAF)

が基本協定に調印し、労使の平和の確保を確認し、中央交渉の母体となる労働市場協議会を設置することとした。これは中央集権的だったが、国の干渉を回避するもので、その後の安定した経済成長の基礎になったといわれる。

1932～46年は社会民主党ハンソンが首相となり14年間スウェーデンを指導した。大戦中は中立政策をとり生産設備を温存し戦後の飛躍につなげた。

2 大陸型福祉国家

1) ビスマルクの社会保険

田中美知太郎によれば、「市民」は本来、ギリシャ文明のポリスの構成員で国政に参加し治者の立場で他の人のことを考え、公職に就く権利を持つ人のことで、フランス革命の時まで日常の使い方であった。それに対して「ブルジョア」は他人を自分の利益や幸福の手段と考える立場である。ブルジョア社会では利害が錯綜し、自由な市場で儲けた金を盗まれないように個人の生命財産を守るという見地から「国家」が必要となる。ここから「国家」はブルジョアの財産を守るものと考えられ、この見方をヘーゲルがまね、さらにマルクスに引き継がれた[22]。

19世紀末に当時の新興国ドイツでは社会主義運動を抑制する一方、ビスマルクによって官僚主導で労資が拠出する社会保険が作られた。対象は労働者で、疾病保険(13週間について病気や怪我の治療費を支給し、賃金をもらえない間は傷病手当金を支給)と労働災害保険(業務上の災害で13週間たっても傷病がなおらないとき、費用全額を雇い主負担で医療費や年金を支給する)と廃疾・老齢保険(高齢者と障害者に年金支給。老齢年金は30年以上保険料を払い込んだ70歳以上の老齢者に給付する。3分の1が国庫負担だった)である。

エスピン・アンデルセンは次のように述べた。かつての保守主義的イデオロギーでは、農民や職人が賃金労働者になると道徳が低下し人々はばらばらになり社会が無秩序になると考えられていた。しかし、当時のギルドや同業組合では、障がいをもった組合員や寡婦、孤児の面倒を見ていたので、保守的な支配階級は、同業組合は個人を階級対立から守り伝統を守り社会と一体化させるものとして好意的に捉え、19世紀末のドイツの共済組合や社会保険も封建的精神を受け継ぐものと受け止めていた[23]。

2) 大陸型福祉国家

戦後のフランスやドイツ、イタリア、オランダ、その他の諸国を大陸型福祉国家というが、その背景にカトリック的伝統、そしてキリスト教民主主義政党がある。

19世紀の後半、各国の自由主義的政権は教会権力を抑えるために政教分離の徹底、宗教教育の制限を推進したが、宗教勢力はこれに反発し、20世紀には労組や農民団体などの組織化を進めた。キリスト教民主主義政党はオランダ、ドイツ、イタリア、フランスなどで力を持ち、大陸ヨーロッパの最大の政治勢力となった。それは自由放任主義と社会主義的階級闘争を否定し新たな「第三の道」として、階級協調と温情的な福祉政策を通じた漸進的な改革を主張した。

その特色の第1は家族の重視である。男性稼得者には、生計維持のため従前所得に準ずる所得保障があり、女性はその被扶養者となるのが受給資格の条件となることが多い。第2点は、個人が帰属するコミュニティに重要な価値を置き、社会と国家との関係は1931年のサブシディアリティ原則（補完性原理）で規定している。家族や教会、結社といった下位集団の自治と自律を尊重し、国家の役割を限定するものである。その一つの例として産業別や職域別に社会保険の組合を設けた。国家が主体となって雇用を創出するという発想は乏しかった[24]。

3) ドイツの社会的市場経済

戦後、西ドイツに「社会的市場経済」という市場経済モデルが現れたが、この用語は「ドイツの新自由主義者」A. ミュラー・アルマックによって1946年にはじめて使用されたといわれる。

西ドイツでは戦時中以来、様々な経済統制が行われていたが、それに強く反対していた「ドイツの新自由主義者」エアハルトが1948年に統制経済を「社会的市場経済」に作りかえ経済自由化を進めた。エアハルトは秩序（ラテン語でordo）を重視するオルドリベラリズム（自由市場が効率的に機能するための秩序をつくることやカルテル解消などを政府に要求し、また、予算均衡や物価の安定を重視する[25]）の支持者で、政府の役割を積極的に評価したが社会主義の計画経済は批判した。そして市場経済を重視するが、自由と社会的公正をめざし社会的不平等を最少にするために社会政策を重視した。具体的には中間層や中小企業の自

立支援、所得再分配、失業対策としての完全雇用、公営住宅の供給、各種社会福祉・社会保障充実などの政策が挙げられた[26]。ドイツでははじめは「ネオ・リベラリズム」はオルドリベラリズムと社会的市場経済の同意語であったが、1950年代と60年代の「経済の奇蹟」を経て社会的市場経済が使われるようになったという[27]。

戦後のドイツでは保守のキリスト教民主同盟（CDU）と革新の社会民主党（SPD）のいずれも社会的市場経済を、あるいは効率と公正の両立を継承した。また、2001年欧州議会決議文でも、EUと加盟各国の経済・通貨政策が、完全雇用、物価安定に基づき、「持続的で環境と両立できる経済成長への道筋をつくった社会的市場経済の諸原則」によって導かれるべきであるとされた。これも大陸型福祉国家を後押しする。

4）賦課方式年金の世代間契約

ドイツの公的年金はビスマルク以来、積立方式だったが、戦後、現役世代の賃金の上昇に合わせて今の年金支給額を引き上げる賃金スライドを導入したが、給付が保険料収入を上回り積立金が枯渇しかかったので、キリスト教民主同盟アデナウアー首相の連立右派政権期の1957年に賦課方式を導入した。

足立正樹はつぎのように紹介した。1957年の年金改革に大きな影響を与えたシュライバーは、賦課方式の年金制度の根底にある原則を「世代間契約」と名付けた。つまり壮年世代が、幼年世代を家庭の中で養育すると共に、自らの保険料で老年世代を支えるという関係が永遠につづいていくことを、諸世代間の契約という概念で把握した。これは比喩にすぎず、あとから生まれてくる若い世代がこうした契約関係を認めず、契約が破棄される可能性はつねに残されていると注意していた。世代間契約による賦課方式の老齢年金制度が円滑に機能するためには、幼・壮・老という3世代の人口比率が安定的に推移するという条件が必要である。シュライバーは自らの構想の前提として「家族政策」という名の人口政策の推進をかかげていた[28]。

田中秀一郎は、1980年連邦憲法裁判所判決では、世代間契約とは「基本的には現役世代が、高齢者世代の請求権を実現するための資金を調達し、将来世代から同様のことをしてもらうことを期待するもの」とされたという。一方、1980年2月28日判決において世代間契約については、基本法14条が年金請求権と年金期待権を保障している、しかし、「基本法14条1項2文は、給付要件、

請求権、期待権を制限することも包括しており、公益の目的や均衡が取れている限り、給付を縮小したり、請求権や期待権の範囲を狭めたり改めたりすることも妨げない」という[29]。

第3節 社会民主主義と社会保障

1 英国のウェッブ夫妻

英国の穏健な社会主義者のウェッブ夫妻は『産業民主制論』(1897年)の中でナショナル・ミニマムを提案した。また、1909年の『救貧法委員会少数派報告書』で、ベアトリス・ウェッブは「救済に対する権利」といって貧困者の生存権保障を主張する一方、救貧法を批判して貧困の「予防の枠組」を作る提案をした。例えば公的病院、失業労働者法(職業紹介・職業訓練)、精神障がい者などの施設、無拠出老齢年金などである。当時、救貧法があったが、ろくに食べ物も与えられず、しかも世間のお荷物というレッテルを貼られるので、貧しい労働者はその救済を受けようとせず凍死するとか餓死するものもいた。そこで貧困を予防する制度を創設して救貧法を解体すると主張した。つまり、「防貧と救貧」は単なる2分類ではなく、防貧の充実によって救貧が不要になるというダイナミックな位置づけであった。(雇用の維持を社会保障の前提条件としたベヴァリッジ報告では、社会保険は保険料を払えない人のために扶助による補完を必要とするとし、防貧と救貧を併存させる位置づけであった)。

一方、シドニー・ウェッブは、民間の慈善事業は救貧法とは全く接点がないとするCOSなど民間の「平行棒理論」を批判し、行政が最低保障を行い民間は行政にできない工夫をするという協力的関係が望ましいと主張したが、「繰り出し梯子の理論」と呼ばれた。

2 フランスの社会連帯主義

広田明と田中拓道を参照してみる。フランスの社会保障制度は、中世の同業者組合の相互救済に由来し、19世紀末には雇用主による福利厚生が整えられ、1910年ごろまでに任意加入の養老年金制度が全労働者を対象に設立された。そして、第三共和制(1870～1940年)初期には「自由」と産業の国有化や国家介入

とは両立するとみなされていたが、レオン・ブルジョワは自由放任主義と社会主義の間で「国民の連帯」に基づく社会政策を模索した。そして1896年に「社会的連帯」によって国家介入と個人の自由を両立させる「社会進歩」の道を主張した。連帯主義は「急進党」(政策は穏健だった)のイデオロギーで、ブルジョワが指導した労働災害保険、衛生・住宅政策、失業者・退職者への貯蓄制度、公教育などの社会政策の導入を正当化する役割をもった。

また、ブルジョワは社会政策を構想したが、その一方で個人には教育を通して自己の能力を最大限に発達させる努力を求めた(これは、一人では何もできない労働者を保護してやるという保守派のパターナリズムとは対照的な連帯主義である)。また国家は、社会の保全(軍事・司法・警察)と無償教育と労働時間制限を行い、最終的には社会的リスク(労働災害・老齢・疾病・障害・失業など)などに対する保険者となり、このような社会連帯の諸制度を発動させる。一方、個人は孤立して生まれるわけでなく社会の中で育つのだから、民間で生まれた連帯の諸制度(共済組合、協同組合、労働組合、社会教育の諸制度)にも参加させる、さらに、市民は生まれながらにして社会に「社会的債務」を負っていると考え、社会保険や累進所得税の負担を正当化した[30]。

結局、過去全体と未来世代に対する負債を意味する「社会への負債」という義務の観念にたどり着いたといわれるが、これにより個人の連帯参加と社会による連帯の組織化が求められた。また、個人に自己責任やリスク最小化を自覚させ、労働者の互助を重視することで国による扶助を抑制しようとしたが、これは自由主義者の共感を得たと思われる。(こうして社会連帯は責任や義務の観念と結合した。社会保障制度審議会の1950年勧告で、国家も責任を果たすから国民も社会的義務を果たすべきだと率直に述べ、パターナリズムにはならなかった思想的背景であろう)。

第2次大戦時には、レジスタンス評議会がピエール・ラロックを中心に社会保険計画を策定したが、これが戦後の社会保障制度の青写真といわれる。46年には社会保障の対象を全国民に拡大しようとする動きが見られた。しかし、職域内部における利益の保護を理由に公務員、商店経営者、職人、その他の自由業者から反対されて、これらの職業団体は商工部門被用者とは別の社会保障制度を確立し、現在のように職域別の制度となった[31]。

3 スウェーデンの「レーン＝メイドナー・モデル」

　スウェーデンは第2次大戦中には中立を守り生産設備を温存したことが、すでに醸成されていた福祉国家の国民意識のもとで、戦後の経済成長や福祉国家発展の原動力となったといわれる。内政では「女性の機会均等、男女平等、家庭の束縛からの解放」を目指す「家族政策」を確立し、育児負担の一部を社会全体で負担し、子どもがいても夫婦ともに働けるようにする「育児の社会化」を進めた[32]。ただし、現在では「まず親との愛情の絆をしっかり築く」という声が多く、1歳半から2歳近くになるまで在宅での育児が多い[33]。

　戦後のスウェーデンの社会保障の展開を見ておく[34]。

　1946年に国民年金給付を引き上げ50年には物価スライドにした。1947年に健康保険が強制加入になったが入院は無料であった。1948年に所得に関係なく16歳以下の子どもに児童手当を支給した。

　1950年ころ、労働組合総同盟（LO）のエコノミストのレーンとメイドナーが連帯的賃金政策（同一労働同一賃金）と積極的労働市場政策をリンクした「レーン＝メイドナー・モデル」を提案した。「連帯的賃金政策」は企業や産業の生産性や利潤率の格差にかかわらず、同一労働同一賃金を強制するものである。それは低生産性の企業を廃業に追いやるが、そこで失業する労働者に対して、政府が職業訓練などによって低生産性部門から高生産性部門への円滑な労働力の移動を支援するのが「積極的労働市場政策」である[35]。しかし、当時は「人びとを従来の生活基盤から切り離す非人間的な発想」という批判もあった。（ここだけ見れば成長重視のリバタリアンとの相性が悪くなさそうであるが、リバタリアンはそのための税負担や国家介入を嫌う）。

　1960年に児童福祉法を制定、その発想は「社会にとって児童は次代を背負う大切なもので、その養育を親だけに負担させるべきではない。社会も経費の一端を負担すべき」というものだった。そして、妊娠から出産、産後の検診まですべて無料とする。従来からの児童手当のほかに、16歳以上で通学者に支給する延長児童手当、両親が離婚して一方の親が養育費を払わない場合に国が養育費を立替え払いする養育補助費等を決めた。授業料は大学まで無料とする。基礎学校の生徒には無料の給食、教科書等を支給する。住宅手当は、親の収入と子供の数に応じた家賃補助である。児童用のホームヘルパーがいて、親の病気や子供の病気などに対応できる、というものになった。

　1960年に、公的年金が国民基礎年金（一部が税方式）と所得比例の国民付加年

金の2階建となった。付加年金の保険料は被用者は全額雇い主負担、自営業者は自己負担である。これが1998年まで続く。

　1974年に子育て中の父母も働けるように「親保険」を作り育児休暇期間中に父母の収入補填を行う。育児休暇の取得を男性にも義務づけ育児参加を促進する。手当の内容は、妊娠手当（女性が妊娠により仕事に就けない場合、給与の80％を最高50日間支給）、両親手当（育児休業をした際、390日間は給与の80％が、残り90日間は定額が支払われる）、一時的両親手当（12歳未満の子供の看護等のために休業期間について子供1人当たり、給与の80％を原則60日間支給）となっている。

　さらに、育児、高等教育、兵役などの期間は保険料が支払われたものとみなされ納付が免除される。(2010年に徴兵制を廃止したが、ロシアとの紛争時に米国が介入しそうもないために2018年1月から復活させると報じられている）。

　スウェーデンでは公園のベンチに一人で座っている高齢者が「福祉国家が家族を壊した」と嘆いていると伝えられるが、むかし社会保障ができたときは生活費も住宅も保障されて誰もが喜んだに違いない。これは「生理的欲求と安全欲求」が満たされると次に人は「愛と所属の欲求」で強く動機付けられるというマスローの欲求のダイナミズムの例といえよう。わが国は人間関係を復活させる社会的包摂の方法で孤独を解決しようとしているといえる。

第4節　レーガンとサッチャー

　米国の共和党は保守政党といわれるが、元来、1854年に黒人奴隷制反対を機に設立されリンカーン大統領を送り出した党で、19世紀末から20世紀初頭には左右の対立があったが大恐慌の時に自由放任政策であったように、もともと自由主義的な政党である。ところがニューディール以降、戦後まで民主党に長期政権を許し、政権奪取の秘策を求めたどり着いたのが、戦略的に信仰や家族や郷土を訴える保守的政策を打ち出すことだった。ところがいまや保守主義者が共和党を支配し、それが自由主義の経済政策を取り入れた形になっているのである。

　戦後の米国共和党の主流派は当初は穏健派でニューディールにも理解があった。アイゼンハワー政権期（1953～61年）にウイレンスキーとルボーは1958年の『産業社会と社会福祉』[36]で、人々の社会福祉の概念を、「残余的福祉（レジ

デュアルな福祉)」と「制度的福祉(インスティテューショナルな福祉)」に区別した。「残余的福祉」は施しや慈善やボランティアなどのことで公的部門中心の論者から見れば残余的である。家族が崩壊するとか大恐慌で家族や市場など「自然のチャネル」が順当に機能しない時のみ人々に意識されるが、普段は目立たない。それに対して「制度的福祉」は公的扶助や障害者福祉、孤児対策などのように社会の機能として普段から予算を伴って制度化されたものである。そして、社会福祉の主役は「残余的福祉から制度的福祉へ」交代すると考えられた。さらに、「残余的福祉」は個人主義と自由企業を前提とした価値観に基づき、「制度的福祉」は保障や平等や人道主義の価値観とした[37]。

1 米国保守主義とリバタリアンの結合

1) 19世紀末の自由放任主義批判

19世紀末の新興国の米国では、移民によるフロンティアの開拓において信仰と家族と自助精神が頼りで、政府などあてにしなかったし一攫千金に政府の邪魔が入ることは許せなかった。そして徴税を嫌う人々には「小さな政府」という自由放任思想との相性が良かった。それでも都市には、開拓や家業や仕事に失敗した人々が流入したが、「落伍者」とみなす風潮が強く、政府の役人も救済や救貧法に極めて冷淡だった。また、組織労働者と未組織労働者の格差が広がる一方で、大都市の貧民窟が膨脹した。
「あらゆる都市に貧困、人口過剰、悲惨、そして犯罪の大きな地区ができた」、「労働者達は不潔な借家や地下室や屋根裏部屋に住んでいる」と報告され、楽観的な自由放任主義の批判につながった。1870～80年代にセツルメント活動が始まり知識層がスラムなどに入って子どもの世話、女性の教育、衛生環境の改善をすすめた。汚物を片付け環境を清潔にして堀立て小屋を改良した。そして児童労働禁止法、婦人労働者保護、禁酒法、賃金や雇用条件の改善、労働時間の短縮、工場安全法の制定などに尽力した。セツルメント運動の指導者ハンターは『貧困』(1904年)の中で、栄養不良でぼろをまとい、みすぼらしい家に住み、肉体的能力を維持できないものが1000万人(人口7600万人の13%)いたといい、これが当時の知識人にショックを与えた[38]。
こういう状況の中で共和党内部では自由放任主義的に救貧法だけで良いという右派と労働者保護を行うべきという左派の対立が起こってきた。そして19

世紀末には古典的な自由放任主義を卒業し、反独占を掲げて公正な自由競争を目指した。大企業はその有利な立場を利用して強引な取引を行いがちだが独占禁止法を制定した。取引を制限する契約を禁じたシャーマン法（1890年制定）や同一商品を異なる価格で販売する価格差別ほかを禁じたクレイトン法（1914年制定）ほかである。

2）米国保守主義と共和党

米国保守主義について佐々木毅、川本隆史、中岡望、会田弘継ほかを参照してみたい[39]。

ここでは哲学的・思想的な自由至上主義や自由放任主義など自由主義思想と、市場の自己調整力を重視する経済自由主義のうちの格差容認派を「リバタリアン」として一括りにしておく。

ⅰ）（米国保守主義）

米国の「建国の父」たちは英国コモン・ローの「法による支配」の精神を制度化するために合衆国憲法を起草した。そして連邦政府の権限を強化する連邦派と共同体意識や郷土意識が強い州権派が対立したが、共和党は州政府中心の「州権派」、民主党は「連邦派」だった。

(ア)　戦後の米国南部では、農業と農村が国の基礎だと主張する保守的な農本主義を引き継いだウィーバーが産業主義を批判し、米国とソ連はやがて巨大資本家または巨大政府によって支配されると予想していた。また、第2次大戦の大量殺戮や原爆投下は「新しい知識と道徳」を当てにする進歩主義の帰結だと考えていた。このように進歩主義を批判する保守思想が戦前から冷戦時代にかけて南部で引き継がれていた。「思想は必ず実を結ぶ」と幹事長時代の安倍総理が演説したといわれるが、会田によればこれはウィーバーが1948年に出版した本に編集者がつけた書名で、元の草稿では『われらの世界を取り戻す道』と題されていたという。自民党のポスターには一時、「日本を取り戻す」とあった。

(イ)　1950年代の米国では、戦前から続く民主党政権のニューディール体制に反対する「古典的自由主義」や「オールド・ライト」が自分たちを「リバタリアン」と称した。また、哲学界でも「最小限国家」や、国家から自由になっている個人が望ましいという哲学が「リバタリアニズム」と呼ばれた。多

数の貧困者の幸福のために政府が税金や法律で個人の生命・自由・財産や幸福追求を侵害するのは、国家権力が個人を「手段や道具」として扱う不正義であると考えた。また、「伝統的保守主義」は家族と郷土と信仰を基本的な価値とし、国家を家族や私有財産を脅かす存在とみなしていた。そこで政府の肥大化に警鐘を鳴らすハイエクなどの自由主義が保守主義者の理論的基礎となった。そういう意味では、伝統的保守主義とリバタリアンは、ニューディールが個人や家族を圧殺しているという意見で一致していた。

(ウ) 1950、60年代の米国の保守主義には、一方で「信仰で結びつく地域社会」の復活、他方で自由放任経済への復帰と個人の自由の回復、つまり、共同体中心か自由市場中心かという対立があった。そして会田によれば、ウィリアム・バックリーは「政府の仕事は市民の生命と自由、財産を守ることである。政府がこれ以外の事に手を出せば、それだけ国民の自由は少なくなり、発展の妨げとなる。従って、我々は政府の役割拡大と常に闘わなければならない」といって保守主義の統合を果たした。こうして経済自由主義派との連携が米国保守主義の本流になった。

ⅱ) (共和党)

民主党は保守的な労働組合や農民などの支持も得ていて独占企業など大企業に反対していた。ニューディール政策や連邦政府の役割を重視し増税してでも福祉を充実させ個人の自由を拡大できるという社会自由主義（現代自由主義）に近かったが、この思想が「リベラル」といわれるようになった。ところが米国民の間では「リベラル」は社会主義に近いと見なされることもあり、今度は反ニューディールで反社会主義の立場は「反リベラル」と呼ばれた。つまり、民主党など反自由放任が「リベラル」で、対する「反リベラル」には自由放任主義、反ニューディール、保守主義、共和党支持者、反社会主義などが含まれた。（ここは単純化したが、民主党内にも保守主義者や白人至上主義者や「小さい政府」論者もいるし、共和党内にもニューディール支持者はいるという）。

共和党はケネディ亡き後の1963年の大統領選挙ではゴールドウォーターを候補に選んだ。ゴールドウォーターは元民主党員だったが、ニューディールに批判的で共和党に鞍替えした。中岡によれば、ゴールドウォーターは1960年の著書『保守主義者の良心』では、経済ニーズのために国家に依存すれば政治的自由は幻想となる、権力者はさらに大きな権力を求める、連邦政府が新しい分野に進出するので州政府は正当な機能を果たせなくなる、国民は少数者への権力集中を

懸念している、政府は絶対主義に向かって拡大する傾向がある、など伝統的な保守主義と類似のことを述べた。こうしてゴールドウォーターは、共和党内外の保守主義者から保守主義を政治で実現する人物とみなされた。

ゴールドウォーターは反ニューディールと同時に、法と秩序・小さい政府・反共主義など保守主義者の哲学を訴えたが、これが民主党の牙城だった南部の「保守的な労働者」の支持を得た。そこで共和党は保守主義を前面に出したが、のちに「保守主義者が共和党を乗っ取った」とされた。

大統領選挙は民主党ジョンソンが大勝し、黒人差別撤廃の1964年公民権法を成立させた。ゴールドウォーターは50年代には公民権確立と人種差別撤廃に最も熱心なリベラルな共和党議員だったが、民主党の「公民権法案」では連邦政府の権限が強すぎるとして反対した。また、南部の白人層はニューディール政策の最大の受益者だったので民主党支持だったが、かれらは法律による人種差別撤廃には反対で、ゴールドウォーター支持に鞍替えした。

選挙大敗後、ゴールドウォーターは共和党の新しい保守革命を主導しそれまでの反ニューディールを、小さな政府・減税・福祉政策縮小、個人の自由、自由な企業活動などを掲げる保守政治路線として明確にし、シンクタンク「ヘリテージ財団」の協力も得て、若い世代にも訴えた。

のちに民主党も政権奪還のために家族や信仰の尊重などの選挙戦略をとり、南部の州知事だったカーター、クリントンを大統領候補にすることで雪辱した。カーターは小さな政府と規制緩和を訴えた「保守的な」大統領で、クリントンは「大きな政府の時代は終わった」といった。

3) ハイエクとフリードマン

ヨーロッパでは古典的な自由主義が1920～30年代に衰退したので、集産主義や社会主義に対抗して新しい自由主義を建設するため、フランスの哲学者が1938年にパリでリップマン学究セミナーをつくったが、そこにリップマンやハイエクやミーゼスなどがいた。セミナーでは、国家介入のない自由な市場経済を主張する経済的自由主義（オーストリア学派）と、市場構造を是正するために国家の介入を求める経済学者の主張もあったが、両者とも「経済的新自由主義」と呼ばれた[40]。

戦後になると、英国で労働党政権成立、フランスは計画経済へ傾斜、ソビエトの国際的な影響力の強まり、そして米国でニューディール推進の連邦派によ

る政府の肥大化が進んだ。このように見て、世界は危険な道を進んでいると考えたハイエクは 1947 年スイスのモンペルランで自由主義者の会議を開催した。ハイエクは、戦争では連携した社会主義体制は個人の自由を圧殺するナチスと同じで自由主義と対立する全体主義として批判し、次第にその見方が広まった。

1960 年のハイエクの『自由の条件』では、政府権限の制限、自由市場重視、「社会発展は計画や強制ではなく自発的に実現されるべき」などの自由主義思想が主張された。また、平等を最優先する福祉国家は巨大な官僚機構を作り中央集権化し個人の自由を奪うとして強く拒否した。

しかし、個人の注意や努力を超える災害や損害に対しては政府が最低限の保護を与えることは容認したから、そういう意味では 19 世紀の自由放任主義ではなかった。

一方、経済自由主義の支持者のフリードマンも 1962 年の『資本主義と自由』(マグロウヒル出版) で社会保障制度の民営化、負の所得税、反ケインズ的な財政均衡などと、人種や性別による差別撤廃措置の廃止などを提案した。フリードマンはマネタリストと呼ばれ、その考え方は石油危機以降、先進国で主流になった。

ハイエクは「なぜ私は保守主義者でないのか」という論文を書き、フリードマンも自分は「リバタリアンである」と述べたといわれる。

2 ジョンソンとニクソンによる福祉国家

1) ジョンソンの医療保障

亡きケネディを継いだジョンソン政権 (1963〜69 年) では、大統領選挙で「偉大な社会」のために内政改革を行うとした。南ベトナムでの米軍の死者はまだ少なかった。1964 年 1 月の一般教書で「貧困との戦い」を提唱し、社会保障の充実を目指した「経済機会法」、教育助成の「初等・中等教育法」、家賃補助の「住宅法」などを作り、また、64 年に公民権法 (南部の人種差別制度を連邦法で禁止する) を作り社会自由主義的な福祉国家を目指したといえる。65 年にメディケアとメディケイドの医療保障を作ったが、前者は米国に合法的に 5 年以上居住している 65 歳以上の高齢者と 65 歳未満の社会保障障害年金 (SSDI) 受給者を対象とした医療保険、後者は低所得で資産がない全年齢層を対象にした医療費助

成である。しかしベトナム戦争の泥沼化により米国社会の分裂を引き起こしてしまった。

2) ニクソンのリベラルな政策

　ジョンソンのあと共和党ニクソン政権 (1969～74年) では、まず、福祉改革計画で workfare (ワークフェア「福祉から労働へ」) という用語を広めたが、それは social welfare と呼ばれていた貧困層への諸手当の受給要件として労働あるいは就労活動を義務付ける政策であった。この用語はサッチャー政権期に英国に移転され日本に輸入され生活保護や児童扶養手当などの「自立支援」などにも影響している。

　またニクソンは、党内保守派の反対を押し切って1972年に補足的保障所得 (SSI) を成立させたが、1935年の社会保障法による老齢扶助と視覚障害者扶助と1950年の障害者扶助の三つを統合したものであった。

　1935年の「要扶養児童扶助 (ADC)」が1962年に改名されて「要扶養児童家族扶助 (AFDC)」となったが、AFDC は元来、貧しい人への短期的救済だった。ところが現実には長期的な生活援助になっていたことをニクソンは問題視した。不成立だったニクソンの改革案は、貧困に基準を設定し AFDC を効率的に機能させ、低賃金労働者の福祉依存を防止しようとするものだった[41]。

　またニクソンは環境庁を作り大気浄化法を強化し、職場安全衛生法、包括雇用・職業訓練法もつくった。黒人雇用推進のために差別是正措置として連邦政府事業を請け負う企業に黒人雇用を義務づけ、女性差別解消、学校給食などを整備拡大した。ジョンソンが1964年につくったフードスタンプ (貧困者への食糧券支給制度) を一挙に拡大した。これらはまさに共和党穏健派のニューディール政策であった。

　しかしチリで1970年に成立した社会主義政権を73年の軍事クーデターが倒したとき、ニクソンがこの軍事独裁政権を承認したのは反社会主義的な立場からだった。石油危機に見舞われたあとのインフレ対策として物価賃金凍結による政府の経済への介入を決めたが、これには経済自由主義の経済学者が猛烈に反対した。ニクソンの命取りになったのは、ウォーターゲート事件ではなく、実は一連のリベラルな政策に対する保守派の怒りだったという見方もある。つまりせっかく保守政治の路線をまとめ上げてニクソン政権を誕生させてやったのに、それが裏切られたというのである。

3) 秩序の崩壊と道徳の強化

　会田によれば、ジョンソンとニクソンのリベラルな潮流の背後にはロールズの 1958 年『公正としての正義』から 1971 年『正義論』にいたるリベラリズムがあったとされる。ところがいままでは中産階級の道徳が社会の規範だったが、1964 年公民権法により差別解消が実現したら、「公正としての正義」を掲げた人種、性などあらゆるグループが「正統」を主張し始めた。当時、麻薬や放縦な性、「知よりも無知」、「直感」が蔓延し「中産階級」に挑戦する風潮が高まっていた。こうして社会の規範に従わない主張が表に出てきて、白人・アングロサクソン・プロテスタントを頂点とし黒人や新移民を底辺とする秩序が崩壊した。しかし保守主義者は、秩序崩壊は「公正」の現れではなく米国社会の道徳的退廃の現れと考え、その立場から人工中絶やドラッグ、同性愛、公立学校での礼拝などの問題を積極的に取り挙げるようになった。

　また、ジョンソンやニクソンの「大きな政府」には最小限国家論からの反対もあった。ロバート・ノージックは 1974 年に『アナーキー・国家・ユートピア』を著し、ロールズの「ニューディール型リベラリズム」を批判し、国家は個人の権利を侵害せず、暴力・盗み・詐欺からの保護、契約の履行の強制に限定される「最小限国家」(minimal state) のみが道徳的に正当であること、そのほかの所得再分配などの機能は正当化されないと主張した[42]。

　ニクソンを継いだフォードのあと、民主党カーター政権 (1977〜81 年) では、1979 年に FRB 議長のボルカーがスタグフレーション対策として通貨供給量を通した金融引き締め政策を採用した。これは高金利と深刻なリセッションをもたらし多大な犠牲を払ったが、その効果は次のレーガン政権で発揮され、ようやくインフレ退治に成功し稼働率は向上し失業率は低下した。

　また、1979 年カリフォルニア州住民投票で固定資産税引き下げを求めた提案 13 号が可決され世間を驚かせた。その結果、州の歳入は激減し、教育の荒廃・社会保障の低下・道路網の劣化・犯罪の増大などを招いた。しかし、中産階級は「小さな政府」への期待を隠さずレーガン政権の呼び水となった。

3 レーガン政権

1）貧富の格差の拡大

　レーガン政権（1981～89年）は、共和党や民主党にいた保守主義者全体の要求を政策に反映させたといわれるが、国内的には小さな政府の保守政治やサプライサイド経済学だったのに、対外的には軍事強化という二枚看板だった。

　それまでのケインズ主義経済学は企業の稼働率が下がっている不況時には財政による需要喚起が必要であると主張したが、稼働率が100％に近いときには需要喚起を行っても「総生産量」が増えるわけではなかった。そこでサプライサイド経済学は生産量を増やすことを重視し、総供給に影響する貯蓄や資本形成を取り上げ、資本ストックや労働供給、そして税制や公的年金や社会保障がこれらに与える影響などを分析した。そして経済活動への政府の介入には否定的で規制緩和を主張し、また法人税減税で生産者を応援すれば失業が減り税収が増えて財政赤字を減らすことができると主張した。

　しかし、競争と大きな格差の容認の政治のせいか、成長の果実が労働者に還元されず、サプライサイドの経済学者は「新自由主義」的政治を後押しする理論家と見られた。レーガンは30％の所得税減税、規制緩和、福祉政策の地方への委譲・分権化、税制改革などを掲げ、その経済政策は「レーガノミックス」と呼ばれるようになった。実際には国民の支持があった福祉はあまり削れなかった。

　大型減税もあって財政赤字の対GDP比は5.9％まで拡大し長期金利は10％台になりドル買い・ドル高につながった。そのいきさつを田中直樹は次のように整理した。（ア）カーター前政権のもとで物価上昇率が2桁となり、ボルカーFRB議長のもとで厳しい金融引き締め策が採用され、レーガン政権も高金利政策だった。（イ）宇宙空間での軍拡競争など軍事予算を拡大した。（ウ）中高所得層の一律の所得税減税が主張された。そして、インフレ抑止のために高金利政策がとられドル高につながった[43]。その結果、日本では円安で対米輸出が増え続けたので、日米の貿易不均衡が続き1985年プラザ合意での米国のドル高政策放棄につながった。

　当時の米国社会では、リベラルへの反動で平等や公正への関心が薄れ、「勝ち組がすべてを獲得する」といわれ、貧富の格差が拡大し始めた。

2)「結果の平等」と「機会の平等」

　レーガンの福祉改革は家族扶養法（1988年）となり、AFDC の受給資格を厳格化し、本当に援助が必要な人への福祉と福祉依存から抜け出そうとする人への自立支援が拡大された。厳格な審査を経た AFDC 受給者は、職業訓練とメディケイドを受けることができるようになった。レーガン政権の福祉改革は、自力の「勤労による貧困脱出」ができず援助が必要な人がいることを認めた点で、ニクソンの改革案と共通していた。しかし、福祉は例外的扱いだったから、保守的ともリベラル的ともいえなかった[44]。

　保守主義者は、差別解消のために少数民族を一定の比率で雇用させる割当制度（クオータ・システム）と強制バス通学（人種差別廃止を推進する裁判所が 1970～80 年代に強制的に白人と黒人を一緒にバス通学させたので、何人かの白人生徒が黒人だけの公立学校へ行かされるとか逆のケースが起こった）は、白人に機会が与えられない逆差別と考えた。保守主義はここで「自由」を優先し、強制された「結果の平等」よりも選択する「機会の平等」を優先させたといわれる。

3) ネオコンの福祉批判

　レーガンがリベラル派の思想と政策を批判するために、ネオコンの理論を用いたといわれる。ジョンソン政権の元高官は「貧困との闘い」を進める中で福祉依存的な黒人家族が崩壊するのを実感し、民主党の理想主義的政策への疑問を呈した。

　そこで、保守系の雑誌が急拡大した福祉がもたらす弊害を理論的に指摘した。貧困、福祉、人種、犯罪などをめぐって「効率化」を求めるなど新しい批判や政策提言をしたので、同誌編集者や寄稿者は「新しい保守主義」（ネオコンサーバティズム）と呼ばれた。やがて共和党内ではネオコンが力を増し、レーガン政権の中枢にまで上り詰めていった[45]。

　ネオコンの第 1 世代は伝統主義者の福祉解体政策には批判的で「最低限の福祉政策は必要」との立場で、科学的な分析により過剰な福祉をやめ、低所得者や働けない人に限定して給付する効率的な福祉政策を訴え、福祉国家の拡大に一定の歯止めをかけようとした[46]。そういう意味では米国保守主義は福祉でも自由の価値観に立脚していたといえる。（外交では自由の価値観や資本主義を世界に広めるべきだという使命感を持ったネオコンの第 2 世代が育ち、イラクに介入していっ

グレーザーはプエルトリコの貧困の主な原因は差別ではなく「福祉に対する過剰な依存にある」と結論した。また、もともとはニューディール支持者だったバンフィールドは、ジョンソンの「偉大な社会」計画に疑問を持つようになっていた。そして、都市の下層階級には独特の文化があるために、中産階級のような自己抑制と努力を前提にした支援政策は全く効果がないと論じた。努力や自己啓発の機会を与えてもそれを活用する文化的基盤がないし、職場を与えられてもそれを継続する意欲がないのである。そのために「社会には彼等に対して責任がある」という論説は、彼等の居直りを温存するだけだったという。
　マレーは、貧しい人々は社会政策に依存することによって、今が良ければそれでいいという暮らしなってしまい、現実から逃避し自立のための努力を放棄するようになってしまったと主張した。バンフィールドもマレーも保守主義者も、団結と連帯の政策が「公正」をかかげる福祉依存者を生み出してしまい、逆に米国社会の分裂と相互不信の元凶になったと考えた。

4　英国のサッチャー政権と経済の復活

　70年代半ばの英国では石油危機後にインフレ率は25％近くに達していた。また労働組合が合理化反対のストライキを打ち、労働党政権が支持を失った後、保守党サッチャー政権（1979～90年）が成立した。
　サッチャーは1960年代半ば以降の「英国病」の原因は国有企業の非能率性、社会保障支出の増大、ストライキの頻発などにあると考え、それを克服するために国営だった水道、電気、ガス、通信、鉄道、航空などの民営化や金融の自由化、財政支出削減、公務員削減などを行った。公共投資を抑えた緊縮財政と高金利政策の結果、ポンド高となり輸出産業・製造業に打撃を与え80年、81年には景気が後退し失業率が急上昇したが、インフレ率は83年に5％を下回った。
　高失業率でサッチャーは人気を失い再選は絶望的だったが、1982年のフォークランド紛争に勝利し83年の選挙で快勝した。一方、当時の労働党は社会主義的政策を改め、1986年にはキノック党首が市場システムとの共存に転換した。
　1986年の金融ビッグバンによる規制緩和で外資が流入し、英国は銀行や証券など金融業が主要産業になり、労働党支持の労働者が多い製造業の比率が低下し伝統的な多くの製造業が衰退した。しかしサッチャーは10年でインフレを解消し、英国はストライキのない平均的には低賃金の国になった。

しばしばサッチャーが労働組合を弱体化させたといわれるが、労働組合の組織率が低下するのは先進国共通の現象であった。製造業が減少し第3次産業が拡大し女子雇用やパートタイム労働者が増大するなど、組合活動に関心を持たない人々が増えたからであると見られている。

1980年の実質経済成長率は－2.17％で失業率は7.3％だったが、サッチャー政権の第2期以降1983～90年の成長率の平均は3.46％で、失業率の平均は9.9％であった。メージャー政権（1990～97年）は同じく1.85％と9.24％であった。（ちなみにブレア政権の12年間は、3.02％と5.5％であった）。

政府組織にも「効率性」が要求され、場合によっては民間委託し、政府は公共サービスの直接的な提供者であることを止め、権能付与者・環境整備者へと立場を変えた。（これ以降、わが国の社会福祉学でも政府の役割はサービスの直接的供給ではなく条件整備であるという見方が紹介された）。

また、サッチャー政権は公的年金の役割を減らし企業年金や個人年金を奨励し、国民には貯蓄努力を求めた（これはベヴァリッジ報告同様に自由主義的な社会保障だった）。そして福祉予算は、貧困者が増えていたから実際には圧縮できず、社会支出の対GDP比は、1980年17.0％から85年86年の20％まで増加したが、その後、90年の17.5％まで低下した[47]。

（ちなみに、英国がEEC加盟を申請したときフランスのド・ゴールが英国を通して米国の影響力が強まることをおそれて反対した。69年にド・ゴールが退陣し73年にヒース保守党政権で欧州共同体（EC）加盟が実現したが、ECには欧州の平和と繁栄という強い理念があったのに、多くの英国民は「共通市場」への参加としか受けとめなかった。サッチャー政権はEC予算の分担金に強く反対し、ただ規制緩和による「物、人、サービスおよび資本の自由移動」ばかり求めたので、他の国々と衝突を繰り返した。保守党内にも欧州懐疑派が拡大し、国民もEC・EUの政治統合や権限集中や官僚支配に反発し自国の議会主権が侵害されているという意見が強まった[48]。労働党は格差の原因はグローバル化と見たせいか離脱派が多かった）。

参考文献（第3章）

(1) 仲村優一『家庭の福祉』放送大学教材、1989年、第8、9章。
(2) エドマンド・バーク「フランス革命についての省察」(1790年)、『世界の名著34 バーク・マルサス』中央公論社、pp.59〜89。
(3) エドマンド・バーク　同上書、p.59。
(4) ジル・ドスタレール『ケインズの闘い』(2007年) 藤原書店、2008年、p.205。
(5) J.S.ミル『経済学原理』(1848年) 岩波文庫、pp.112〜116。
(6) ジル・ドスタレール　前掲書、p.206。
(7) 佐藤清文「二つの国民と貧民墓地」 http://eritokyo.jp/independent/sato-col0017.html。
(8) 河合栄治郎『トーマス・ヒル・グリーンの思想体系』日本評論社、昭和13年、pp.711〜、pp.728〜729。
(9) アルフレッド・マーシャル『経済学原理』(1890年) 東洋経済新報社、邦訳(Ⅳ)、p.284、p.287。
(10) E. デュルケム『社会分業論』(1893年) 青木書店、p.364、373。
(11) 樫根俊一「ロイド・ジョージ小論」 https://ir.lib.osaka-kyoiku.ac.jp/dspace/bitstream/123456789/1604/1/rekisikenkyu15_p43-60.pdf　ほか。
(12) ジル・ドスタレール　前掲書、p.253。
(13) 『ベヴァリッジ報告』至誠堂、p.14。
(14) 『ベヴァリッジ報告』至誠堂、p.181。
(15) エスピン-アンデルセン『福祉資本主義と三つの世界』(1990年)、ミネルヴァ書房、p.116。
(16) 小山路男「福祉国家の起源」同編著『福祉国家の生成と変容』光生館、1983年、p.223。
(17) ジル・ドスタレール　前掲書、p.271。
(18) デヴィッド・ハーヴェイ『新自由主義―その歴史的展開と現在』(2007年)、作品社、p.82 ほか。
(19) 「アイスランド―先取未来国家」 http://cocomasak.cocolog-nifty.com/blog/2014/12/post-e3a2.html。
(20) "Swedish Social Democratic Party" http://en.wikipedia.org/wiki/Swedish_Social_Democratic_Party#Political_impact_and_history。
(21) 藤田菜々子「1930年代人口問題におけるケインズとミュルダール」 http://society.cpm.ehime-u.ac.jp/shet/conference/72nd/72paper/17fujita90.pdf。
(22) 田中美知太郎『人間であること』文藝春秋、1984年、pp.156〜168。
(23) エスピン-アンデルセン『福祉資本主義と三つの世界』(1990年)、ミネルヴァ書房、pp.42〜45。
(24) 水島治郎「大陸型福祉国家」宮本太郎編『福祉国家再編の政治』ミネルヴァ書房、2002年。水島治郎『反転する福祉国家－オランダ・モデルの光と影』岩波書店、2012年。

⑳　"Of rules and order" The Economist、2015年5月9日。
㉖　田中修「世界経済危機を契機に資本主義の多様性を考える」ファイナンス、2010年　https://www.mof.go.jp/pri/research/special_report/f02_2010_07.pdf　ほか。
㉗　"Neoliberalism" WIKIPEDIA。
㉘　足立正樹「高齢社会と社会保障」国民経済雑誌、2002年、pp.76 〜 77　http://www.lib.kobe-u.ac.jp/repository/00098372.pdf。
㉙　田中秀一郎「ドイツ年金保険における世代間契約」九大法学86号、2003年、pp.327 〜 328　http://catalog.lib.kyushu-u.ac.jp/handle/2324/10959/KJ00004858416.pdf。
㉚　広田明「社会的連帯と自由」http://seikeisi.ssoj.info/sm08_hrota.pdf。田中拓道『『連帯』の思想史のために—19世紀フランスにおける慈愛・友愛・連帯、あるいは社会学の起源—』　http://dspace.lib.niigata-u.ac.jp:8080/dspace/bitstream/10191/4847/2/...。
㉛　林雅彦「フランスの社会保障制度の概要Ⅰ—年金制度および年金改革の動向を中心に—」　http://www.jil.go.jp/jil/kaigai/jihou/2003_02/200302tokushu.pdf。
㉜　藤井威「スウェーデンの育児政策」　http://www.poppins.co.jp/poppins_topics/2008/04/1.html。
㉝　湯元健次ほか『スウェーデン・パラドックス』日本経済新聞出版社、2010年、p.96。
㉞　今岡ほか『社会福祉発達史』ミネルヴァ書房、1973年。社会保障研究所編『スウェーデンの社会保障』東京大学出版会、1987年。藤岡純一編『スウェーデンの生活者社会』青木書店、1993年。ハデニウス『スウェーデン現代政治史』早稲田大学出版部、2000年。http://www.meti.go.jp/report/tsuhaku2005/2005honbun/html/H3223000.html。http://gakudou-osaka.net/contents/library/2010/sw_light.pdf。湯元健次ほか『スウェーデン・パラドックス』日本経済新聞出版社、2010年　ほか。
㉟　岡本英男「レーン＝メイドナー・モデルの特質とその成立背景」東京経大学会誌、第263号　http://www.tku.ac.jp/kiyou/contents/economics/263/043_okamoto.pdf。
㊱　ウイレンスキー＝ルボー『産業社会と社会福祉』(1958年)岩崎学術出版社、1971年。
㊲　小田憲三「英国社会福祉学の基礎概念としての残余主義と制度主義」川崎医療福祉学会誌、1991年、Vol.1、No.1　https://kwmw.repo.nii.ac.jp/index.php?action...1...　ほか。
㊳　一番ケ瀬康子『アメリカ社会福祉発達史』光生館、1963年。
㊴　佐々木毅『アメリカの保守とリベラル』講談社学術文庫、1993年。川本隆史『現代倫理学の冒険』創文社、1995年。中岡望『アメリカ保守革命』中公新書ラクレ、2004年。会田弘継『追跡・アメリカの思想家たち』新潮選書、2008年。
㊵　"Walter Lippmann Colloquium"、"Neoliberalism"　WIKIPEDIA。
㊶　向井洋子「アメリカ福祉政策の歴史—政策を支えたイデオロギーを中心に—」沖縄法政研究、2009年、第12号　http://ir.okiu.ac.jp/bitstream/2308/594/1/13448242_12_mukai_yoko.pdf。
㊷　川本隆史　前掲書、1995年、p.40。
㊸　田中直樹「プラザ合意30年(中)」日本経済新聞、2015年9月10日。
㊹　向井洋子　前掲書。

⑷⁵　会田弘継　前掲書、p.168、pp.43 〜 48。
⑷⁶　中岡望　前掲書、pp.184 〜 191。
⑷⁷　「福祉のニューディール」　http://www.geocities.co.jp/NatureLand/3252/Blair2.htm。
⑷⁸　山田邦夫　http://dl.ndl.go.jp/view/download/digidepo_9616693_po_078004.pdf?contentNo=1
　ほか。

福祉国家レジーム

厚生労働省のウェブサイトで、社会保障は誰かが費用を負担することが必要であると述べ、海外の三つのタイプを紹介している。(ア)「家族依存型」＝主に女性の負担で家庭内で子育てや介護を行うため、社会保障の規模は大きくない社会と説明し、例としてイタリアなど南欧と日本を挙げる。(イ)「政府依存型」＝誰でも同じ権利を持ち同じ給付を受けるという考え方で、生活のリスクを幅広くカバーするため高福祉・高負担の社会保障。例はスウェーデン、デンマーク、ノルウェー。(ウ)「市場依存型」＝市場中心の問題解決を志向するので社会保障の規模は小さい。サービスを購入できない人もいて格差がある。例としては、アメリカ[1]。この三つだとドイツ・フランスが抜け落ちている。

　戦後は西側諸国でも経済成長に後押しされて福祉国家は発達したが、社会保障の国際比較として、わが国では1970年ころに藤沢益夫らが「社会保障給付費の対国民所得比」の大きい順に「北欧型」、「(ヨーロッパ)大陸型」、「英米型」という分類を行っていた。今は「社会支出の対GDP比」の大小であるが、三つの型の大小関係は今でもほとんど変わっていない。その理由は、各国が政治的理想や国内事情と整合的になるように社会保障をデザインしたからで、福祉国家の発展の方向は何か法則があって一つの共通のモデルに向かっていたというわけではなかった。そこでエスピン-アンデルセンは先進国を観察して三つの福祉国家レジームを作成した(本章では1990年のモデルを紹介してみた)。

第 1 節　三つの福祉国家レジーム

1　国営の社会保障

　第 1 次大戦後の大不況の中で、スウェーデンでは 1928 年に社会大臣メッレルが夜警国家でなく「福祉国家でもなければならない」と述べ、さらに 1933 年に社会民主党が公共事業を中心とする「恐慌対策」を打ち出すなど、夜警国家観とは違った国家の役割が前面に出てきた。

　また、米国では 1935 年の「社会保障法」は当時の不況の下、共和党の自由放任政策に代わるニューディールの一環で、公共事業と並んで消費需要を支え景気回復を図るためといわれた。つまり、社会主義実現のためではなく自由主義社会を維持するためにヨーロッパに学び国家の役割を認めたと考えられる。

　1941 年 8 月の英米の大西洋憲章の第 5 に「両国は、改善された労働条件、経済的進歩及び社会保障をすべての者に確保するため」すべての国の協力を作り出すと述べた。米国も民主党政権だったからこれでよかった。1942 年の英国の『ベヴァリッジ報告』は戦時中に、労働者に限らず「すべての国民」に対して、国家が保障する防貧の仕組みとして社会保険を国民に提案した。

　こうして、それまで労働者保護と考えられていた社会保険が、総力戦を契機に農民・自営業・事務職などを含む「すべての国民」のためのものとなった。それはまさに自由と民主主義という「理念」を全体主義から守るために、国民に命がけの協力を要請し、勝利の暁には従来の自己責任型社会とは違って社会保障によって国民の「ニーズ」を充たすという提案だった。

　戦後、わが国も憲法で国民の「幸福追求」が認められ、いまや国家は「公共の福祉という国家設立の目的に従って」[2] 再生されたかのように、幸福追求を応援する社会保障も国家の重要な役割となった。重田（おもだ）園江は「社会契約論は戦後日本を導く一つの道しるべとなった」という[3]。ところが社会契約論は英国の近代保守主義が真っ先に否定したものだった。

2　「脱商品化」と「階層化」の指標

　エスピン-アンデルセンは 1980 年代の欧米先進国の福祉制度の諸データを観察して「脱商品化」と「階層化」という二つの指標を作った[4]。一つは労働力

の「脱商品化」指標で、労働者が失業や病気、高齢などで働けなくなった時、公的な援助や給付を得て生活していける度合いである。(これは労働者が家族や地域などの伝統的な共同体に依存しなくなることでもある。同時に社会保障への依存という視点といえる)。もう一つは「階層化」指標で、職域別に作られた社会保険の間の給付格差、公務員の特権的扱い、所得制限の有無やミーンズ・テスト(資産・所得調査)付き給付の比重、民間の年金や医療保険の比重など、福祉国家を構成する諸組織がもたらす連帯や階級分化の度合いである。たとえば会社員と商店主が同じ保険に加入するか、大企業や公務員の保険は中小零細企業よりも有利かなど、社会保障に現れた階層間格差のことである。(全国民が加入する一元的な社会保険制度をベンチマークとした評価で、平等の視点といえる)。

そして「脱商品化」と「階層化」の指標を用いて各国の福祉制度をスコア化しその特徴を三つに分類し福祉国家レジームと呼んだ。(ア)脱商品化が低く階層化が低いレジーム。米国・カナダに代表され「自由主義レジーム」と名付けた。(イ)脱商品化が高くて階層化が高いレジーム。ドイツ・フランス・イタリアに代表される「保守主義レジーム」。(ウ)脱商品化が高く階層化が低いレジーム。北欧に代表される「社会民主主義レジーム」。ただし、英国と日本がどこにも分類できなかった。

このような「福祉国家レジーム」は連続的なスコアを用いた分類だったが、国の顔ぶれを見て自由主義、保守主義、社会民主主義という名称を付けるとグループは質的な差を持つことになり、先のスコアが低かったフィンランドを社会民主主義レジームに含めることにも抵抗はなくなる[5]。

3 三つのレジーム

エスピン-アンデルセンによる福祉国家レジームには次のような特徴がある。

(ア)「自由主義レジーム」 ミーンズテスト付きで対象は低所得層に限られる給付が多い。(補足すると、米国では公的福祉の比重は小さいが、大企業の福利厚生、ボランティア団体やNPO、慈善活動、寄付などが発達していて、住民は困りごとは先ずボランティア団体やNPOに相談するといわれるくらいである)。

(イ)「保守主義レジーム」 社会保険制度が公務員・民間など職域別に分化し職種による格差がある。カトリックの影響が強く家族重視で、女性は結婚することや結婚したら仕事を辞めて専業主婦になるなど伝統的な家族の維

持が重視される。専業主婦化が促進され保育等の社会サービスが遅れる。（但し、近年はフランス・ドイツで保育や子どもの手当など家族サービスが充実してきた）。
(ウ)「社会民主主義レジーム」（同書には社会主義レジームと呼んでいる箇所もある）全国民が脱商品化効果の高い共通の社会保険に加入し、労働者が転職しても不利益にならない。給付水準は従前所得の水準に比例する。（保育・介護の社会サービスの発達で女性の就労が多い。そのため父親が失業や病気になっても家庭や子育てに支障が少なく、将来の労働力確保に有効である。職業訓練など「積極的労働市場政策」で高成長部門への労働移動を目指す。また、男女の賃金格差が小さく給付もあるから日本の母子家庭のように母親が働いているのに貧困ということはない）。

単にA型B型C型ではなく、このような三つの名称をつけたことで、福祉国家レジームをそれぞれの名称と整合的に解釈するようになった。つまり福祉国家レジームは「分類」というだけでなく、イデオロギーの「理念型」や「類型」と見なすこともできて、現実の福祉国家を比較するときの理論的な物差しにもなる。

4 儒教と自助努力のシンガポール

ちなみに、わが国ではシンガポールは公的部門の社会保障の比重が小さい自己責任型と見なされることが多い。そこでシンガポールの社会保障を田中恭子ほかにより紹介してみる[6]。

その福祉政策は三つの層で構成されている。(ア) 老後や医療のための中央積立基金 (CPF) 制度。(イ) 自活が出来ず援助が必要な人たちには、家庭や地域社会を中心とした福祉ボランティア団体による救済。政府は、家庭や地域社会の結束を促しボランティア団体を育成し組織化する。(ウ) 自助、互助で救済できない場合に、政府は直接に給付するのではなく、ボランティア団体等に対し必要な財源的援助等を行い、間接的に援助するのが原則である。

CPFは1955年に当時の英国植民地政府により設立されたもので、全国民が対象の積立制度であり、従業員・雇用主・自営業者に拠出義務がある。CPFには3種類の口座があり、各口座に国から利子が付けられる。(ア) 普通口座　主に持ち家購入、CPF保険、政府が認可した対象への投資、教育ローンなどに利用でき、子は両親のCPF口座に上乗せするために引き出しも出来る。(イ) メ

ディセイブ口座（医療補助口座）　医療費支払いのための強制貯蓄の口座。通院、入院、扶養家族の入院費や医療費用などのために引き出せるが、通常外来診療には適用されない。(ウ)特別口座　基本的に退職者が62歳に達したとき口座から月払交付金が支給される。定年退職に備えた金融商品への投資ができる。

CPF制度の補完制度がいくつかある。そのなかに1995年制定の儒教的な両親扶養法（the Maintenance of Parents Act）がある。60歳以上の自活できない両親の扶養（月々の生活費の負担）をその子供に義務付ける。子どもが高齢の両親を扶養する能力があるにもかかわらず扶養しない場合、その両親が申し立て裁判所が扶養可能と判断した場合、裁判所の命令として子は扶養義務を履行することになる。

第2節　脱福祉国家レジームと福祉社会

1　脱イデオロギー

小山路男は「福祉国家は自由主義と社会主義の原理的混合体」と述べたが、山田雄三は次のように述べた。現代ではフランス革命の「自由と平等」を一つのまとまった理念とすることはできず、自由がおのずから平等をもたらすわけではないために自由を規制し、平等化の政策が必要になる。そこから「福祉国家」の要求が生まれてきた、という[7]。

山田は経済学者で混合経済体制（民間中心の市場経済体制が物価と雇用の安定と成長のために政府の役割を重視する）が有効とみていたのかもしれず、自由を基本にして平等を取り入れる発想だったと思われる。この講演会当時は中曽根政権（82～87年）だった。そこで、「市場原理優先主義」で格差を放置してはいけない、平等（格差是正）にも配慮すべきというメッセージになったのではないか。

「自由と平等」は資本主義と社会主義の理念として扱われると「自由か平等か」のように対立し排他的な価値とされ、経済学でも当たり前のように「効率と公正」はトレードオフ関係といってしまう。しかし、山田のように「自由も平等も」と見るといずれかの体制が優れているとはいえなくなる。そこで山田は近代社会の「自由と平等」という二つの価値を、資本主義のもとでの福祉国家により実現できると考えたようだが、資本主義や社会主義をオールマイティなものとは考えないという意味で脱イデオロギーといえよう。

2　業績主義と連帯主義の倫理

　馬場啓之助は 1980 年の『福祉社会の日本的形態』において業績主義と連帯主義を政策理念とすることを提案した[8]。少子高齢化の日本が選択すべき形態を脱イデオロギーの「福祉社会」と名付けたともいえよう。

　資本主義のもとで業績主義の倫理を貫徹すると貧困が世代で引き継がれ「機会の平等」が損なわれる。このジレンマに対処するのがウェッブ夫妻の「ナショナル・ミニマム」だったという。馬場は所得の最低保障に加え福祉施設の利用可能性など文化への参加可能性をも含めて「ソーシャル・ミニマム」と呼んだ。

　産業社会で（イ）機会の平等、（ロ）公正な競争、（ハ）ソーシャル・ミニマムの保障、（ニ）競争に伴う適正な差異の承認、の四つがそろえば産業社会が「福祉社会へ移行する」といわれるのだという。（ニ）を認めないのでははじめから競争をやる意味がない。そして（ハ）のソーシャル・ミニマムの実現は福祉社会を他の形態から区別する基準であるという。そして、産業社会の生産力が維持できなければ「福祉社会は貧血状態に陥る」、そうならないためには福祉社会にも競争や業績主義が必要であると警告する。

　（イ）と（ロ）と（ニ）は業績主義の倫理に、（ハ）は連帯主義の倫理に根差すから、「福祉社会は業績主義と連帯主義という二つの社会倫理の相互補完の関係にたって形成された複合社会」で、二つの倫理は相反するものだから不安定な社会であるという。つまり、馬場は不安定な「福祉社会」をオールマイティとは見ず、イデオロギーにはなり得ない、そういう意味でも脱イデオロギーである。

　馬場は、産業社会は福祉社会として存続すると考え、その性格を「複合社会」として捉えた（二つの倫理を相互補完的と位置づけ、多元的ではなく複合的といったのであろう）。産業社会には資本主義的な形態と社会主義的形態があるとされるが、馬場の福祉社会は、いわば「資本主義で自由主義的な産業社会が平等を取り入れるもの」であるから平等化が目的ではなく、競争も適度な格差も必要である。

　こうみるとスウェーデンは、連帯的賃金（平等）と積極的労働市場政策（人的資源の効率化）の「複合社会」といえるが、馬場とは逆に平等指向の社会民主主義に高生産性の仕掛けを持ち込んだといえる。英国ブレアは福祉国家という平等イデオロギーに効率化を入れるために「福祉ミックス」を選んだといえる。

　R. ローズが 1986 年に福祉サービスは「家族と市場と国家」の 3 部門が相互に補完するという「混合福祉」の見方を提案したが、もはや福祉が公的部門の独

占でないとしたのは脱イデオロギー的といえる。

それに対してエヴェルスは1990年に、ローズの3部門が福祉の供給者として不完全ならばもっと多様なリソースが有益であるとした。家族と市場の重なるところ、市場と国家の重なるところ、国家と家族の重なるところに各2主体が相互浸透した福祉供給領域を設定し6個の供給者のモデルを提案し「福祉ミックス」とした[9]。「エヴェルスの福祉ミックス」は福祉国家が民間を取り込むという福祉ミックスではなくむしろ演繹的に得た並列的多元的なものである。

ちなみに、1962年に、日本社会党書記長だった江田三郎が社会党主導で日本が目指すべき未来像を描いた。米国の平均的生活水準の高さ、ソ連の生活保障、英国の議会制民主主義、日本国憲法の平和主義で、これが「江田ビジョン」と呼ばれ大いに人気を博した。このように複合社会は既存の社会のイデオロギーに別の価値を取り入れるという形になるから、イデオロギーを基盤にした社会党主流の左派や、反社会主義の経済学者は江田ビジョンを受け入れなかった。

③ 脱福祉国家レジーム

歴史経済学に「経路依存性」(Path dependence)という概念があり、一つの選択を下した当時の条件がその後に変化してもその選択が持続する、また、経済政策などの決定には現行の技術や選好などよりも歴史が重要であるとされる。あるいは、均衡する配分の姿は効率的配分の理論的条件ではなく、過去の歴史の知識で予測できるという[10]。なんとも「保守的」な考え方に見える。

政治学的な実証研究では、「福祉国家の税収構造の形成に経路依存性が存在し、各国間の相違が固定化した理由は、国民の政府の役割に対する期待の形成にある」[11]という例がある。このように経路依存性によって各国の福祉国家レジームの持続性が説明できるという議論がある。

ところが福祉国家レジームでは社会民主主義レジームと自由主義レジームの「階層性」が共に低いのはあいまいだと指摘されるが[12]、もともと階層性は保守的社会の特性で自由主義も社会民主主義もそれを打破しようとしたものだから両者とも階層性が低くて当然といえる。逆に平等を「(階層)秩序がないカオスのような状態」とみれば保守派にとっては自由も平等も同類といえよう。

各国とも社会保険の比重が大きくなると福祉予算の変更が難しくレジームが持続しやすいとも考えられる。ところが近年はレジームや経路依存性から予測

できなかったことが起こった。社会支出の対 GDP 比を見ると 2006 年にフランスは 30.24％でスウェーデンの 28.87％を超え、これ以降、フランスがスウェーデンを上回っている。その一方で、EU の福祉国家には近年は自由主義のワークフェア的な仕組みが導入された。こうして福祉国家レジームの切れ味が悪くなっている。

4 ポスト福祉国家の福祉社会

1）福祉国家に代わる理想としての福祉社会

労働党ブレアが市場原理主義でもなく伝統的な福祉国家でもない第三の道を掲げると、わが国では「日本型福祉社会」に似せて、「ポスト福祉国家としての福祉社会」論が起こった。

福祉国家の二つの質的限界が指摘された。(ア) 多様化した利用者のニーズに合わせることができない硬直した画一主義。(イ) 自己選択の立場からは、担当者が最善な方法を選ぶというパターナリズムの発想が批判される。また、福祉社会には福祉国家以前の産業社会と共通した点が三つあるとされた。(ア) 家族に期待する。(イ) 大衆の購買力が上昇したので市場を復権させれば画一主義やパターナリズムを緩和できる。(ウ) 柔軟性があるボランタリズムの復権[13]。

英国ブレアの場合は「福祉国家」の役割を減らし民間の役割を増やす福祉ミックスで、平等指向の福祉国家に自由を取り入れて「福祉社会」へ転換するダイナミズムである。一方、米国の自由主義レジームは、経緯を見れば自由主義社会にニューディールで社会保障を取り込み福祉国家へ転換した結果といえる。

福祉国家が民間を取り込む「福祉ミックス」への転換を正当化するために、公私の福祉供給主体の長所の比較が行われ、民間が再評価される。公的部門は公平と平等では他の部門よりも適しているが画一的、手続きが煩雑、支援する支援されるという相互関係から脱せないという欠点があり、市場部門は効率的で柔軟性という長所があるが利潤に縛られて温かいサービスになりにくい。非営利部門にはお互いの事情を理解した人間関係を築く暖かみのあるサービスが期待できるが安定した供給の確保が課題となるといわれた。この非営利部門にはボランティア、NPO、社会福祉法人などが含まれるが、わが国では、いくつになっても親のすねをかじっている子どもや泣いて子に介護を頼む親を見れば、家族社会学者森岡清美のようにわが国の家族を「福祉追求の第一次的集団」

と見ることができる。その場合には家族を福祉の「社会資源」と位置づけても違和感はない。

2) 私的年金の奨励

近年の「働き方の多様化」には正社員が非正規社員になったり逆になったり無職になったりすることもあり、厚生年金の加入年数が減る要素となる。わが国の政府は「働き方の多様化等に対応し」、「老後に向けた個人の継続的な自助努力を支援するため」2016年5月に確定拠出型年金法（DC法）を改正し確定拠出型個人年金をつくった。この年金は任意加入で、積立金を運用し成果に応じて受け取る年金額が異なる。加入対象は従来の「企業年金のない会社員」や「自営業者等」のほかに新たに「公務員等」や「企業年金のある会社員」や「専業主婦等」で、ほとんどの国民が金融機関で加入できることになった。しかし60歳にならないと積立金を引き出せない。また、加入を促進するために「掛け金が所得控除」「運用益が非課税」「受給する年金にも退職金同様の非課税枠」が用意される。この年金はイデコ（iDeCo）と呼ばれるようになった。

これは将来、厚生年金の所得代替率を低くせざるを得ない事態に備えたものと推測すると、ベヴァリッジのような自由主義への路線変更とはいえないにしても「自由」指向の方法ではある。

第3節　日本のレジーム

1　保守政権の三つの福祉構想

石油危機以降の自民党政権の三つの福祉構想を取り上げてみたい。一つは大平政権の「日本型福祉社会」構想、二つ目は中曽根政権の民営化や構造改革のもとでの「活力ある福祉社会」、そして三つ目は小泉政権の構造改革の後に出てきた麻生政権・安倍政権の「安心社会」「一億総活躍社会」の構想である。

大平政権の「日本型福祉社会」構想は、それまでの福祉国家路線をやめ、伝統的な家族や地域の相互扶助を取り入れた「保守主義レジーム」への転換に見えた。そこでは自助努力を求めると同時に個人を丸裸にしないで共同体で包み込むところが保守主義の理由で福祉ミックスとの違いといえる。一方、中曽根政

権は市場原理優先的に民営化や構造改革などの路線だったといえるが、「活力ある福祉社会」では家族など個人を包む共同体の重視とリバタリアンの自助努力重視とが交錯するところは、米国保守主義のように見えていた。

　しかし、小泉政権の構造改革路線を支持するはずの財界から金融危機の2008年に次のような提言があった。将来の労働力人口減少を見据えて親の就労と子ども育成との両立を図ることや家庭における子育て支援が必要で、保育サービスを拡充し待機児童の解消を図るとともに、子育て世帯を対象とする税制支援など、公的な支援策の拡大が必要である[14]。これは消費税15％を視野に入れての提言だった。

　ちょうどそのころ麻生政権が小泉政権の「聖域なき構造改革」の痛みを癒すように「安心社会」構想を出したが短命政権だった。そして今、安倍政権では「女性の活用」「全世代型社会保障」「一億総活躍社会」という福祉構想を掲げた。

② 自由主義レジームと社会民主主義レジームの折衷

　経済学者のホリオカと神田玲子はわが国の福祉について、福祉国家レジームとは違うが、社会の条件を加味した経済政策の特徴を三つのレジームとし、つぎのような (ア) と (イ) 二つの主張をした。

(ア)　NIRA の報告書では「社会生活上のリスク」を個人に押しつけずに、どのように家族・企業・国家などがリスクをシェアしているかを考え、「リスクの社会化」の三つの政策レジームを想定した[15]。

　　ここの三つの政策レジームはエスピン-アンデルセンに類似したものだが、特に「保守主義レジーム」は次のようである。家族や企業など「共同体」にリスク・シェア機能があり、家族をもつことや安定した企業に就業することが将来にわたる安心を意味する。国は家族手当や解雇規制などで家族や企業のリスク・シェア機能を「補完」する。ただし、強い解雇規制のもとでは労働者の失業期間を長期化させ、かつ若年世代の失業率を高める傾向がある。そこでフランスの左翼政権は1997年に労働時間を短縮させ、仕事を分け合うワークシェアで失業率を下げようとした（ただし、この報告書第3章ではスウェーデンやフランスで労働時間が短いのは、重い税負担が就労意欲を妨げる「ゆがみ」の結果だと新古典派経済学的な解釈を示す）。

　　このように保守主義レジームでは、雇用政策と家族政策を組み合わせることにより、企業や家庭などの「共同体」にリスク・シェア機能を担わせ

ている。

　結論としては、わが国では保守主義レジームと自由主義レジームの両面をもつが、それぞれのレジームが有効に機能するための制度が完備されていないという。すなわち、フランスやドイツのような政策が少ないし、民間保険に加入してリスク・シェアすることが困難な人や返済が困難な人のための寛容な破産法などが整備されていない。そのために、個人が家族や企業などの共同体の保護から外れた時には、政府の保護、金融仲介機能によるリスク肩代わり、やり直しの機会などが少ないために個人だけがリスクを抱えてしまうという。

(イ)　また、ホリオカと神田によれば日本は福祉国家としては、政府による所得再分配機能が弱い点では自由主義レジームであり、育児・介護を家族に依存し雇用保障は企業に依存するなど、家族や企業といった「共同体」を重視している点では保守主義レジームである[16]。

　その上で日本の問題点を四つ挙げた。(a)新卒者、非正規社員、単身者、母子世帯など家族や企業などの「共同体」から外れている人が被るリスク・シェアが不公平である。(b)規制緩和によって競争力、経済成長を高め雇用機会を拡大させるべきである。(c)男と女、正規社員と非正規社員、青年と壮年と老年、未婚と既婚と離婚と死別、子のいる人と子のいない人などが公平にリスクを分かち合っていない。(d)公的支出が公平でなく高齢者に偏って配分されている。

　そこで、(a)や(c)の対策としては公平なリスク・シェアのスウェーデンの社会民主主義レジームがよくて、(b)には米国の自由主義レジームがよいという。そしてわが国は将来、両レジームの折衷に移行すべきであるというのが結論であった。

　ところで、伝統的な保守主義には自由や平等という固有の福祉理念がないと思う。だから、保守政権なら両レジームの要素を平等指向や自由指向の方法として導入可能と考えられる。

③ 雇用のリスクの分散

1) 雇用のリスク

　中嶋よしふみは「レジーム」とはいっていないが、「雇用のリスク」を負う主体を米国型・北欧型・日本型の三つに分けて社会保障の考察につなげている[17]。日本で「雇用はリスク」というと違和感があるが、業績悪化に対応できるように会社の外にセイフティー・ネットをしっかりつくろうという発想である。

　中嶋は、企業の売上・利益の源泉は「リスク」であるから、売上が減った時に解雇出来ないのなら最初から雇用しないのが正解となる、という発想である。中嶋は雇用のリスクを負う主体の例を三つ挙げる。

　(ア)「アメリカ型」は企業業績の悪化で解雇されるリスクを従業員が負う。だから従業員の自己責任型。だが雇用の流動性が高いから再就職しやすいことがセイフティー・ネットになる。(イ)「北欧型」も業績が悪化すれば解雇するが、国が提供する手厚い失業保険・職業訓練がセイフティー・ネットで、国民には税負担が大きくなるというリスクが生じる。(ウ)「日本型」は解雇されにくい雇用形態がセイフティー・ネットで、企業は解雇をしにくいという雇用リスクを負う。従業員はいったん解雇された後の復職が難しいというデメリットがある。

　「日本型」は失業の際に機能すべき企業の外の社会的なセイフティー・ネットが欠如し、解雇されると人生の転落につながりかねない。しかも、最もセイフティー・ネットを必要とする非正規雇用者が失業保険を受け取る事すら出来ないという形で国(国民)はリスクを負わない。

　そこで、企業が新たに雇用しやすくするには、企業が担う雇用のリスクを国と従業員に分散することが必要だという。例えば、企業は金銭解雇と雇用保険の負担を増やす、国は国民の税負担によって失業保険と職業訓練を充実させる(国民が負担を負う)、そして、従業員は解雇を受け入れるのである。

　中嶋はこのように整理して、「解雇規制緩和」の問題は解雇しやすさではなく、雇用のリスクを誰がどのように背負うべきかという社会保障の問題であると主張する。そして、企業は徹底した競争を、国は手厚いセイフティー・ネットを、という形にすれば歪んだインセンティブを解消できると結論した。

　この解法は社会学的には帰属意識が薄い会社員が増えそうだから保守主義者からは対応策が求められよう。

（川口大司は次のように述べている。現行は解雇が無効と判断されたときの企業の金銭負担が明確でなく、企業にとって無期雇用のリスクとなりかねない。金銭解決制度の導入で雇用終了のルールを明確化し不確実性を解消すれば、有期雇用から無期雇用への移行がスムースになると期待できる。日本経済新聞、2017年1月19日）。

2）会社の内と外

ところで、日本の会社では終身雇用とはいえ先任権（勤続年数が短いものから解雇し、勤続年数が長かったものから復職させる）がないから、一旦、人員整理されれば復職は困難である。

OECDは一般労働者の個別解雇規制と集団解雇制限を数値化し、有期労働者について有期契約および派遣事業による雇用を数値化した（OECDの資料では正規・非正規の区別はないが、有期雇用者はわが国の非正規に相当）。雇用期限の定めがない一般労働者の平均は2.29で、ドイツ・オランダ・フランス・イタリアなどで保護レベルが高く、ついで北欧、英国、米国と低くなり、日本は2.1程度で北欧と英国の間である。一方、有期労働者は平均が2.08であるが、これよりも保護が低いのは北欧、G7（フランスとイタリアを除く）などで、日本は1.1程度である[18]。つまり、日本は終身雇用といっているが、OECD目線では北欧や英米同様に保護レベルが低い。しかし北欧は企業の外側の社会保障が充実している。

長期間失業すると収入も社宅もなくなり、借金でも頼まれたら困るから友人も離れていき、「無職」では世間の信用を失うなど、それはいわば「共同体」から追放されて孤立無援に陥るのと似ている。そういう事情があるからこそ裁判所も中途採用の難しい社員の「身分」を守るために解雇権の乱用を厳しく制限してきたともいえる。しかしそれは正社員だけの配慮だったから、今は正社員の既得権といわれ構造改革のターゲットである。

参考文献（第4章）

(1) 厚生労働省政策統括官（社会保障担当）「社会保障の教育推進に関する検討会報告書 － 資 料 編 －」平成26年7月　http://www.mhlw.go.jp/file/05-Shingikai-12601000-Seisakutoukatsukan-Sanjikanshitsu_Shakaihoshoutantou/siryou_2_1.pdf。

(2) J.J.ルソー「社会契約論」（1762年）『世界の名著30　ルソー』中央公論社、p.249。

(3) 重田園江『社会契約論──ホッブズ、ヒューム、ルソー、ロールズ』ちくま新書、2013年、p.13。

(4) エスピン・アンデルセン『福祉資本主義の三つの世界』ミネルヴァ書房、1990年。

(5) たとえば柴山由理子「フィンランド社会政策の社会民主主義化──ペッカ・クーシの『60年代の社会政策』に焦点を当てて ─」社会研論集、2010年　https://dspace.wul.waseda.ac.jp/dspace/bitstream/2065/33603/1/ShagakukenRonshu_16_Shibayama.pdf。

(6) くわしくは田中恭子「シンガポールの儒教教育」　http://www.shachi.co.jp/jaas/37-01/37-01-01.pdf。日本政策投資銀行シンガポール駐在員事務所「高齢化社会における持続可能な福祉を考える－シンガポールの年金制度（CPF）－」2004年9月　http://www.dbj.jp/reportshift/area/singapore/pdf_all/s382japanese.pdf。自治体国際化協会「シンガポールの政策　福祉政策編」（2011年改訂版）　http://www.clair.or.jp/j/forum/pub/series/pdf/j41.pdf　ほか。

(7) 山田雄三「資本主義と社会主義、そして福祉国家（脱イデオロギーの立場から）」一橋の学問を考える会「橋問叢書　第41号」、1985年　http://jfn.josuikai.net/nendokai/dec-club/sinronbun/2005_Mokuji/Kyoumonsousyo/dai41gou/Sihonsyugi_to_Syakaisyugi.htm。福祉イデオロギーの検討とその再建については、圷（あくつ）洋一「福祉イデオロギー分析について─何故イデオロギーなのか？」日本女子大学人間社会研究科紀要、2007年、第13号　http://ci.nii.ac.jp/els/110006227404.pdf?id=ART0008248734&type=pdf&lang=jp&host=cinii&order_no=&ppv_type=0&lang_sw=&no=1468838017&cp=。

(8) 馬場啓之助「福祉社会の構図」同『福祉社会の日本的形態』東洋経済新報社、1980年、pp. 56 ～ 73。

(9) 坂井素思（もとし）「生活政策論序説－『公私ミックス』論あるいは『公私分担』論の基礎原理は何か？－」放送大学研究年報、2001年、第19号、pp.1 ～ 17　http://u-air.net/workshop/board/sakai2002.htm。

(10) 経済史学会　EH.net. Stan J. Liebowitz & Stephen E. Margolis　http://encyclo.findlaw.com/0770book.pdf。

(11) 加藤淳子「逆進的課税をめぐる政治──OECD18カ国の比較研究から得られる含意─」2003年　http://www.cao.go.jp/zeicho/siryou/pdf/kiso_b13c.pdf。

(12) 新川敏光「レジーム分析は否定されたか？武川正吾著『連帯と承認──グローバル化と個人化のなかの福祉国家』に寄せて」　http://oohara.mt.tama.hosei.ac.jp/oz/597/597-05.pdf。

(13) 武川正吾「福祉社会と社会保障」堀勝洋編『社会保障読本第3版』東洋経済新報、2004年。

(14) 日本経済団体連合会「税・財政・社会保障制度の一体改革に関する提言～安心で活力ある経済社会の実現に向けて～」2008年10月。

(15) チャールズ・ユウジ・ホリオカ＝神田玲子「総論」（『『市場か、福祉か』を問い直す─

日本経済の展望は「リスクの社会化」で開く―」の総論部分）NIRA研究報告書、2010年　http://www.nira.or.jp/pdf/0906report.pdf#page=5。
⒃　ユウジ・ホリオカ＝神田玲子「『社会』で公平負担が必要」日本経済新聞、2010年4月21日。
⒄　中嶋よしふみ「『安定した雇用』という幻想～雇用のリスクは誰が負うべきか？～」HUFF POST SOCIETY、2014年12月19日　http://www.huffingtonpost.jp/yoshifumi-nakajima/employment_b_6351162.html?utm_hp_ref=japan。
⒅　「OECD雇用保護指標2013について」　http://www.jil.go.jp/foreign/labor_system/2013_11/oecd_01.html。

第5章

「新自由主義」と「第三の道」

ソ連崩壊は自由主義経済の優越性を印象づけ、米国では、レーガン政権で重視されたサプライサイド経済学が「新自由主義」に引き継がれ、グローバリズムとも相まって、株主など投資家や経営者の財産は守るが再分配策には冷淡な夜警国家観も復権したように見えた。しかし、それへの反発も急速に強まってきた。
　2016年の英米の反グローバリズムの背景の一つは、国境を越えて収益の上がるところへ資本を移動させるグローバル化や金融の規制緩和や株主重視などにより英国や米国の富裕層はますます栄えるのに中間層の没落や労働者の失業が増えたこととされる。
　ところが2017年にOECD日本政府代表部の安部憲明は日本経済新聞で(2017年7月25日)、先進国の所得格差や高失業率の原因はグローバル化であるという主張への反論を紹介した。例えば、高い失業率は技術革新でコンピュータや機械化やロボットが普及し古い技術の労働需要が減ったのが原因である。新興国からの安い製品の流入もその原因というがその輸入品には当国から輸出した部品などが用いられているから新興国からの輸入増は国内の雇用につながっている、と述べている。
　一方、英国の場合はサッチャーが主要産業を製造業からグローバルな取引を行う国際金融に作り替えたことが製造業衰退や高い失業率の一つの要因とされる。しかし、米国や英国で大きな問題は富裕層と一般国民との貧富の格差で、その富裕層の富はグローバル化と金融自由化のもとでの国の枠を超えた投資・投機のリターンを独り占めした結果であるというのが今までの認識といえよう。
　古典的な自由放任主義そっくりの「新自由主義」の背景にあるのは19世紀の社会進化論の優勝劣敗原理であろう。自由な社会では保守的な社会のように家柄や縁故にとらわれないから誰もが創造的破壊に挑戦し利得を増やすことができて、そして敗者にも再挑戦の機会がある、そういうダイナミズムが自由な社会を発展させるという信念である。格差は競争の動機付けだから、社会保障は競争に参加できない限られた人だけでいいという政策が生まれる。
　ところが現実には教育の機会が限られ、また簡単に就職や転職ができるわけではない。

第 1 節　リバタリアニズム批判と新自由主義

1　コミュニタリアニズムによるリバタリアニズム批判

　もともと米国には、リバタリアニズムに対する反対論があった。かつて最小限国家論を展開したノージックも、後年は自分の極端な自由至上主義を反省し、人びとは共同体の一員としてしか意義ある生を送れないという「コミュニタリアニズム」(共同体論)に近い意見になった、と川本隆史は述べている[1]。コミュニタリアニズムは 80 年代にロールズの『正義論』や自由放任主義的な自由主義に対して個人の独立性や責任を強調しすぎることを批判したが、自由を否定したわけではなく、いわば自由と共同体の両立を模索したといえる。サンデルらは、ロールズの、政府の主な仕事は「個人が選んだ生活」に必要な自由や経済的資源を保障し配分すること、という前提に反論した[2]。

　R. ニスベットは 1953 年の『共同体の探求』の中で、家族や村落共同体や教会の教団などを国家(社会)と個人の間の「中間社会」と呼んだ。そして人が自分は何者であり、どこに帰属するかを知ること(アイデンティティ)の基礎をなす「愛情、友愛、名誉、認知」は中間社会でこそ得られる。しかし、その中間社会は凋落の一途をたどり、中央集権化する国家に対抗するために必要な「アイデンティティの基礎が掘り崩されている」と主張し、その結果、人が働き善と悪や罪を実態として感じ取り「自由と秩序」を守ろうとするかどうかは、この中間社会の帰趨にかかっていると述べたという[3]。

　ニスベットは、中央集権化し肥大化する国家の批判理論として米国保守派に迎えられたが、80 年代からコミュニタリアニズムとの関連で注目された。そして、彼は『権威の黄昏』(1975 年)で近代は戦争のために人々を「歩兵」として徴用し、家族や村落や教会など「中間社会」における人と人とのつながりを奪い「原子化」したと述べた[4]。

　しかし英国のブレアのブレインといわれた社会学者 A. ギデンズはコミュニティを強調するとアイデンティティの政治を生み出すが、それは排他主義的になる傾向があり、寛容や多様性との融和を困難にすると述べ、むしろ「市民社会」が望ましいといっている[5]。

　リバタリアニズムと「共同体論」は相互に批判しあうが、福祉国家が行政機構の肥大化と個人の無力化を生んだことを批判する共通点があった。ただその

打開策を、一方は市場に他方は共同体の方向に託そうとするところが異なる。ところが両方を飲み込んだのが米国保守主義であった。

② 米国の民主党系「ネオ・リベラル」

米国における「新自由主義」を、共和党レーガン政権以降のネオ・リベラリズムと、民主党系「ネオ・リベラル」の二つに分ける考え方がある。民主党系「ネオ・リベラル」について佐々木毅によってみておきたい[6]。

民主党系「ネオ・リベラル」は80年代前半に先端技術の重要性を強調したので「ハイテク・デモクラット」と呼ばれ、L.サローやR.ライシュなどが代表的理論家であった。かれらは従来のニューディール支持のリベラル派を批判したが、社会的正義、公正な機会、弱者への同情などの価値を持ち続けた。

ライシュはシヴィック・カルチャーとビジネス・カルチャーという概念を提唱した。前者は社会的正義に関するもの(参加や機会の平等、公教育、社会保障・福祉、公害や住宅などの政府や政治が担当する分野)、後者は豊かさに関するもの(生産性や経済成長、失業、貯蓄、投資などの企業や経済が担当する分野)である。そして二つのカルチャーを「公共の利益」の下に再編することが民主党系「ネオ・リベラル」の戦略となり、その条件として「civic virtue」や「公共の哲学」が求められた。これは国境の枠を超えて活動するグローバルな経営者や投資家主導の経済にも国内に目を向けさせるために伝統的市民社会の「公共の利益」や「市民の徳」など利他心を喚起しようとしたといえる。

ライシュはともかくとして、民主党系「ネオ・リベラル」の基本的な認識は、当時の米国のスタグフレーションと経済的豊かさの相対的低下とを解決するためには新しい福祉国家論ではなく新しい経済成長論が必要だということであった。また、それまでのリベラル派のようになんでも労働組合や「大きな政府」を支持しようとはしなかった。その結果としてリバタリアン同様に経済の再活性化、競争力の回復を強調したので、保守政権と同類と見なされている。

③ 「新自由主義」的政治と社会保障

1) 市場指向と格差容認

新古典派経済学やシカゴ学派などは市場の自己調整力を重視し政府の介入を

否定するが、実際には市場の失敗を認め、また負の所得税も提案している。現実にはそれらが「新自由主義」と呼ばれることがあるので新自由主義（ネオ・リベラリズム）という用語の使い方を見てみる。

1960年代にラテンアメリカではドイツのオルドリベラリズムや社会的市場経済に関心が持たれたが、それは自由放任主義とは対照的に社会的不平等や独占を抑えようとするもので、スペイン語でネオリベラスモ「新自由主義」と呼ばれていた。

1955年にチリの学生が、シカゴ大学でハイエクの指導を受け60年代に帰国し、シカゴで学んだ経済政策を広めシカゴ・ボーイズと呼ばれた。政治的自由のなかったピノチェト軍事独裁政権（1974～90年）のもとで、1970年代後半に民営化、規制緩和、貿易障壁の除去を行い、1978年の政策で労使関係、年金、保健、教育に関して国家の役割を減らし競争と個人主義を導入した。そして、政権末期には経済は安定し成長したが、これがチリ版「新自由主義」と呼ばれた。しかし成長の果実は富裕層に環流されるだけで富裕な10％は所得が83％上昇し不平等が広がり労働者達生活を悪化させ、人口の45％ほどが貧困化したといわれる[7]。しかし軍事政権が終わると、ハイエクは、経済的自由の拡大が軍事政権を追い詰め政治的自由を拡大した、と述べたといわれる。

つまりチリでは結果的に、シカゴ大学出身者が軍事政権のもとで経済自由主義により富裕層を富ませ貧困層を増やした「チリ版新自由主義」になった。近年「新自由主義」として批判されているのはこのチリ版新自由主義政治や、英米で規制緩和や市場優先の政治で格差の拡大を招いた経済自由主義的政治である。

ただし西山千明は、シカゴ学派やM.フリードマンの新自由主義を次のように述べていた[8]。

フリードマンのシカゴ学派はマネタリズムであり新自由主義とも呼ばれるが、かれらが市場メカニズムを強調する理由は「効率性」だけではない。「一般大衆を愚民と考えずに信用すること」や「ひとり一人の知識と能力の動員に成功すると偉大な成果を上げる」ことを重視し、そのためには市場メカニズムが最も良いと考えるからである。また、レッセ・フェールだけで社会がうまくいくことはありえないが、自由経済や自由社会はこれを支えるイデオロギーがないと、すぐに自由を侵害する公害などが起こってしまう。新自由主義が問題にしているのは、政府の介入の全体ではなく、介入の質である。介入が人々の自発的創意工夫や努力を育成し促進するものかどうかが問題なのだという。

シカゴ学派は個人の自由と自主独立とを尊重して官僚支配の福祉国家を批判するが社会福祉政策を否定するわけではなく、「負の所得税」を提案している。ことに老齢や母子家庭の貧困者がいたり、心身の障害者がいたりするということは、当人だけではなく隣人としてのわれわれの問題で、社会福祉政策を推進するのは当然である、と西山は主張していた。世上いわれる「新自由主義」とはずいぶんと違った解説である。しかしこれはむしろ「新自由主義」政治に取り込まれる前のシカゴ学派経済学者の自由主義イデオロギーの解説といえよう。

2) ワシントン合意とグローバリゼーション

1989年（パパ・ブッシュ政権期）に J. ウィリアムソンは、ワシントンに拠点がある IMF や世界銀行や米国財務省などが合意するはずだと考えた政策メニューを「ワシントン・コンセンサス」と呼んだ。それは、財政赤字削減、補助金カット、税制改革、金利自由化、貿易自由化、直接投資の受け入れ促進、国営企業の民営化、規制緩和、所有権法の確立などで、IMF や世界銀行が債務危機に直面した新興国や発展途上国に融資する条件でもあった。（韓国も97年の金融危機ではこれらの条件をのんで支援を受け国家破綻を免れたが、大量の非正規社員を生み出し、今では国内の経済格差は IMF のせいで「死に神」だったとさえいわれている）。「資本と人が国境を越えて自由に行き来する」といわれたが、それはもっぱら1986年に欧州で非関税障壁が撤廃されて単一市場が生まれ EC 域内で国境を越えた自由な競争が持ち込まれ、93年に EU が発足し94年に北米自由貿易協定 (NAFTA) が発効したことの表現だった。しかし、その一方で1980年代からの金融と投機の国際化やグローバリゼーションや市場化を推進し「国家の枠」を超えて利益を追求していた米国の実業家や投資家には、「国民の家」や「連帯主義」のような社会連帯に基づく再分配政策で格差を解消しようとする関心がなかった。だからこそ民主党系「ネオ・リベラル」は国内での再分配に目を向けさせるように「公共の利益」を訴えたといえよう。

わが国では橋本政権（1996〜98年）のころから米国の新自由主義政治の影響を受け、W. ブッシュ政権（2001年〜09年）からは同時期の小泉政権（2001〜06年）に、企業年金や個人貯蓄の役割を高め、営利企業の病院経営を認め医療保険に自由診療を取り込む混合診療を解禁し、「福祉から労働へ」と転換することなどが要求された。

さすがに自民党でも2010年綱領では、自分たちの自由主義（リベラリズム）と

は「市場原理主義」ではないと念を押した。

3) トリクルダウン効果

通常、「新自由主義」政治は、企業や富裕層の所得を増やせば投資が増えて企業が活性化し雇用が増え、規制緩和で企業の競争を促進するほど強い企業が残り収益も増え、雇用が増え、失業者が減り賃金も上昇し所得格差は縮小するというトリクルダウンのシナリオを主張しているとされる。

歴史的に19世紀の自由放任主義のもとで、マルクスも労働者は困窮するが資本家が富を蓄え資本蓄積をして生産力水準を高めたという産業資本のモデルを語り、ケインズは富の不平等が資本蓄積を可能にしたと考えていた[9]。

2014年5月にはOECDが、ほとんどのOECD加盟国で、過去30年間に上位1%の人たちの税引き前所得の割合が上昇したと報告した。最も上昇が著しいのは米国で、上位1%の人たちの所得は1981年には全体の8.2%だったが、2012年には20%に達し、上昇は英国、カナダ、オーストラリアなど英語圏の国で大きい。上位1%への所得の集中は、金融危機直後には若干改善したが、先進国経済が回復すると、再び集中が目立っている[10]。いずれにせよ保守派による「新自由主義」政治は、トリクルダウンのシナリオとは違って、保守のディズレーリが恐れた「二つの国民」を生み、やがて、国民の反エリート・反グローバリズム感情を生むことになったといえる。

ギデンズの『第三の道とその批判』の訳注ではトリクルダウン効果とは「市場原理主義的な政策を正当化して、不平等や不公正を容認させるための仮説的な効果である」と手厳しい解説である[11]。経済自由主義の経済学者は経済成長を通して格差はやがて縮小すると考えていた。だがそうはならなかったが、それはまだ規制緩和が足りないからだといっていた。

第2節　第三の道と社会保障

ヨーロッパでは従来の福祉国家路線を見直し、同時に、先進国に普及してきた「新自由主義」政治も批判する「伝統的な福祉国家でも市場原理主義でもない政策」が「第三の道」と呼ばれた。1999年にブレアとシュレーダーは共同論

文「ヨーロッパ：第三の道－新しい中道」を発表し、その中で、伝統的社会民主主義は社会的公正を「結果の平等」と同一視しがちで、その結果として、努力や責任が無視され「社会民主主義」は守旧性と結びつくようになった、「権利は責任よりも上位に置かれたために、相互的な義務と助け合いを衰微させてしまった」と批判したという[12]。結局、この場合の「第三の道」はかつて資本主義を修正しようした社会民主主義路線が、逆に自由主義的要素を取り込む脱イデオロギー的な方向転換といえる。本節ではギデンズにならって、クリントンも「第三の道」とした。

なお、「福祉国家」を新自由主義者と同じ口調で批判したギデンズは、「自律、健康、教育、よき暮らし、進取などの創造」というポジティブな福祉観を掲げ、人的投資を重視した。

1 米国・クリントン政権の福祉改革

1) リベラルではないニュー・デモクラット

1989年に南部の保守的な民主党員が東部のリベラル色の政策とは一線を画し、レーガン路線の延長線のような「民主党指導者協議会」を創った。1991年、その協議会で民主党のアーカンソー州知事ビル・クリントンが「昔からの価値に根ざした新しい選択肢を国民に提供する」とし、その選択肢は「人々に機会を与え、人々に責任を求め、人々の要請に応える政府を作り上げること」と演説した[13]。これが「ニュー・デモクラット宣言」の序であった。

勤勉に働くものが機会を与えられ報われるという伝統的な価値観を掲げたが、これは第1に保守批判で、レーガンと（パパ）ブッシュ政権（1989～93年）は富裕層と投機に走る人々に報いた政治だったと断罪した。第2にリベラル批判で、貧しい人の救済と同時に就労によって福祉依存から脱却させることを求めた。

そしてクリントン政権（1993～2001年）では、中小企業を雇用の担い手と見なして投資減税や社会保険料負担の軽減などを提案し、また、公的投資によるインフラ整備、富裕層の増税、生涯教育、医療保険制度改革などの一方で、民間の投資減税や中産階級の減税などリバタリアンばりに「構造改革と経済成長」をにらんだ戦略もあった。その結果、インフレなき経済成長で失業を減らし経済的平等を実現した。

IT産業の育成と、IT化による生産性向上を押し進めIT教育を推進し、また、レーガンが引き下げた高所得層の所得税率を引き上げ、中間層の減税を実施した。しかし、ITの浸透が中間管理職を減少させ、社会的には中間階層を一部の専門的職種の高給取りと大多数の単純労働の低賃金労働者に2極化させたともいわれる。

米国では世界恐慌の反省から1933年のダグラス・スティーガル法で銀行と証券を分離してきたが、クリントン政権の財務長官になった元ゴールドマン・サックス会長のルービンのもとで、1999年に銀行と証券の垣根を取り払う法律が成立した。これがリーマン危機の一因とされる。しかしクリントンはルービンとともに均衡財政を目指し、政権末期には財政黒字を達成し、その経済政策は「クリントノミックス」といわれた。（わが国ではクリントン政権はIT産業振興など公共事業をやったから経済がうまくいったという見方と、財政黒字化を果たしたことを見ればそんなことはいえないという相反する評価がある）。

2) 個人の責任の復活

クリントン政権では社会支出の対GDP比は、93年から2001年まで15～16％であった[14]。そしてクリントンは1996年に「個人責任と就労機会調停法」という福祉改革法を成立させた。

米国では1990年ころに離婚と未婚の母の増加によってシングルマザーが急増したが、保守のネオコンは、その増加の一因は安易に援助を与える社会福祉政策で、社会福祉が貧困の原因であると主張した。そこでクリントンの福祉改革では、AFDC（要援護児童世帯扶助）をTANF（貧困家庭への一時扶助）に変更し、受給期間を限定し就労条件を厳しくし受給者の範囲を制限した。この福祉改革の目的は、ワークフェア同様に、労働能力のある成人に福祉依存をやめさせ、就労によって個人と家族の責任を果たさせることであった。これには、貧困を個人の責任として個人と家族の行動を修正することによって貧困を減少させるという考え方である、という社会的貧困観による批判もあった[15]。

クリントンの福祉改革は就労を義務付けたので、就労できずに貧困を解決できない人がいることを明らかにしたという点では、ニクソンやレーガンの改革と共通の福祉概念を共有していた[16]。

2　英国・ブレア政権の福祉ニューディール

　英国では戦後、労働党が中心になって作り上げた福祉国家を、政権交代した保守党も受容してきた（政敵同士が同じ政策を支持する合意はバツケリズムとよばれた）が、サッチャーはそれを拒んだ。そのあとの労働党ブレア政権（1997～2007年）では、一方で、古いスキルしかない長期的失業者や恒常的な福祉依存者が多数存在し、他方で、所得税や法人税の増税をしたら企業や富裕層が国外へ流出するという状況の下で、従来の労働党のイデオロギーとは違う「福祉ニューディール」を提案した。ブレアは労働党党首になってから政権を取るまでは、党内での労働組合の影響を大幅に減少した「ニュー・レイバー」を唱え、市場優先主義でもなく従来型の福祉国家でもない「サード・ウェー」（第三の道）を提唱した。

　ブレアは経済が競争力を取り戻し失業者が人間の尊厳を取り戻すためには安定した雇用が重要で、その大前提は「教育」にあるとみていた。さらに、国・自治体・企業・ボランティア団体などの「パートナーシップ」（協働）を強調し、政府の役割を技能訓練や教育により労働者の質を高め、税制や金融で研究開発・投資を奨励することとした。

　就労促進として、若者に無償教育を提供し、また、若年失業者の民間企業への就職に対する補助金、ボランティア団体や環境団体での勤労体験、シングルマザーに仕事や訓練をする、などを行った。そして、提供された雇用機会を拒否した人には現金給付を打ち切るというワークフェアを実行した。結果として1997年から1年間で失業者は40万人減少したが、社会保障費給付はかなり膨張した。

　サッチャーの年金改革では従来の基礎年金と所得比例年金からなる公的年金の役割を減らし、企業年金や個人年金を奨励したが、ブレアもこれを引き継ぎ、企業年金に加入できない中所得者や自営業者のため積立方式の個人年金をつくった。その結果、年金体系は基礎年金と、低所得者は国家第2年金、中所得者はステークホルダー年金、高所得層は既存の個人年金や企業年金という形になった。

　その一方でブレアは当初、医療費の対 GDP 比が97年には日本より低く先進国で最低であることを問題にしてこれを増やそうとし、07年には日本を超えた。ブレア政権では社会支出の対 GDP 比は、1997年以降、19～21％であった。『労働党党則 2013 年』には次のように書かれている[17]。冒頭に「労働党は民主

社会主義政党である」とあり、その目標の一つは「すべての人のために、権力と富と機会が多数の人の手にあるコミュニティを創造することである。そしてそのコミュニティでは我々が享受する権利は、我々が負うべき義務を反映し、また、われわれは連帯と寛容と尊敬の気持ちをもってともに自由に暮らす。」ここの「権利は義務を反映する」というのは、働く能力のある者は働くことが社会保障の給付の条件であるということだと推測できる。

英国福祉国家はブレアのもとで福祉ミックスの福祉社会に移行したといえるが、現実には経済はサッチャーの継承で投資家と経営者やロンドンの金融街ばかりが潤い、社会的包摂といっても中間層や現役労働者には関係が薄いから、労働党政権なのに自分たちは損をしているという不満が蓄積したといえよう。

3　ドイツ・シュレーダー政権の「アジェンダ2010」

戦後のドイツでは「社会的市場経済」を保守政権も社会民主主義政党も継承し、その中で1990年に東西ドイツ統一をやり遂げたが、失業率が急増してしまった。また、労働組合の反対を押し切って、雇用の保護を緩める労働市場の構造改革の方向へむかった。たとえば「解雇規制があると、新規採用を妨げ失業率を高める」という主張に基づき2度の解雇規制の緩和が行われた。

社会民主党シュレーダー政権（1998年〜2005年）の発足直後は「債務国家の阻止」を最優先させたが、所得税と法人税の減税を成立させた。2000年にはパートタイム労働と期限付き雇用の促進によって新規雇用を創出し、同時にフルタイム労働とパートタイム労働の間の差別をなくし流動性を高めようとした[18]。

2001年年金改革では、(ア)給付水準を維持する従来の制度（確定給付型）から、負担可能な保険料にあわせて給付水準を設定する制度（確定拠出型）への変更、(イ)公的年金偏重でなく公的年金・企業年金・個人年金のバランスを重視、(ウ)賦課方式から賦課方式と積立方式を組み合わせた制度設計への変更、などを掲げ、制度の持続可能性のために所得代替率（モデル年金／全労働者平均賃金）は可処分所得の70％から2030年までに段階的に67％へ引き下げる、任意加入の拠出建て年金を優遇、支給開始年齢を段階的に67歳に引き上げる、などをおこなった[19]。また、高齢者の社会扶助受給要件を緩和し低年金者には社会扶助で対応することとした。年金改革には支持団体の労働組合、地方自治体が猛烈に反対したが、支給水準切り下げの緩和など修正を加えて成立させた。

2002年にハルツ委員会の改革案が提出され、失業保険の給付額は前職の賃金

に連動しなくなった。また、ミニ・ジョブ制度では低賃金の従業員に対する企業の社会保障負担を免除し雇用を促した（今は、失業を減らしたという評価と社会的格差を広げたという評価がある）。

シュレーダーは2003年に「アジェンダ2010」と呼ばれる構造改革策を打ち出した。10人以下の小企業の解雇を容易にして新規雇用を促し、また、失業給付支給期間の短縮と就業訓練の拡充を進めた。株売却益の法人税を撤廃して企業の合併・買収や再編を容易にしグローバル化や産業構造変化を助けた。

また、政権末期はリバタリアン的な改革（実質賃金の抑制、大企業向けの減税、年金支給額の抑制、医療保険における患者負担額の増加等）を行ったので、労働者にはシュレーダーが自分たちの生活と社会保障を劣化させたという思いが募った。そして2005年総選挙では、失業者が500万人を超えていて社会民主党は破れた。その後、メルケル率いる保守派との大連立に参加した。しかし支持層からの支持が得られず09年の総選挙で破れて連立を離れたが、葛藤のなかで13年12月に再び大連立に参加した。

失業率は1995年8.2％、2000年8.0％、2005年11.3％、2010年7.1％、2013年5.3％と推移した。

こういうこともあってドイツでは「伝統的な社会国家（福祉国家）モデルは終わった」といわれた。しかしシュレーダー改革はワーキングプアなどデメリットもあったもののドイツの労働コストを抑え、2010年代のドイツ経済の競争力は大きく改善し、ユーロのもとでの実質的な通貨安の恩恵も手伝って、ドイツの国際競争力が回復し輸出の増大につながった。ただし、それに対して、ユーロ圏の危機はドイツの国内需要の不足（による輸出超過）が問題であるという指摘もある[20]。そこでドイツは対中国輸出を開拓し始めた。

参考文献（第5章）

⑴　川本隆史『現代倫理学の冒険』創文社、1995年、p.49、53。
⑵　http://plato.stanford.edu/entries/communitarianism/。http://www.philosophybasics.com/branch_communitarianism.html　ほか。
⑶　会田弘継『追跡・アメリカの思想家たち』新潮選書、2008年、p.134。
⑷　会田弘継「『戦争と一体の近代国家』を批判したニスベット」Foresight、2006年　http://www.fsight.jp/3096?device=smartphone。
⑸　アンソニー・ギデンズ『第三の道とその批判』（2000年）晃洋書房、p.73。
⑹　佐々木毅『アメリカの保守とリベラル』講談社学術文庫、1993年、pp.91 ～。
⑺　"Neoliberalism" WIKIPEDIA。"A Primer on Neoliberalism" http://www.globalissues.org/article/39/a-primer-on-neoliberalism　ほか。
⑻　西山千明『マネタリズム──通貨と日本経済』東洋経済新報社、1976年、pp.51 ～ 60、pp.180 ～ 190。
⑼　本郷亮『ピグーの思想と経済学──ケンブリッジの知的展開のなかで』名古屋大学出版会、2007年、p.145。
⑽　櫨（はじ）浩一「所得格差が先進国で拡大している理由」東洋経済オンライン、2014年06月12日　http://toyokeizai.net/articles/-/39531。
⑾　アンソニー・ギデンズ　前掲書、p.72、p.38。
⑿　アンソニー・ギデンズ　前掲書、pp.2 ～ 6。
⒀　中岡望『アメリカ保守革命』中公新書ラクレ、p.145。
⒁　国立社会保障・人口問題研究所「社会保障費の国際比較統計」海外社会保障研究、2010年。
⒂　杉本貴代栄　http://www.sanseiken.or.jp/forum/55-kouza.htm。
⒃　向井洋子「アメリカ福祉政策の歴史──政策を支えたイデオロギーを中心に──」沖縄法政研究、2009年、第12号　http://ir.okiu.ac.jp/bitstream/2308/594/1/13448242_12_mukai_yoko.pdf。
⒄　http://labourlist.org/wp-content/uploads/2013/04/Rule-Book-2013.pdf。
⒅　横井正信「シュレーダー政権の改革政策と2002年連邦議会選挙」福井大学教育地域科学部紀要、2003年　http://www.flib.u-fukui.ac.jp/kiyo/2003/yokoi.pdf。
⒆　「欧米6カ国における年金制度改革の現状と課題」　http://www.rengo-soken.or.jp/dio/no178/khoukoku.htm。
⒇　日本経済新聞、2016年5月15日。

高失業率と中道政権

イタリア、フランスなど解雇規制が厳しく正社員が保護されやすい国で必ずしも失業率が低いわけではない。その一方で、解雇しやすかった米国や解雇しやすくなった英国、カナダでは2014年の失業率は6.1％、6.9％、6.2％で、まだ高いとはいえイタリア、フランスと比べれば低い。

　EU諸国では高失業率だがEUの財政赤字3％の規律に縛られ緊縮財政で生活水準が低下しているのに財政出動もできず、移民との摩擦もあり世論が分裂気味だった。そのため大政党は有権者を確保するために政策の穏健化を図り脱イデオロギー的な中道政治になった。それでも経済浮揚のためにはエコノミストから解雇規制緩和などを求められ中間層や労働者の不安と不満が高まり社会に怒りを持つようになった。

　近ごろは新聞でポピュリズムは「大衆迎合主義」としばしば表記されるが、それだけではないようである。

　柴山桂太は日本経済新聞の「グローバリゼーションと反動」(2016年10月26日〜11月3日)で2016年の英米の異変を反グローバリゼーションの視点から捉えた。まず保護主義について、カール・ポラニーが『大転換』で、19世紀のグローバリゼーションは人々に不安をもたらし、その解消のための保護主義が社会を自己防衛に向かわせ関税引き上げ、管理通貨制、労働者保護、移民制限などでモノ・カネ・ヒトの国際的流れを遮断したと述べたという。それに対して今日の反グローバリゼーションにはポピュリズムもあるが、それは政治が特権層の利害で動かされていると感じた国民が政治を批判するものである。近年の米国やEUの人々は、政治がワシントンやウォール街あるいはEU官僚がいるブリュッセルで独善的に牛耳られていると感じ、しかも特権層がグローバル化を推進しその利益を独占しているとみて、怒りや不満を政治にぶつける。だから反グローバリゼーションの様相も持つのだ、と柴山は述べている。

　それとは別に、米国の失業率は2014年には6％だったのに一般的米国人は3割だと思っている、などの調査結果とトランプの選挙運動を関連づけ、トランプのポピュリズムとは「無知な大衆」に付け込む態度という人もいるそうである。

第 1 節　スウェーデンの自由主義化

　戦後の社会民主党政権時代に公共部門の拡大は産業の国際競争力低下を生み、保育園やホームヘルパーなどを高コスト体質にしたと保守派が激しく批判した。そこで 1976 年保守中道政権によって、年金の抑制や薬代と医療費の患者負担増が提案され、公共セクターの見直しが始まった。

1　1990年代初頭の金融危機

　スウェーデンでは 44 年間の社会民主党政権のあと、1976 〜 82 年は保守中道政権、82 〜 91 年は社会民主党政権となった。社会民主党も政権復帰後は、通貨の規制緩和、輸出促進、法人税と高所得者の減税、失業予防からインフレ予防への切り替えなど労働者寄りから経済活性化への政策の見直しを行った。また、福祉サービスの民営化に反対していたものの 84 年に保育園の民間委託が始まり、「産業は福祉の糧」といってサプライサイド経済学のように大企業の実効税率を引き下げた。83 年ころから産業は急速に回復し貿易収支は 5 年ぶりの黒字、経常収支は 84 年に 11 年ぶりの黒字を取り戻した[1]。

　そして 91 〜 94 年は中道右派の穏健党のビルトが首相になった。石油危機を契機に経済成長は減速していたが、80 年代初頭から進めた金融緩和で 1980 年代後半にバブルが発生し 90 年代初頭にバブルが崩壊した。92 年に保守中道政権は財政支出削減と増税による引き締め策を講じ、インフレ率は 92 年に鎮静化したが景気の後退に伴いスウェーデン・クローナの切り下げ圧力となった。

　失業率は 93 年には 8％に悪化し、公的資金注入で財政収支は悪化し、また政府債務も急拡大した。そこで、94 年の総選挙では国民全体に「危機感」が浸透し、どの政党も財政赤字削減と経済回復を掲げた。94 年後半、政権に復帰した社会民主党は、通貨の安定化、財政赤字削減、財政健全化策や福祉財政縮減策を打ち出す一方、年金改革も行うなど、従来の「スウェーデン・モデル」に修正を加え、福祉国家の縮小と公的サービスの民営化を断行した[2]。

　なお、90 年代のスウェーデンの税制について森信茂樹は次のように述べている[3]。富裕層は金融所得に高率の税がかかることを嫌い国外への資本フライト（逃避）や租税回避を行ったので、課税の公平性が損なわれ、また、経済成長に

マイナスとなった。そこで勤労所得には 28 〜 47.5％の累進税率、金融・資本所得には 28％の比例税率を課すという「二元的所得税」が導入された。法人税も金融所得と同率の 28％と大幅に引き下げられた。この結果、租税回避や資本逃避は減少し、経済効率が向上し税収も回復した。グローバル経済の下では、勤労所得に累進税率を課して「公平性」を追求する一方で、金融・資本所得には分離課税し「経済の効率性」を追求するのである。その後、これは北欧諸国やドイツ、オランダでも取り入れられ、法人税率は引き下げられた。

2 社会民主党政権の1999年年金改革

社会民主党政権（1994 〜 2006 年）では、失業率は 95 年の 10.4％から 2000 年の 6.3％まで下がりつつあったので、1999 年に人口高齢化に備えた年金改革を行った。

新年金は従来の賦課方式を改め、確定拠出型の賦課方式の所得比例年金と積立方式の積立年金を組み合わせた仕組みに再編され、そこへ自営業者と被用者が加入する。賦課方式であるから各人の保険料を積み立てるわけではないが、個人名義の口座をつくり拠出した保険料の残高を記録し仮想の積立金とする。そして、年金支給額は基本的には、各自の積立金と運用収益を合計し年金支給開始年齢の平均余命で割って年金額を後から決める。一方で低年金者のために資産・所得調査なしで国庫負担による最低保障年金も設けた。また一部に積立方式も入れたので、従来よりも業績主義の要素が入った。（同じ高齢化対策でも、スウェーデンが個人口座にバーチャルな積立金記録を作ったのは、わが国の世代間扶養方式が高齢者と現役の積立金をどんぶり勘定にしたのとは真逆の手法といえる）。

岩間大和子は「改革をトータルにみた場合、保険数理的な世代間の連帯を促進する要素と平等主義的な世代間の連帯を促進する要素、さらにその双方の世代内連帯の要素をうまく組み合わせた合理的な改革であったと評価できよう」と述べている[4]。

このころには穏健党や自由党は有権者の支持を得るために福祉国家擁護の立場に転じて「社会保守主義」になり、経済政策などでは社会民主党と穏健党との違いはなくなった。ただし、福祉国家の平等の理念を共有したわけではなかった。

3　中道右派政権による福祉国家路線の後退

　中道右派連立政権（2006～14年）では保守の穏健党ラインフェルトが首相になり、それまでの就労可能な人が就労するという路線から、だれにでも就労を要請する路線に修正されたといわれる。所得減税や健康保険や失業保険給付の切下げなどで就労意欲を高め、職業訓練が実施されている。自動車メーカー、サーブとボルボが2009年、10年と外資に買収されたが、当時、国営化や政府による援助が提言されたが政府はそうしなかった。

　ラインフェルト政権下では法人税減税や学校運営の民営化などを推進した。しかしOECDの学力調査で平均を大きく下回り、教育の質が犠牲になったとの批判が高まった。また失業率は政権当初の6％台から金融危機をはさんで8％前後まで上昇していた。

　スウェーデンの社会支出の対GDP比は1980年以降は30％弱、90年代初頭は金融危機でGDPが減り35～6％まで増えたがその後、97年から02年まで30％前後で推移した。07年以降は27～29％、そして11年は27.6％でフランスに追い越され、中道右派政権による福祉国家路線の後退という見方もある。

　2014年9月の選挙では中道左派が勝利し、社会民主党は富裕層やレストランや銀行への課税強化で財源を作り、教育改革や失業対策や社会保障に回すとしている。

　なお、近年のスウェーデンのボランティア活動は、他人や社会のための奉仕というよりは自分や自分の所属するグループため、仲間のためという意識が強いといわれる[5]。また、障害者、病人、老人、子供、幼児、女性などについての福祉事業は、コミューンとランスティングなど地方自治体、あるいは国しかできない（家族やボランティアではむり）という意識があり、そのために高負担を受け入れたのだという考えが強いといわれる[6]。わが国の日本型福祉社会と比べ地方重視は共通だが家族依存では逆である。

第2節　大陸型福祉国家と英米

1　ドイツ・メルケル政権

　ドイツは1990年の東西統一以降、高失業国になり2005年には11.2％で、こ

のころは「欧州の病人」とまでいわれた。それがメルケル政権下で徐々に回復し14年には4％台にこぎ着けた。第1次メルケル政権（2005年〜09年）はキリスト教民主社会同盟と社会民主党の連立政権で、同第2次政権（2009年〜13年）は自由民主党との連立政権だった。

そして同第3次政権（2013年12月〜）は社会民主党との大連立で発足し、社会民主党が主張していた全国一律8.5ユーロの法定最低賃金制度の導入案を受け入れ2015年1月から実施した。

派遣労働はシュレーダー政権（1998〜2005年）で大幅な規制緩和が実施され、第2次メルケル政権では2011年「改正労働者派遣法」で、派遣業向け最低賃金制度の整備や均等処遇原則の強化などが行われていた。第3次メルケル政権では、派遣労働はあくまで「一時的」利用のものとし、政権の連立協定には派遣期間の制限（最長18カ月）、派遣労働者と基幹労働者の労働報酬に関する均等処遇化などがある。（日本の野党提案にはこれらからの影響があろう）。

連立協定では、育児や家族介護を行う労働者のために「期限つきパートタイム労働請求権」を創設し、パートタイム就労を希望した労働者がふたたび元の労働時間に復帰する可能性（復帰権）を保障することとされた。また、短期間就労者向け失業手当の改善、低賃金労働者（社会保険料納付義務が減免されている）等に対する「連帯年金」制度の導入（2017年以降）ほかが挙げられている[7]。

ちなみにドイツはシュレーダー政権以降の労働改革が奏功し、また、輸出は2013年にGDPの4割近くを占めるに至ったが、EU市場が南北格差など不調のために中国政府と接近している。ところが中国資本がドイツの基幹産業で使用されているロボットのメーカーを買収しようとし技術流出、そしてサイバーテロ対象になりかねないことが国家的問題となったこともある。

2 フランス・オランド政権とマクロン

石油危機後の1981年に社会党ミッテランが大統領になり（1981〜95年）、社共連合政権を発足させ国有化や積極的投資や労働時間の削減等の社会主義政策を採った。ところが翌年、インフレが拡大し失業者が増加したため賃上げを抑え緊縮財政となり、1983年に蔵相ジャック・ドロールのもとで社会主義を転換し市場経済を受け入れることを選択し、共産党は連合政権から離脱した。その後、社会党は市場経済との共存路線を継承している。

シラク政権（1995〜2007年）のあと、保守で中道右派の国民運動連合のサル

コジ政権だった（2007年〜12年）。フランス伝統の平等主義を捨て自由競争を重視する路線で、財政赤字削減よりも経済成長・税収増を優先して所得税減税を行った。また、ミッテラン政権で65歳から60歳に引き下げられた定年年齢を62歳に引き上げた。フランスの公的年金は基礎年金と補足年金で成り立つが、2010年の公的年金改革は基礎年金について現行60歳の年金支給開始年齢を2018年までに62歳へ引き上げ、現行65歳の年金満額支給年齢を2023年までに67歳へ引き上げる。また、高額所得者やストックオプションへの課税を強化するなどして年金財源に充当し年金財政悪化に歯止めをかける[8]。

フランスでは出世に縁のない工場労働者は早く定年を迎えて「年金生活」を送ることを楽しみにしているために、年金支給開始年齢の引き上げに激しく抵抗し保革対決の様相であったが、金融危機後の財政出動で財政の赤字が増えて緊縮財政を余儀なくされた。

サルコジのあと、社会党のオランドが緊縮財政に代わる財政出動策を掲げて大統領になったが（2012〜17年）、財政による失業解消、経済成長、税収増は実現しなかった。EUにおける財政赤字の上限3％の規律に従えば、財政引き締めを免れない。

2012年、政府は二つの若年者雇用対策を打ち出した。(ア)「将来雇用制度」では、16歳以上25歳未満の若者のうち低学歴者など就職困難者を雇用した非営利部門や医療・福祉などの社会的有用企業に対し賃金の4分の3を助成する。(イ)「世代契約制度」は、若年者採用と同時に高齢従業員の雇用を継続した従業員300人以下の企業に対して助成金を支給する。両世代の就業の促進とともに技能伝承も目的としている。

2014年1月にオランドは限定的な緊縮策とサプライサイド経済改革に鞍替えし、社会的サービス削減と投資家および企業の減税に踏み切り、企業は雇用を増やし訓練を提供しなくてはならないと述べた。同時に、公的年金の保険料率（労使合計）が17.25％に引き上げられ、使用者負担軽減のため家族手当制度の負担率が5.25％へと引き下げられた。

経済成長・競争力強化・雇用創出を目的として法人税を引き下げ、財源不足を補うため付加価値税の通常税率を20.0％へ引き上げた。外食などにかかる中間税率は7.0％から10.0％へ上げた[9]。ちなみに、実質経済成長率は1998〜2000年が3％台で、その後、低下し金融危機直前は2％台に回復したがそれ以降は1％未満が続いていた。

なお政府は、2016年5月に雇用を増やし経済を活性化するために、ワーク

シェアリングとして導入した週35時間労働制の廃止や解雇要件の緩和と、雇い主が払う有期雇用の税を高くすることで無期雇用を増やすための改正を議会の評決なしの緊急命令の形で成立させた。しかし労働組合は不当解雇が増えるだけで失業率は改善されないとしてストライキで抵抗している。

　2017年5月のフランス大統領選挙では、英国の混乱を見たあとのせいか親EUで39歳のエマニュエル・マクロンが選ばれたが、支持したのは高齢者・中流上流階層で、若者や労働者はEU離脱論だったとされる。それまでの社会党路線が富裕層や企業に課税し福祉に回すものだったがオランドは現実的な政策を指向し、公務員削減や規制緩和に転換をしたので労働者の支持を失ったといわれる。フランスは通貨フランの時のようにドイツの輸出攻勢に対抗した通貨切り下げができない。従ってEUにいる限りドイツに追従するほかはないという見方もある。6月のフランス国民議会選挙では共和党と社会党が敗れマクロン率いる「共和国前進」が勝ち、英国なきあとのEUをフランスとドイツがまとめロシアと米国に対峙し環境問題では中国と連携するとされる。

　ところが7月に財政赤字3％以内の規律に従うため各省庁に歳出削減の費目を示すよう求めたところ、早速、大統領の支持率は4割を下回った。

3　オランダ・モデルとフレキシキュリティ法

　オランダの社会保障について水島治郎ほかを中心にして紹介してみたい[10]。
　1960年初頭、オランダでは天然ガスが発見・開発され、その後の石油危機による石油価格高騰で天然ガス輸出が莫大な外貨収入をもたらし、高賃金で税収増となり高レベルの福祉制度が構築された。しかし同時に通貨ギルダーの為替レート上昇で、工業製品の国際競争力が落ち、実質GDP成長率は1981年に－0.51％、82年は－1.28％になり、そのために「高福祉のオランダ病」と呼ばれた。

　そして中道右派のキリスト教民主アピールほかの中道右派連立政権時代（1982〜89年）に政労使が「ワッセナー協定」（1982年）を結んだ。失業とインフレを阻止するため労組が賃金抑制を受容し国際競争力強化・企業収益回復に協力し、企業は労働時間短縮・雇用確保に努めることになった。その結果、10年ほどで賃金と物価の悪循環が止まり、失業率低下と経済成長を同時に達成した。

　一方、福祉国家改革が進められ、1987年失業保険では従前賃金の8割給付を7割給付に切り下げ、また、6ヶ月の失業手当終了後の追加給付には一定の就労

期間を条件とした。労働党・キリスト教民主アピールの連立政権 (89～94年) は福祉国家改革と公営企業民営化を進め、労働党ほかの連立政権 (94～2002年) では 1996 年にワークフェアで公的扶助受給者には求職義務を課した。

　他方で労働者保護を行った。1996 年、パートタイム労働者は賃金や労働条件についてフルタイム労働者と均等または準じた待遇が保障され、フルタイム労働者がパートタイム労働者に移行しても待遇の大幅な悪化はなくなった。1999 年の「フレキシキュリティ法」などの保護措置により派遣労働者にも正規労働者に準じた保護が与えられ、正規・非正規の格差社会は解消されたといわれた。ワークシェアリングにより無理なく失業者を社会復帰させ当時の不況を見事に脱出し「オランダの奇跡」ともいわれた。2000 年には労働者に労働時間の短縮・延長を求める権利を認めた。ちなみに実質経済成長率は 1997 年 4.3％のあと 4％前後だったが、2001 年以降 1.9％、0.1％、0.3％、2.2％と低下した。

　2002～10 年はキリスト教民主アピール政権で、2004 年に従来の公的扶助に代わって「雇用・生活保護法」が導入され受給者の就労復帰を最優先し、自立と社会参加を促そうとした。18～65 歳未満の受給者は例外なく求職義務を課された。2006 年に高齢者の就労促進のために高齢者の優遇税制を廃止した。失業保険についても長期的な受給を防ぐような改革を行った。

　2008 年の金融危機以降、オランダの実質成長率は 1％前後と衰退し、失業率は 2009 年の 3.7％以降漸増して 2013 年が 6.9％で、また、中間層を形成していた共働き世帯が不安定になった。片方が失業して持ち家まで売却しても、生活保障の給付が受けられるか不透明で、離婚や家庭崩壊も多い。そのため将来を悲観し幅広い世代の専門家が海外へ移住し、人材の空洞化が起きたとされる[11]。

　国王は 2013 年 9 月 17 日の演説で、グローバリゼーションや高齢化社会のもとで「古典的な福祉国家」は「参加社会」に進化しつつあると述べた。国王の演説は内閣が作成していて、「小さな政府」への移行を示唆したという見方もされている。

④　英国・キャメロン政権とメイ

　保守党と自由民主党の連立で始まったキャメロン政権 (2010～16 年) は、財政赤字圧縮のために極端な緊縮政策をとる一方で、成長回復のために金融緩和を行った。社会保障削減としては、高所得世帯の児童手当の廃止、雇用・生活補助手当の給付期間短縮等を行い、また、公共部門雇用者年金の保険料の段階

的引上げ等を行う。

　福祉改革として「ユニバーサル・クレジット」と「ワーク・プログラム」を提案した。それまでの福祉制度では福祉に依存する失業者が再就職しても収入がほとんど変わらないか減少する（そのために福祉依存から脱出する意欲を喪失するので「貧困の罠」という）。「ユニバーサル・クレジット」では働いた方が常に収入が良くなり、また、現在の給付受給者の受給額が下がらないよう配慮する。一部の求職者・給付受給者は社会貢献を行う「義務的就労活動」への参加を要請される場合もある。

「ワーク・プログラム」は、長期失業者や就業困難者を対象とする「福祉から雇用へ」の雇用支援プログラムで、労働党政権下の「フレキシブル・ニューディール」などがこちらに一元化される。運営は入札による事業者で、その報酬は成功報酬型に移行している[12]。

　なお、保守党の連立相手の「自由民主党」は、労働党穏健派が結成した「社会民主党」と自由党が1988年に合併してつくった政党で、そのホームページでは次のように述べている。自由民主党はすべての人のために機会を生み出す公正な社会において強い経済を築く、英国を中道に保つ、雇用を増やし公的サービスを賄うために経済成長と赤字解消を図る。つまり労働党右派の社会民主主義と自由党の社会自由主義の結合による「成長と公正を追求する中道政党」といえよう。ただし、環境問題や経営への従業員の関与で温度差があると思われる。

　また、英国では長年の緊縮財政で中間層の生活水準の低下が見られるといわれているが、労働党は2010年の総選挙を戦うため、より左派系で労働組合に近いエド・ミリバンドを党首に選んだ。しかし、15年5月の総選挙では大敗し、つぎの党首はもっと左のコービンになった。長年の財政緊縮策や福祉手当や公共予算の削減に反発を持つ人々がいるが、コービンの選出は、そんな国民の思いを反映しているともいわれる[13]。

　2016年6月23日の国民投票によりEU離脱が決まった。「欧州の病人」といわれた英国が1973年にECに加盟して以来43年間、この間の英国の1人当たりGDPの伸び率は年平均1.8％で、ドイツの1.7％、フランスの1.4％、イタリアの1.3％を上回る利益を得ていた[14]。ところがマスメディアは、「サッチャー政権の構造改革やグローバル化に取り残された労働者層の蓄積した不満が、度重なる金融危機を経て、反EU・反移民となって噴き出している」、景気のいいのはロンドンとスコットランドだけでほかの地方は全く寂れている、と指摘した。ピケティが『21世紀の資本』の中で指摘した20世紀初頭の資本主義国の大

きな所得格差が再現されていた。英国ではジニ係数も、富裕層の上位1％に所得が集中する割合も、1980年代から上昇し90年代あるいは金融危機のころにピークとなり、その後急速に低下している[15]。これらの統計と実感にずれがあるとしても、決め手は格差を背景にした「移民被害」と「主権喪失」の感情だったようだ。

　英国でも世界金融危機のあと、企業はフルタイム従業員を減らしパートタイムを増やしてきたので、キャメロンは法定最低賃金引き上げ、「働く人の党」を前面に打ち出していた。国民投票でEU離脱派が勝利したことを受け親EUのキャメロンが辞任し、後継者テリーザ・メイが政権を担うことになり、うわさされていた2度目の国民投票は行わず離脱の手続きを進めることになった。

　2017年6月の総選挙ではメイ首相は保守党圧倒的優勢の情勢のもとで、EU離脱交渉推進だけでなく緊縮財政に対応するための高齢者の介護費用の自己負担引き上げを公約とした。結果は過半数割れで、その一方で労働党は議席を33増やした。若者世代には鉄道の再国有化や核兵器廃絶などコービンの主張が新鮮に響き、若者は「平等」に関心を持ち始め、資本主義を支持するのは30代以下では40％未満に過ぎないという。

5　オバマ政権とオバマケア

1）ブッシュ政権からオバマ政権へ

　クリントンのあと、共和党ジョージ・W・ブッシュ政権（2001〜09年）は大規模な減税を行う一方で、レーガン離れの姿勢をとり失業保険の給付期間延長などを行なった。ところが、2001〜10年にわたるアフガニスタンやイラクの戦費が嵩み再び財政赤字が膨張した。（イラク戦で米国とヨーロッパの亀裂が始まった）。また、「勝ち組」の一人勝ちによる所得格差への不満が増大したことも加わって政権末期の支持率は19％まで低下した。

　国内では2000年代に入ると、医療の高度化が進み民間医療保険の保険料も高額化し、国民の6人に1人が医療保険に未加入だった。

　そこで2008年の大統領選挙ではオバマが国民皆保険を掲げて当選したが、国際金融危機だったから優先課題は経済立て直しと財政赤字削減で、経済政策も従来からの先端技術振興やTPP推進や量的金融緩和策だったから共和党との差異が出せなくなった。それでも2010年に医療保険改革法案が成立した。

ところが2010年の中間選挙では「小さな政府」、減税、歳出削減などのリバタリアンの政策を主張する共和党ティー・パーティーの運動が躍進し民主党を大敗させ、2012年の大統領選挙でも大躍進した。その立場は対外干渉反対、自由貿易、連邦準備制度反対、反移民、企業活動の規制反対、増税反対、銃規制反対といわれる[16]。

2) 財政の崖

　オバマ政権 (2009～17年) は2008年金融危機に対応するためにブッシュの時限的な減税を延長したので、さらに財政赤字が積み上がり2011年5月に法定の赤字上限額に達した。そこで民主党と共和党が歳出削減に合意できない場合にはブッシュ減税の延長期限が切れる2013年11月から歳出削減をすることになった。合意できないときは減税の終了（増税）と歳出削減という二重の財政効果により2013年の実質経済成長率は4.4％から0.5％へと崖から落ちるように急落すると予想された。2012年大晦日に両党は富裕層以外の減税延長と富裕層への増税、歳出削減の2ヶ月間凍結で合意したが[17]、ティー・パーティが猛烈に抵抗した。

　この10年、ジニ係数は上昇し、連邦政府が定めた貧困ライン未満の人口割合（貧困率）は上昇傾向が続き、なかでも黒人の貧困率は白人の倍以上であった。

　金融危機以降、財政収支はずっと赤字でその対GDP比は、2008年は－6.7％、2009年－13.3％、2010年－11.1％、2011年－10％、2012年－8.5％である。

3) 左右両派がオバマケア批判

　オバマの医療保険改革がなぜ批判されるのか、髙橋陽一らによる紹介を参照してみたい[18]。

　当時は次のような状況であった。公的医療保険は65歳以上の人と障害者向けのメディケア、低所得者向けのメディケイドがある。そして会社員の多くが会社の福利厚生で民間の団体保険に加入し、中小企業や自営業者などは任意で民間保険に加入する。しかし無保険者が多く、自己破産のトップは医療費だった。

　そして医療保険改革法、通称「オバマケア」はメディケアを全国民に広げる国民皆保険と期待されていた。しかし共和党が反対し、結局、一定の基準を満

たした民間保険から自分に合ったものを国民に購入させるという全く別のものになった。また、州政府にメディケイドの受給者の拡大を義務づけ、これに応じなければメディケイドの連邦政府の交付金を打ち切ることにした。この「オバマケア」には国民皆保険という期待が裏切られオバマ批判にまわった人も多かった。

　オバマケア反対の保守派は、政府には国民に医療保険商品の購入を強制する権限がなく、メディケイドの適用範囲拡大を州政府に強制する権限もないとして訴訟を起こした。しかし最高裁は合法とし、2014年1月1日から実施された。

　対立の激化にはもう一つの理由があった。医療保険が従業員の避妊用ピルや避妊手術の費用を負担することになったので、教会など産児制限や妊娠中絶に反対する雇用主も、従業員のそういう保険費用を負担することになり、ここにも保守派は反発した。

　なお、リベラル派は「生命は出生で始まる」と考え妊娠中絶を是とし、女性には産むか産まないかの権利があると主張する。しかし、保守派は「生命は受胎で始まる」と考え中絶は殺人と同じ罪とする[19]。

4) 2016年トランプ旋風

　伊藤隆敏は米国の2016年大統領候補選挙では、2008年のリーマン危機の影響があると述べた。世論は、自己責任を看板にしてきた金融機関が過大なリスクを取って失敗したのだから公的資金で救済することに反対した。しかし、結局、金融システムを守るために救済し、日本では経営者に逮捕者が出たのに、米国ではゼロだった。大統領候補者選びでの国民の「支配層への怒り」の根源は格差問題と政治家や金融経営者らに対する反発にあるという[20]。

　トランプ候補が共和党支持者の不満をすくい取ったといわれるが、自動車産業や鉄鋼業の輸出衰退や所得格差をもたらしたグローバル化や大企業・富裕層の優遇などを反省しない共和党支配階層を「ぶっ壊す」勢いのトランプに支持が集まった。また、グローバル化で米国の雇用と富が海外へ流出し国民が苦しんでいるにもかかわらず金融エリートが裕福になったと演説した[21]。（トランプのイスラム教徒入国禁止、年金医療や社会基盤整備の拡充、TPP反対、駐留米軍引き揚げなどに対して、2016年5月に共和党が共和党の譲れない価値観を示したという）。

　トランプ政権誕生後にマイケル・サンデルは次のように述べた。トランプ政権や英国のEU離脱決定は「社会的と文化的な反発が背景にある。それは、エ

リート階層が普通の人たちを見下している、ということだ。」「本来、労働者に寄り添うはずの民主党がプロフェッショナルな階層やウォール街に近づいた。この結果、民主党は普通の労働者から遠ざかってしまった」[22]。有権者はグローバル化に反対するトランプが良かったのであろう。

　トランプ大統領は財務長官にゴールドマン・サックス出身のS.ムニューチンを任命し、2017年2月に金融規制改革法（ドッド・フランク法）の撤廃を求めた。同法は金融危機の再発を防ぐためオバマ政権の2010年に成立したもので、高リスク取引の制限や消費者保護までの幅広い規制だったが、トランプは「銀行が融資をしにくくなり企業に資金が回らなくなった」と主張した。6月の財務省案では、中堅以下の金融機関には自己勘定での高リスク取引を解禁し、また、金融機関の資産を厳しく査定するストレステストも対象を500億ドル以上に絞る。金融危機再発防止の観点からは批判がある。

参考文献（第6章）

(1) 川崎一彦「福祉維持のための攻撃―スウェーデンの財政再建行政改革の動き―」海外社会保障情報No.79、1987年　www.ipss.go.jp/syoushika/bunken/data/pdf/14139702.pdf。

(2) 第一勧銀総合研究所「福祉国家の再構築とスウェーデン・モデルの行方」2000年　http://homepage2.nifty.com/tanimurasakaei/sue-den-yukue.htm。「欧州通貨危機」http://note.masm.jp/%B2%A4%BD%A3%C4%CC%B2%DF%B4%ED%B5%A1/。

(3) 森信茂樹「戦後70年　税制残された課題（上）公平性と効率性の両立を」日本経済新聞、2015年7月31日。

(4) 岩間大和子「EU諸国の少子高齢化に対応した年金制度改革―その意義とわが国への示唆―」http://www.ndl.go.jp/jp/diet/publication/document/2005/200502/7.pdf。同「諸外国の二階建て年金制度の構造と改革の動向－スウェーデン、イギリスの改革を中心に」http://www.ndl.go.jp/jp/diet/publication/refer/200401_636/063601.pdf参照。

(5) http://www.mext.go.jp/b_menu/shingi/chukyo/chukyo2/siryou/011002/001/sweden.htm。

(6) 藤井威「スウェーデン社会はなぜ高負担を受け入れたのか」社団法人スウェーデン社会研究所所報、2014年3月　http://www.sweden-jiss.com/jiss/2014.03.01/1-3.html。

(7) 「大惨事メルケル政権、SPDと連立協定」海外労働情報　http://www.jil.go.jp/foreign/jihou/2013_12/germany_01.htm。

(8) 「2010年度フランスの年金改革」パリ・フィナンシャルプランニング　http://www.paris-fp.com/column201210.html。

(9) 「年金保険料率引き上げ、失業扶助・生活保護支給額の増額など」海外労働情報　http://www.jil.go.jp/foreign/jihou/2014_3/france_01.htm　ほか。

(10) 水島治郎『反転する福祉国家－オランダ・モデルの光と影』岩波書店、2012年、pp.40～97　ほか。

(11) ヴァン・ウィレムスカルティエ・カオル「オランダの斜陽～ワークシェアリング崩壊と移民を選ぶ人たち～」2012年　http://webronza.asahi.com/global/2012091400001.html　ほか。

(12) 長岡久美子「英国の連立政権による福祉改革について」www.works-i.com/pdf/r_000298.pdf。

(13) 小林恭子「左派コービン氏の勝利で新たな政治勢力が生まれるか？」Yahoo!ニュース、2015年9月12日。

(14) フィリップ・スティーブンズ「英のEU離脱　その代償は」（フィナンシャル・タイムズ）、日本経済新聞、2016年6月19日。

(15) http://www.oecd.org/els/soc/49499779.pdfの図2。高田創「日本の格差に関する現状」みずほ総合研究所、2015年　http://www.cao.go.jp/zei-cho/gijiroku/zeicho/2015/__icsFiles/afieldfile/2015/08/27/27zen17kai7.pdf。

(16) 津山恵子「変貌する共和党　保守強硬派の右傾化が進む」http://net.keizaikai.co.jp/archives/3918。

⒄　廣瀬淳子「予算一律削減と『財政の崖』」 http://dl.ndl.go.jp/view/download/digidepo_3948084_po_02530201.pdf?contentNo=1　ほか。

⒅　髙橋陽一「国の医療制度改革 —『オバマケア2.0』を見据えて」KDDI総研R&A、2014年4月号　file:///C:/Users/%E5%8A%9F/Downloads/KDDI-RA-201404-01-PRT.pdf。マクレーン末子「オバマケアは市民を救えるのか」 http://blogos.com/article/83920/。

⒆　持田直武「米大統領選挙　草の根運動の実力」2012年2月　http://www.mochida.net/report12/2apnz.html。

⒇　日本経済新聞、2016年3月3日。

㉑　朝日新聞デジタル、2016年6月29日。

㉒　「これからの民主主義の話をしよう」日本経済新聞、2017年1月22日。

第 7 章

社会保障と経済

1990年代から先進国ではITなどの技術革新が管理的業務や熟練労働などの中間層を減らし低賃金の人を増やし、グローバル化は低税率で人件費が安い国への投資を増やしたが、そこからの製品が先進国に流入し労働者の賃金や労働条件の引き下げが始まった。

　ところが2010年代になると、それまで新自由主義派と見なされてきたIMFやOECDが平等化を支持する論説を掲載した。そして2017年1月のダボス会議では、先進国でポピュリズムの「内向きの世界」が蔓延しているのはグローバル化や支配階層への反感からだとし、バンク・オブ・アメリカのCEOが国や経済成長は「みんなを包み込んだ形でなくてはいけない」と述べ、IMFの専務理事も「低成長からの脱却とともに教育投資や安全網強化で格差を是正することが急務」と述べた[1]。しかし、「効率と公正はトレードオフ」といってきた経済学者たちは疑いの目を向けるのであろう。

　鈴木亘は経済学者による社会保障批判を2010年『社会保障亡国論』（講談社）ほかで次のように例示していた。(ア) 財政制約のもとでは、負担を引き上げないなら社会保障費抑制、社会保障費拡大なら負担の引き上げの二択しかない。そうしないで社会保障費を拡大するのは、経済成長もせず借金を将来世代に負担を先送りする無責任な政策運営。(イ) 赤字国債発行により将来世代に負担を先送りして社会保障費拡大を行っている状況では、これらは単なる「需要の先食い」である。(ウ) 地価が高い東京の場合、特別養護老人ホームの建設は1ベッド当たり約2000万円に上るなど、非効率である。介護分野への政府支出は、公共工事よりも乗数効果が若干大きく、雇用増加率も高い。しかし、介護分野は非正規労働者が多く、賃金が安い。(エ) 「社会保障費を増大させると、高齢者の消費拡大が大きい」という主張がある。しかし、介護保険の設立前後では高齢者の予備的貯蓄は全く減らなかった。(オ) 最近、低所得者の消費性向が低いから、所得再分配によって得られる消費拡大効果もわずかにとどまる。

第1節　経済学者の社会保障批判

1　社会保障批判

　社会保障が経済に与える影響についてサプライサイド以降の経済学の実証研究ではネガティブであるとする見解が多かったようだが、経済学者が見る社会保障のデメリットである。山本克也は次のように紹介していた。

(ア)　社会保障（年金制度）は貯蓄率を減らす。フェルドシュタインは社会保障給付の充実が個人貯蓄を減らすと主張したが、行きすぎた政府の介入は経済成長の足かせになるという、時のレーガン政権の理論的支柱にもなった。

(イ)　年金制度は労働市場にゆがみをもたらす。ワイズが代表的で、年金給付の多寡に応じて早期退職が高まることを明らかにした。

(ウ)　高齢化社会では、社会保障を通じた所得再分配効果は非常に世代間の公平性を欠く。コトリコフが代表的で世代会計の概念を用いて、米国では社会保障の年平均の収益率が、1876年生まれコーホートが36.5％、1900年が11.9％、1925年が4.8％、1950年が2.2％というものがある[2]。

「小さな政府」の立場では、社会保障が労働力供給を確保する効果があるいっても納得しない。なぜならリバタリアンは経済外的に、社会保障は官僚機構を肥大化させ国民の自由を奪うことになると信じ、また、ある人は、所得喪失者に所得保障をすると勤労意欲がなくなる、と信じているからである。

　次に社会保障の規模が大きくなると経済のパフォーマンスにどう影響したのかを国際比較で見ておく。

2　G7と北欧5カ国の社会保障と経済の関係

1）社会支出と国民負担の規模

　社会支出の対GDP比の過去の実績をみると、北欧5カ国の方がG7よりも大きかったとはいえ、その差は小さかった。例えば金融危機直前の2007年は、G7のうちカナダ・日本・米国が16〜19％、英国が20％に対して、フランス・ドイツ・イタリアは24％を超えていた。北欧でもアイスランドは15％程度、ノルウェー

は20％で、他の国が23％を超えていた。2014年はカナダ・米国・アイスランドが20％以下で英国とノルウェーが20〜22％止まりで、ほかはG7も北欧も25％以上であった（日本は不明）[3]。

　また、法人負担と国民負担率は経済のパフォーマンスとはいえないが、リバタリアンはこれらを低くすることを主張しているので、取り上げてみる。OECD調べの2015年の法人税の法定実効税率（法人所得に課される国税・地方税の税率を足したもの）のランキングでは、北欧の方がG7より負担が軽そうである[4]。

　ちなみに2009年の国民負担率（対国民所得比）は、当然、北欧が高負担であるが、政府資料ではOECD内での順位と国民負担率とその内訳は次のようである[5]。G7の単純平均は47.8％（社会保障負担率15.8％：租税負担率32.0％）で北欧は62.4％（10.4％：52.0％）で、北欧は付加価値税が高いせいか租税負担が重く社会保障負担が相対的には軽いという特徴があった。G7は高い方から、4位イタリア63.2％（20.3％：42.9％）、9位フランス60.1％（25.2％：34.9％）、14位ドイツ53.2％（22.9％：30.3％）、20位英国45.8％（10.8％：35.0％）、23位カナダ43.9％（6.6％：37.3％）、27位日本38.3％（16.2％：22.0％）、30位米国30.3％（8.7％：21.6％）であった。

　それに対して北欧は、2位デンマーク69.5％（2.7％：66.7％）、3位アイスランド64.7％（5.8％：58.8％）、5位スウェーデン62.5％（12.4％：50.2％）、10位フィンランド59.2％（17.8％：41.4％）、11位ノルウェー56.2％（13.2％：43.0％）であった。

2）1人当たりGDP

　IMF調べの2012年の「1人当たりGDP」は、OECD内のランキングでは、G7では7位カナダ、8位米国、10位日本、16位ドイツ、17位フランス、18位英国、20位イタリアだった。一方、北欧5カ国は、2位ノルウェー、5位デンマーク、6位スウェーデン、12位フィンランド、15位アイスランドだから、北欧優位である[6]。

　OECDのデータで1人当たりGDPの推移を比較してみる。1980年から2012年の33年間を見ると、G7の各国の1人当たりGDPの伸びの単純平均は3.94倍で、北欧の平均は4.46倍で北欧諸国の優位である（ドイツは東西ドイツをあわせたデータ）。それに対してその前の1970年から1980年の11年間の伸びは、G7の7カ国平均は2.55倍、北欧5カ国の平均は2.70倍で、こちらも北欧優位であった。もっともこの期間は西ドイツのデータを用いたG7の平均は2.62倍となる。

確かに西ドイツの伸びは 3.02 倍で G7 では突出していたが北欧にはアイスランドの 3.2 倍、ノルウェーの 2.9 倍などがあった[7]。

また、2007 年の 1 人当たり GDP と社会支出の対 GDP 比の相関係数は、G7 は − 0.2426、北欧は − 0.6420 でリバタリアンの主張通りであったが、北欧は社会支出比が大きいフィンランドが不振のため負の関係となった。12 カ国では − 0.2079 であった。2013 年の G7（日本は除く）は − 0.7293、北欧は − 0.1944、11 カ国は − 0.1656 であった。

3）実質経済成長率

金融危機前の 2007 年の「実質 GDP 成長率」の OECD 内でのランキングは、北欧諸国は G7 と同じようにばらついていて、福祉国家の成長率が高いとか低いとかはいえない[8]。

過去の実績を比較すると、1995 年の実質 GDP 成長率の G7 の平均は 2.56% で北欧 5 カ国の平均は 3.18% であった。2000 年は 3.84% と 4.18%、2005 年は 2.11% と 3.66% で北欧優位であったが金融危機以降は両者の差が小さい。

「社会支出の対 GDP 比」と実質 GDP 成長率との相関係数は、2005 年には G7 は − 0.69、北欧は − 0.78 でまさにリバタリアンの世界であったが、2007 年の G7 は 0.31、北欧は − 0.79、12 カ国では − 0.31 であった。2013 年の G7（日本を除く）は − 0.7651、北欧は − 0.7693、合わせて 11 カ国では − 0.7550 であった。

2013 年について「歳出の対 GDP 比」と「実質 GDP 成長率」の相関係数を求めてみた。G7 の相関係数は − 0.65 で、北欧 5 カ国は − 0.68、12 カ国では − 0.59 である。確かにクロスセクションではリバタリアンのいうとおり歳出比率が小さいほど成長率が高い国が多い傾向があるといえる[9]。

4）失業率

1980 年の北欧 5 カ国の平均の失業率は 2.78％ で、一方、G7 はドイツと日本以外は 6 〜 7％ 台半ばであったから、北欧福祉国家が輝いていた。ところが 90 年初頭にスウェーデンが金融危機を迎えたころから北欧の失業率が高くなり始めた。

2007 年の失業率は、北欧 5 カ国の平均は 4.31％、G7 平均は 6.07％ であった。北欧ではノルウェーとアイスランド 2 カ国の平均が 2.37％ と素晴らしかった

が、ほかの3カ国の平均は5.60％であった。また、2014年は北欧6.32％、G7は7.18％だったが、やはり、ノルウェー・アイスランド2カ国の平均が4.19％と優秀で、ほかの3カ国の平均は7.74％と平凡であった。一方、G7では、イタリアとフランスの2カ国の平均は11.27％と振るわなかったが、ほかの5カ国の平均は5.55％で奮闘していた。つまり、イタリアとフランスの2カ国がG7の失業率を押し上げた[10]。この2カ国は一般労働者（期限なし契約の社員）の雇用保護が強固である。

また、2007年の「社会支出の対GDP比」と失業率の相関関係は、G7は0.75、北欧5カ国は0.72で12カ国では0.60であった。これは、社会支出比が高いから経済不振となり失業率が高いという場合と、逆に失業率が高いから失業手当などが増えて社会支出比が高くなるという場合があろう。2014年のG7（日本を除く）は0.62、北欧は0.78、12カ国では0.59であった。2007年との違いはドイツが社会支出比は高いが失業率は低くなったことである[11]。

5）国際競争力と生産性

世界経済フォーラムの2014年国際競争力（WEF）ランキングでは、上位10位以内ならG7圧勝、上位15位以内では北欧がG7に肉薄というところで、この年はG7が北欧に勝っていた。

また、OECD加盟諸国の「時間当たり労働生産性」（2013年、購買力平価換算USドル）を比べると、これは優劣が付けがたい[12]。

③ 米国の共和党時代と民主党時代の比較

1）成長率と失業率

アメリカ合衆国経済分析局のウェブサイトで（20.Dec.2007）の"Current-Dollar and "Real" Gross Domestic Product"には実質GDPの長期時系列数値が掲載されている。

それによれば、1929年〜32年の4年間（共和党政権）の実質GDPの伸びを定率補間でみると1年ごとの成長率は－9.31％だった。翌33〜52年（民主党政権）では6.24％だった。それ以降、共和党政権時代は2.75％、2.69％、3.11％、2.26％だったのに対して、民主党政権時代は6.24％、5.28％、2.80％、4.04％で、2009〜

13年（民主）は 2.17％であった。（上記資料は 06 年までで、そのあとは他の資料で補った）。

　米国労働統計局のサイトから、1942 年から 2012 年までの失業率が得られる。民主党政権の期間は 1941 年以降の 5 回である。終戦直後は混乱期なので 1950 年以降について、政権期間の各年次の失業率の単純な平均値を並べてみる。民主党 1950 〜 52 年は失業率 3.9％で、その次の共和党政権では 4.9％、民主党は 4.8％、共和党は 5.8％、民主党は 6.5％、次の共和党は 7.1％、民主党は 5.2％、次の共和党は 5.3％、2009 年以降 13 年の民主党政権は 8.7％であった。しかしオバマ政権末期には、量的金融緩和の効果もあって 4.6％と金融危機以前の水準に戻した。

　傾向としては、第 1 に民主党政権時代は共和党よりも成長率が高く失業率が低い傾向があり、第 2 に民主党政権は期間中に失業率が改善される傾向があるが共和党はそうではない、といえる。あるいは、共和党時代の自由主義的政策の効果が民主党政権で現れたということかも知れない。

2）所得格差

　1970 年代以降、米国の生産性と GDP は上昇傾向を続けているが、貧困者割合は失業率と関連しながら増減を繰り返してきた。一方、ジニ係数で見た所得格差は 70 年代以降、一貫して拡大し続けている。ジニ係数の増え方は 80 年代の上昇幅は 70 年代の 2 倍で、90 年代は 2.5 倍（90 年代前半は 2 倍で後半は 0.5 倍）であったから、レーガン以降クリントン政権の前半まで上昇の勢いは止まらず、後半に緩やかになった[13]。

　経済自由主義の経済学は経済への政治の介入を強く拒んできたが、70 年代後半から大企業が政治と深く接触し始め、政党や政治家に強力なロビー活動などを続けた。80 年代のレーガン政権時代は法人税減税や所得税の最高税率を引き下げたが社会保障支出は増えず再分配は弱まった。90 年代には、米国内では、クリントンが米国の産業振興を目的にアル・ゴアが提唱した「情報スーパーハイウェイ構想」を推進し、IT 産業の育成と IT 化による生産性向上を推進した。その結果、経済は改善したが企業では事務職は営業や現場の仕事に異動になり、また、IT 化の流れに乗れなかった人たちは単純な仕事しか働き口がないという「痛み」が始まった。それを含めて「ニューエコノミー」である。そのあとのブッシュ政権ではますます所得上位グループの一人勝ちが目立ち格差への不

満が強まり政権の支持率は最低となった。オバマ政権になっても議会は共和党優勢で格差容認路線が色濃く残った。

第2節　平等化と不平等拡大の時代

1　平等化の批判

　所得再分配による「平等化」は20世紀初めころは経済学的に次のように正当化された。限界効用逓減の下では、富裕層に課税しても失われる効用は僅かで、その税を財源にして貧困層に現金を配分すれば効用が大幅に増える、すると、富裕層が失った効用よりも貧困層が得た効用の方が大きいので、社会全体として厚生水準が向上すると考えられた。しかし、個人間で「効用が比較可能・加算可能」という考えは、1932年の経済学者ロビンズ『経済学の本質と意義』(東洋経済新報社)によって批判され、それ以来、厚生経済学は分配の平等をほとんど扱わなくなりもっぱら効率を分析している。

　近年の経済学では平等を、「効率」に対してマイナスの効果があるという理由で否定しているようである。

　グレゴリー・マンキューの「トップ1％を擁護する」という論説の翻訳が、経済学的分析を紹介している一般社団法人「経済学101」のサイトに掲載されているので、その一部を紹介してみたい[14]。

　アーサー・オーカンは1975年に、平等のための移転はそのプロセスで「漏れ」が生じるため非効率になると考えた。一方、Mirrlees (1971) は、所得情報だけで所得移転をする場合は、生産性の高い労働者は生産性が低いフリをするインセンティブが働き、結果として、みなが能力を発揮したときよりも総生産が減少するので非効率的になると考えた。

　また、Claudia Goldin ほかは、米国の1980年代以降の格差拡大の原因は熟練労働の供給の遅れであると考え、その格差是正には熟練労働者の供給を需要より速く増加させればよいと主張した。マンキューはこれに賛同した。

　また、スティグリッツが、所得の世代間の変化に注目し「米国は機会均等の国ではない」と結論付けたが、これをマンキューは遺伝により批判する。IQの高低、意志の強さや集中力、社交性などには遺伝的な要素があり、それらは所得と関連する。そこで「機会が平等でも、親の属性によって子の所得は異なる

分布を持ちうる」と反論する。

（なお、川口大司らによれば、86〜06年の期間に日本では大卒賃金は高卒より約40％高く、米国では86年に60％だった格差が06年には101％にまで拡大したが、日米の格差の変化の違いの約3分の2は大卒者の供給量の違いで説明できるという[15]）。

2 平等と経済成長

1）IMFとOECDの平等化支持の論説

IMFは2011年に「平等が経済成長の期間を長くする」という論旨の論文を掲載した。バーグらの2011年の論文では、「成長を長期的に見ると効率と平等のトレードオフは存在しない可能性がある」、「平等は成長を促進し、かつ持続させるうえで重要な役割を果たすようである。」さらに「ジニ係数が0.4から0.37に変わると成長継続期間が50％延長する。」そして「1980年代の途上国の債務危機とその結果訪れた成長の停滞と痛みの伴う調整の経験は、持続可能な経済改革はその成果が広く国民に共有されて初めて可能となるという事実を思い知らせるものだった」と述べた[16]。

一方、OECDは2014年12月の報告書で、不平等の拡大が経済成長の鈍化につながっていると指摘した。不平等が原因で米国のGDPの伸びが1990〜2010年に約6〜7ポイント低下し、英国やイタリア、メキシコでも同様の現象が見られた。また、所得不平等が低所得層の教育の機会の不足をうみ社会的流動性が阻害されるという認識を述べた。そして政策として、富裕層・資本所得の税負担を増やすこと、政府は最貧困層の10％だけではなく下層40％の人々への一般福祉に関心を寄せる必要があること、などを指摘した。不平等を縮小する政策は社会を公平にするだけでなくいっそう豊かにすると述べ、健康や教育などの公的サービスの機会を増やす政策を推奨した[17]。

これらの論説の動機はいずれも経済成長の促進であるが、少なくとも、「新自由主義」論者のトリクルダウン効果や、福祉は低所得層に限定する選別主義的な方法や、社会サービスに消極的な「小さな政府」路線の一時棚上げを提案したといえよう。

2) トマ・ピケティの主張

　フランスのトマ・ピケティは2013年の『21世紀の資本』（みすず書房）のなかで所得税の資料を利用し、国別に100年間の上位所得者の所得集中度の推移を推定した。米国の上位10％の所得割合は、図8－7[18]から読み取ると、1910年は41％、以下10年ごとに39％、44％、45％、1950年36％、以下34％、33％、1980年35％、以下40％、47％、そして2010年48％である。当初の格差社会の格差が縮小し1980年頃から再び格差社会になったというパターンである。（ちなみに"World Top Incomes Database"によれば、米国の上位1％の所得割合は、1910年代から30年代にかけて15～19％で推移し、1930年代末期から下落に転じ1950年代に10％を下回り始め73年には8％弱まで下がった。その後80年ころから上昇に転じて90年には12％を超え2013年には19％強に達し、大恐慌以前の格差社会に戻ったともいえる[19]。これらに見る米国の格差の推移は、民主党のニューディール改革のころから格差は縮小し始め、80年代のレーガン政権以降に再び格差が拡大するという構図といえるのかもしれない）。

　ところが各国の観察では、20世紀初頭の格差社会がその後はいずれも格差を縮めたが、1980年代以降の様相をピケティは2通りのパターンとして理解した。80年ころから米国・英国・カナダ・豪州などアングロ・サクソン系国家では上位1％の富裕層の所得集中度が急速に高まっている。それに対してフランス・ドイツ・スウェーデンなどの欧州国家や日本は80年以降の上昇もきわめて緩やかである[20]。

　ピケティは、1914～45年の格差縮小つまり資本／所得比率の落ち込みには、2度の大戦による資本の物理的破壊、外国資産の損失、保有国債のインフレによる目減り、相続税と累進税などが重要であったという。フランスを例にして20世紀前半の格差縮小はもっぱら不労所得生活者の減少、高額資本所得の崩壊で説明できる。しかし、資本所得を無視して賃金格差だけに注目すれば分配はかなり安定している。また、米国では1980年以降に超高額所得を手に入れる経営者や投資家などが現れ、これが格差拡大になったという[21]。

　確かに米国では2007年のファンド・マネージャー上位10人の報酬は、例えば37億ドル、29億ドル等々で、10人の合計は1.74兆円だったといわれる[22]。これらの格差自体は部分的には、希少な人材の成功による高所得の結果であり競争社会の業績原理の反映であるが、米英の「新自由主義」的政治ではそのシナリオ通り国民各層へのトリクルダウンが起こらないために、2016年異変の伏線になったといえよう。

つまりピケティの格差論は、所得や富の上位10％や1％のシェアの増減によって格差が拡大、縮小する点を強調する。そのために20世紀前半や戦後の格差縮小の要因には累進税や相続税の効果は認めても、社会保障による格差縮小は出る幕はなかったのである。

3）日本は格差と平等が成長を促進

森口千晶によれば、わが国のキャピタルゲインを除いた時系列をみると、超富裕層（成人人口の上位0.1％）への所得集中は産業化初期の急成長期（1890〜1938年）に急激に進み、第2次世界大戦前夜にはシェアが9％を超えたが戦中に急落し、終戦時には2％にまで激減した。戦後、上位所得シェアがすぐに回復しなかった理由は占領期の土地改革・財閥解体・臨時財産税と、さらに、戦時の高度に累進的な所得税・相続税がそのまま制度化されたことである。その後、超富裕層のシェアはずっと終戦時と同じ2％にすぎなかった。

このように日本の高成長は戦前には「格差社会」、戦後には「平等社会」のなかで実現していたから、「格差と成長」の関係は一意的には決まらないことがわかった。日本の上位所得層のシェアは低く、ピケティが警告する「富裕層のさらなる富裕化」が起こっているようにはみえないという[23]。

森口の知見によれば経済成長には二つのゆりかごがあるが、社会民主主義者は「平等社会」での経済成長、リバタリアンは「格差社会」での経済成長を目指しているといえる。わが国の保守派は経済自由主義と連携し財産が増えるなら格差社会でもかまわないが、それでは社会の「和」、労使協調が保てないから平等化も否定しない。そのせいか戦後の保守政権でも累進的な所得税率が維持され、格差縮小に配慮していたといえる（戦後の所得税の超過累進税率の最高税率は50〜60％であったが、新自由主義で所得税率のフラット化と課税対象者の拡大が主張され、1999（平成11）年に37％に引き下げられ、07年に40％、15年に45％に戻された）。

③ わが国の相対的貧困率

1）非正規社員の増加と賃金格差

総務省『労働力調査』によりバブル崩壊前後の雇用者数の推移をみてみる。男性雇用者総数（役員を含む）は1988年に2811万がその後増加し1997年の

3246万人がピークでその後は減少した。2006年、07年には好況で再び急増し2007年の3233万がもう一つのピークとなる。金融危機後に再び減少するが、2014年1～3月平均は3136万となった。26年間で325万人の増加であった。しかし期間の定めのない雇用契約の「正社員」だけみれば1988年の2368万が2014年の2241万へと127万人の減少であった。

　それに対して期間の定めのある雇用契約の「男性非正規社員」は1988年の210万が2014年には632万人と増えた。そのうち4分の1は65歳以上だった。つまり男性雇用者総数は増加したが正社員は減り、もっぱら非正規社員と高齢社員の増加であった。また、非正規社員の割合は総数では1988年の7.5％から2014年の20.2％まで増加した。

　女性の雇用者総数は1988年の1611万人が1914年には2400万人となった。そのうち「正社員」は1009万人が982万人でほぼ横這いだったが、「非正規社員」は546万人が2.45倍の1337万人まで増えた。わが国の女性の労働参加率は若年層で高いがそのあとの結婚・出産期は低く、そして中年層で再び増える傾向があり「M字型カーブ」と呼ばれ先進国では特殊とされている。非正規社員の増加はその傾向を緩和する効果がある。

　ただし、2014年になってサービス業では、景気回復に伴う人手不足解消と若年労働力人口の減少を見据えて人材確保のために非正規社員を正社員に転換する動きが増えてきた。また、2014年12月の東京都内の求人倍率は1.68倍となった。介護職は2016年末の求人倍率は全体では3.4倍で、これは労働条件が厳しく人手不足のためだった。

　厚生労働省『平成27年賃金構造基本統計調査』は2014（平成26）年6月分の賃金等の結果であるが、調査は5人以上事業所である[24]。これを見てみる。「結果の概況」（10人以上の常用労働者を雇用する民営事業所の集計）によれば、男性平均賃金は335.1千円、女性は242.0千円である。企業規模別に見ると男性は大企業387.7千円、中企業320.3千円、小企業288.5千円で、中企業の賃金が男性の平均賃金に近いといえる。また年齢階級別に見るといずれも50～54歳がピークで、そのあたりの賃金は大企業の男性は514.8千円で中企業は大企業の8割、小企業は6～7割である。（所得や貯蓄の世帯分布では、一般的に平均値よりも低い方に半分近くの世帯数が集まっている。これにならえば小企業で働く多くの従業員の賃金は小企業の平均よりさらに低いと推測できる。これが年金水準にも反映される）。

　雇用形態別にみると、男女計では、「正社員」（正職員）321.1千円、「正社員以外」205.1千円である。

2) 相対的貧困率の国際的順位

ⅰ)

『国民生活基礎調査』による「相対的貧困率」は 2006 年 15.7%、09 年 16.0%、12 年 16.1%だが 15 年は 15.6%で金融危機以前に戻った形である。

相対的貧困率は OECD による定義では、給与や資産収入などの「当初所得」から税金・社会保険料を差し引き、社会保障給付を加算した「再分配後の可処分所得」の等価可処分所得を用いる。まず、貧困率は一定の所得（貧困線）以下の可処分所得しかない人口の割合であるから、各調査世帯の世帯員 1 人当たりの可処分所得を求めなければならないが、OECD はそれを「等価可処分所得」で求める。例えばひと月 10 万円の可処分所得で生活していた 2 人が一緒になり 20 万円で生活すれば、水道光熱費や家賃は節約でき「規模の効果」によるゆとりが生まれる。それを反映させるために、20 万円を 2 で割るのでなくルート 2（＝1.4142）で割った 14.1 万円をこの世帯の「等価可処分所得」とする（これは効用水準の指標とされる。3 人世帯で 30 万円なら 17.32 万円、4 人世帯で 40 万円なら 20 万円で、世帯人員が多い場合に単身世帯と比べて水増しが大変大きい。厚生労働省『平成 23 年所得再分配調査報告書』参照。なお、この調査の場合は医療・介護・保育の現物給付も金額に換算して可処分所得に加算しているのが特徴である）。

OECD の「相対的貧困率」は、まず、国民を各人の等価可処分所得の低い順に並べ、ちょうど真ん中の人の所得水準を得る（中央値）。中央値の 50％を「貧困線」と呼び、それ以下の等価可処分所得を得ている人数の割合を「相対的貧困率」と呼ぶ。（「子どもの貧困率」は子ども全体のうちで社会の貧困線以下の等価可処分所得しか得ていない子どもの割合である）。このように、OECD の相対的貧困率の意味は統計的に収入が低い方の世帯の割合ということで、収入格差の指標に過ぎないが、それが貧困の指標になるのは中央値の 50％（EU は 60％）を「貧困線」と名付けたからといえる。これはロウントリーの「貧困線」とは違い、統計的に見た低所得層を「貧困」と定義したものである。

ところがヨーロッパ各国では収入で見た相対的貧困世帯の生活実態を調査し、相対的貧困率が「貧困世帯の割合」として社会的な妥当性を持つことが了解されているといわれる。従って相対的貧困は、統計的な「収入格差」の場合と生活実態で見て「貧困」とされた場合の二通りの区別があるが、今のところわが国では収入格差を「貧困である」ということが多いように思われる。

わが国の全人口の相対的貧困率は 1997 年が 14.6％、2000 年 15.3％、06 年

15.7％、09年16.0％と近年は上昇を続けている。OECD調査によれば、2010年の日本の相対的貧困率は16.0％でギリシャ、韓国よりも高く、米国（17.4％）よりも低かった。北欧はデンマーク6.0％、アイスランド6.4％、フィンランド7.3％、ノルウェー7.5％、スウェーデン9.1％で、日米以外のG7ではフランス7.9％、ドイツ8.8％、英国9.9％、カナダ11.9％、イタリア13.0％であった。

ⅱ）
G7と北欧5カ国の12カ国について、相対的貧困率（2010年）と有配偶世帯割合（2012年、OECD資料。日本・イタリアは60％超、北欧は45〜50％）の相関係数は0.7095であった。したがって、相対的貧困率の大小は計算上、各国の人口学的要因と関連していると推測できるから、クロスセクションの場合に「平均世帯人員が少ない国ほど相対的貧困率が低く出る」という仮説もあり得よう（等価可処分所得の算出方法のせいだと思われる）。仮にそうであるならば、国際比較の順位に一喜一憂せず自国の時系列の変化に注目した方が良いと思われる。

なお、「絶対的貧困率」という概念があり、世界銀行の貧困の定義では2008年には1日の所得が1.25米ドル以下に満たない人で、2012年の世界の貧困率は12.7％、貧困層は約9億人という。

（なお、「貧困統計ホームページ」にはOECD、WHOなどの報告書から得たデータ（相対的貧困率、貧困ギャップ、ジニ係数、テレビ・電話・パソコンの非保有率（物的な剥奪）、家計、住宅、教育、雇用率・失業率、乳幼児死亡率・健康寿命推移など）により日本と諸外国を比較する例がある。また、わが国の相対的貧困率と生活保護基準で見た貧困率との関係について山田篤裕の研究がある）[25]。

3）高齢世帯と公的年金の底上げ効果

ⅰ）
政府は3年ごとの厚生労働省『国民生活基礎調査』によって可処分所得の相対的貧困率を算出しているが、1995（平成7）年から2013（平成25）年までの6回の調査結果では、相対的貧困率は一貫して上昇傾向にある。

そして時系列で見ると、平均世帯人員は減少傾向であり相対的貧困率との相関は−0.96であるが、これは前記の国際比較上の相関関係とは逆の現象である。一つの理由としては、等価可処分所得の水増しが少ない若者の単身世帯が増えていて、かれらは社会保障の現金給付を得ることが少なく、社会保障の再分配に

よる格差縮小効果が削がれているからとも考えられる。

ⅱ)
　ところが、18年間も「当初所得」の相対的貧困率が悪化している。1998年以降の『国民生活基礎調査』概要によれば高齢者世帯の「公的年金・恩給」の金額はほぼ毎回200万円強で推移し、世帯の総所得もほぼ300万円強で推移しているから、年金・恩給をもらう前の「当初所得」がほぼ90〜100万円で推移してきたと推測できる。つまり、「当初所得」でみると、退職金をもらった年は別にして、大部分の高齢者世帯は無収入や100万円未満の低所得層で、こういう高齢者世帯が増加しているから「当初所得」でみた所得格差は拡大したと考えられる。

ⅲ)
　一方、厚生労働省『所得再分配調査』による可処分所得のジニ係数の動きはどうか。2014年の『所得再分配調査』によれば、世帯の「等価当初所得」のジニ係数は2002年の0.4194、05年0.4354から悪化し続けて2014年には0.4822となった。『所得再分配調査』では当初所得から税と社会保険料を差し引いたものを「等価可処分所得」、それに社会保障給付（医療などの現物給付を含む）を加えたものを「等価再分配所得」としている。「等価可処分所得」のジニ係数は2002年0.3227、2005年0.3218、2008年0.3268、2011年0.3219、2014年0.3159で、2011年以降は低下傾向である。「等価再分配所得」のジニ係数は同じく0.3217、0.3225、0.3192、0.3162、0.3083で、2008年以降は低下傾向である。この2005年の例外ケース（0.3218と0.3225）を見て「わが国では社会保障が格差を拡大させている」という政府批判が起きた。なお、高齢者世帯の増加は「当初所得のジニ係数」を悪化させるが、年金・医療・介護というバネがあるから格差縮小効果が大きく、「再分配後のジニ係数」を改善させる。
　（『国民生活基礎調査』による等価可処分所得のジニ係数は2006年0.329、09年0.336、12年0.330で、天井を打った形である）。

4) 子どもの貧困率

ⅰ)
　厚生労働省『平成23年全国母子世帯等調査』では、母子世帯の平均世帯人員は3.42人だが、母子世帯の定義は「父のいない児童（満20歳未満の子で未婚の

者）がその母によって養育されている世帯」である。この世帯には児童の兄姉や祖父母等を含むため、この数字は子どもが2人以上とは限らない。母子世帯のうち母子のみは61.2％で、親との同居は28.5％。父子世帯で父子のみは39.4％で親と同居は50.3％である。母子世帯と父子世帯を合わせて「ひとり親世帯」と呼ぶ。

ただし、『国民生活基礎調査』の世帯類型の「母子世帯」は「配偶者のいない65歳未満の女と20歳未満の子（養子を含む）のみで構成している世帯」である。こちらは平均世帯人員で子供数が分かる。これによれば2006年以降は、母子世帯の世帯人員は全世帯の平均世帯人員を上回っているので要注意である。つまり、全世帯では小規模化が進むが母子世帯は逆で母親の負担が増えている。

（高齢者世帯が増えると、全世帯の所得分布のなかで児童のいる世帯の位置は相対的に所得が高い層に押し上げられる。そのため『再分配調査』では児童手当ほかの児童への給付は相対的に所得の高い層にも帰着する形になり、拠出も多いが、「社会保障の再分配機能」にマイナスに働くと推測できる。一方、『国民生活基礎調査』による総世帯の子どもの相対的貧困率は2006年14.2％、09年15.7％、12年16.3％から15年の13.9％に下落したが、1回の変化では上昇傾向が止まったか判断できない。また、マルクス主義の「窮乏化法則」（資本主義社会では仮に賃金が上昇しても生活困難が深まる）を前提にする人も立場上、貧困が減ったとは認めにくい。格差や貧困率は低下しているが17年10月の総選挙では野党は当初所得だけを取り上げ格差が拡大していると主張した）。

ⅱ）
OECDの子どもの貧困の図表CO2.2.Aに子どもの貧困率と全人口の貧困率の国際比較（2010年）がある[26]。ここでの貧困線は全人口についての中央値の等価可処分所得の50％で、子どもは0～17歳である。これによれば、子ども貧困率が最も低いのは北欧5カ国で4～8％程度、しかも18歳未満の子ども貧困率は全人口の貧困率よりも低いという特徴がある。つまり、子どものいる世帯が守られている。次いでヨーロッパ諸国の貧困率が並び、OECD平均が来てそれより高い方に日本が来る。

表CO2.2.Aでは子どもの貧困率（子ども全体のうちで「貧困線以下の世帯にいる子ども」の割合）と子どものいる世帯の貧困率（有子世帯のうちで「貧困線以下の世帯にいる人口」の割合）がある。ここでの貧困線は全人口の中央値の所得の50％である。

子どもの相対的貧困率（2010年）のOECD平均は13.3％で、日本は15.7％である。北欧諸国は3.7～8.2％で貧困率の低さが際立っている。逆に自由主義レジームの国はカナダ14.0％、オーストラリア15.1％、米国21.2％で、保守主義レジーム

の国は中間である。

同じ表で、有子世帯のタイプ別に見た世帯の貧困率の国際比較（2008年）がある。海外では「有業者がいる世帯」の貧困率は格段に低い。だから貧困率を下げるには「就業戦略」が有効だと述べている。逆に日本の「有業者がいる世帯」の貧困率は他国に比して突出している。

有子世帯全体の貧困率（この貧困率は、2010年の貧困世帯にいる人口の割合）のOECD平均は11.6%で、日本は14.6%である。タイプ別で比較すると、1人親で無業世帯、両親がいて無業世帯、両親がいて有業者1人の世帯の貧困率は、OECD平均と比べて日本は低い。それに対して「1人親で有業世帯」の貧困率のOECD平均は20.9%で、最悪は日本の50.9%である。「両親がいて2人以上有業の世帯」の貧困率のOECD平均は4.1%であり、それよりも高いのはカナダ、イタリアで4～5%だが、日本は11.8%で突出している。これは北欧諸国の5～10倍という異常な高さである。

ただし総務省『全国消費実態調査』で算出された子どもの相対的貧困率は1999年9.2%、2004年9.7%、09年9.9%と上昇傾向だったが、14年は7.9%に下落した（こちらの定義は「貧困線を下回る17歳以下の世帯人員数÷17歳以下の全ての世帯人員数×100」である）。なお「大人1人と子供」世帯の相対的貧困率はそれぞれ62.7%、59.0%、62.0%、47.7%で、同じく全世帯では9.1%、9.5%、10.1%、9.9%である。ちなみに、厚生労働省『国民生活基礎調査』では相対的貧困率は2000年15.3%、12年16.1%で、「大人1人と子供」世帯では58.3%、54.6%である[27]。

ⅲ）

OECDの社会支出の統計のうちの「家族」に児童手当等が含まれるから「家族」の2010年度の対GDP比（国立社会保障・人口問題研究所『平成24年社会保障費用統計』）を見ると、英国4.01%、スウェーデン3.63%、フランス2.98%、ドイツ2.29%、日本1.28%、米国0.75%であり、ヨーロッパ勢が「家族」の支出が大きいのとは対照的に日本と米国の支出が小さく、子ども貧困率が高い。

厚生労働省『平成23年全国母子世帯等調査』によれば日本では母子世帯の母の就業は正社員が42.5%である。もともと女子労働者は「家計補助的」と見なされ賃金が低くてもあまり問題にされなかったが、近年は女性がひとり親世帯の世帯主となり子どもを養っている世帯も多いので女子の低賃金が大きな社会問題となる。

iv)

　わが国の文部科学省の小中学校「平成 25 年度全国学力・学習状況調査」によれば小 6 と中 3 では世帯年収と子の学力の間には明確な正比例の関係が見いだされた。例えば小 6 算数 B では 200 万円未満の平均点が 45.7 点に対して 600 〜 700 万円未満は 61.3 点、1000 〜 1200 万円未満は 67.9 点であり、同じく国語 B でも、また、中 3 も同様の傾向である[28]。

　ところが同時に、報告書は保護者の接し方が子どもの学力と関係があるとして、例を挙げた。毎日朝食を食べさせる、テレビゲームで遊ぶ時間を限定する、携帯電話などの使い方の約束がある、本や新聞を読ませる、幼児期に絵本の読み聞かせをした、勉強を普段から見てやる、子どもと学校での出来事・勉強や成績・将来や進路・友達のこと・社会の出来事やニュースについて話す、ほか。

　A.マーシャルや岡村重夫が個人にも責任を、といったが、まさに「家庭の責任」があるといえる。親たちも本当はどうすべきかは分かっているが希望のない毎日で心身共に疲れ果て、ついほったらかしにしたり怒鳴ったりしてしまう。

　ちなみに教育費負担について小林雅之は国際比較により三つに区分し、「公的負担」（スウェーデン）、「個人主義型」（英国米国オーストラリア）、「家族主義」（日韓中）とし、日本はもっぱら親が負担していると整理した[29]。また、学費に占める公費負担の割合は、大学・大学院等の第 3 期教育の場合に OECD によれば、日本は 34.3%、米国は 37.8%、英国 56.9%、ドイツ・フランスの平均は 82.9%、デンマークを除く北欧 4 カ国の平均は 93.1%であった[30]。ここでも日本は先進国では異質な地位を占めている。（「日本は国際的に見て教育熱心である」と自慢していたが、「家」を継承させるために跡取りを大切に育てた名残であるとか、経済成長の所得上昇で親の負担能力が拡大していたからとも考えられる）。

　このように社会的支援をやってこなかったのは、明治民法以来の「家長の責任」を重んじるために行政や警察は介入しなかった伝統に原因があるのかも知れない。それは児童虐待や DV が表面化しない背景の一つである。

5) 東京都「子供の生活実態」調査

　2017 年 2 月 23 日に東京都福祉保健局「『子供の生活実態』結果の概要（中間まとめ）について」が報道発表された[31]。首都大学東京の阿部彩研究室との連携とされる。内容は小中高校生等調査（調査対象は小学 5 年生、中学 2 年生、16 〜 17 歳の子供本人とその保護者約 20000 世帯）と若者調査からなる。郵送法とウェブ回

答で有効回答率約 42％であった。

小中高校生等調査では、子供の「生活困難」を三つの基準によって一般層・周辺層・困窮層の3グループに分類した。（ア）低所得（等価世帯所得が厚生労働省「平成 27 年国民生活基礎調査」から算出される基準未満の世帯）、（イ）家計の逼迫（電話・電気・ガス・水道の料金や家賃の滞納、必要とする食料・衣類を買えなかった経験など 7 項目のうち、1 以上該当）、（ウ）子供の体験や所有物の欠如（海水浴やバーベキュー、スポーツ観戦、毎年の衣類購入、学習塾、家族旅行等々子供の体験や所有物などの 15 項目のうち、経済的な理由で欠如している項目が 3 以上）である。

そしていずれの基準にも該当しないグループを「一般層」とし、いずれか一つの基準が該当するグループを「周辺層」、二つ以上の基準が該当するグループを「困窮層」と分類し、さらに周辺層と困窮層を合わせて「生活困難層」と定義した。

ここの「低所得」の基準は、厚生労働省「平成 27 年国民生活基礎調査」の世帯所得の中央値（427 万円）を平均世帯人数（2.49 人）の平方根で除した値の 50％（135.3 万円）を用いた。（ところが世帯所得の把握方法や当初所得を用いている点などが「国民生活基礎調査」とは違うという「注」がある）。

集計表からは次のようなことがいえる。(a) 年齢層別に見た困窮・周辺・一般の 3 グループの割合は、小学 5 年生では困窮層 5.7％、周辺層 14.9％、一般層 79.5％である。中学 2 年生はそれぞれ 7.1％、14.5％、78.4％である。同じく 16 ～ 17 歳は 6.9％、17.1％、76.0％である。(b) 世帯タイプ別に見たとき、困窮層と周辺層の出現割合が最も大きいのはひとり親（3 世代）の中学 2 年生、ひとり親（2 世代）の 16 ～ 17 歳、ひとり親（3 世代）16 ～ 17 歳、ひとり親（3 世代）の小学 5 年生などである。

（この調査では（ア）は収入指標で（イ）（ウ）が生活状態の指標であるが、相対的貧困の生活状態と収入水準の関係を探るものであろう。

なお、阿部彩『子どもの貧困Ⅱ』（岩波新書、2014 年）には EU による子どもの剥奪指標（material deprivation）に用いられる項目とユニセフ報告書の「子どものウエルビーイング指標」が列挙されている（pp.224 ～ 227）。同書は政策指向であるから貧困を収入でみた「相対的貧困」と定義するが、相対的貧困率は先進諸国において最も一般的な貧困の指標であるという。そして、等価可処分所得の中央値の 50％ないし 60％が貧困基準である（OECD は 50％、EU は 60％）。一方、剥奪指標は所得では測り切れない世帯の実際の「生活の質」を測ろうとするものとされる（pp.220 ～ 223））。

参考文献（第7章）

(1) 孟健軍「2020年全面的小康社会への展望」経済産業研究所　http://www.rieti.go.jp/jp/publications/nts/12j009.html。日本経済新聞、2017年1月18日、21日。
(2) 山本克也「世界銀行の年金政策」海外社会保障研究、Winter2001年　http://www.ipss.go.jp/syoushika//bunken/sakuin/kaigai/..%5C..%5Cdata%5Cpdf%5C15683704.pdf。
(3) http://www.oecd-ilibrary.org/social-issues-migration-health/data/social-expenditure/aggregated-data_data-00166-en。
(4) http://ecodb.net/ranking/corporation_tax.html。
(5) http://www.kantei.go.jp/jp/singi/kokuminkaigi/dai6/sankou.pdf。
(6) http://ecodb.net/ranking/group/XK/imf_ngdpdpc.html。
(7) http://data.oecd.org/gdp/gross-domestic-product-gdp.htm。
(8) http://ecodb.net/ranking/old/group/XK/imf_ngdp_rpch_2007.html。
(9) http://stats.oecd.org/Index.aspx?datasetcode=SOCX_AGG。
(10) http://ecodb.net/ranking/group/XK/imf_lur.html。
(11) http://www.oecd-ilibrary.org/social-issues-migration-health/data/social-expenditure/aggregated-data_data-00166-en。
(12) http://ecodb.net/ranking/gcr.html。「日本の生産性の動向2014年」日本生産性本部　http://www.jpc-net.jp/intl_comparison/intl_comparison_2014_press.pdf。
(13) 「米国における富の配分の不公平拡大とその要因の考察」一般財団法人建設経済研究所　米国事務所アーカイブ、2006年3月　http://www.rice.or.jp/archive/pdf/2005/2006-8.pdf。なお、先の労働統計局のウェブサイトは、http://www.bls.gov/cps/cpsaat01.htm。
(14) 「経済学101」　http://econ101.jp/グレッグ・マンキュー、トップ1を擁護する/。
(15) 川口大司・森悠子「賃金格差を考える（下）大卒・高卒間の拡大緩やか」日本経済新聞、2016年4月13日。
(16) バーグ＝オストライ「平等と効率―両者のトレードオフか両立か？」IMFファイナンス＆ディベロップメント、2011年　http://www.imf.org/external/japanese/pubs/ft/fandd/index.htm。
(17) Bloomberg.co.jp、2014年12月10日　http://www.bloomberg.co.jp/news/123NGAOCU6TTDS201.html　ほか。
(18) トマ・ピケティ『21世紀の資本』(2013年) みすず書房、2014年、p.311。
(19) http://topincomes.parisschoolofeconomics.eu/#Graphic:。
(20) トマ・ピケティ　前掲書、pp.328～333。
(21) トマ・ピケティ　前掲書、pp.154～181、pp.281～284、pp.305～。
(22) Jenny Anderson "Wall Street Winners Get Billion-Dollar Paydays"　http://nytimes.com/2008/04/16/business/16wall.html。
(23) 森口千晶「戦後日本、富の集中度低く」日本経済新聞、2015年2月11日。
(24) http://www.mhlw.go.jp/toukei/itiran/roudou/chingin/kouzou/z2015/index.html。

⑮　「非金銭的貧困データの例」http://www.hinkonstat.net/。山田篤裕「相対貧困基準と生活保護基準で捉えた低所得層の重なり―国民生活基礎調査に基づく3時点比較」三田学会雑誌、2014年1月　http://koara.lib.keio.ac.jp/xoonips/modules/xoonips/download.php/AN00234610-20140101-0101.pdf?file_id=94839。

⑯　OECD "Family Database"、http://www.oecd.org/els/soc/CO2_2_ChildPoverty_Jan2014.pdf。

⑰　http://www.stat.go.jp/data/zensho/2014/pdf/gaiyo5.pdf．両調査の相対的貧困率の比較検討については内閣府・総務省・厚生労働省「相対的貧困率等に関する調査分析結果について」2015年　http://www.mhlw.go.jp/seisakunitsuite/soshiki/toukei/dl/tp151218-01_1.pdf。

⑱　浜野隆「家庭環境と子どもの学力」お茶の水女子大学「平成25年度全国学力・学習状況調査（きめ細かい調査）の結果を活用した学力に影響を与える要因分析に関する調査研究」平成26年、p.40　http://www.nier.go.jp/13chousakekkahoukoku/kannren_chousa/pdf/hogosha_factorial_experiment.pdf。文部科学省　http://www.mext.go.jp/b_menu/houdou/26/03/1346323.htm。

⑲　小林雅之「一億総活躍社会のための教育費負担の軽減」　https://www.kantei.go.jp/jp/singi/ichiokusoukatsuyaku/iken_koukankai/dai1/siryou3.pdf。

⑳　OECD "Education at a Glance 2015（Report）" 2015年　http://www.oecd.org/edu/education-at-a-glance-19991487.htm。

㉑　http://www.metro.tokyo.jp/tosei/hodohappyo/press/2017/02/23/21.html。

わが国の戦後社会保障の条件

わが国で「福祉社会」というのは、機能不全になった福祉国家のあとにくるものと見られている。しかし、ウィリアム・ロブソンは1976年の『福祉国家と福祉社会——幻想と現実』で福祉国家は政府だけに依存することは不可能で、「福祉社会を構成する市民の努力、態度および価値」にも依存していると述べた[1]。つまり、ロブソンは福祉国家という形態を支えるインフラを「福祉社会」と呼んでいる。また、訳者の星野信也に対して、福祉国家は政治制度を変更することで操作可能なものだが、福祉社会は「自主的、自立的な存在で、国家にも市民にも操作不可能」であり、自主性の範囲で個人・集団が働きかけ、影響を及ぼしあうと述べたという[2]。つまり、福祉国家は福祉社会の市民の態度や価値に大きく依存しているという位置づけである。

　しかしマルクス主義では「道徳、宗教、形而上学その他のイデオロギーおよびそれらに対応する意識形態」は独立性を持たず、「意識が生活を規定するのでなく生活が意識を規定する」と考えていた[3]。つまり、内面的要因を説明変数としたモデルはだめだという。一方、ウェーバーは、資本主義がなぜ西ヨーロッパの一部で発展したのかを考察するときに、説明変数として倫理や精神を用いていた。

　ここではロブソンの「福祉社会」の要素である道徳や規範など人々の内面をわが国について取り上げたが、それらが日本型福祉社会論と世代間扶養に影響しているという仮説による。

第1節　わが国の社会保障に先立つもの

　江戸の町では孤児や迷子が発見されたら、どこかに奉公できるまでその町が面倒を見るというしきたりがあったというが、6歳くらいで奉公すれば店で食べさせてもらえたがそれを恩に着せて早朝から夜まで働かせ詰めで休日もほとんどなかった。

　また、江戸時代の農民や町人たちには無尽・頼母子などの「講」があった。「契約講」は一定の掛け金をし冠婚葬祭に一定の金品を贈るもの、「家作（かさく）無尽」は家の共同建築・修理、屋根の葺き替えを共同で行なうもので掛け金が縄・カヤ・労力だった。「縄索（なわひき）無尽講」は村民全体が参加して夜なべ仕事で一定の縄をない、それを共同販売して得た金銭を村の窮乏者救済、村人の離村防止、農具や肥料の購入などの資金とした。「頼まれ無尽」は村落内の困窮している農民を、村全体または有志によって救済する講だった。新潟県佐渡での農作業の「結（ゆい）」は、田植えや稲刈り、屋根の葺き替えなどのときに行なわれた[4]。助け合いをするには日頃からがんじがらめのしきたりを守り、お互いに家の格に従った義理を欠かさないことが肝要だった。

　また、戦前の庶民には家族と家業が重要だったが、社会生活では冠婚葬祭や地域総出の共同作業や行事など親族や近所や同業者とのつきあいと義理が一番大事だった。そういうしきたりを律儀に守れば一人前で、規範の内面化が共同体への帰属意識と一体だった。この帰属意識が戦後は会社に向けられることが多くなったが、いずれにしても欧米の自立観から見れば集団から離れられない日本人だった。

　それでも戦後になると学校では欧米にならって個人の価値を重視し「子」の個性を伸ばすことが重視された。団塊世代は学校では、個人を家族やその先祖につなげて考えたり評価したりすることは個人の価値を軽んじる封建的なものとして教えられた。そのせいか、お墓参りはするが、個人を超越した過去・現在・未来の「生と死の連続性」への思いを巡らす方法が分からない。それは学校教育ではなく家庭や宗教の課題のはずだった。

　（仏教には輪廻転生と先祖供養がある。儒教は死後の世界観がないから宗教ではないという見方があるが、そうだとすれば祖先祭祀は世俗的な道徳になるのかもしれない。ただし加地伸行は『孝経』（講談社学術文庫、p.207）で儒教でも死後、香をたくと煙にのって魂が降りてきて死者の象徴に取り憑くという死後の再生を述べている）。

181

1　「父母を敬え」

　親が子を養い、子が親を敬うというのは古今東西の道徳でもある。田中美知太郎は古代ギリシャの演劇の台詞でも、身につける徳のひとつは「生みの親を敬う」というのがあったという[5]。

　また、聖書「出エジプト記」の「十戒」に「あなたの父母を敬いなさい」とある。ところが、マタイによる福音10：37には「私よりも父や母を愛する者は私の弟子に値しない。私よりも息子や娘を愛する者も私の弟子に値しない」とあり、読者を悩ませたが、加地伸行はそこに矛盾はないという。なぜなら、親を敬うべき子の孝は、絶対の真理なる父なる神への孝順を通して人類の魂を救うことにより完成されるからである[6]。

　『論語』は「父母に事（つか）える」と教えるが、『論語』為政では、近ごろの「孝」は親を食べさせるだけだ、犬馬にえさを与えるのとどこが違うのか、「孝」は父母への尊敬がなければだめだ、と嘆いた[7]。今なら「ペットにはうまい物を食わせてかわいがるくせに、親を敬う気持ちは全くないね」か。

　釈迦は在家の人に対しては、「われは両親に養われたから、両親を養おう。かれらのために為すべきことをしよう」と教えた[8]。また、財があるのに「年老いて衰えた母や父を養わない人」を賤しいといい、「父母につかえること、妻子を愛し護ること」がこよなき幸せであるといった。しかし出家者には「妻子も父母も」全て捨ててただ独り歩めと教えた[9]。これでは祖先祭祀ができず子孫ができないから、儒教の中国人には不向きだった。

　やがて『法華経』を信仰しさえすれば在家のまま仏国土に生まれ変わるとする大乗仏教になると、西暦1世紀頃つくられたとされる『仏説観無量寿経』で、極楽に生まれたいと願う者は「父母に孝養」すべしとある。また、「中品下生（ちゅうぼんげしょう）」グループの「父母に孝養」した人たちが臨終に出家者から仏の国土の楽しさを聞けば、直ちに「西方の極楽世界」に生まれるとある[10]。さらに6世紀ころ中国で作られた『父母（ぶも）恩重経』では、苦労をしながら育ててくれた親の「恩」に報いるため子は老親に尽せと教えた。いわば「孝」を追加して中国での仏教浸透を図ったかたちである。

　もっとも中国の「孝」は、子をまともに育てず虐待した親でも、生を授けてくれた親であるかぎり「孝」が子の務めである。日本でも親が折檻と称して子を殴ったり食事を与えなかったり寒夜に外へ出したりしても「親を怨まず事えよ」と教えられた。

2　育まれた「保守性」

　中村元は日本人の「いえ」や「むら」を支える内面について次のように述べた。日本は元来、狭い地域で集団生活をし、そこでは同一の「家」が長年月存続していた。村人のあいだでは祖先からの系譜や親戚関係が知れ渡り、そのつながりは家族のようである。「人々は閉鎖的な人間結合組織を形成し……相互のあいだに直観的な理解が成立し、自己の主張や意向を強硬に貫こうとすると、相手の感情を傷つけ、自分も損をする。」そこで日本人は感情的・情緒的な一つの雰囲気のなかでわかり合える、またはとけ合う努力をしてきた(11)。

　きっと1、2万年前から、毎年のようにやってくる台風や洪水や地震で住居や土地が壊されたあとも長年の経験が詰まった今までの生活に戻るには、自己主張を控え協調し、しきたりに従うことが早道であることを学び「和」を最優先させる気風が育まれたのかも知れない。仮に「和」が互いの利害の一致に基づく行動パターンだとすれば、スウェーデンがゼネストの経験のあとに労使協調路線を築いたように、「和」が日本型福祉社会路線の精神的インフラかも知れない。

　そして、中村はわが国の社会形成の背後にある考え方を次のように指摘した。

　第1は、身近な人間結合組織のために自己を捧げるという道徳思想はきわめて有力である。日本の最古代の道徳観においても、「ひとつの共同社会の内部における他者の利福、全体性の利福を欲するがゆえにヨシとされた。悪心も、他者の利福、あるいは全体性の安全を害なうがゆえに悪とされていた。」

　第2は、「古代日本の氏族社会では、古神道によって家の祭祀が重んじられ、祖先崇拝が重視されていた。」この「家」の重視は近代まで日本人の実践を支配している。また、支配・服従の関係が封建的な家族原理で隠され、支配者と被支配者がお互いに家族の一員のような意識を持ち、支配・服従関係がないような外観がある(12)。

　こう見てくると、わが国の「いえ」「むら」「和」などは、欧米流の自己の確立や脱家族など個人主義的な「自立」を基準にすれば共同体と集団に縛られていて「保守的」「封建的」「前近代的」といわれよう。

③ 伝統的保守主義

1) 人々の内面に形を与えたもの

　わが国では儒教の古典が君主に「王道」を説いた。『論語』為政篇に曰く「政（まつりごと）を為すは徳を以てす」、民に敬・忠を促すには「孝慈もてすれば、すなわち忠ならん」（慈は父母の子に対する、また、子の父母に対する愛。『新漢語林』）。顔淵篇では政を問われて曰く「食を足らし兵を足らし、民之を信ず。」そして、緊縮財政の折りには何から削減すべきかに答えて、まずは兵、つぎに食、しかし領民からの信は決して損なってはいけない。「民無信不立」、つまり領民が為政者への信頼を失ったら国は成り立たないと教えた。

　「国を有（たも）ち家を有つ者は、寡（すく）なきを患（うれ）えずして、均（ひと）しからざるを患う。貧を患えずして、安からざるを患う」『論語』季氏。今なら将来不安で国民が生活を切り詰めているのも悩みだが、それ以上に所得格差や生活が不安定な非正規社員が多いことが政治の課題だ、というところであろうか。そのあとの「均しければ貧しきこと無し」はボロを着ていても思いやりや感謝など心のゆとりは持てるということであろう。

　『論語』にもパターナリズムがある。泰伯章に「民は之に由（よ）ら使む可し。之を知ら使む可からず。」訳して、人々に政策に従わせることはできるが、政策の意義や目的を理解させることはできないとある[13]。（君主の慈愛は民にすぐ分かるが、大衆受けしない政策もある。でも必要ならそれを実施するのが君主の務めで、民が理解するまでは上から押しつけられた政策になる、と補うこともできよう）。

　山脇直司は政治の正当性は仁・義すなわち「民の幸福と正義」にあり、その実践が「王道」（仁や徳を基本にした政道）だったという[14]。『書経』では周の洪範に「五福六極」、つまり福は五つ、災いは六つあるとした。福は長寿・富・健康・徳を好む・天寿の全うで、災いは短命、疾病、憂慮、貧、悪、衰弱である。江戸庶民の読み物にも「五福」が出てくるそうだから、庶民には論語の「貧を憂えず」よりは「長寿や富」がうれしかったに違いない。（当時は寝たきりになれば物が食べられなくなり短期間で自然死（餓死）した。つまり寿命と健康寿命はほぼ同じだったから、「老い」は長寿として祝福された。今は逆に寝たきり期間が延びたから「長寿」が「リスク」となった）。

　大乗仏教では菩薩が、大衆が望むものを与えてくれる母のような心すなわち「悲」を体現し、民がすがれば助けてくれるという信仰を広めていた。一方、西

欧では「魚を与えるよりも魚の捕り方を教えるのが上策」というが、それは「そうかも知れないが、薄情」なのである。

　同じ仏教でも鈴木正三（しょうさん）が17世紀前半に信仰心と勤労とを結合した。三河武士だった正三が出家し曹洞宗の僧侶となり、『萬民徳用』(1649年)で人々の内面に訴えた。忙しくて仏行ができないという農民に、「ひと鍬（すき）ひと鍬に南無阿弥陀仏と唱え一鎌一鎌に心をいたし、他念なく農業を行えば、田畑も清浄の地となり五穀も清浄食となって、食する人の煩悩を消滅する薬になろう。」つまり「信心堅固」なれば農業は何にもまさる仏教修行であると諭し、それで仏の国に生まれ変われぬはずはない。さらに農民も武士も商人も仕事に精励することが修行だと説いた[15]。こうして日本人はみな、どんな仕事も「心を込めてやりなさい」と導かれた。（人が見ていないところでも手を抜かない、お客さんの後ろ姿にも礼をする。心を込めて織物を織り料理をし歌をうたう。そして、何かをやり遂げたら「皆さんのお陰」と感謝する。これが日本人の仕事観で、仕事は給金をもらうだけではなくなった。長時間労働を厭わない一因といえよう）。

　また、商人の内面に形を与えたのは18世紀前半の石田梅岩だった。世間からは買い手の弱みにつけ込み「貪る仕事」といわれる度に肩身の狭い思いをしていた商人に、「正しい利益をおさめることが商人の道」、「商人がみな農工となれば物資が流通しない。商人が売買するのは世の助け」と励ました。そして「買い手を大切に、正直に」と教えた[16]。むろん『論語』子張の「得をみては義を思う」（儲け話があったら正当な儲けかどうかを考えなさい）も後押しをした。そのうえで、学んで商人の「道」を知れば商人の「徳」となると学問を勧めた。「学問の道は自分を正しくし、正義に従って主君を尊び、仁と愛で父母に仕え、偽りなく友人と交際し、ひろく人を愛し、貧しい人をあわれみ、手柄があっても威張らず、衣類や諸道具は質素にすることである。[17]」しかし多くは相変わらず安く買いたたき、うまいことをいって売りさばいていた。

　（こうして、伝統的に労働や仕事の報酬として家の継承や仕事の誇りなどお金に換えられない内的報酬という動機付けの仕組みがあったといえる。家事・育児・看病・介護などは家の継承のための主婦の献身的な働きだったせいか、今日の育児・介護サービスは低賃金である）。

　一方、儒教の朱子学は、日常生活で自分を見つめ自分の行動を自分で正すことが大切だという姿勢をもたらした。もともと聖人とは関係なしに「道理」が天地の間に存在し、万人には等しく天理としての「性」が内在する。その上で、ものごとに内在する「理」をきわめ（格物）、自分の中の道理をさとる（致知）こと

の大切さを説いた[18]。そのせいか、わが国では子どもの頃から「座右の銘」に関心を持たせ自己を律する気風を涵養した。

（16〜18世紀に中国で布教したイエズス会士が、当時の朱子学をヨーロッパへ紹介したが、神の存在を前提せずに「理性」の自律的な働きが存在するという発想が、フランス百科全書派とフランス革命やドイツの啓蒙主義などに影響したという[19]。きっと、神の価値と並んで「人間であること自体」の価値を発見したのであろう。確かにA.スミスもself loveが社会の役に立つと述べて、欲望と良心を備えたありのままの人間を肯定したといえる）。

朱子学では「理」が発して孝悌忠信・仁義礼智となると教えたが、ところが林羅山が「理」は人間では上下関係、身分制度として現れるとした。上下関係を壊す情欲を「理」により捨て去り、国の秩序を保つため「敬」と「礼」（礼儀・法度）が重要と説いたときに、朱子学は幕府の体制維持の思想となった。林羅山は朱子学から都合のいいところだけ取り入れたともいわれる。

（朝鮮では朱子学が官学とされ漢字が読めて儒教に通暁した両班（やんばん）が特権階級として支配し、『論語』里仁の「君子は義に喩（さと）り小人は利に喩る」（「喩」は敏感）のせいか、商業が蔑視され肉体労働者や手工業者や行商人は賤民階級として虐げられた時代が続いた。それに対して日本では幕末・維新には血筋と関係のない人材登用もあったが、朝鮮との交渉で下級武士出身の日本側代表が両班の朝鮮代表から格下扱いされることになったようだ）。

特筆すべきは儒教の『礼記』礼運篇（成立は紀元前475年〜前221年）に「大同」というユートピアを孔子が述べていたとされることであろう。人として守るべき大道が行われる治世を大同と称した。血筋や家柄に関係なく有能な人材を登用する実力主義を貫き、また、自分の親だけを親扱いせず、自分の子だけを慈しむことなく、「老は終はる所有り、壮は用いる所有り、幼は長ずる所有り、矜寡（かんか）・孤独・廃疾の者をして、皆な養ふ所有らしむ」という相互扶助による全世代型福祉と適材適所を備えた理想郷だった[20]。しかし、実力主義など反封建的な要素のある革新的モデルの「大同」を官学の儒教は封印したのであろう。

2）明治の忠

大国清が列強によりアヘンと武力で蹂躙されたのを見て、幕府は戦争と植民地化をおそれ開国して通商に応じ西洋式の軍備を取り入れた。ところが島津家

の薩摩と毛利家の長州は列強と交戦し敗れ、賠償金をとられたが幸いなことに日本の植民地化は免れた。

　1861年の米国の南北戦争はヨーロッパに綿花の不足と価格高騰を引き起こした。そこで、それまで琉球交易や海外貿易の経験を積んでいた薩摩御用商人は、その機に乗じて大坂で日本中の綿花を買い集め輸出し巨利を上げた。こうして外国商人を知る薩摩は海外情報を収集しつつ富を蓄え、最新の武器・艦船を購入して近代化された軍事大国になった。また、旧式軍艦を他藩に転売して利益を上げた[21]。そして海外情勢をもとに幕府に改革を提言したが受け入れられず焦りを募らせ、その一方、徳川に領地を奪われた怨みを持つ長州にはコメと引き替えに武器を融通した。それまでの英国勢は海外の進出先で紛争を煽ったといわれるが、徳川との内戦に備える薩摩は英国貿易商から戦勝賠償金を形に最新式武器を買い込んでいた。これが討幕開戦の圧力の一因となったという説もある。

　結局、天皇・公家と通じた薩長は慶喜の大政奉還後に武力で徳川の封建体制を終わらせたが、覇権を握った薩長新政権の正統性は天皇の信認だった。その外交は、帝の許可なく徳川が独断で締結したと尊攘派が非難していた外国との条約を新政府も守ると宣言し「攘夷」論を棚上げして徳川の「開国」を引き継いだが、「海防」はやがて吉田松陰の「雄略」に乗り換えた。内政では、国家として外国に対応するために中央集権制に転換し、政府の独自財源を調達し、各藩へ太政官達（たつ）などよりも強制力のある命令を出せる新政体の確立が課題だった。

　1871（明治4）年の廃藩置県では、主君と家臣の主従関係が廃止され両者は朝廷の家臣となり、大名は知藩事として新政府の地方行政官となり世襲は廃止されたがのちに華族に列せられ皇室の守りとなる使命を与えられることになるが、藩の領地は新政府の管轄地となった。藩の消滅で各藩は商人からの莫大な借金を返済せずに済むことになった。これと76年の秩禄処分という大変な無血革命をやり遂げた藩閥政府は、今まで主君に向けられていた家臣の「忠」や領民の恭順を天皇に向けさせなければならなかった。しかし当時の武家社会では官相当の上士、吏相当の下士ともに「孝」と「忠」をもっていたから、その「忠」を天皇に向けさせれば良かったという[22]。同時に、敗者徳川を悪とする歴史観を広めた。

　吉田松陰は1855年の『士規七則』で「君臣父子を最も大なりと為す。人の人たるゆえんは忠孝を本となす。君臣一体、忠孝一致、ただわが国をしかりとな

す」と述べた。実は『孝経』士章では「孝を以て君に事（つか）うれば則ち忠」だったが、松陰はこの「孝忠」に代えて「忠孝」一貫教育をおこなった。新政府指導者は庶民に「忠」を持たせるために、天皇には庶民に広く慈愛を示してもらった。

　しかし儒教には弱点があった。「父は子の為に子の悪事を隠し、子は父の為に父の悪事を隠す」『論語』子路、つまりルールよりも「情」を重んじ、これを公的場面に持ち込む。だから、もし兵が老母を気遣って戦争の前線を逃亡しても、儒家は親孝行だなあとほめる。しかしこれでは国が守れないと墨家や韓非子は非難した。親子の情が子を国と民に背かせる。

　現代でも儒教の影響がある国では、法治国家らしからぬ「情」で動かされた検察や裁判が「徳治」として大衆受けする。一旦、有罪を認めると、うまい汁を吸っていたものとして社会全体から徹底的に吊し上げられる。同様に「手続き」やルールよりも大衆の「情」が政治を動かすことが民主化とされる。

3）恤救規則

　1868（慶応4）年4月、五箇条のご誓文が発出された翌日に出された『五榜の掲示』の第一札は「五倫道徳遵守」で、その内訳は「人タルモノ五倫ノ道ヲ正シクスヘキ事」「鰥寡（かんか）孤独廃疾ノモノヲ憫ムヘキ事」「人ヲ殺シ家ヲ焼キ財ヲ盗ム等ノ悪業アル間敷事」であった。この五倫とは君臣・父子・長幼・夫婦・朋友の間のあるべき関係を述べたものである。

　1872（明治5）年のロシア皇太子の東京訪問に際して、東京府により「帝都の恥かくし」のために浮浪者を収容する「養育院」が設立された（昭和47年まで続いた東京都養育院の前身）。その資金には江戸の貧民救済資金「七分積金」も用いられたが、それを管理していたのが実業家の渋沢栄一で、1876年に養育院事務長に任命されてから50年間、養育院をまもり、実業家が社会福祉に貢献する嚆矢となった。

　1874（明治7）年に明治政府は、廃藩置県で藩主の施しがなくなった身寄りのない貧困者を救済する太政官達「恤救（じゅっきゅう）規則」を発し、身寄りのない困窮者のうち障害者と70歳以上の老衰者と13歳以下で極貧の者に金銭を給付することにした。しかし冒頭で「済貧恤救ハ人民相互ノ情誼ニ因テ其方法ヲ設クヘキ筈」と述べた。「人民相互の情誼」とは江戸の町の孤児養育や、あるいは、乞食や浮浪者などが地元の資産家のお屋敷や大きな商家の裏口へ行き食べ

物や衣類などの「施し」を恵んでもらうこと、あるいは長屋で融通し合うことであろう。庶民にはそういう情があることを下級武士が知っていたから、そう書くことができたに違いない。それにもありつけない「無告ノ窮民」(苦しみを訴えることもできず頼るすべのない貧困者)に、ヨーロッパの救貧法を見習ったのか帝の慈愛を示すためか、米代相当の金銭を国が給付した。しかし社会福祉学ではこれは「権利としての公的扶助でなく前近代的なものだった」と一刀両断である。

恤救規則の改正案がいくつかあったが反対された。1902(明治35)年に提出された「救貧法案」に対しては、義務救助にすれば惰民を生み貧民を増やし国費の乱用となる、恤救規則で救済できないものは隣保相扶、私人の慈善事業で救貧すればよい、という反対論があった。1912年の「養老法案」(70歳以上の無資産無収入で身寄りがない者に現金を給付する)の提案理由は、窮民の自殺が多い、家族扶養が期待できない、良民だったのに窮老になる者が多いなどの家族の実態だった。しかし、国の支給は権利を認めることになるので、むしろ隣保相互扶助で足りるなどの反対で不成立となった[23]。こうして明治以降、家族扶養が強調されたにもかかわらず下層では困難だった。

伊藤博文は「培養国本」と書いたが、当時の官僚について吉田久一は『新・日本社会事業の歴史』(勁草書房)で井上友一と窪田静太郎を次のように紹介した。井上は日露戦争の勝利で国中が浮かれていた中で、人民の実力や精神が西欧列強よりも劣るから国民教化による「国民の造成」「良民の形成」が急務と考えていた。「救貧は末、防貧は本、さらに教化が源」と述べ、緊急課題は貧富の格差を予防する防貧で国家の基礎は中流民であると考えていた。そこで1890年の「窮民救助法案」に対しては家族相助や隣保相扶を破壊し良民や中流民の形成を阻害してしまうといって反対した。一方で窪田は、1899年の『貧民救済制度意見』で将来の救貧制度としては「人民ノ自助心ヲ基礎トシテ其上ニ建設」すべきと主張した(1871年にスマイルズ『自助論』が翻訳され流行っていた)。また別の論文では、「貧」とは経済的手段が欠ける状態を客観的に指すものとし、「絶対的貧」と「相対的貧」(経済的手段が欲望に伴っていない)とを区別していた。

4) 国と家

田中美知太郎は明治の国家建設をこう述べた。新しい国家の姿を求めて欧米へ派遣された政府要人は、1871年に国家統一を遂げたばかりの新興ドイツ帝国

に注目し、「国家」は徴兵制度によって「家」を破壊する力を持っていることを目の当たりにした。国家は家族や隣近所の付き合いなど自然発生的で共同体的な人間関係に背く性質があった。西洋では、国家が言語や文化の違ったものを人工的に統合した経験があるが、明治維新の日本で人民が国家意識を持つには意識革命が必要だったはずである。そこで明治の指導者は対立するはずの「国」と「家」を一つにして、国家を家族のイメージでとらえさせようとした。日本という国は一つの大家族で、どんな人も先祖をたどるとみな皇室にたどり着くと教え、皇室が家長とされた。こうして指導者は、「お国のため」は「家のため」といって忠孝一致を庶民に浸透させた。なるほど日本人は国家に country と home の漢字を当てて疑問を感じないと英国人が指摘した[24]。

ただ、国は「孝」を教え込むだけで、殉職者の遺族を支援するなどのほかは庶民の家族そのものを守ったわけではなかった。一方で、国民が生き延びるためのモデルは家族や親族やムラの助け合いで、そのためにも自分も所帯を持ち子を育て家業を継承することが当たり前だった。それらは内面的にも社会的にも「自然に」行われたから、「新しい国家」も庶民に結婚・産業・出産を強制しなくても、家長に強い権限を与えておけばよかった。その意味では庶民の家族や共同体は「明治国家」から自立していた。

1871年に渡欧した大久保利通は政治体制を先進国英国ではなく新興国のドイツ（プロシア）にならい、官僚主導の近代化に強い影響を受けた。82年伊藤博文は欧州で憲法調査をし、ウィーン大学のシュタインから立法府は議会の会期にしか存在しないから、国家の有事を察し臨機の対応をする役目は行政府が持たねばならないということを学んだという[25]。85年に大臣を省の長官に据えることで強い官僚制度が始まった。

5）家族と家長の権威

上野千鶴子によればわが国の家族の形は明治以前は、武士階級に「父系直系家族」がみられたが、江戸時代の人口の3％にすぎず、「農工商」は多様な世帯構成のもとで暮らしていた。政府は各地の相続や家族の慣習法の調査をして1878年に最初の民法政府案を出した。豪農や豪商の間では、息子の出来不出来が分からないので、娘の婿を広い人材の中から探す方が家族戦略に叶うということで「姉家督」と呼ばれる「母系相続」であったが、政府は母系相続を「庶民の蛮風」としてしりぞけ、1898年に男子が家督を相続するという最終案になっ

たという[26]。

　もっとも中根千枝によれば日本の父親の権威は「父」ではなく「家長」に由来し、家長権の内実は家柄や財産に左右された。だから昔の父親の理想像は一部の恵まれた家のものだった[27]。庶民の家庭では「かあちゃん」が強かったのである。

　明治民法では家長権を絶対視したが、今日でもわが国の保守主義者が描く嫁のモデルの極端な例は、貝原益軒の著書を本屋が簡略化して出版したとされ、江戸時代から明治にかけて女性の教訓書とされた『おんな大学』であろう[28]。明治時代は離婚が多かったから、婦道が廃れたと不安を感じ「期待される女房像」として利用されたのであろう。一部を例示してみる。

　一、嫁してはその家を出でざるを女の道とすること、聖人の教えなり。もし、女の道に背きて去らるる時は、一生の恥なり。一、女子は夫の家に行きては専ら、舅姑を我が親よりも重んじて厚く愛しみ敬い孝行を尽くすべし。親の方を重んじ舅の方を軽んずる事勿れ。一、婦人は夫を主君と思ひ敬い慎みて事（つか）ふべし、軽しめ侮（あなど）るべからず。夫の教訓あらば其の仰（おおせ）を背くべからず（以下省略）。

　ところが人間関係の上下関係を規定したのは儒教の「五倫」ではなく「三綱」（さんこう）であるといわれる（綱は人の守るべき道）。「五倫」は孟子由来で、親や年長者への敬愛を「孝悌」と名付け、「父子の親、君臣の義、夫婦の別、長幼の序、朋友の信」の実践が重要とした。

　それに対して「三綱」とは西暦79年に儒教の学説を整理し国家主義化したとされる中国の「白虎通」の三綱六紀篇で、その「君為臣綱、父為子綱、夫為婦綱」は、君と父と夫は臣・子・妻にとって行動様式の根本となる絶対的な存在であると解された。朝鮮の『三綱行実図』(1431年)は「三綱」の模範となる忠臣・孝子・烈女の実践事例集で、日本に伝わり17世紀中頃に和訳本が刊行された。元来、「五倫」は相手との双務的な関係だったのに対して、「三綱」は服従的・縦的な関係を強調し、政治的・社会的に上に立つ者に都合よく作られたものであるから、儒教にある、個人の尊厳を損なう服従倫理、家父長的な権威主義、個人の自由の抑圧などの違和感の原因の一端は「三綱」にあるという[29]。（もっとも西洋でも紀元前4世紀にアリストテレスが『政治学』第5章（岩波文庫）で、男性は自然によって優れたもので女性は劣ったもの、男性は支配する者で女性は支配される者と述べていた）。

　確かに『孝経』諫争章には、父の言葉には疑いを持たずに従うことが「孝」か

と問われて、「否。不当・不善・不正があれば父に諫言（かんげん）するのが孝」と答え、父に絶対服従とは教えていなかった（諫は人の過ちを正す）。もっとも、『論語』里仁には、父母の間違いに気づいて諫めた時に、父母が納得しなくても父母を敬う気持ちは変わらず、無駄になっても怨まない、とある。また、『礼記（らいき）』曲礼（きょくらい）下篇では「子の親に事うるや、三諫して聴かれざれば、則ち号泣して之に随え」と教えた。戦前も人身売買された娘が苦界に身を沈めても親や弟や妹のため「孝」のためと納得するほかはなかった。

　夫婦の性別役割分業はどうだろう。井上哲次郎は教育勅語の解説の中で、教育勅語の「夫婦相和し」を次のように説いた。「一家の安全」は夫婦の和合に基づくものだから夫婦は常に愛し合い、また、妻はもともと知識や才量が夫に劣るからなるべく夫に服従すべきである。夫は自分の幸福だけでなく妻の幸福にも気を配るべきで、最も親しい「同伴」として深く愛すべきである。家は、「夫ハ外ニアリテ業務ヲ営ミ、婦ハ内ニ居テ家事ヲ掌（つかさど）」り、子を養育し独立させる義務がある[30]。

　この最後の引用が「男は外で仕事、女はうちで家事」という性別役割のきっかけといわれる。しかし当時の庶民は7～8割が農民漁民で残りの大半も商人や職人だったはずだから、家業や内職で夫婦共働きが当たり前だった。だから妻が家で夫の帰りを待つだけの「専業主婦」が望ましいなどというはずがなかった。昼間は夫婦共に働くのは当然として、その上で夫は家の代表としてもっぱら寄り合い（各戸の当主の集会）や同業者との対外関係を引き受け、「家庭内の事情」は妻に任せなさい、という役割分担を述べたものであろう。内では「夫婦は愛し合いなさい」といい、家庭は「家業」を支え「家」と夫の評価を左右する妻の職場であり、今の会社員の専業主婦の家事労働とは全く違った。今でも世帯によっては「家業」を支えるのは妻の仕事で、それなくしては「家業」が成り立たない。

④　日本人にとっての自立

『孝経』応感章に「身を脩め行いを慎むは、先を辱むるを恐るればなり（祖霊に恥をかかせないためである）」とある。また、『春秋左氏伝』に「君の義、臣の行い、父の慈、子の孝、兄の愛、弟の敬は、いわゆる六順なり」と家族の心構えを定めた。また、『論語』述而（じゅつじ）に孔子が「述べて作らず信じて古（いにしえ）を好む」と述べ、儒教では昔の出来事や歴史から離れられず個人の自由な発想を

嫌う傾きがあった。こうして西欧的な「個性の発展」や「自立」を育てるには不向きな環境だった。

　しかし朱子学を通して自分が道理にかなっているのか自己反省するということは学んだ。

　そして、重臣ならともかく格下の与力の大塩平八郎が1837年に町人と共に奉行所の腐敗を正すために戦ったということで、町人にも陽明学の人気が出たという。そして、王陽明『伝習録』教約の「事上磨錬」にも関心が持たれた。「人はすべからく事上（毎日の仕事や生活）に在って磨錬し、功夫を做（な）すべし。乃ち益あり。もし、ただ静を好まば、事に遇ひてすなわち乱れ、遂に長進なく、静時の功夫もまた差（たが）はん。」学問はただ静座してやるのではなく、心を込めて仕事をやりそこから学ぶことであると解釈されたが、これは朝鮮朱子学の理論偏重、実学軽視・商業抑圧路線とは対照的な儒教だった。『大学』からも「学ぶ者は誰でも職分の当（まさ）に為すべき所を知って而して各々、勤勉に勤めてその力を尽くす」と学んだ[31]。これらを座右の銘とした人たちは天職としての職業に目覚め、経済的成功と教養と人格の完成を結ぶ商人道徳を練り上げ、お金の損得だけでは左右されない処世訓を内面化した。この辺はわが国にも昔から「自立」精神はあったといわれる一因であろう。

　実は釈迦は、人が洪水で流されても大河の中の中洲の島につかまって救われることになぞらえて「この世で自らを島とし、自らをたよりとして、他人をたよりとせず、法を島とし、法をよりどころとして、他のものをよりどころとせずにあれ」と諭した[32]。つまり、自分と釈迦の教えを拠り所にしなさいと教えた。また、「己こそ己の主である。己こそ己のよりどころである」[33]とも述べた。大乗仏教とは違う。

⑤　相互扶助と勤倹貯蓄

　戦前のわが国では、親・家長たる社長が使用人や社員に家族同然の身内として接し、若い使用人の交友関係や遊興、信仰、教養などにも気を配るのは当然とされた。それは今日の「温かい家族」とは違って、実は、雇い人は社長から保護されないとだめな人間とみなされ、社長の意向に逆らえば、虫けら同然に蔑まれたようだ。もっとも社長も会社の外では、取引や社員採用に、親類縁者だとか出身地や学校の先輩後輩、お世話になった人や地元の有力者の紹介など、縁故や義理のしがらみがあった。

このようにわが国では親族、地域、同業者組合、業界団体などの相互扶助や企業の福利厚生が「共同体の相互扶助機能」を持ち、生活に役立った。その半面、困ったときには親兄弟、妻の実家に泣きつけば何とかしてくれるという、いわば都合のいい処世術にもなった。断られれば「薄情」といって逆恨みした。

しかしそれに対して二宮尊徳（1787～1856年）の報徳思想は少し違っていた。それは人びとに生活の中での至誠（心を誠・徳・仁に向ける）・勤労（至誠にかなうように行動する）・分度（収入の内から一定の余剰を残す）・推譲（余剰余力の一部を各人が分に応じて拠出し、助け合いや村づくりに充てる）の実践を勧めていた。これは単なる「やりくり上手」ではなくまさに「自助・共助」で、地域の人間関係・社会関係の中で「報徳精神」を極めようとするものであった。（ちなみに報徳とは、『論語』憲問で、ある人が「怨みに対して徳で報いる」というのはいかがでしょうかと尋ねると、それでは人から恩恵を受けたとき何でお返しするのか。「怨みには怨みを徳には徳を」で良いと答えたことに由来するといわれる）。

これは産業振興のために国民を啓蒙しなければいけないと思っていた政府・官僚にとっては願ってもない和製の「実践モデル」でもあり、後々まで人びとの「自立精神」を育むのに役立った。

第2節　わが国社会保障の戦前戦中例

1　社会保険

わが国では戦前・戦中に民間労働者の健康保険や厚生年金、農民・自営業などの国民健康保険が出来たが、それに先行して二つの制度があった。一つは天皇からの賜り物として軍人と官吏に与えられた「恩給」、もう一つは明治中頃から末の阿仁鉱山共済組合（秋田県）や官営八幡製鉄所、帝国鉄道庁の共済組合、同じく鐘紡共済組合などである。

幕末の武力討幕の内戦が終わってみれば新政府は財政逼迫で、下級武士たちの恩賞の期待は裏切られ不満、不安が高まった。1873（明治6）年に徴兵令が出ると農民一揆が頻発したが、当時は農業社会だったから国民的な反対だったといえる。そして、いくつもの反乱が政府の陸軍を成長させ、また台湾出兵などで海軍が整備され、新政府は1875（明治8）年に「陸軍武官傷痍扶助及ヒ死亡ノ者祭粢並ニ其家族扶助概則」、「海軍退隠令」、翌年に「陸軍恩給令」を制定した。

これらは国家が家族をバラバラにしたのを償うように遺族を支援することで、天皇への奉公が報われることを教えたかったのであろう。海軍の恩給が陸軍に先行したのは、おそらく幕府の「海防」で海軍の近代化が先行していたからであろう（大日本帝国憲法の大臣署名も海軍大臣が先であった）。そして官吏にも恩給ができた。

やがて官業共済組合でも職員や労務者の福利厚生が始まり、健康保険（民間工場労働者）、国民健康保険（自営業、農民）など社会保険制度が整備された。そして戦時には船員保険と厚生年金（民間被用者）が制定された。国民健康保険は農村からの強い兵士を求めた陸軍からの要請、船員保険は外地へ物資を輸送する協力の見返り、厚生年金は積立金を軍事費に使うためと説明される。

ヨーロッパでは救貧法が公的扶助のルーツで、労働者の互助的な共済組織が社会保険のルーツといわれる。昔からの労働者の共済は仲間の人間関係のもとで成立したが、日本に導入された健康保険や国民健康保険は丈夫な人にとっては掛け捨てだから、大衆の「損得勘定」の前では保険料の拠出を納得させることは困難だったに違いない。もっとも大企業なら会社から見舞金や祝い金が出るから「損にはならない」の一言で済んだのであろう。

勤め人の健康保険ははじめから中小企業の健康保険と、大企業が会社ごとに組織する健康保険組合の2本立てだった。組合には会社が手厚く補助し法定給付以外の給付を上乗せしたが、その主な動機は従業員の忠誠心を高めるもので、この点では保守主義的な福利厚生の延長だった。

2　貧困救済

1904（明治37）年の「下士兵卒家族救助令」は日露戦争開始を契機に成立したが、生活できない家族を「親族扶養ではなく国費で救済する」のは画期的だったといわれる。この後にも「軍事救護法」、「軍事扶助法」、「国民徴用扶助規則」（徴用を受けた家族・遺族の救貧）、「戦時災害保護法」（戦時災害罹災者の救貧）などが作られた。これらは社会保障論では軍事優先といわれるが、保守派にとっては、一方で天皇の恩恵で忠誠を強めるが、他方で伝統的な親族扶養に代替するもので、「孝」よりも富国強兵の「忠」に重きを置いたものといえる。

また、戦前の公的扶助としては恤救規則に代わる「救護法」（1929年成立、1950年生活保護法で廃止）が登場した。しかし働く能力のある者は対象外だったが、その代わり1920年の社会局の事務には失業救済対策が含まれていた。以前は、

都会の失業者は実家の世話になるとか故郷へ帰れば何とかなったので失業問題が大きくはならなかったが、第1次大戦（1914〜18年）後の不況で都会の失業が増え、しかも不況は農村にも押し寄せもはや失業者の受け皿として機能しなくなっていて、貧困にあえぐ農民たちの小作争議が増加し、一方で都市の失業者が農村に帰ることもできず都市の下層社会に沈殿していった。

　戦前から、保育所は人手の足りない農繁期の農家や共働きの労働者を助ける事業として運営され、支援者がいたから利用料はおやつ代程度のわずかな金額しかとらなかった。つまり保育所は貧困層のものだった。また、戦前の老人施設は救護法に組み入れられ「養老院」と呼ばれ、そこの年寄りを「ろくでなしだったから家族から見放された」という人もいた。つまり世間の目は総じて社会事業の世話になる人に冷たかった。だから特に児童保護にたずさわる篤志家たちは子どもがひがまないように気を配ったのである。

3　社会連帯

　中国伝来の博愛には2通りあった。『孝経』三才に「博愛を以てすれば、民、其の親を遺（わす）るることなし」とあり、この「博愛」は自分に最も近い親、血縁者、遠縁のもの、血のつながらぬ近隣の者、と広がる有限な愛であったと解説される。だからいつも祖先を忘れることがなく、また、その助け合いは親族や共同体の伝統的なしきたりで決まっていた助け合いであった。もう一つの「博愛」は、墨子が唱えた、兼（ひろ）く愛する兼愛で、「自他、親疎の差別なく平等に人を愛すること」に近かった。

　大正時代にはフランスから「連帯主義」を輸入したが、官僚は孝経の博愛につながる「事実としての連帯」を温存し、それを基礎にした救済を社会連帯とみなしていた。もっとも吉田久一によれば、当時、慈善・慈恵・博愛の背後にある人間の上下関係を拒絶し人間の同質性において「社会事業」が成立すると主張した人もいた。また、社会連帯責任の観念のもとで社会的強者が弱者を保護するのは当然だが、弱者も最善の義務を尽くすことが必要で社会連帯責任は相互努力であるという主張や、社会事業を従来の人道博愛の慈善事業や救済事業から区別するのは社会連帯観念だという主張もあったという[34]。

　いずれにせよ、当時の日本において一般的には、社会連帯は生活支援にむけて国家の役割よりも国民の役割を重視することであり、国家による保護は国民が社会連帯による責任を果たした後の恩賜だった[35]。それは今日の「自助・共

助・公助」で公助を後回しにするのと同型ということであろうか。

　また、明治以降の慈善事業施設にはキリスト教系よりも仏教系施設が圧倒的に多かったが、大乗仏教のお経に次のように書かれていた。『法華経』を信じない者は輪廻転生で例え人間に生まれ変わっても不具・廃疾になるとか、神々は悪事を働いた者を記録しているので、貧窮者や賤しい者や乞食や孤独な者や聾唖者や盲人や白痴などが出てくるようになる。(そのせいか障がい児が生まれると母親がひとりで一生苦しんだ。キリスト教の場合は聖書ヨハネの福音書では両親のせいではなく神の業とされたが、親の悩みに変わりはなかった)。しかし「ほとけの方便」であるとか、如来の智慧の光は過不足なく全ての者は福徳と智慧を得る、一切のものは全て等しく常に平等にひとしい。名号を念じれば阿弥陀仏が現れ人の命が終わるときに阿弥陀仏の極楽国土に往生出来る[36]。こうして救われたのである。

　こうした社会保障前史は、保守主義者からは家や親族扶養の美風と矛盾すると見られたが、その一方で社会保障論では、わが国では親族扶養や企業や団体などの相互扶助が続いたので社会保障が発達しなかったとも解説される。(会社員の連帯意識の基礎は会社での人間関係だった。残業で遅くなったら飲み会はやめてさっさと帰宅して休めばよさそうなものであるが、篭山京の「国民生活の構造」[37]には次のように書かれている。1941年の某工場の18日間の調査の結果、残業時間が長くても同僚との付き合いや娯楽などの余暇時間はしっかり確保し、睡眠時間を短くしていることが判った。これはエネルギーの合理的な消費や再生産から見れば不合理に見えるが、個人の生活行動に制約を与える「生活構造」の視点で見れば労働者に合理性が欠如しているからとはいえなかった)。

第3節　戦後の経済

　戦後、1955年に日本生産性本部が設立され、その原則の一つが「成果の公正配分」で、生産性向上の諸成果は経営者・労働者・消費者に公正に分配されるべきとした。やがて、高度成長期を体験して国民は経済が成長すれば賃上げで生活水準が向上する、会社が潤えば社員も潤うという経験をしたといえる。

　J. アベグレンは『日本の工場』(1958年)の中で日本企業の強みは、終身雇用、勤続年数で決まる年功序列型賃金、新規学卒の雇用、企業内訓練、企業別労働

組合であるとした。その中で日本人は、成長で賃金の上昇もあり、仕事に心を込めることが報われると思えた。

ところが、バブル崩壊以降、それは新興国との競争やグローバル化に勝てない「非効率な日本式経営」といわれ、代わって即戦力や成果主義を求めるようになった。わが国がモデルとした米国では、1980年代以降は投資家・株主による経営者への圧力で短期的な収益と配当が重視され、日本企業は「人件費を変動費にせよ」と教えられた。こうして仕事に心を込めることよりも仕事の効率重視となったり、落ち度がないのにリストラされたりして、社員は会社に人生をかけても報われなくなったことを学習した。それを見ていた若者の価値観は「自分にメリットがあるかどうか」に傾き始めた。

2017年3月7日の日本経済新聞によれば、米国のある資産運用会社の日本法人は株を多く保有する日本企業に、次のような手紙を送ったという。まず、「企業の持続的成長」には従業員の働きがいや満足度が重要なことが明らかになったので働き方改革を通じた投資や工夫を求める。そして、グローバル化の果実が都市部の人材に偏っていたことやテクノロジーの進歩による失職の問題があることを認めたうえで、「従業員の能力開発や生活水準の向上に向けた投資」を求める、というのである。

1　石油危機と第二臨調基本答申

高度経済成長が続いた1956〜73年の実質GDP成長率は年平均9.1%であった。ところが73年の石油危機の翌年、成長率は5.1%から−0.5%に激減した。そこで労働組合は経営側から賃上げか雇用の維持かを迫られ、雇用の維持を選んだといわれる。その後、大平正芳は、革新陣営との福祉拡大競争よりも、赤字国債を抱えたままの福祉国家路線では日本経済が耐えられないことを案じた。三木政権の蔵相として大量の赤字国債を発行したが、「子孫にツケを回してはならない」と責任を感じていたので「一般消費税」発言をした。大平政権（78〜80年）が福祉国家路線に代わって打ち出したのは、日本人の思いやりを理念にした「日本型福祉社会」構想であった。社会保障給付費の対前年伸び率は田中政権では24%、26%、44%であったが、大平政権では安定成長もあって17%、11%、13%へと半減した。

当時「パイの論理」がいわれた。安定成長に変わり賃金の伸びが減りパイが従来ほど増えないときに、福祉拡大で負担を増やすとなれば高所得層の負担が

重くなるから、そこから福祉批判が起こるという見方だった。

　大平の後、鈴木善幸政権（80 ～ 82 年）は「増税なき財政再建」を掲げ、中曽根行政管理庁長官の下で臨時行政調査会の 1981 年第 1 次答申で「真に救済を必要とする者への福祉の水準は堅持しつつも、国民の自立・自助の活動、自己責任の気風を最大限に尊重し、関係行政の縮減、効率化を図る」と述べた。一方、1982 年 7 月の第 3 次答申（第二臨調基本答申と呼ばれる）の「行政の見直し」は自民党政府のその後の指針となった。(ア)民間に対する指導・規制・保護から民間活力の方向付け・調整・補完に転換、(イ)海外の商品・サービス・人材に対する市場開放、(ウ)自立的、企業的に行うことが適切な政府直営事業の民営化、(エ)住民に身近な行政は可能な限り身近な地方公共団体において処理する、(オ)不断の簡素化・効率化により公的部門の肥大化を防止する、などであった[38]。

　中曽根政権（82 年 11 月～ 87 年）では社会保障給付費の対前年伸び率が 9.2％から 5.6％へと一桁台が定着し、福祉拡大が押さえ込まれた形になった。また、自民党の行き過ぎた人気取り政策に危機感を持っていたので、財界人を中心とした臨時行政調査会による行政改革でサッチャーにならい JR、JT、NTT などの民営化をやり遂げ、レーガノミックスにならい法人税や富裕層の所得税を減税し、その一方で「売上税」を提案したが党内の反対で廃案となった。

　一方、実質経済成長率は、鈴木政権以降、2 ～ 3％台が続き、84 年の 4.8％以降バブル期の 6％台につながるが、バブル崩壊後、1％台、2％台が続くことになった。

② 貿易不均衡とバブル発生・崩壊

　米国ではジョンソン政権の福祉充実とベトナム戦争で出費が嵩み財政赤字が増大しインフレを招き、競争力を失い貿易赤字も増大した。そして財政赤字で苦しんだニクソンが 1971 年にドルと金の兌換を停止した。さらにレーガン政権の 81 年には財政収支・貿易収支の両方が赤字になり「双子の赤字」といわれた。そこで国際競争力を取り戻すために、1985 年にプラザ合意でドル高政策を放棄し、その結果、円相場は 1 ドル 235 円が 87 年末に 120 円になった。当時の大蔵省国際金融局長だった行天豊雄は次のように述懐している。米国の過剰消費が問題だったが、当時の世界経済は米国の消費に依存していた。そして米国は経常収支の不均衡を為替レートで修正しようとし、日米英独仏の 5 カ国が協

調した。日本にとってはその後の円高や、バブル経済、1990年代以降の長期デフレにつながる転機となった[39]。そのため今では過剰な米国協調だったという評価もある。

　日本は翌86年に円高不況(1.9%成長)となったが、内需拡大策や日銀の公定歩合引き下げによって景気は回復した。ところが、逆に景気過熱で金利を引き上げる必要性が出てきた。そこへ87年10月に米国の株価暴落(ブラック・マンデー)が起こり、わが国が金利を引き上げたら米国の資金が日本へ流出し米国の株価がさらに下落する恐れがあった。竹下政権(87～89年)が金利引上げを躊躇する間に企業の手元に資金がたまり、それが投機マネーとなり株式や土地に向けられ、バブルへつながったといわれる。

　竹下政権では、広く薄く課税する(だから食品も軽減税率にしない)という考え方で1989年4月から消費税率3%が始まった。その目的が高齢者福祉への対応とされたから、厚生省は高齢者福祉の財源問題から解放されたように見えた。

　1989年の消費者物価上昇率は2.3%だったが、バブルで土地・建物の価格が高騰し庶民の手が届かなくなったという不満が噴出したので、90年3月に大蔵省による土地関連融資の総量規制が行われたが、さらに日銀の急激な金融引き締めが始まり信用収縮が起こり地価下落や株価暴落が起こり日本経済全体が停滞した。そのため結果として「行きすぎたバブルつぶしだった」といわれる。

　プラザ合意以降の円高ドル安にもかかわらず日米貿易不均衡が続いたので、1990年の日米構造協議で日本は内需喚起のために10年間で総額430兆円の公共投資を約束させられ、村山政権(1994～96年)はさらに200兆円の積み増しを決めたが、これらが現在の財政難の遠因という指摘もある。村山政権で消費税5%が法案化され実施時期は97年4月からとされ、橋本政権に委ねられた。

③　「新自由主義」的政権

1) 構造改革路線

　橋本政権(96～98年)はバブル崩壊による不良債権問題と財政再建と消費税増税という課題を抱えて始まり、97年に消費税率5%への引き上げを行った。江田憲司は、村山政権で「増減税一体処理」の景気浮揚策を行い所得税・住民税減税を先行的に実施し、その結果、(3年続いていた実質GDP成長率1%以下が)当時の統計では95年には2.2%、96年には3.6%と回復していた。だから、今は

増税批判があるが、当時の状況では増税は当然であったと述べている[40]。

1997年11月に三洋証券の破綻をきっかけに株価暴落が始まり、不良債権を処理し金融の信用回復を図ることが急務となった。不良債権が大きくて支援を受けられなかった北海道拓殖銀行とその主幹事だった山一証券が破綻し、98年には長期信用銀行が破綻し、銀行の貸し渋りなど急激な信用収縮で金融危機となった。ここで企業は銀行への依存度を下げることの重要性を学習し、利益を社内にため込み始めたが、今もこの行動パターンが続いている。(なお、98年以降、自殺者が3万人台に急増し社会問題の転換点といわれたが、2012年以降は2万人台で減り続けている)。

また橋本政権は行財政、社会保障、金融など「6つの構造改革」を提案し、財政再建のために歳出カットを行ったが、アジア通貨危機とも重なり、これも不況につながったとされる(成長率は96年には2.7%だったが、97年0.1%、98年−1.5%、99年0.5%だった)。97年11月の「財政構造改革法」で2003年まで毎年、赤字国債発行を削減することとしていたが98年にこれを改正した。

小渕政権(98〜2000年)では毎年30兆円以上の国債発行による財政出動を行った。同時に、外資への市場開放、所得税の最高税率や法人税率引き下げ、また、中曽根政権で始まった派遣労働の拡大を橋本政権に引き続いて行うなど新自由主義的な構造改革を進めるという両面作戦だった。これでも成長が回復しなかったので、これ以降は財政による成長回復という方法は否定され、もっぱら構造改革路線となった。

小泉政権(2001〜06年)では大蔵省主導の予算編成をやめて財界人を主力とした経済財政諮問会議を組織し「骨太の方針」により、経済運営の方針を策定し、また、郵政民営化、規制緩和、公共事業削減、派遣労働拡大を推進しようとした。2001年以降日米双方が「年次改革要望書」を作成しているが、米国からは建築基準法改正、独占禁止法強化、大規模小売店舗法廃止、労働者派遣法改正、医療改革、郵政民営化、道路公団民営化その他の要望があり、それに沿う形で規制緩和などが行われたといわれる。

2) 貯蓄から投資へ

「貯蓄から投資へ」というと家計にリスクをとらせる「新自由主義」の発想とされるが、これについての鈴木準の説明を参照すると[41]、おおむね次のような見方になると思われる。

「終身雇用制」や「年功賃金制」を柱とするいわゆる日本的雇用慣行が全面的に普及したのは1970年代中頃で、企業はその過程で株の配当よりも従業員を重視する傾向を強めた。ところが年功賃金制の下では、賃金が低い若年期から壮年前期には家計の資産の蓄積が進まずリスクの高い株式等への投資余力もない。つまり、わが国の「リスク性資産の保有比率が低いという資産構成」は、年功賃金のもとでの若年層や壮年前期層の所得と貯蓄の状況によるものだという。

その一方で終身雇用では、退職金など後払い賃金のための資金の多くは、企業の手元に残って設備投資に回ったので、いわば家計の長期運用は会社が自社に投資して行うという形で行われたといえる。そして、壮年後期以降の賃金上昇で高い利回りを実現できるから、リスク性資産をわざわざ自らが保有する必要がなかった。

それに対して近年は賃金が「後払い」から「その時払い」になった分、個々人が若いうちからリスクをとって貯蓄を株や投資信託などで投資しないと、老後が惨めなものとなりかねない。このような理解に立てば、「最近の企業は従業員軽視と株主重視に転じた」という見方は短絡的だろう、という。

（定性的には興味深い仮説である。株はリスクがあるが配当利回りは預貯金よりも遙かに良く、これは庶民から見ればやはり賃金を上げずに株主に報いている形に見える。日本企業の配当は米国と比べればずっと低いし昔よりも優遇しているわけではないが、賃金も金利も上がらないから国内では株主にならないと相対的に不利なのである。そこで預貯金よりも、投資信託の長期保有などリスク分散できる資産の運用が有利となるが、そういわれても投資の知識も経験もなく、社会保障依存も出来ず、消費を控えるので精一杯となるのかもしれない）。

4 アベノミクス

わが国では1997年の金融危機以降、企業は利益を積み上げて内部留保（利益剰余金）を充実し銀行依存を減らすことに全力を上げ始めた。金融危機は不良債権処理が終わった2003年に収束に向かったが、2014年度の企業（金融・保険を除く）の自己資本比率は38.9％と、98年度（19.2％）の2倍になった。日銀の資金循環統計では企業部門は98年に資金余剰に転じて以降、一貫して資金余剰の状況にある[42]。

なぜこうなったかについて櫨（はじ）浩一は次のように述べている。「高齢化

が進んだために日本の家計貯蓄率は低下傾向にあるといわれる。しかし実際は企業が得た利益が賃金や配当として家計に分配されず、しかも投資にも回らずに企業に蓄積されているために、企業部門が資金余剰になっている。」現実の経済では配当を増やしたり市場で資金調達を行ったりするよりも、利益をそのまま再投資した方が税負担が少なくて済む。「見方によっては、企業の高い貯蓄率は資本家の高い家計貯蓄率を反映したものだともいえる。」[43]

　第2次安倍政権（2012年12月～）ではアベノミクスが掲げられ、その後、企業収益は過去最高になったにも関わらず、賃金引き上げや設備投資が伸び悩んでいる。安倍政権がかつての所得政策のように政労使協議で企業に賃上げや設備投資を要請し政府は法人実効税率引き下げを約束したが、それに対し、経済学者は企業や労使関係への政府の介入には反対という反応だった。対案は成長戦略と構造改革の推進だった。

　トリクルダウンが起こらないことを、産業構造の変化をとらえた冨山和彦を参照して考えてみる。グローバル化が進むと高度成長を牽引してきた輸出向けの組立加工の付加価値はますます下がる。その結果、中産階級労働者が急激に減ったが、産業は二つの産業グループになった。一つは「ローカル経済圏」で生産性の低い労働集約型産業である（小売りや飲食、交通、物流などの対面によるサービス産業。労働生産性を劇的に上げることは難しいし要求される技能の特殊性が低いから賃金が上がりにくい）。もう一つは「グローバル経済圏」でこれには2種類ある。一つは輸出が多いグローバルな製造業で高度な機械・設備による資本集約型産業。もう一つは、高度な専門知識やスキルを必要とする知識集約型産業である。この2種類は設備と知識の集約度を高めることで桁違いの生産性向上が可能で、そこで働く希少な高度人材の所得はどんどん上がっていく。ここに先進国共通の豊かな社会における産業構造的要因による格差が生まれる[44]。確かにこれではトリクルダウンは起こらないし、グローバル化が国民に果実を還元しない構造となっている。

参考文献（第8章）

(1) ウィリアム・ロブソン『福祉国家と福祉社会―幻想と現実』(1976年) 東京大学出版会、p.92。
(2) 星野信也「社会的公正へ向けた選別的普遍主義」 http://www008.upp.so-net.ne.jp/shshinya/Shakaitekikousei20031.pdf。
(3) マルクス＝エンゲルス『ドイツ・イデオロギー』(1846年) 岩波文庫。
(4) 「自治と助け合い、福祉」近世日本の地域作り200、中津市しらべるネット http://agri.city-nakatsu.jp/shiraberu/kodomo/lib/fudoki/200/037.html。
(5) 田中美知太郎『人間であること』文藝春秋、1984年、p.277。
(6) 加地伸行訳注『孝経』講談社学術文庫、2007年、pp.322〜324。
(7) 加地伸行訳注『論語』講談社学術文庫、2009年。
(8) 「シンガーラへの教え」中村元『原始仏典』ちくま学芸文庫、p.303。
(9) 『ブッダのことば―スッタニパータ』(中村元訳) 岩波文庫、124番、262番、60番。
(10) 「観無量寿経」中村元ほか訳註『浄土三部経（下）』岩波文庫、1990年、p.48、p.75。
(11) 中村元『日本人の思惟方法』中村元選集第3巻、春秋社、1989年、p.131。
(12) 中村元 同上書、pp.134〜149。
(13) 加地伸行訳注『論語』講談社学術文庫、p.179。
(14) 山脇直司『公共哲学とは何か』ちくま新書、2004年、p.79。
(15) 加藤みち子『鈴木正三著作集Ⅰ』中公クラシックス、2015年 ほか。
(16) 石田梅岩「都鄙問答」(1739年)『日本の名著18』中央公論社、pp.223〜231。
(17) 「石田先生語録」(1744年ころ) 同上書、p.197、p.289。山脇直司 前掲書、p.84。
(18) 三浦國雄『「朱子語類」抄』講談社学術文庫、2008年、p.174。
(19) 井上克人「ドイツ啓蒙時代における中国学」2010年 http://www2.itc.kansai-u.ac.jp/~kinouwe/pdf/germany_101030.pdf。
(20) 「礼記・禮運（1）」東洋・西洋の古典書籍 http://www.kokin.rr-livelife.net/classic/classic_oriental/classic_oriental_753.html。
(21) 原口泉『世界危機をチャンスに変えた幕末維新の智恵』PHP新書、2009年。
(22) 加地伸行訳注『孝経』講談社学術文庫、2007年、p.227。
(23) 吉田久一『新版 日本社会事業の歴史』勁草書房、1981年、pp.133〜134。
(24) 田中美知太郎「日本人と国家」『人間であること』文藝春秋、1984年、pp.145〜155。
(25) 佐々木克『さかのぼり日本史「官僚国家」への道』NHK出版、2011年、p.21。
(26) 上野千鶴子『近代家族の成立と終焉』岩波書店、1994年、p.70。
(27) 中根千枝『家族を中心とした人間関係』講談社学術文庫、1977年、pp.99。
(28) 貝原益軒『女大学』 http://kindai.ndl.go.jp/info:ndljp/pid/754896/3。
(29) 金永昊「朝鮮版『三綱行実図』の日本伝来と翻訳」日本近世文学会概要、平成20年

http://www.kinseibungakukai.com/summary/m200901.html。「五倫と三綱」厳錫仁の研究室便り　http://blog.study.jp/yguomu/2007/09/post_24.html。

(30)　井上哲次郎『勅語衍義（えんぎ）』明治24年　http://kindai.ndl.go.jp/info:ndljp/pid/759403/1。

(31)　宇野哲人全訳注『大学』講談社学術文庫、p.19、p.77。

(32)　中村元訳『ブッダ最後の旅』（大パリニッバーナ経）岩波文庫、p.63。

(33)　「真理のことば（『ダンマパダ』）」中村元『原始仏典』ちくま学芸文庫、p.262。

(34)　吉田久一　前掲書、pp.166〜169。また、p.167で日本では連帯思想が育ちにくかったと述べている。

(35)　池本美和子「二つの社会連帯」『佛教大学大学院紀要』第26号、1998年3月　http://archives.bukkyo-u.ac.jp/repository/baker/rid_DO002600006254。

(36)　「譬喩品」坂本幸男ほか訳注『法華経（上）』岩波文庫、pp.209〜213。「薬草品」『同』p.207。「無量寿経」中村元ほか訳註『浄土三部経（上）』岩波文庫、p.107。「阿弥陀経」『同』『（下）』p.140。

(37)　『篭山京著作集・第5巻』ドメス出版、1984年。

(38)　http://www.ipss.go.jp/publication/j/shiryou/no.13/data/shiryou/souron/1.pdf。http://www.cao.go.jp/sasshin/kondan/meeting/2012/0507/pdf/s3.pdf。

(39)　日本経済新聞、2015年9月16日。

(40)　http://www.eda-k.net/column/week/2012/04/20120402a.html。

(41)　鈴木準（予算委員会調査室客員調査員）「労働分配率低下の問題はどこにあるか」経済のプリズム、2009年2月　http://www.sangiin.go.jp/japanese/annai/chousa/keizai_prism/backnumber/h21pdf/20096501.pdf。

(42)　脇田成「企業の貯蓄過剰は97年の金融危機が発端」日本経済新聞、2016年6月7日。

(43)　櫨浩一「所得格差の拡大は経済の長期停滞を招く」東洋経済オンライン、2014年08月10日　http://toyokeizai.net/articles/-/44935。

(44)　冨山和彦『なぜローカル経済から日本は甦るのか』PHP新書、2014年、pp.32〜53。

保守政権下の社会保障

戦後、女性の進学率が高まり卒業後は会社勤めをしたが、多くは腰掛けで結婚すれば退職し出産・育児そして夫と子に尽くす良妻賢母が期待された。やがて所得水準の高まりや分割払いもあって耐久消費財保有率が上昇し、また、いい大学を卒業すればコネがなくても大企業に就職できる道が開けた。そしてこれらが世間の生活標準、親の願いになると家計補助的に、そしてやがては生きがいを求めて働きに出る主婦も増えた。例えば有配偶の女性の労働力率は、1975年に20代は30％台で45〜49歳は59.1％だったが、95年に40％台と69.7％、2012年には50％台と72.4％に増えた。
　一方、大都会には若者が地方から集まり、「お袋に楽な暮らしをさせたい」と思い狭いアパートから仕送りを続けた。そして都市部ではふるさとが違う男女が所帯を持ち始め、勤め人は休日や個々の家庭の事情が異なるので法事でも昔のように一族郎党が集まることも減った。また農家や商店などの家族は家業や育児や教育や扶養などをこなし、いわば国から自立していたが、都会の勤め人の家族はそれらを家庭の外の専門職やサービス業などに依存し、社会保障も必須になった。欧米の家族変動論ではこれを「家族機能の専門化や縮小」と呼んだ。また夫婦家族は成長した子が家を離れて都会で就職しても許されるせいか、欧米ではそれは「産業社会に適合的」であるとされた。日本では戦後、三世代同居の世帯が激減し核家族が急増した。これは「家族の民主化」と解釈されることもあった。
　ところがわが国では、幼い子を保育園に預けるとか家事や介護を家政婦など他人に任せるときには妻に心理的な葛藤があった。例えば「3歳までは親が育てるべき」という3歳神話や他人を台所に入れたくないという主婦の意識などとの葛藤で、また妻の役割喪失感もあった。多くの妻は自分の母親を生き方のモデルとし良妻賢母という役割期待を重く受け止め、葛藤をひとりで抱え込んでいた。
　女性の就労が増えると、「脱家族」的な自立や「自己実現」が正解とされた。しかし将来の展望が持てない若者は、給料で着飾り遊びまくり食べまくるから、ますます、結婚や子育ては「自分に何のメリットもない」と思うようになった。

第 1 節　戦後の福祉国家路線

　経済社会学の富永健一はつぎのように述べた。保守的な「自民党政権が福祉国家づくりの担い手になり得たのは、官僚に依存してきたからで」、そのかぎりで日本の厚生行政は立派な仕事をしてきた[1]。これは政治の圧力で制度がゆがめられている所はあるが、ということであろう。自由民主党の 1955 年の文書「党の性格」では、自由企業と個人の創意と責任を重んじ、社会保障政策を強力に実施し完全雇用と福祉国家の実現をはかると述べ、「党の使命」では「社会正義に立脚した福祉社会の建設」を掲げていた。確かに所得税の最高税率が比較的高く維持され垂直的再分配効果があったが、しかし保守政権としては、労働組合運動の左傾化に対抗して労使協調を図る手段として推進された面も強いのではないか。

1　保守政権

　近代保守主義は緩やかな改革を肯定している。ところが自民党は 2010（平成 22）年綱領では民主党政権を意識した勢いで「常に進歩を目指す保守政党」であると強い表現をしている。また、この綱領の解説では「自助自立する個人を尊重し、共助・公助の助け合いの仕組み・社会保障を充実させるのは、自由主義を前提とする『保守政治』としては当たり前のことです」と述べた。
　綱領はさらにつづけて、わが国の国民は家族、地域社会、国への帰属意識を持ち家族や地域社会の絆を持っていると位置づけ、現在・未来を含む三世代の基をなす祖先への尊敬の念を持つという。これは仏教の先祖供養と儒教的な祖先祭祀や子孫繁栄などを含む伝統的な保守主義である。その一方で、「我々が護り続けてきた自由（リベラリズム）とは、市場原理主義でもなく、無原則な政府介入是認主義でもない」、そして効率的な小さな政府をめざすと同時に「持続可能な社会保障制度」を確立するという。
　また、帰属意識に言及しているが、「新自由主義」的な構造改革による雇用の流動化は、その結果として会社への帰属意識を持ちにくくさせる。日本型福祉社会は働く人々を家族や地域や NPO やボランティア団体、同好会などにつなぎ止めなければいけない。綱領では「我々は元来、勤勉を美徳とし、他人に頼らず自立を誇りとする国民である。努力する機会や能力に恵まれぬ人たちを温か

く包み込む家族や地域社会の絆を持った国民である」と日本型福祉社会の自立と連帯を確認していた。

2 社会保障の離陸

1) 最低生活の保障

戦後、1945年9月には事務次官会議で「戦災孤児等保護対策要綱」を決定したが、国家存亡の危機の中で将来を託す子どもが気がかりだったのであろう。同年12月の「生活困窮者緊急生活援護要綱」では、「生活困窮者」とは著しく生活に困窮するもので、失業者・戦災者・海外引揚者・在外者留守家族・傷痍軍人とその家族・軍人遺族などであった。

翌1946年2月にSCAPIN775「社会救済」という命令が出され、GHQの「公的扶助4原則」と呼ばれたが、1933年の米国連邦緊急救済法における無差別平等・公的責任・最低生活費保障に由来するといわれる。1946年9月に（旧）生活保護法が公布され、国家責任・無差別平等・最低生活保障などの占領軍命令を取り入れたが、戦前からの救護法にあった素行不良者は不適格とすることや、実施責任は市町村長とすることを引き継いだ。しかし、1950年の（新）生活保護法ではこれらは廃止された。

1950年の社会保障制度審議会の勧告で、社会保障制度とはすべての国民が文化的社会の成員たるに値する生活を営むことができるようにするもので、社会保険を中心にすべきだと述べた。同じく1962年の勧告では、憲法第25条を引いて社会保障を考えていたが、仮に勧告に『ベヴァリッジ報告』の影響があったのなら、社会保障は任意保険など自助努力とワンセットであると念を押さねばならなかったはずだが、二宮尊徳以来、勤倹貯蓄の習慣があったせいか、そうはしなかった。

1950年制定の（新）生活保護法第1条で目的は最低限度の生活の保障とともに、「自立の助長」とされたが、当時の保護課長小山進次郎は『生活保護法の解釈と運用』[2]で、次のように解説した。人を人に値する存在たらしめるには単なる最低生活の維持だけでは不十分である。「凡そ人はすべてその中に何等かの自主独立の意味において可能性を包蔵している。この内在的可能性を発見しこれを助長育成し而してその人をしてその能力に相応しい状態において社会生活に適応させることこそ、真実の意味において生存権を保障する所以である。」

まさに新生国家を担う厚生官僚の自立論であったが、この背景には朱子学もあったかも知れない。『大学』にある「平天下」を朱熹が「それぞれの天職を務めることを通して天下の安定に貢献すること」と説明したが、これは自己の内面を聖人のような完全な人格に向かって向上させようとする内的欲求と、近世社会が求める分業完遂の要請を両立させるものである、と土田健次郎はいう[3]。

ところが一般的にはこの「自立」は小山が否定したにもかかわらず、生活保護が惰民養成にならないようにという「自助的自立」と理解されていた。

ところで国は「戦争犠牲者援護」をやってきた。国立社会保障・人口問題研究所『社会保障費用統計』によれば1991年度は約1兆8000億円、2012年度でも約6345億円である。戦死者の遺族には自分の公的年金とダブルの給付となっている。だから、空襲で財産や家族を失った国民が、国家に損害賠償を求める気持ちになるのも理由がないわけではなかった。ちなみに、東京大空襲では軍人遺族に手厚い援護があるのに民間は救済されていないのは不当とし賠償を求めていた被害者や遺族の訴えが、2013年5月8日に最高裁で退けられた。

2）措置で国庫負担と国の規制

1947年に児童福祉法が公布され、その対象は引き揚げ孤児や浮浪児から1950年代後半に一般児童へ拡大され、また、49年に公布された身体障害者福祉法はもっぱら傷痍軍人など身体障害のため職業能力が失われた者が対象だったが、51年に職業能力損傷を問わずに身体障害者一般を対象にした。そして、やや遅れて63年に老人福祉法、64年に戦争未亡人などを支援する母子福祉法が出来た。いずれもまずは戦争犠牲者の救済という温情主義的な救済から始め、その後、先進国にならって一般的な福祉サービスにシフトしたといえる。

戦後の生活保護法、児童福祉法、身体障害者福祉法を中心とした「3法体制」、さらに精神薄弱者福祉法、老人福祉法、母子福祉法を加えた「6法体制」において、福祉施設でのサービスの中心は「措置制度」であった。例えば子どもを保育園に入れたい親は、役所に申請し役所は条件に合うかどうかを審査し、適格者には利用する保育園を指定し、その人材・設備など保育の質について国が責任を負い、親の費用負担は低額、というものである。民間施設の場合は、国が業務委託する形だったので費用は公費から「措置委託費」として施設へ支払われた。だから施設側は客寄せや売上げに悩むことなく、役所から嫌われないように気をつければ良かった。老人ホームも同じだったが、老人たちは国のお世話を受

ける立場で、つらいことがあっても不満はいえなかった。

　また、官僚から見ればいい加減な施設で事故が起こっても困るから細かな設置基準を定めた。実は憲法第89条で「公の支配に属しない慈善、教育若しくは博愛の事業」に対する公金支出が禁じられているから、これをクリアするためにも行政の介入はやむを得なかったとされるが、民間の熱意を削ぐ過剰介入と批判されることも多い。

3) 皆保険・皆年金の始まり

　戦時中の1942年に始まった「労働者年金」（工場労働者を対象とし報酬比例で給付する型）は44年に「厚生年金」と改称し事務系男女にも適用拡大された。1954（昭和29）年にそれまでの報酬比例だった年金額算出方法を定額部分と報酬比例部分に改編したが、連帯原理と業績原理の2本立てといわれた。支給開始は1962年だが、特例15年年金は57年から支給を開始した。

　民間労働者の社会保険として戦後できたのは、1947年に失業保険と労働者災害補償保険、53年に日雇労働者健康保険である。一方、公務員や私学などは会社員とは一線を画して、48年に国家公務員共済組合、53年に私立学校教職員、56年に3公社5現業の公共企業体、58年に農協漁協職員などの共済組合がつくられた。農民や漁民を尻目に労働者たる農協漁協職員は自分たちの共済組合を先につくったわけだが、当時の各種共済組合は、経済力の強い者が民間や自営業とは別に自分たちで有利な社会保険をつくったものと見なされたから、まさに「保守主義レジーム」の階層化であった。

　（公共企業体職員等共済組合は1984年に国家公務員等共済組合に統合され、船員保険の年金部門も1986年に厚生年金に統合された。2002年に農林漁業団体職員共済組合の年金が厚生年金に統合された。2015（平成27）年10月から公務員と私学教職員が厚生年金に加入し被用者年金の一元化ができた）。

　そして1961年に「皆保険・皆年金体制」となった。

　国民健康保険は戦前には市町村が任意設置し住民は任意加入で、世帯の実態把握や協力が得にくい都市部での実施が困難だったが、この年から全市町村で実施し、自営業や農民や5人未満の事業所社員なども強制加入となった。都市部と農村では世帯把握の事情も違うこともあり、市町村ごとに黒字・赤字を出させて保険料徴収事務の動機づけにしたのであろう。いずれにせよ、国民は健康保険、共済組合、国民健康保険のいずれかに加入することになった。

なお医療費節減のために、2018年4月から国民健康保険の管轄は市町村から都道府県に移行するが、同じ都道府県内でも1人当たり医療費や保険料の格差が2～3倍のところもあって、県内の保険料を統一するか市町村ごとにするかは都道府県ごとに決めることになっている。

一方、1961年に自営業者や農民のための国民年金ができた。農家や都会の自営業では長男による老親扶養が行われていたはずで、保守主義なら老後は子どもによる扶養という美風を守りたいはずのところ、役人や会社員は定年後に恩給や年金をもらえるのに、保守の基盤の農民漁民や自営業層はなにももらえない。そこで「老人が孫にあめ玉をやる年金」をつくったが、米作中心の農村では会社員とは違って現金収入が限られ、きっと保険料の納付には抵抗があったから所得比例の保険料ではなく低い定額保険料にしたと思われる。農民や自営業なら定年がないし、老後は跡取りと同居して暮らせば年金も低額で済む勘定であった。

当時すでに高齢の人はこれから加入しても拠出期間が短くて年金受給権につながらなかった。しかし公的年金普及という社会的要請に応えると称して、税を財源にして無拠出または5年間・10年間だけ拠出の高齢者にも「老齢福祉年金」を支給した。国民年金はこのように初めから公費注入を行うつもりだったから名称に「保険」がつかないという説もある。まさに温情主義的な公的年金のスタートだった。(『ベヴァリッジ報告』の第337項「拠出制の退職年金」では、男子65歳女子60歳以降に退職してから支給するが、設立後20年の経過期間後に満額を支給する。それまでは拠出制年金とミーンズテスト付きの「扶助年金」を支給し最低生活費を保障する、というものだった)。

なお、わが国の公的年金は国民年金も厚生年金や共済年金も、老後のための終身の「老齢給付」だけではなく障害者になったときの「障害給付」や一家の大黒柱が死亡したときの「遺族給付」がセットになっていて、いわば総合保障の年金という特徴があり、連帯抜きの民間の個人年金にはまねができない。

(ところで国民年金では自営業・農家の主婦は働いていてもいなくても保険料を納付しなければいけないがなぜだろうか。これは推測だが、制度創設当時に妻に保険料を求めた際に、現金収入が不安定な農家や商店などには「掛け捨てでないし、旦那が亡くなった時には奥さんに母子年金が出て跡取りを育てられるから『お家』安泰。だから奥さんも払ってね」と説得したのではないか。妻が死んだ父子世帯の場合には夫は家業を続けられるから父子年金がなくても「家」は揺るがない。つまり、伝統的な「家」の存続の発想の痕跡かも知れない。また、母子年金は両親と死別した遺児にも支給されたが、親戚に引き

取られるときに少しでもお金をつけてやれば肩身も狭くならず、気持ちよく世話をしてもらえるのではないかという配慮もあったといわれる)。

　国民健康保険加入者の職業構成は、1965 (昭和40) 年は農林水産が39%、自営業が24%、被用者が18%、無職が6%などであった。ところが産業構造の変化で2009年には農林水産と自営で15.8%、被用者32.4%、無職36.7%などとなった。一方、2011年の国民年金第1号被保険者の就業状況は、農業・自営業主と家族従業者で22.2%、常用雇用7.7%、臨時・パート28.3%、無職38.9%である。

　つまり、国保と国年は、今や低賃金被用者と無職者の制度となった。だから国庫負担には低収入階層への補助金という性質があるともいえるが、経済学者は、それならきちんと低所得層だけに限定して所得保障をして保険料は皆からちゃんと取れという話にもなる。

　1961年には公的年金の「通算年金制度」ができた。それまでは転職すると、各制度の加入年数を別々にカウントしたので年金受給に必要な年数 (当時は20年。実際にはその後も、生年による特例でもっと短期の加入でも年金が支給されていた) を満たさないとか、満たしても低額の年金だった。そこで転職しても不利にならないように、加入した年金制度の加入年数を合計して判定するようにした。今はそうはいわずに、いずれかの公的年金の加入期間が合計して25年以上になると受給のための資格期間を満たす。

③　高度成長と福祉元年

　高度成長が始まった時期には都会で日銭を稼ぐ人たちの生活も良くなった。しかし、道路工事や建設現場の土方・人夫、港湾の沖仲仕、魚や野菜の行商人、露天商、屑屋 (廃品回収業者。鉄が貴重品だったから、使えなくなった鍋釜・古釘などを買い取ってリサイクルに回した) などの出稼ぎや独り者は、お金があれば栄養補給やお酒に使ってしまうから、雨が降ると「オケラ」でろくに食べられなかった。

　池田政権 (1960～64年) の所得倍増計画もあって経済成長したが、工業部門と都市部の所得が上昇し農業部門と農村部が取り残された。1960年に岩手県沢内村で村長が65歳以上高齢者の外来医療費の無料化、61年に1歳未満乳児の無料化を行った。これらは憲法第25条の理念に突き動かされて実施したようだった。出稼ぎ者が多かった農村や商売が忙しくなってきた自営業では同居する老人が早く健康を取り戻し家事や家業を手伝ってもらうためには生産の視点

からも合理性のある選択だったといえる。
　1963 年に老人福祉法ができ老人福祉の増進が国や自治体の責務とされたが、当時は「壮年」に対する「老人」が使われ「老人福祉」「老人問題」「老人白書」といわれた。老齢期は体力、能力、健康、経済力、人間関係、社会関係などを失う人生の「喪失期」といわれ「社会からの疎外」が強調され、老人調査の質問では「あなたの生きがい」が必須項目で「孫の成長」という回答が多かったのが印象的である。一方、心理学者が調査によって「頑迷固陋」など老人の性格特性を列挙するようになり、社会の変化について行けない老人像が描かれた。
　そして欧米で「社会老年学」がおこり、老人になっても新しい役割があり生き生きと生活している老人も多いと紹介され、わが国にも老人の引退理論に代わって活動理論が勢いを得て、社会調査でも、生きがいとして就労、趣味などを挙げる老人も少なからずいることが強調されるようになった。心理学では生涯発達（人生は成長のあとは歳をとって衰退に向かうだけというのではなく、生涯にわたり成長と衰退、獲得と喪失を繰り返すという考え方）が広まり「生涯教育」に関心が向いた。また、老人に対して、もう歳だから「あれをやるなこれをやるな」というのは老人の機会を奪う「エイジズム」の思想だといわれた。
　そして「老」には「老いる」ばかりでなく「長老」「老練」などの肯定的な意味もあるといわれたが、結局、何歳からか意見が分かれる「老」はやめて人口学的な「高齢者」が定着した。（ところが厚生労働省では老人福祉法、老人ホーム、老人保健法、老人保健施設、老齢基礎年金など年齢にとらわれない「老」が健在である。老人扶養の美風を守るべき敬老精神を託す象徴であろうか。これなら、75 歳や 80 歳以上を「高齢者」とした長寿社会の社会保障も見えてくる）。
　わが国では 1970 年ころは、老人の次は「児童手当ができれば、福祉国家のメニューがそろう」という熱気があったという。当時は地方自治体で新興政党の後押しで児童への手当支給が始まり、国も追随して 1971 年に「児童手当法」を制定し、それ以来、「所得制限付きの児童手当」が続く（ヨーロッパの児童手当（家族手当）は所得制限がない国もある）。選別主義の自由主義者も均衡財政の保守主義者も、所得制限付き児童手当なら支持しやすい。経営側は会社で家族手当を出しているのだからといって反対したが、労使協調の社会保険型の社会保障を構想する官僚は、「将来の労働力涵養のため」という理屈で企業にも拠出金負担を納得させた。
　60 年代に革新首長が「老人医療無料化」を推進し人気を博し選挙で革新が躍進した。革新陣営では 71 年 4 月、東京都知事選で福祉優先を公約した美濃部候

補が圧勝し、72年12月衆議院選挙は自民党が伸び悩み保革伯仲となり「成長より福祉」という世論が定着した。その間、革新自治体が各地に誕生した。

これを見て田中角栄は農村部の不満に危機感を覚え「列島改造計画」を構想した。田中政権(72～74年)では革新陣営に対抗して福祉の充実を図り、強力な福祉エンジンに点火した。73年に、標準的な人の厚生年金の老齢年金は「現役被保険者の平均標準報酬の6割」を給付することになり、年金水準は経済成長にリンクすることになり、労働者の年金は強制貯蓄の積立方式から現役世代が高齢世代を応援する賦課方式の様相を持つことになった。

また、この年に老人医療無料化を行うために老人福祉法に老人医療費支給制度を設けた(70歳以上の患者一部負担を公費で肩代わりする。所得制限付き)。さらに、健康保険では家族給付を7割に引上げ、政管健保の国庫補助の定率化(10％)、高額療養費制度の創設などを行った。このころは第2次ベビーブームで、やがてくる急激な少子化は誰にも想像できなかった。

国立社会保障・人口問題研究所『2012年社会保障費用統計』によれば、池田政権の社会保障給付費の対前年伸び率は16.7％～21.6％で、次の佐藤政権(64～72年)では14.2％～22.6％であった。そのあとは田中により点火された福祉エンジンの噴射によって、1972年度の社会保障給付費を100とすると5年後の77年度には338、10年後の82年度には602となった。この10年間の名目GDPの伸びは2.86倍であったから、社会保障はGDPのおよそ2倍強の早さで飛び出していた。特に年金は72年度から10年間で10.8倍に激増した。

それまでの社会保障推進派はヨーロッパに追いつくために、社会保障給付費の対国民所得比を10％にすることが目標だったが、1973年度に6.5％だったものが76年度に10.3％となった。

冨山和彦は高度成長期の社会保障を次のように解説している。工業化した太平洋ベルト地帯と農村型の日本海側の地域格差を解消するために「列島改造計画」による所得再分配政策が始まった。公共投資で地方に道路や新幹線を造ったあとに工場を建て、地元の人を雇用し、地場産業よりも高い賃金で工員の生活を引き上げた。工場では中程度の熟練が求められ、企業単位でノウハウが蓄積されたから、会社に長く勤めると労働生産性が上がりやすく、年功序列や終身雇用と相性が良かった[4]。

こうして賃金の上昇や労働者の増加に伴って社会保険の保険料収入が年々増加し、社会保障給付費の増加をまかなうことができた。同時に、会社員になった若者も就職すれば会社で技能や知識を身につけ年々給料も上がり結婚して所

帯を持つという展望を持てた。また、親たちの経済的上昇欲求は自分が行けなかった大学へ子どもを行かせる動機付けになった。

1970年代には厚生省『厚生行政基礎調査』で収入も調査していたが、専門家は「収入の聴き取り調査は信頼性が低い」という認識で、収入階級別の分析はあまり行われていなかった。当時は、会社員や公務員には退職金や年金・恩給が出るのが大きな魅力だったが、老人の多数を占めていた農民や自営業にはそういう現金収入がなく、だからこそ国民年金をつくったのだが、会社員だった息子たちが多くの老人は会社員とは違って「成長から取り残されているからお金もない」と感じたのが共通認識になり「老人貧困論」が政治に普及したと思われる。

4 出生率の低下

英国の場合、産業革命後に死亡率が低下したが、出生率は中産階級から低下しはじめ、それが労働者階級に普及して少産少死社会になったが、ゆとりができると子どもを増やすから、人口増加は複利で指数曲線のように増えるが食糧生産はそうは増えないから貧困は減らないというマルサス理論の逆だった。わが国では明治以降、乳幼児死亡率の改善が続き、また、出生率低下傾向があったが、戦時中の出産先送りのあと、1940年代後半にベビーブームが起き、出生数は年間約270万人、1947年の合計特殊出生率は4.54だった。戦後の農村部では保健婦の栄養や避妊の指導などが成果を収め始めていた。

1950年代には、中学の日本地理でわが国は過剰人口だから産児制限と移民が必要と教えていたが、実際には希望子供数が減少し、人工妊娠中絶の普及で合計特殊出生率は急落し少産少死社会になった。60年代から70年代前半の出生率は2.13前後で安定し、福祉元年の73年は第2次ベビーブームで、少子化はとうてい見通せなかった。ベビーブーム世代は小中学校ではすし詰め教室やプレハブ教室、高校や大学受験では狭き門で自分たちは損な人生だと感じて育った。結婚して子を産める人は産んだが子どもの大学までの教育費を考えるとそのあとはどうするか迷ったようだ。

73年をピーク（出生数約209万人、合計特殊出生率2.14）として、75年にはあっという間に出生率が2を下回った。出生率低下は80年代にも進み、バブル期の89年には合計特殊出生率が1.57で、1966年丙午（ひのえうま）の1.58を下回ったため「1.57ショック」と呼ばれた。しかし厚生省の人口問題研究所の「将来推

計人口」は、「やがて出生率は回復する」という前提での推計を繰り返した。
　近年は、養育費や出産・育児により発生する機会費用（出産・育児せずに働いていれば稼げたはずの所得）など「子どもを持つコスト」が上昇した。しかも女性の進学率が高まり、女性の賃金は男性よりも速く上昇し出産・育児退職の機会費用は急速に上昇した[5]。これも少子化の一要因とされる。
　また、晩産化・無産化・非婚化にはいくつかの背景が挙げられる[6]。
　（ア）女性から見た結婚・育児の優先順位が低下した。（イ）欧米では同棲でも子を持つので、法律婚が減少しても少子化とはならないが、日本では婚外子を嫌う文化が強く、未婚化・晩婚化が「少子化」につながった。（国際比較では女性の労働参加と出生率の間に統計的には正の相関関係があるが、女性の就労により経済力が強くなるので出産するという解釈もある）。（ウ）非正規社員は将来の生活に展望がもてず、結婚や出産を諦めるケースが増加している。「男性は正社員で結婚率が高く、収入が高いほど結婚率が高い」や、「配偶者や子供がいる割合は所得の高い層で大きく、所得が低くなるに従って未婚率が高くなる傾向がある」という研究もあるが、政府はこれを認めないという。（エ）結婚生活に期待する生活水準よりも将来の見通しが暗い場合には、結婚や出産を避けるといわれる。親と同居している未婚女性（パラサイト・シングル）の要求水準はかなり高い。
　一方、加藤彰彦は、出生力が強い家族は、家族をつくって次世代に生命や家系をつなごうという家族であるという。1950～69年生まれで結婚時から親と同居する夫婦は、別居する夫婦と比べて、第1子で20％、第2子で26％、第3子で39％、出生確率が高くなる。「2000年代以降、日本人の家族意識は脱伝統から伝統回帰へと転換する傾向を見せている」と述べている。これは「脱家族化から再家族化への変化」といわれる[7]。このような傾向は個人化や脱家族が進むことが進歩と考える人たちから見れば「前近代への回帰」といえよう。

第2節　保守政権の福祉社会構想

　厚生労働省『国民生活基礎調査』の世帯構造別に見た世帯は、1975年には「夫婦と未婚子の世帯」と「三世代世帯」で59.6％だった。つまり、福祉元年ころは家族といえば「両親と子」あるいは「祖父母と息子夫婦と孫」でよかった。それに対して2013年には「夫婦と未婚子の世帯」と「三世代世帯」は合わせて

36.3％まで減った。それに代わって単身世帯と夫婦世帯が増え49.7％となり、いまや家族といえば単身か夫婦のみが半数で、これに「ひとり親と未婚子の世帯」を合わせれば56.9％に達するから、40年前の家族のイメージではだめだということである。

1 日本型福祉社会論

1)「生涯設計計画」

田中退陣後、三木政権 (1974～76年) ができた。三木首相は施政方針で「物的生活は簡素に、精神的生活は豊かに、生きがいを求めていく」と述べ、その構想を「ライフサイクル構想」と呼んだ。

1975年の「生涯設計計画」では、55歳から60歳への定年延長、65歳までの再雇用、65歳以降は年金で、というように生涯を通じて安定した生活を営めるようにする。そのためには自助、相互扶助を原則としながら、政府が一生の各段階で必要となるナショナル・ミニマムを提供する。ナショナル・ミニマムを越える部分は自助の努力で切り開く。具体的には教育、住宅、雇用、年金、医療などをシステム化し新たな制度の導入を進める。そして、誰でも努力をすれば家を持てる制度、新しい労働慣行と誰でもいつでもどこでも学べる教育制度、誰でもナショナル・ミニマムを保障される社会保障制度、誰でも安心して老後を過ごせる社会の4点を挙げた。学者中心でまとめたので官僚からは「学者の空論」といわれた[8]。確かに55歳定年の時代で今の少子化も想定外だったから、65歳年金支給開始などといったからそう受け止められたのであろう。1975年に村上泰亮・蝋山昌一ほか『生涯設計計画—日本型福祉社会のビジョン』が出版された。

この構想に対して自民党からは膨大な財政支出を伴うという反対意見も多かった。76年にロッキード事件が露呈し、クリーンなイメージが看板だった三木は真相の徹底解明を主張したが自民党内の「三木おろし」で降板となった。

2)「日本型福祉社会」構想

大平正芳は三木内閣で大蔵大臣を務め、酒・たばこ・郵便の値上げ3法案が廃案になったことによる歳入欠陥を穴埋めするために赤字国債 (特例国債) を発

行した。戦後の赤字国債は東京オリンピック後の不況対策の財源のために福田赳夫蔵相のもとではじめて発行され、三木内閣で再開された。しかし大平は「子孫にツケを回す」ことを非常に恐れていた。

　福田赳夫政権のあとの大平政権（1978～80年）では、安定成長と赤字国債依存という条件の下で、福祉国家路線を転換して保守主義的な「日本型福祉社会」構想を打ち出した。施政方針演説で「日本人の持つ自立自助の精神、思いやりのある人間関係、相互扶助の仕組み」と「適正な公的福祉」を組み合わせた「公正で活力ある日本型福祉社会」を建設すると述べた。また、「秩序と活力のある自由市場経済」と「内政外交を通ずる総合的な安全保障の確保」という枠組みを守るというのが国家観であった。「行政は簡素で効率的なもの」でなければならないが「社会的公正の確保、構造改革の推進等、行政が新たな役割を担うべき領域は拡大」していると述べた。（日本型福祉社会で強調した「自立精神」は欧米のような家族や共同体からの個人の自立ではなく、例えば二宮尊徳の分度・推譲のように「自分たちの仲間内で始末すること」、つまり福祉国家への依存をやめる脱社会福祉といえる）。

　1979年「新経済社会7カ年計画」では、「福祉は、個人の生き甲斐と温かい人間関係を基礎としてはじめて成り立つ」が、高度成長の中で「家庭や近隣社会の人間的なつながり」が失われた。これからの国民福祉は職場・家庭・近隣社会における潤いのある人間関係が基本だとした。同計画の閣議決定では、成長減速と人口高齢化に伴う扶養負担の増大のもとで、住宅や生活関連社会資本の整備、社会保障の充実、教育文化施策の充実等のニーズが高まるが、これを従来どおりのやり方で充足すると公共部門が肥大化して経済社会の非効率をもたらすおそれがある。そこで計画では「個人の自助努力と家庭及び社会の連帯の基礎のうえに適正な公的福祉を形成する新しい福祉社会への道を追求しなければならない」とした[9]。

　これは個人を丸裸にしないで共同社会が包み込み、家族や企業や地域などそれぞれの助け合いを「自立」とみてそれを復活させようとしたものである。今日、わが国の高等教育の教育支出に占める公費負担の割合が32.2％で米国の34％と並んで先進国中、最低になったのは[10]、自立自助や家族の責任を強調するこの路線のせいともいえる。OECDの社会支出統計のうち「遺族」「家族」「住宅」を合わせた対GDP比を比べると2011年度は日本2.91％で米国1.75％だが、英国5.58％、ドイツ4.90％、フランス5.59％、スウェーデン4.54％だった。

　（7カ年計画では、「欧米先進国へキャッチアップした我が国経済社会の今後の方向とし

ては、先進国に範を求め続けるのではなく、……個人の自助努力と家庭や近隣・地域社会等の連帯を基礎としつつ、効率のよい政府が適正な公的福祉を重点的に保障するという自由経済社会のもつ創造的活力を原動力とした我が国独自の道を選択創出する、いわば日本型ともいうべき新しい福祉社会の実現を目指すものでなければならない」と述べ、また社会保障では人口高齢化などの社会的変動に対応して、社会保障が的確な役割を果たすよう、年金、保健・医療、社会福祉の各部門で長期的な展望に立って体系的な整備を進める、と述べていた)。

3) 福祉社会は共同体と市場の二枚看板に

ところが大平の次の鈴木政権では「増税なき財政再建」をうたい、臨調答申では「国民の所得水準の向上と社会の成熟化という事実を踏まえ、自由で活力のある福祉社会を実現するために、国民生活と行政とのかかわり方の見直しを進め、真に救済を必要とする者への福祉の水準は堅持しつつも（これは米国レーガン政権と同じ）、国民の自立・自助の活動、自己責任の気風を最大限に尊重し、関係行政の縮減、効率化を図る」と「自立自助・自己責任」にシフトした路線が述べられた[11]。

中曽根政権（1982～87年）の経済政策は温情主義を捨て、サッチャー、レーガンにならった市場経済重視の経済自由主義だった。1982年の第二臨調第3次答申では、国民負担率抑制、活力ある福祉社会、日本型福祉社会として家族や近隣、職場等において連帯と相互扶助が十分に行われるように必要な条件整備をおこなうこと、などが述べられた。(ここの「連帯」は脱社会福祉を目指した個人間の相互扶助の連帯と読める。ところが、ヨーロッパの「自立と社会連帯」は個人が家族や共同体への依存をやめ福祉国家をつくるときの理念であったから、逆だった)。

1982年の社会保障長期展望懇談会「社会保障の将来展望について」という提言で次のように述べた。社会保障は、個人の自助を前提とした上で国民の連帯による相互扶助を組織化して社会の安定を図るもので、現代自由主義国家を支える基盤とし、貧困者やハンディキャップを持つ者だけに対象を限るべきではない。その一方で、広く国民一般に福祉サービスを行う場合、福祉は無料という考えを改め「負担能力と受益の程度に応じた費用負担」にするという考え方を示した。そして、社会福祉の目標は低所得層の防貧対策から、福祉サービスを必要とするすべての者の生活の自立や社会参加が可能となるよう社会的に援助する方向に転換する。そして、所得の向上で福祉サービスの選択範囲が拡大

すると予想されるが、市場機構を活用する方向も検討する必要があろう、と述べられた[12]。

こうして1982年の臨調第三次答申で公営事業の民営化が指針とされ、同年の社会保障長期展望懇談会提言でも市場機構活用が出された。大平の日本型福祉社会は福祉国家に代わる受け皿として相互扶助で個人を孤立させない家庭・職場・地域社会を描いたが、ここで民営化が加わり、福祉国家に代わる日本型福祉社会は相互扶助と民営化、あるいは共同体と市場の二枚看板になった。

1983年に老人保健法が実施され、70歳以上の老人にも医療費を一部負担させることとなった。これで老人医療無料化は終わり費用を公平に負担するとした。公平といいながら、富裕な高齢者にも年齢で一律に軽い負担にとどめたのは、所得格差を露出させたくない保守主義的な方法といえよう。

また、1988年からの「老人保健施設」は入院高齢者の退院を促進するもので、施設でリハビリを行い家庭での療養の負担を軽減するもので、「中間施設」とも呼ばれた。しかし帰宅に至らず長期滞在や病院への逆戻りも多かった。

2　1985年の年金改正

国民年金の被保険者数は1979年度の2785万人がピークで、2007年度には2035万人まで減少した[13]。農家や個人商店の減少など産業構造の変化で国民年金の被保険者の減少が危ぶまれたが、総数がさほど減少していないのは、本来は厚生年金に加入すべき会社員が国民年金に加入してきたという要因もあろう。

国民年金の収支の推移を見ると、1975年度は保険料では給付費が賄えなくなった。1983、84年度には保険料ほかの収入合計よりも給付費が大きく積立金を取り崩し始めた。

そこで1985年の年金改正で国民年金を新「国民年金」に衣替えし、旧国民年金の被保険者を新国民年金の第1号被保険者とし、会社員や公務員など被用者を第2号被保険者、その無職の配偶者を第3号被保険者として「加入」させることにした。そしてすべての被保険者に共通する給付として「基礎年金」を作り、その3分の1は税で賄う。新しい第3号被保険者の年金は、従来の夫の老齢年金と配偶者加算分を、夫名義の老齢厚生年金と老齢基礎年金と妻名義の老齢基礎年金に3分割したとされた。

これなら専業主婦が保険料を負担していなかったと批判される筋合いはな

かった。ところが今はそうは説明しなくなったから、独身女性や就労女性から不公平だという批判が起こった。しかし「自分たちは子育てして年金制度に貢献しているのだから、子育てしない人に不公平といわれることはない」と反論すれば良かった。ところが、専業主婦でも子がいないとか児童福祉など児童養育に全く関係しない人も増えてきたからそうもいえなくなった。

なお、公的年金の歴史については第11章第3節 (2) 7) を参照。

3 措置から契約へ

1981年の厚生省の若手官僚の政策ビジョン研究会の提言では「措置方式」に代わって「契約方式」が提案され、また、厚生省の社会福祉施設改善検討委員会の意見書 (1981年) では、施設によっては「措置」に代えて要援護者と施設経営者との「契約」が妥当と述べた。さらに全国社会福祉協議会の施設制度基本問題研究委員会『新たな福祉活動の展開』(1983年) では、「入所措置」が入所者による施設選択の余地を狭め、施設も経営を保証され競争がなくサービスが改善されなかったことが問題とされた[14]。現在は、認可保育所の場合、父母と市町村が契約し市町村から保育所へ委託されるが、認可外保育所は父母と保育所が直接に契約し、また、特別養護老人ホームは介護保険を使って入所者と施設が契約している。

それに対して、国家責任重視の側からは、措置制度の問題点の多くは厚生省による運用の拙さの結果であり、憲法の「生存権保障」と「国の責任」を満たすために措置制度は必要なものという主張があったという[15]。

4 バブル崩壊以降の社会福祉

1) 自立と連帯の「21世紀福祉ビジョン」

バブル崩壊のあと1993年8月から96年1月まで細川・羽田・村山の非自民の政権が続いた。1994年の高齢社会福祉ビジョン懇談会「21世紀福祉ビジョン」では、「社会保障は、国民一人ひとりの自立と社会連帯の意識に支えられた所得再分配と相互援助を基本とする仕組みである」と定義し、「自立と社会連帯」を強調した[16]。この報告書の中では「日本型福祉社会」にも似て、個人の自立を

基盤とし、家族、地域組織、企業、国、地方公共団体等社会全体で福祉社会を支えていく「自助、共助、公助の重層的な地域福祉システムの構築」という概念を提唱した。

　自助・互助・共助・公助については、厚生労働省老健局振興課「介護予防・日常生活支援総合事業の基本的な考え方」のサイトの中の「支え合いによる地域包括ケアシステムの構築について」では、地域包括ケア研究会の 2013 年の報告書の通り次のように整理した。

　自助（介護保険・医療保険の自己負担部分、市場サービスの購入、自身や家族による対応）、互助（費用負担が制度的に保障されていないボランティアなどの支援、地域住民の取り組み）、共助（介護保険・医療保険制度による給付）、公助（介護保険・医療保険の公費部分、自治体等が提供するサービス）である。ただし、互助と共助は従来は逆の使い方が一般的だったように思われる。

　1995（平成 7）年の社会保障制度審議会勧告では、社会保障の理念は「広く国民に健やかで安心できる生活の保障」とされた。

2) 社会福祉基礎構造改革

　構造改革を指向した橋本政権の 1996 年に社会保障関係審議会会長会議「社会保障構造改革の方向（中間まとめ）」が出された[17]。基本的には自らの生活を自らの責任で維持すること、生活に必要なサービスも自分の責任と負担において選択することなど自己責任論が軸であった。同年の米国クリントンの福祉改革法でもニューディールを否定して個人責任が強調されていた。（ヨーロッパ的な社会保障の理解では、個人が努力しても立ちゆかないから社会連帯で福祉国家をつくるという発想であるが、米国は立ちゆかなくても福祉国家ではなく「自己責任」という放任的政策である。その点、日本型福祉社会はデザインとしては個人を共同体で支えるのだから米国型の「自己責任型社会」とはいえない）。

　1997 年の「財政構造改革会議最終答申」では、国民医療費の伸びを国民所得の伸びの範囲内とすること、年金の「賃金再評価」の廃止、ほかが提言された。（サラリーマンの老齢年金額の計算には、過去の名目賃金の平均ではなく物価変動などを反映した「再評価率」を乗じて水増しした賃金の平均を用いる）。これをやると年金支給額が予定よりも高くなり積立金が早く目減りするので保険料引き上げや国庫負担増、支給開始年齢引き上げなどが必要になるが、財界はその負担増を嫌い、また、支給開始年齢引き上げは企業の定年年齢引き上げに連動するということ

を恐れたのであろう。

　1998年の中央社会福祉審議会「社会福祉基礎構造改革について（中間まとめ）」[18]では、社会福祉の理念は、国民が自らの生活を自らの責任で営むことを基本として、自らの努力だけでは自立した生活を営むことができない場合に支援をすることとした。そして、社会福祉の目的は、限られた者ではなく国民全体を対象として、社会連帯で支援し、個人が人としての尊厳をもって、家庭や地域の中で障害や年齢にかかわらず、その人らしい安心のある生活が送れるよう自立を支援すること、とされた。そして、社会福祉の基礎は、他人を思いやりお互いを支え助け合う精神で、社会福祉を作り上げ支えるのは全ての国民であるとした。

　ところが「その人らしい」の説明がないが、従来の社会福祉学なら一人一人が自分の持っている、あるいは自分に残された能力を発揮する生活、あるいはA.センにならって「自分が選んだ生活」で、いずれにせよ自由主義的である。

　1998年に厚生労働省は「保険料の上限論」を意識してか『年金改革に関する有識者調査』を行った。回答者に将来の負担上昇を意識させるようになっていたせいか、老後生活のうち公的年金で賄う範囲は「衣食住等の消費生活の基礎的部分のほか保健医療・交通通信ぐらいまで」（平均で月額約15万円程度）が52.1％と最も多く、教養・娯楽までを含める人は少なかった。これは有識者であったからこうなったともいえるが、新聞社などの世論調査では高福祉高負担路線の賛成者も少なからずいることも分かっていた。

5　介護保険と障害者総合支援法

1）介護保険

　2000年「介護保険法」が施行された。第1条では「有する能力に応じ自立した日常生活」のために給付を行い、第4条では「共同連帯の理念に基づき」費用を公平に負担することとされた。また、2006年「障害者自立支援法」第1条で「有する能力及び適性に応じ自立した日常生活又は社会生活」のために給付・支援することとされた。こうして高齢者と障がい者の福祉は「保護から自立支援へ」と舵が切られた。

　介護保険の財源の半分が国や市町村などの公費だが、それまでの老人福祉サービスは税方式だったから、突然、公費をやめるといったのでは保険方式の

合意は得られなかったに違いない。保険方式に変えた理由は高齢化がさらに進んだときに、財源を丸ごと税収に依存していると予算獲得が難しいが、保険料なら介護需要の増加に応じて保険料を引き上げると説明しやすいという目論みだった。そして現役は原則的にはこの保険の給付が受けられないが、家族介護の負担が軽くなるはずということで、保険料を現役と高齢者が人口割合に応じて負担することになった。

2000年に介護保険ができたときは医療費が減ると期待された。ちなみに2000～09年の10年間の重回帰式を求めてみると、医療給付費＝－7.5994＋0.1320×65歳以上人口－0.8580×介護対策費となり、「介護対策費」の符号がマイナスだから介護対策の充実は医療費を減らすということで理論的な期待と一致した（ただし、サンプルも少なく、独立変数相互の相関係数（r）が0.9462だから、このままではいけない）。

一方、小泉政権では2003年4月から医師会や自民党内の反対を押し切って、健康保険の本人負担を3割に引き上げたが、経験的には患者負担増は受診率を下げるから社会保障国庫負担を減らす効果が期待できる。しかし、時間の経過とともに受診率が元に戻ることも経験的に分かっている。また、介護保険では保険料引き上げが行われた。また、長期入院患者の食費や光熱費などの利用者負担を設けたが、これは在宅生活の人との公平を保つためであった。（平成28年4月から入院患者は従来の食材費相当に加え調理費用分も負担する）。

2）保険証の返納

2001年の総合規制改革会議「重点6分野に関する中間とりまとめ」のなかに企業による病院経営、保険者と医療機関との直接契約、公私混合診療の自由化など米国の医療業界にならう改革案が含まれていたが、これには厚労省は異論を唱えた。また、米国の経験から医療の市場化には批判があった[19]。

小泉政権では英米の「ワークフェア」のように、2002年に児童扶養手当を圧縮し、同時に就労支援の強化を行った。

一方、商店などが近所に大規模店ができて店を開けてもお客が来ない、あるいは低賃金で働いても働いても非正規社員では収入が生活費に足りないという、いわゆるワーキングプアが増え、国民健康保険の保険料が払えない場合には保険証を取り上げられた。担当者は「保険は保険料を払う人の助け合い」だから保険料を払えない人には生活保護の医療扶助があるという説明を繰り返し

た。制度上は、保険料を滞納すると有効期間が短い「短期保険証」に切り替えて保険料納付の督促をし、払う能力があるのに払っていないと判断された場合は「資格証明書」を発行し、いったんは病院窓口で医療費の全額を支払い、後日、保険料納付を催促しながら給付分を払い戻すことになっていた。

3) 障害者総合支援法

2006年の「障害者自立支援法」では障害者福祉の対象に従来の身体障害者と知的障害者に、精神障害者（発達障害を含む）を加えた。同時に、リバタリアンの主張に沿うように応益原則を採用したので、重度の人ほど利用者負担が重くなる点が問題とされた。

民主党政権の2011年に「改正障害者基本法」が成立し、障害の有無にかかわらずどこで誰と生活するかについての「選択の機会」と、地域社会での他の人々との共生を重視した。アマルティア・センは「選択の機会」に関連して、福祉国家やパターナリズムとは違って、自分に開かれた選択肢の中から自由に選ぶという潜在能力を発揮できるように各人の生活での心理的身体的社会的な諸機能を保障することが必要だという（第14章1節(7)2)参照）。基本法はこれにならうものであった。

（近年は障がい者に限らず「各人が選んだ生き方」の支援を社会福祉の目的に掲げることも多い。例えば「大阪府　子どもの生活に関する実態調査」（2016年7月実施）の調査目的の中に「大阪府では、子どもたちが積極的に自分の生き方を選択し、自立できるよう様々な施策を実施しています」とある。前半部分は自由の最大化や自立などで自由主義者と調和するが、後半部分のように政府が個人や家族に関与する政策は自由主義と矛盾する。強いていえば社会自由主義的な立場であろうか）。

2012年に民自公三党の合意で障害者自立支援法の改正という形で「障害者総合支援法」が成立した。この法律で「障害者」というのは、従来からの身体障害者、知的障害者、精神障害者に加え、難病で18歳以上の者も対象とした。

なお、厚生労働省は障害福祉サービスの「利用者負担軽減措置」をとり2011年度から低所得者の負担を実質ゼロとする運用を行い、その結果、軽減措置により無料で障害福祉サービスを利用している人の割合は2011年10月時点で85.5％、サービス給付費に占める利用者負担額の割合は0.38％であった[20]。

（なお、認知症高齢者や知的障害者や精神障害者などの「日常生活自立支援事業」は、社会福祉協議会が判断力が不十分な人も福祉サービスを利用するなどして地域で自立した

生活ができるように有料で支援するものである。また、障害者や障害児の「地域生活支援事業」は、市町村や県が地域の中で自立した日常生活や社会生活が営めるように啓発・相談の支援・成年後見の利用支援・介護サービスなどを行う。これらで期待される自立は依存的自立でデイサービスなど各種の福祉サービスで生活訓練しADLやIADLを高め、家族依存を減らす努力などであろう。努力の結果としてQOLが高まる）。

6 安心社会と一億総活躍社会

1）安心社会構想

ⅰ）（安心社会）

小泉政権(2001～06年)の聖域なき構造改革路線のあと、安倍、福田政権は短命で麻生政権(2008～09年)が生まれたが、世界金融危機の直撃を受け4回にわたり生活者、中小企業、地方への景気対策を行った。支持率低下に悩み税収が増えない中で財政再建や格差対応を求められていたが、脱小泉色の保守派の福祉改革の方向を示そうとした。2009（平成21）年に始まった「安心社会実現会議」（委員は伊藤元重、宮本太郎、吉川洋、渡辺恒雄ほか）が同年6月に報告書「安心と活力の日本へ」を出した[21]。

世界金融危機以降の経済の低迷のもとで現状認識では「格差の拡大や固定化、貧困問題」を取り上げ、社会生活では保守派らしく家族や地域の変容とつながりの希薄化による社会の活力の低下と帰属感の希薄化などを指摘した。その対策は構造改革の推進ではなく日本型福祉社会への回帰といえる。共同体や企業責任を復活させた安心社会を挙げ、安心社会が内需拡大や資産活用を生み成長へつながるという展望を描いた。雇用・子ども・若者・教育を重視する。

(ア) 従来から日本社会のまとまりを作ってきた安心確保の形を再生させる。

(イ) 企業は株主ばかりではなく地域社会や従業員も大事にして公共性を重んじる伝統があり、それを活かす。

(ウ) 持続的な経済成長のために日本型安心社会が必要で三つの側面がある。
(a)「働くことが報われる公正で活力ある社会」。(b)「家族や地域で豊かなつながりが育まれる社会」 助け合い支え合うコミュニティを支援する。(c)「共に支え合う社会」 国、自治体、民間企業、NPOの連携により教育・訓練、医療、保育、介護、住宅などの基本的な支えをつくる。

そして安心社会の五つの領域（雇用、子どもを産み育てる環境、学びと教育、

医療と健康、老後と介護）の領域の公私の「社会サービスの充実」は労働供給の確保や労働の質の向上が期待でき、安定した経済成長の基盤になるという。

(エ)　「社会的公正と自由市場経済」を新しい次元で統合し、節度とモラルのある「日本型自由市場経済」にする。政府は国民が活き活きと力を発揮する条件をどこまで作れるかが重要である（公正と市場経済を並べるのはヨーロッパの社会的市場経済と類似である。西山千明と同じ自由主義の政府を示した）。

(オ)　安心社会の実現のためには、高齢者支援と並んで若者・現役世代支援も強化し、全生涯、全世代の「切れ目のない安心保障」を構築する。

ⅱ）（子ども・若者育成支援推進）

麻生政権末期の2009年7月8日の「子ども・若者育成支援推進法」は「子ども・若者が次代の社会を担い、その健やかな成長が我が国社会の発展の基礎をなす」のであるが環境が悪化しているので、子ども・若者の健やかな育成や、円滑な社会生活を営めるようにする支援の基本理念等を定めるものとされた。

その基本理念では、子ども・若者が成長する過程では「良好な家庭的環境」が重要で、育成支援では「家庭、学校、職域、地域その他」は各々の役割を果たし互に協力するものとされた。（出産育児や子育てと仕事の両立の支援であろう）。

2）一億総活躍社会構想

ⅰ）（社会保障制度改革国民会議報告書）

民主・自民・公明の三党合意に基づき2012年に「社会保障制度改革推進法」ができ年金、医療、介護、少子化の4分野での改革の基本方針が明記され、その第2条2では「社会保障の機能の充実と給付の重点化及び制度の運営の効率化とを同時に行い、税金や社会保険料を納付する者の立場に立って、負担の増大を抑制しつつ、持続可能な制度を実現すること」とされた。同法により「社会保障制度改革国民会議」が設置され2013年8月に報告書が安倍政権に出された[22]。

つぎのような「基本的な考え方」である。

（ア）自助・共助・公助の最適な組合せのもとで、社会保障の持続可能性と機能発揮のために消費税収を確保し「能力に応じた負担」の仕組みを整備し、「社会保障を必要としている人たちにしっかりと給付」する改革が必要である。（イ）わが国の社会保障制度は「自助の共同化」としての社会保険が基本で、公的扶助等

の「公助」は自助・共助を補完するものと位置づける。（ウ）国民の多様化し拡大したリスクやニーズに対応するために「社会保障の機能強化」が必要である。（エ）社会保障費が経済成長を上回って増大し国民の負担増大は不可避だが国民の納得を得るためには、徹底した給付の重点化・効率化が求められる。（オ）現在の世代の給付に必要な財源は後代でなく現在の世代で確保する。このため「自助努力を支え公的制度への依存を減らす」、「負担可能な者は応分の負担を行う」ことによって社会保障の財源を積極的に生み出すべきである。（カ）「全世代型」の社会保障制度に転換し、年齢ではなく負担能力に応じて負担すること、子ども・子育て支援策など若い人々の希望につながる投資を積極的に実施する。子どもたちへの支援は改革の基本であり未来への投資であること、女性の活躍は成長戦略の中核であること、介護保険では地域包括ケアシステムの構築を行うことなどが強調された。

そして 2013 年 12 月に「持続可能な社会保障制度の確立を図るための改革の推進に関する法律（プログラム法）」が成立し、その第 1 条で「受益と負担の均衡がとれた持続可能な社会保障制度」のための改革が目的とされた（前回の制度改革国民会議報告書では「応能負担」だったが、本法では「受益と負担の均衡」つまり「応益負担」に変更したと評される）。

プログラム法を具体化するものとして 2014 年に「医療介護総合確保推進法」が成立した。それは医療法や介護保険法に関係し効率的かつ質の高い医療提供体制と地域包括ケアシステムを構築するとした。（「地域包括ケアシステム」は、第 2 条では、地域の実情に応じて、高齢者が可能な限り住み慣れた地域でその有する能力に応じ自立した日常生活を営むことができるよう、医療、介護、介護予防（要介護状態若しくは要支援状態となることの予防又は要介護状態若しくは要支援状態の軽減若しくは悪化の防止をいう）、住まい及び自立した日常生活の支援が包括的に確保される体制、とされる）。

ⅱ）（一億総活躍国民会議報告書）

第 3 次安倍政権（2014 年〜）の 2015 年 11 月に「一億総活躍国民会議」の報告書「一億総活躍社会の実現に向けて緊急に実施すべき対策——成長と分配の好循環の形成に向けて」が出された[23]。少子高齢化が労働供給減少や将来の経済縮小や生活水準低下を招くという認識が将来の不安・悲観を生んでいるとした。

一億総活躍社会の包摂とは「若者も高齢者も、女性も男性も、障害や難病のある方々も、一度失敗を経験した人も、みんなが包摂され活躍できる社会」であ

る。個々人の多様な能力や多様性を認め、新たな着想によるイノベーションを通じた生産性向上によって経済成長を加速することが期待される。そして、「ニッポン一億総活躍プラン」に向けて強い経済、子育て支援、社会保障など検討の方向性を示し、緊急に実施すべき対策としてつぎの三つを挙げた。

(ア) 「GDP600兆円」の強い経済実現には、投資促進・生産性革命の実現、最低賃金引き上げ（2020年に1000円を目指す）・賃金引上げを通じた消費の喚起、女性・若者・高齢者・障害者等の活躍促進、ほか。

(イ) 「希望出生率1.8」には、結婚・子育ての希望実現の基盤となる若者の雇用安定・待遇改善、結婚と妊娠から子育てに至る各段階の負担・悩み・不安を解消する支援の充実、出産後・子育て中も就業が可能な多様な保育サービスの充実、子育てを家族で支え合える三世代同居・近居がしやすい環境づくり、子育てが困難な家族・子供等への配慮・対策（「ひとり親家庭・多子世帯等自立応援プロジェクト」、ひとり親家庭支援のため自治体窓口のワンストップ化、子供の学習支援や居場所づくり、離婚時の養育費の事前取決め、児童扶養手当の生活安定・自立促進機能の充実など）、ほか。（女性の就業促進と保育サービス充実は従来の保守派の伝統的な女性像とは矛盾するが、労働力不足対策として受容するのであろう）。

(ウ) 「介護離職ゼロ」には、高齢者の利用ニーズに対応した介護サービス基盤の確保、介護する家族が介護休業・休暇を取りやすい職場環境の整備、ほか。

　2016年1月の会議では、「ニッポン一億総活躍プラン」に同一労働同一賃金を含む「働き方改革」と「子育て・介護の環境整備」と「成長と分配の好循環のメカニズム」などを含めた。そして厚生労働省は1週間の所定労働時間が短い「短時間正社員」を導入する企業を増やすように支援する。これは期間の定めのない無期労働契約という意味で「正社員」で、時間当たりの基本給やボーナス、退職金などの算定方法もフルタイム正社員と原則として変わらないとされる[24]。

ⅲ）（専門職か住民力か）

　社会参加としては二通りあり、一方では「一億総活躍社会」などは、労働力人口の確保や生産性向上という日本経済の課題解決につながるように女性の就労などを促進する。他方、厚生労働省の「地域共生社会」構想では中高年などに介護分野などに地域住民の力を動員する構想で、高齢者や女性が住民の介護にた

ずさわることを促す。

　しかし前者のような女性の本格的な社会参加は、「三綱」などの保守的家族観と矛盾し、ただの「何でもあり」の保守になってしまう。これの解消には保守主義は「三綱」的女性観を改め「大同」社会の適材適所と社会的扶養を取り入れた複合的社会観に脱皮する必要があろう。働ける人は適材適所で働く職があり乳幼児や老衰者など働けない人はみなで養う。ただし、保守は低所得層限定の福祉にこだわる経済自由主義と連携するから、そうなれば大同社会のなかに自由指向の低所得層限定や平等指向の保育・介護の社会化を位置づけることもできる。それにより保守主義の全世代型社会保障は「全方位型社会保障」となり、自由主義や社会民主主義とは違った保守主義独自の福祉の世界となり得よう。

iv）（幼児教育・保育と大学の無償化）

　ところで「一億総活躍社会」とは直接の関係ないが、ウェブサイトに「佐賀県育児保険構想試案　2007年6月13日」があり、これは社会全体で育児を支えるという主旨で政府の子育て支援政策の費用を税と保険料で半分ずつ賄う案であった。また、八代尚宏は「育児保険」を提案した[25]。

　安倍政権は2016年に「子ども・若者育成支援推進大綱」を決定した。その冒頭で子ども・若者は家族と社会にとって重要だとした上で、能力や生育環境が異なっても家族などの愛情に包まれ挑戦と試行錯誤が許され「社会的に自立した個人」として成長し、集団や組織や地域で「他者と協働」することが望まれている、とする。

　ここでは子どもの個人としての自立と同時に、集団や地域とかかわり日本型福祉社会の一員となることが期待されている。

　一方、2017年3月28日の日本経済新聞によれば、自民党「2020年以降の経済財政構想小委員会」は、教育国債を財源とした教育無償化案への対案として「こども保険」を提言した。「教育国債案」は大学を含む教育全般の無償化であるが、「子ども保険」は「必要な保育・教育などを受けられないリスクを社会全体で支える」ための仕組みとし、無償化の対象は幼児教育・保育で、現行の児童手当と合わせれば保育園や幼稚園の負担を実質的に無償化できるという。社会保険制度とし、保険料は社会保険料に上乗せするが、これでは子なし家庭や子育てが終わった家庭に保険制度というのはおかしいという批判、幼稚園や保育園にはすでに利用料減免措置があるから新たな給付は中間層のゆとりを増し学習塾などの格差が広がるとか、待機児童対策や高校生専門学校生大学生支援の方

が家計の要望が強いなど幼児教育無償化の批判もある。(幼稚園も保育園も使わない家庭にもゆき渡るような「児童養育世帯限定の給付付き税額控除」や児童医療費無料化や育児に関係する女性の年金保険料免除で応援するという方法もある)。

2017年8月3日に「人づくり革命」の断行が閣議決定された。「いくつになっても学び直しができ、新しいことにチャレンジできる。子どもたちの誰もが、家庭の経済事情にかかわらず、それぞれの夢に向かって頑張ることができる」ようにするという。大学無償化の財源を消費税増税分の一部で賄うという提案には財政再建を損なうとか、費用対効果を考慮すべきなどの批判が起きた。

7 中流意識と生活意識

1958年の総理府第1回『国民生活に関する世論調査』では自分の生活程度について「上」と答えたのは0.2％、「中の上」は3.4％、「中の中」37.0％、「中の下」32.0％、そして「下」は17.0％で、中流が8割といわれた。もっとも「中の下」と「下」を合わせて49％だった。しかし中流が70年以降は9割台が続き、「8割以上が中流意識を持つ平等社会」といわれるようになった。

世界金融危機後の2014年度は「上」が1.2％、「中の上」12.4％、「中の中」56.6％、「中の下」24.1％、「下」4.6％で、中流は93.1％だった。注目すべきは「下」で、1958年当時はまだ零細な農家や商店がかなり多くて、自分は「下」と感じた人が17％だった。やがて成長過程で子世代が定期的に現金収入の入る工具や会社員になって、ようやくわが家も世間並みになったと感じた人が増えたせいか「下」が減った。

世界金融危機のあと、生活が「下」と感じた人が4.6％で、バブル期の8％と対照的である。バブル期には世間と比べて相対的に「下」と感じた人が多かったのであろう。現在はそれとは逆で苦しいとはいえ自分だけ「下」とは感じなくて済む時期だから、ここの4.6％はコアな「下」かも知れない。なぜなら、2014年度の生活保護受給人員の割合は1.7％で保護の捕捉率を3割程度(第13章2節(5)参照)と仮定すればその3倍の5％程度が生活困窮層といえるからである。(もっとも1958年頃の保護率は2％程度で、当時の捕捉率は定かでないが2割程度とすれば生活困窮層は合計10％だったといえる。しかし当時は、零細な農家・商店・職人などが生活水準というよりは「家柄の格付け」と受け止めた可能性もある。その結果、生活困窮層と合わせて17％が「下」と答えたとも考えられる)。

なお、平成26年度調査では、現在の生活に満足している(満足している＋まあ

満足している）と答えたのは男女計で20～29歳79.1％、30～39歳70.7％、40～49歳69.6％、70歳以上73％である。経済成長の体験のない20代は「不満足」が最も少ないのが際立っている。

それに対して「暮らしが苦しい」という生活意識はどうか。厚生労働省『平成26年国民生活基礎調査』では、生活が苦しい（「大変苦しい」と「やや苦しい」）と答えた人は2004年の55.9％から一貫して増加し2014年には62.4％であった（残りは「普通」34.0％「ややゆとりがある」3.2％「大変ゆとりがある」0.4％。なお、保育園の外にさらにベビーシッターを頼む余裕がないという「苦しい」もあろう）。

2014年の高齢者世帯の「苦しい」は全体よりも低くて58.8％、児童のいる世帯は逆に67.4％であった。同調査では高齢者世帯数は増加傾向で児童のいる世帯数は減少傾向であるが、両者の増減は全世帯でみた「苦しい」の割合に対して逆の効果があるといえる。

参考文献（第9章）

(1) 富永健一『社会変動の中の福祉国家』中公新書、2001年、p.220。
(2) 小山進次郎『生活保護法の解釈と運用（増補改訂版）』中央社会福祉協議会、1951年。
(3) 土田健次郎『江戸の朱子学』筑摩書房、2014年、p.109。
(4) 冨山和彦『なぜローカル経済から日本は甦るのか』PHP新書、2014年、pp.32 〜 35。
(5) 岡崎陽一「人口高齢化と社会保障」堀勝洋編『社会保障読本第3版』東洋経済新報社、2004年　ほか。
(6) 山田昌弘『少子社会日本』岩波新書、2007年、第4章　ほか。
(7) 加藤彰彦「出生率向上に必要なのは伝統的拡大家族の再生だ」正論、2015年12月号、pp.225 〜 227。
(8) 秋谷紀男　https://www.meiji.ac.jp/koho/desukara/sanpomichi/2009/32-miki.html。
(9) http://www.ipss.go.jp/publication/j/shiryou/no.13/data/shiryou/souron/8.pdf。
(10) 文部科学省『文部科学白書2009』http://www.mext.go.jp/b_menu/hakusho/html/hpab200901/1295628_005.pdf。
(11) 臨時行政調査会「行政改革に関する第一次答申」1981年7月　http://www.ipss.go.jp/publication/j/shiryou/no.13/data/shiryou/souron/1.pdf。
(12) http://www.ipss.go.jp/publication/j/shiryou/no.13/data/shiryou/syakaifukushi/195.pdf。
(13) 厚生労働省「年金財政ホームページ」　http://www.mhlw.go.jp/topics/nenkin/zaisei/zaisei/data/data01/kokumin/kk-01.html。
(14) 八田和子「措置制度をめぐる諸論点：権利性および公的責任に関する議論を中心として」社会問題研究、1997年、p.111。
(15) 成瀬龍夫「社会福祉措置制度の意義と課題」http://www.biwako.shiga-u.ac.jp/eml/Ronso/309/309naruse.PDF。
(16) http://www.ipss.go.jp/publication/j/shiryou/no.13/data/shiryou/souron/18.pdf。
(17) http://www1.mhlw.go.jp/shingi/s1119-3.html。
(18) http://www.ipss.go.jp/publication/j/shiryou/no.13/data/shiryou/souron/29.pdf。
(19) 李啓充『市場原理が医療を亡ぼす』医学書院、2004年　ほか。
(20) http://www.kawasaki-m.ac.jp/soc/mw/journal/jp/2012-j22-1/P125-135_youshi04.pdf。
(21) http://www.kantei.go.jp/jp/singi/ansin_jitugen/kaisai/dai05/05siryou1-1.pdf。
(22) http://www.kantei.go.jp/jp/singi/kokuminkaigi/pdf/houkokusyo.pdf。厚生労働省「社会保障制度改革の全体像」http://www.mhlw.go.jp/seisakunitsuite/bunya/hokabunya/shakaihoshou/dl/260328_01.pdf。
(23) http://www.kantei.go.jp/jp/topics/2015/ichiokusoukatsuyaku/kinkyujisshitaisaku.pdf。
(24) http://www.mhlw.go.jp/general/seido/josei/kyufukin/dl/koyouantei_23-5.pdf。
(25) 八代尚宏『シルバー民主主義――高齢者優遇をどう克服するか』中公新書、2016年、

pp.46~48、p.52。

第10章

生活安定の保障

エスピン・アンデルセンは、福祉国家レジームで「労働力の脱商品化」と名付けた指標を作成したが、それは、病気や失業や老齢などで賃金が得られなくなったときに、社会保障給付で従前に近い生活が続けられる度合いだった。これは社会保障論的に見た「労働者生活の安定」で、子どもを通して将来の労働力確保という観点から国民経済にも重要な影響がある。

　1990年代以降、わが国はBRICSなど新興国とのコスト競争のために企業は海外へ工場を移し始め製造業の空洞化といわれ、国内では落ち度のない社員も解雇された。いったん解雇されると失業手当の受給期間が終了してもまだ再就職は難しく、就職できても非正規の職が増加した。また家族のいる中高年は解雇しにくく新規学卒の採用を減らした。若い人は入社してから社内で教育訓練を受けるのに、就職できないと教育訓練や社会人としての成長の機会を失いがちであった。

　バブル期に2％前後だった失業率は93年から上昇し93～05年が「就職氷河期」と呼ばれた。小泉政権の2005年ころは輸出産業の好調で就職氷河期は一時おさまり失業率は07年には3.8％まで低下した。しかし08年の世界金融危機のあと内定取消などが始まり9～12年も再び「就職氷河期」と呼ばれ、就職留年なども出たが学生の大企業志向が強く労働需給のミスマッチと考える人もいた。

　会社では人員は減っているのに仕事量は減らないから労働条件が苛酷になり、声も上げずに働き続け心を病む正社員も増えたが、労働組合が機能しにくくなったことや就職氷河期の経験で怖くて離職も出来ないということがあるかも知れない。しかし2016年頃から人手不足となり、経済学者の市場原理によればブラック企業やその類似企業は淘汰され労働条件は改善されるはずである。

　なお、社会保険については第11章で改めて詳細に述べる。

第 1 節　所得保障と生活安定

1　社会保険の所得保障例

　労働力の確保という面からみれば、企業の外に社会保障のセイフティー・ネットを張り巡らすのは、労働者生活の安定と同時に、子育てを通して将来の労働力の確保の基礎になる。

　社会保険による会社員の所得保障には、厚生年金、国民年金、雇用保険（失業等給付・傷病手当）、健康保険（傷病手当金）、労働者災害補償保険、船員保険（障害給付・遺族給付）などがある。年金以外をいくつか挙げてみる。

(ア)　雇用保険　ハローワークで求職手続きをし意欲と能力のある人に、従来の賃金日額の 50 〜 80％の基本手当が支給されるが、賃金が低いほど率が高い（例えば月給 50 万円の場合は賃金日額が 16667 円だが日額には上限があり支給手当の日額はそれの 50％で 7805 円が支給される。月給 5 万円なら賃金日額が 1667 円だが日額に下限があり手当日額はその 80％の 1472 円となる。それらの中間は計算式による。支給期間は条件によって異なる）。求職中に病気になると傷病手当（現金）が支給される。また、職業安定所長が指定した講習などを受講すると教育訓練給付が支給される、ほかがある。

　　自発的離職者（転職、結婚、育児、看病など）の場合は受給の条件が厳しく、財政の悪化で 2003 年には失業手当の給付日数と給付額を減らした。しかし今般、労働契約の更新が出来なかった者の給付日数を増やすことや、非自発的離職者（倒産や解雇）への給付日数を増やす時限措置を恒久化する検討をし、成長分野への移動を促進することになった[1]。育児・介護休業なら雇用保険から手当が支給される（給付金は 2016 年に賃金の 3 分の 2 に引き上げた）。

(イ)　健康保険　会社員が病気やけがで賃金がもらえなくなると健康保険から傷病手当金が最大 1 年 6 ヶ月間、賃金の 3 分の 2 が支給される（退職しても支給される）。会社員でも国民健康保険の場合にはこれがない。

(ウ)　労災保険　仕事中の事故や病気と通勤途上の事故が原因で休職・病気・けが・死亡などの時、労災保険からの給付がある。治療費の給付がある。休職中は休業補償給付として給付基礎日額の 60％が支給される。治療開始後 1 年 6 ヶ月後に傷口が固定化するなど治癒したあと障害が残ると障害補

償年金が支給され、治癒していないときは治癒するまで傷病補償年金が支給される。労災が原因で死亡した場合、遺族補償年金が支給される。ただし、労災の年金は厚生年金と基礎年金の遺族給付や障害給付の年金とあわせて支給されるが12～27％が減額される。そのほか、医療と介護のサービス（現物給付）がある。

　（なお、会社都合で労働者を休業させた場合、労働基準法第26条により平均賃金の6割以上の休業手当が会社から支給される）。

2　海外の失業扶助

　ヨーロッパでは1980年代のころから、失業保険の手当の給付が終了しても就職できない長期失業が増え、収入が途絶えるだけでなく社会的な人間関係も失われ就労意欲を失う「社会関係からの排除」が問題となった。収入がなければ公的扶助だが、労働能力がある失業者には別の所得保障を行うことと就職の動機付けが課題となった。独仏英の様子について天瀬光二ほかのサイトを中心に簡単に紹介したい[2]。

(ア)　ドイツ

　　シュレーダー政権（1998～05年）の2003年の「労働市場近代化法」は、税・社会保険料が減免される低賃金就労「ミニ・ジョブ」の拡充と、失業扶助と社会扶助を統合した「求職者基礎保障」という給付を創設した。その結果、2005年からは、それまで失業扶助を支給されていた失業保険給付の満了者と、その他の稼働能力のある求職者が一般財源による「求職者基礎保障」を支給された。要扶助者は、就労に向けて給付内容やサービスについて「統合契約」を締結することが求められ「福祉から雇用へ」という転換が図られた。特に25歳未満の若者には、実習、職業訓練、職業紹介又は就職の機会が与えられなければならないとしている。

(イ)　フランス

　　シラク政権（1995～07年）の2001年から失業保険給付の中に「雇用復帰支援手当」が創設され再就職活動支援を強化した。2006年の労使協定で各人に「雇用アクセス個別計画」を作成させて求職活動義務を強化することとした。失業保険の給付期間が切れた長期失業者には、1984年から求職活動を条件として一般財源による「特別連帯手当」が支給されていたが、2006年からはこちらにも「雇用アクセス個別計画」が適用されることになった。

1988年から生活保護に相当する「社会参入最低所得手当」が実施されていたが、サルコジ政権(2007〜12年)の2008年から稼働能力のある者のために「積極的連帯所得手当」が支給され、就労等のための活動を義務付けた。その目的は「貧困と闘うために、最低限の生活手段を保障し就労を奨励し社会参入を手助けする」こととされる。(P・ロザンヴァロン『連帯の新たなる哲学』(1995年)勁草書房の「訳者あとがき」には、「社会参入最低所得手当」が通常「参入」と和訳されるが、むしろ社会的排除に対しての社会への「組み入れ」という意味だという解説がある)。

(ウ) 英国

失業者には国民保険の失業給付が支給されていたが、サッチャー政権の1989年には失業給付の支給要件に「積極的な求職活動」を追加し、失業期間が1年を超える失業者には短期の訓練コースの受講を義務付けた。保守党メージャー政権(1990〜97年)の1996年に「求職者手当」が導入され、受給者は「求職者協定書」を作成しこれに合意することが義務づけられた。同時に、仕事に就いた結果として手当が支給停止となる場合、一時金を支給する復職賞与(Back to Work Bonus)を導入した。受給には常に就労可能な状況にあること、求職活動を積極的に行うことなどが条件であった。国民保険の拠出に基づく失業保険給付の「拠出制求職者手当」と、それの受給資格がない低所得者に対する、生活保護相当の「所得調査制(Income-based)求職者手当」とがある。

長期失業者はキャメロン政権の2012年に稼働年齢層を対象とする「ユニバーサル・クレジット」に切り替えられるが、稼働能力に応じ求職活動や労働が義務づけられている。

③ 保守政権の同一労働同一賃金

1)欧州の同一労働同一賃金

同一労働同一賃金や均等待遇の推進は、今や、社会民主主義だけではなくOECDや保守主義者や経済学者も主張するようになったが、その動機はさまざまである。

米国的な「新自由主義」政治と一線を画すヨーロッパでは、時間給換算で格差がない同一労働同一賃金と社会保障制度加入の格差がない均等待遇が、ILO

の条約やEUの協定により普及している。もっとも一般的に、パート労働者の時給を正社員と比べると、フランスが89％でドイツは79％といわれる[3]。英国の場合も、パートタイムの仕事は格下の仕事が多く、そのために賃金格差が生じているといわれる。

ILOの1994年のパートタイム労働条約（第175号）では、パートタイム労働者は比較可能なフルタイム労働者と同一の保護を受けること、賃金は時間、生産量または出来高に比例して計算されフルタイムの基本賃金よりも低いものでないこと、社会保障制度でもフルタイム労働者と同等の条件を享受できるようにすることなどを規定する。しかし2016年現在、北欧ではスウェーデンとフィンランド、G5ではイタリアのみが批准していて、日本はこれを批准していない。

なお、スウェーデンの被用者は雇用期間の定めのない無期雇用者と有期雇用者からなり、無期雇用者は日本の正社員と同じである。一方、有期雇用者は例えば代理雇用（休暇中の社員の交替要員）、季節雇用（シーズン中のアルバイト）、試験採用（6ヵ月限度の見習い雇用）など就労期間が制限された被用者だが正社員と待遇の違いはないから、「非正規社員」と訳すと意味が違ってしまうという[4]。（EUの「労働時間指令」は、1週間の労働時間の上限は48時間（時間外労働を含む）、1日当たり連続11時間以上の休憩確保、有給休暇は少なくとも年14週間、夜間労働は24時間当たり平均8時間までなどを定めるが、パート保護と並ぶこれらの雇用規制がEUの失業率の一因であるという指摘もある）。

2）わが国の同一労働同一賃金

OECDの2008年の報告書には日本に関して、職業訓練の充実と並んで次のような勧告がある。「正社員と非正規社員の間の実効ある保護における格差を減らすこと、そして、賃金と社会保障給付における差別的な慣行の解消に取り組むこと。これは期限付き雇用、パート、派遣などに雇用保護や社会保障制度の適用を広げることを含んでいるが、その一方で、正規社員の雇用保護を緩和することを含む」[5]。

社会保険の適用拡大に対して日本フードサービス協会は、パート労働者の約8割が社会保険加入を望んでいない、地域雇用を創出し日本経済へ貢献するビジネスモデルが崩壊する、などの理由でこれに反対していた[6]。（ただし、2016年10月からパートの厚生年金適用の対象範囲が拡大される。11章1節（5）参照）。

わが国では、安倍政権の2015年9月に「同一労働同一賃金推進法」が成立し、

3年以内に必要な措置を講ずるとされた。2016年1月には安倍首相が「『均等待遇』は仕事の内容、責任などの要素が同じであれば同一の待遇を保証すること。『均衡待遇』とは仕事の内容、責任などの要素に鑑み、バランスの取れた待遇を保証すること」と答弁した。

3) 経済学者の同一労働同一賃金

わが国でも新古典派の経済学者が同一労働同一賃金を要求しているが、その動機は格差解消ではなく市場原理の重視で、OECDの勧告のように正社員の雇用保護の規制緩和を求め、その結果として同一労働同一賃金となると主張している。

八代尚宏は次のように述べている。同一労働同一賃金を法律で強制する必要はない。低賃金労働者が同じ仕事で高賃金の職場に移動しやすくすれば、おのずと市場の力で同一労働同一賃金に近づくというのは経済学の一物一価の基本原則であり、だから規制緩和論者も主張する。そして、同一労働同一賃金の原則は女性や外国人など多様な社員を活用する企業にとり避けられない。この原則は現在の低賃金労働者には、より大きな機会を提供する、と主張している[7]。ここでは規制によらないところが社会民主主義とは違う。

第2節　雇用維持と就職支援

2016年世界経済フォーラムは、今は「第4次産業革命」の入り口であるとした。今まで別々の分野だった人工知能、機械学習、ロボット、ナノテクノロジー、3D印刷、遺伝学、バイオテクノロジーなどが互いに関連し合うようになる。報告書が対象とした国々では2015～20年に、ホワイトカラーの3分の2にあたる710万の仕事が失われ、コンピュータや数学、建築、工学などの分野で200万の増加がある。このような変化は労働生産性を向上させる一方で、大量の失業者を発生させる。そこで失業中の若者には、数年で廃れる分野ではなく将来を見据えた分野の技術を習得させるべきで、そのために何らかの公的支援が必要だという[8]。つまり、この問題では経営者はリバタリアンの自己責任論や民間主導にこだわるべきではないということであろう。

いずれにせよこれからの社会では仕事や生活の中でITとくにAIは避けられない。若者世代の誰もがそういう社会に適応するには十分な教育訓練を受け、また、社会人になってからも新しい知識とスキルを身につけることができるような環境と支援が必要である。しかし、全てがAIロボットに入れ替わるわけではなく、人の経験やスキルも欠かせない。対面的な営業、ケア、相談、指導訓練、教育などの分野でAIを活用するスキルを磨く教育も必須である。これはグローバル経済圏とローカル経済圏のいずれにも当てはまろう。
　雇用維持や就労支援はOECDの統計では、社会支出のうちの積極的労働市場政策に含まれよう。

1　雇用調整助成金

　わが国では1970年代に石油依存の産業構造を変えるため、「労働力の流動化」が課題とされ、1975年から雇用安定や能力開発の事業も行う「雇用保険法」が始まった。雇用安定事業のひとつとして「雇用調整給付金制度」がつくられたが、それは不況時に社員を解雇せず一時帰休（自宅休業）や出向、教育訓練などで雇用を維持している事業主に賃金の一部を補助するもので、まさに終身雇用の応援団であった。財源は雇用保険の事業主負担の保険料でまかなわれた。この制度が参考にしたのは、旧西ドイツが1969年に導入した「操業短縮手当」といわれた。
　そして1981年に雇用調整給付金が改正され現在の「雇用調整助成金」ができた。経済学者からはこの制度は、成長産業への転職を妨げ、単に過剰雇用を斜陽産業に滞留させ見かけの失業率を低く見せるだけだと批判される。
　現在は、成長産業に労働者を円滑に移動させるための「転職支援制度」が作られ、2015年から「労働移動支援助成金制度」（受入れ人材育成支援奨励金。早期雇入れ支援と人材育成支援がある）により、倒産企業や経営再建中の企業で働いていた社員を成長企業が雇用した場合に助成金を支給する。これにより、経営不振企業の廃業を促し産業全体の新陳代謝につなげるとされるが、適用件数は数百件にとどまるという。

2 再挑戦を支える制度

1) 失業手当支給から転職支援へ

 欧米ではEUも米国クリントンも、雇用政策の軸足を公共事業による雇用吸収や失業手当給付から「再就職支援」に転換した。この点では自己責任まかせではなく「イノベーション」に対応できるスキルを備えた人材を増やす福祉国家といえる。

 米国ではクリントン政権（1993〜2001年）の雇用対策の基本は1993年の「労働力投資戦略」で、従来型の「レイオフされた労働者が同じ産業に職場復帰する」支援をやめて、「生涯に亘って複数企業で労働技能を修得しながら雇用を繋げていく労働者への支援」という方向に変わった[9]。

 OECDは1997年に、規制緩和に伴う失業や賃金下落を軽減するために教育や職業訓練などの積極的な労働政策が最も重要であると主張した。

 また、「積極的労働市場政策」は最近は「労働者」の定義を広くとり離職者だけでなく、新卒者、非正規社員、単身者、母子世帯など家族や企業などの「共同体」の保護を得にくい人への支援にも拡大される。

2) スウェーデンの積極的労働市場政策

 スウェーデンの積極的労働市場政策は、教育や職業訓練、リハビリテーション、一時的雇用、さらに所得保障給付などを失業者に提供する。(ア)流動性と適応性のプログラムは、失業者の労働能力を高め労働市場への復帰を促す。職業訓練、企業・公共部門への一時的雇用、障害者対策、就職斡旋や転職のための支度費支給や支援など。(イ)雇用創出プログラムは、就労障害がある人に対する助成金（例えば障害者が障害のない者に比べて生産性が5割だとすると賃金の5割を政府が補助する）、起業助成金、授産プログラムなどで雇用を促す。長期失業者を採用する事業主に賃金助成がある。(ウ)現金給付は失業保険給付と求職活動給付があり、後者はプログラム参加者に6か月間を限度として失業保険給付と同程度の給付額を支給する。

 スウェーデンの「アクティベーション」は、給付の条件として就労を義務付けたり、受給者に対して制裁を課したりするものではないところが「ワークフェア」との違いである。

また、失業保険が切れた後は積極的労働市場政策のプログラムに参加すると求職活動給付が支給される。半年から1年程度のプログラムが終了しても仕事につけない人は、再び失業保険の受給資格がある。こうして両者の間を繰り返し出入りする人々が発生し、失業保険と積極的労働市場政策が長期失業者を生み出したことになる。その結果、失業保険の資格の厳格化や、積極的労働市場政策のプログラム参加の義務付けなど、ワークフェアに近づく様相を見せている[10]。

　こうして国のセイフティー・ネットで生活の面倒をみながら労働力の流動化を支えるが、これは保守主義的な視点からは、もともと家族の絆が弱っているのに、どこに個人のアイデンティティがあるのか分かりにくい。それに対してスウェーデンのボランティア活動は、他人のためとか奉仕活動よりも環境団体や社会活動の運営や組織を手伝うこと（間接ボランティア）が多いといわれるが、そこで「同士的なつながり」を得ているのかも知れない[11]。多分、労働時間が短く、会社の外に自分が打ち込めるものを見つけることができるのであろう。

③　わが国の求職者支援制度

　わが国では社員が会社で体得したスキルはよその企業で通用しにくいこともあったので、転職しやすいように企業の外での「資格」制度や、成長産業分野への再挑戦を応援する職業訓練がますます重要となった。これらは労働者にとっては賃金が増えることになるが、国際的には低い部類のわが国の労働生産性を引き上げるための構造改革でもあるから、昨今のように求人が増え失業率が下がっても進める必要がある。とはいえ、労働者にとってはわずかな生活保障があったとしても訓練よりは手近な求人に応募したくなるのも自然であろう。

1) 教育訓練給付制度

　1998年に雇用保険で教育訓練給付制度が開始された。一定の条件を満たす一般被保険者や一般被保険者であった離職者が指定された講座を修了した場合、スクールに支払った経費の20％を支給する。支給額の上限は10万円である。
　情報処理技術者資格、簿記検定、ホームヘルパー資格（訪問介護員。介護保険の報酬の対象資格）、社会保険労務士資格などを目指す講座などが指定されている。

2）求職者支援制度

 2008年金融危機後に非正規社員の失業者が急増したので、2009年から自公政権は、雇用保険が切れた失業者らに無料で「緊急人材育成就職支援基金」による職業訓練と再就職支援、訓練中の生活費支給を始め、「第二のセイフティー・ネット」と呼ばれたが、せっかく制度を作っても手続きが煩雑で利用は低調だったといわれる。2011（平成23）年9月で終了した。

 ついで「求職者支援制度」が2011年10月に開始された。雇用保険の未加入者・加入期間が足りず雇用保険の給付がない人・雇用保険の受給が終了した人・学卒未就職者、自営廃業者などの失業者に対して支援を行う。

（ア）民間教育訓練機関が実施する就職訓練を認定し、無料で訓練を受けられる。訓練には3～6か月の基礎コース・実践コース（介護、IT、医療事務等）がある。就職実績が一定の水準以下の訓練機関は認定しない。実践コースは就職実績も加味し奨励金（成功報酬）を支給する。（イ）訓練受講中、一定の要件を満たす場合に「職業訓練受講給付金」（月10万円＋交通費）を支給する。（ウ）訓練の開始前から修了後までハローワークと訓練実施機関が緊密な連携を図る。ハローワークは受講者ごとに個別の「支援計画」を作成し、定期的な面接を求め担当者制で支援を行う。

 2011～13年の訓練受講者は22万人強で就職率は80％前後と好成績である[12]。ともかくこの訓練までたどり着けるように条件の整備が必要であろう。

（今は、会社の仕事を通して技能を身につけさせるどころか会社が即戦力を求め、逆に最近の学校は社会の要請に応えていないと学校教育を批判する。その結果、新規学卒者が非正規社員になってしまうと職業能力を身につける場が見つけにくい。この問題を安藤至大は職能給型と職務給型の給与体系の違いとして説明し、政府の教育訓練の充実を求めている。日本経済新聞、2017年1月30日）。

第3節　児童手当とシングルマザー

1　児童手当と現物給付

 児童手当（月額1万円から1万5千円）は、最低保障の公的扶助でもなく事前の保険料拠出を要する社会保険でもない社会手当で、ヨーロッパには所得制限な

しの家族手当の国もある。わが国の民主党政権も所得制限なしの子ども手当を提案したが、低所得者対策しか念頭にないリバタリアンと財源を心配した均衡財政論の保守主義者は反対した。児童手当は子育て世帯の児童養育費というニード充足に資するものだが、なぜ中間層や富裕層にまで支給するのか分からない。むしろ、同額の財源を低所得世帯限定で支給すれば格差解消や機会平等の効果はてきめんで「効率的」である。

　しかし儒教や、子育ては第一義的に親の責任論や、教育の利益は将来の本人に帰着するという説や、保守派の温情などとは違い、北欧などに「将来の産業と福祉を担う子どもを社会全体で育てる」というシナリオがある。これなら所得制限なしも支持できよう。子らが将来、高所得者や資産家になったら税や社会保険料の応能負担で福祉を支えてもらう「仕組み」があればこそだが、その意味では富裕層の減税をする新自由主義的政治とは整合的ではない。また、財源を国債に求め将来世代の負担にするという方法では、現在の世代が子どもたちを育てたことにならず、子どもに無理矢理借金させるのと同じである。

　わが国の人口問題審議会によれば、1999年には、児童手当制度がない米国は別にして、フランス・ドイツ・オランダ・デンマーク・スウェーデン・英国は家族手当に親の所得制限はなかった。また、支給対象年齢は、フランス・英国・スウェーデンが16歳未満まで、ドイツ・デンマーク・オランダは18歳未満までとなっている[13]。(ただし、スウェーデンには16歳以上で義務教育等の通学者に支給する延長児童手当、子が2人以上の場合に20歳まで支給される多子割増手当がある)。

　しかし、時により現金給付よりも現物給付の方が確実だという現実もある。

　衆院厚生労働委員会での子ども手当法案についての参考人質疑のなかで、養護教諭が概ね次のように話した。「生活保護家庭が42％、ひとり親家庭が50％を占めている中学校もある。視力が悪くてもめがねを買ってもらえない子もいる。満足に食事をしていない生徒が保健室へ氷を食べに来る。交通事故にあっても『保険証がないから』といって救急車に乗ろうとしない生徒がいたが、被害者は自己負担がないと説明してやっと病院へ行かせた。父子家庭で父親が病気で無職となり、保険証がないので子どもを病院へ行かせないでくれという。子どもも親をかばってそのことをいわない。体重測定の日に子どもがパンツを貸してくれと保健室へ来た。家には2、3枚しかなくたまたまその日はパンツをはかないで登校したのだった。ひとり親家庭の親の中にはダブルワーク、トリプルワーク、泊まりがけの仕事をしている母親もいる。教員仲間の中では、手当が親御さんのお金になってしまうという心配は、現実問題として出ている。

18歳までの子供の医療費、給食費、高校の教科書、予防接種などが無料になるとか、そういうふうなものに使ってほしいという意見はある。現物給付もあわせて実施していただきながら、子育ての土台の整備を総合的に進めていただきたい」[14]。

つまり、家庭が余りにも貧しい場合に現金よりも現物給付、あるいは一時保育や子どもの医療の支出に使えるクーポン券のほうが確実だという提案もある。

現金給付を支持するのは福祉国家の干渉を批判する自己決定論者と、消費者が自分の所得制約のもとで効用を最大化するように自由に支出を決めることに価値があると考える自由主義の経済学者である。ところがシカゴ学派のフリードマンは現行の福祉政策の不効率を批判して「バウチャー制度」を提案した。政府が学校や保育所に補助金を渡すのではなく、保護者にクーポン券を渡し、好きな学校や保育所を選んで通ってもらい授業料等をクーポン券で支払う、そして、学校や保育所にはたまったクーポン券に応じて補助金を支払うというアイデアである。こうすれば予算が確実に目的通り使われ、経済学的には学校や保育所の間で競争が起こり、自由主義と両立する社会政策になると考えられたようだ。

2 児童扶養手当とシングルマザー

1) 児童扶養手当

離婚・蒸発など夫がいなくて一人で子育てするシングルマザーに支給される児童扶養手当は1961年に創設された。現在の支給対象は、児童の父母が離婚した時や、父または母が死亡したが年金を受給していない時、父または母から遺棄された時、配偶者からの暴力 (DV) で裁判所からの保護命令が出された時、母が未婚のまま懐胎した時、などに支給される。母や父、またはそれに代わって世話をする人が受け取る。

創設当時、国民年金では夫が死んだとき「死別した母子」に母子年金が支給されていたが、拠出期間を満たさない場合にも少額の母子福祉年金が支給されていた。それとのバランスで「生別母子」には児童扶養手当を支給することになった。確かに保守派も賛成した温情的な、ある意味で平等指向の手当だった。児童手当との併給もできる。2010年から父子世帯にも支給された。(政府は「子

どもの貧困対策」として、2016年度から年収に応じて第1子に4万2330円から9990円を支給し、第2子以降には定額を加算するが、さらに2016年5月の改正により第2子加算額を現在の5千円から最大1万円に、第3子以降の加算額は3千円から最大6千円に増やす。12月に支給する8〜11月分から適用する)。

しかし平等指向に見えて母子年金、母子福祉年金、児童扶養手当と格差をつけるのが保守主義的である。保守主義者は一方では終戦当時、夫が戦死した母子世帯の自立の労苦を思い起こし、「生活保護に依存する人」とは違うのだから母子世帯は国に迷惑をかけないように自立の努力をして下さいという気持ちもあるのであろう。

他方で生別母子には総じて離婚は妻に問題があると考えがちで、そういう母親の世帯は「家」の格が低く跡取りの問題もなく、子どもにお金をかける必要もないと思うのかもしれない。これは「連座」を連想させる。

「連座」は犯罪者本人だけでなく他の関係者にも罰を与えるものである(なお、親族に連帯責任を問う刑罰は「縁座」で、明治15年に廃止)。逆に、成功者をねたむ世間の心理を煽り、不祥事を起こした子がすでに成人していても、有名人の親にテレビの前で謝罪させるのも同類である。儒教の韓国では憲法第13条3項に「自己の行為ではない親族の行為により、不利益な処遇を受けない」とある。

2) シングルマザーの自立支援

ⅰ)

伝統的な保守派は自立の「哲学」を受け入れたわけではないから、仕事で有能な女性が結婚してもやはり専業主婦が望ましいと考えている。

しかし小泉政権などの構造改革路線は、英米の「ワークフェア」にならい、若くて働けるシングルマザーを兵糧攻めにしてでも労働の動機付けをしようとした。そこで、それまでの弱者救済から自立へと風向きが変わった。

2002(平成14)年3月の厚生労働省の「母子家庭等自立支援対策大綱」では、母子家庭については、母親の就労等による収入で自立し子育てができることが「子どもの成長にとって重要」とした。そして、子どものしあわせを第一に、ひとり親家庭に対する「きめ細かな福祉サービスの展開」と母子家庭の母に対する「自立の支援」に主眼を置いた改革を実施する、その際「就労による自立」「養育費の支払いの確保」を重視するとした。つまり、保守派と同様に「母子家庭」だったら母親が働くのが当然というわけである。さらに「児童扶養手当の支給を受け

た母の自立に向けての責務」を決めた。そして、母子家庭に就労による自立を求め、一方では求職活動をしなければ児童扶養手当の支給停止とし、他方で「自立支援教育訓練給付」、「母子家庭高等職業訓練促進費」、「技能修得中の生活資金貸付制度」等の公的支援を提言した。

わが国の保守政権は「児童扶養手当法」第2条第2項の中で、支給を受けた父母は「自ら進んでその自立を図らねばならない」と表現した。ところで、同じく母子が受給する遺族基礎年金の規定には自立に向けた責務の規定はない（国民年金法第4節）。これには夫が保険料を支払って受給権が発生したものだから、という解説もあるが、それなら受給対象を「生計を維持されていた遺族」に限定したり、父子世帯の父に受給権を認めなかったりしたのはなぜだろう（ただし、2014年4月から父子世帯も受給できる。同時に「母子及び寡婦福祉法」が「母子及び父子並びに寡婦福祉法」になったが条文では「母子家庭等」に父子家庭を含める。また、遺族厚生年金は以前から父子世帯も受給できた）。

また、離婚した夫の養育費支払いに注目するようになった。スウェーデンでは、児童福祉法で「親の責任と並んで国家には子どもの基本的ニーズに介入する権利がある」ことを明記し、養育費が支払われるまでは国が養育費の肩代わりをするが、滞る養育費は国が前夫から取り立てる。

ⅱ）

貧しいシングルマザーの世帯が多いという現実を、保守主義者は「やはり離婚はしない方がいいのだ」と話を元に戻し、リバタリアンは「親が選んだ道だからね」と突き放すだろう。「平等」指向や「将来の産業と福祉の担い手」というシナリオはこの現実を批判する。

すでに日本のシングルマザーの83％が働いている。働かない無職のひとり親よりも就労中のひとり親の貧困率のほうが高い、というOECDの指摘もあり、多くのシングルマザーがワーキングプアの状態である。シングルマザーの職業能力の向上をはかろうとしても子育てと仕事に追われて時間がないなどが指摘されている。確かに教育訓練によってスキルを高め賃金を増やすことは理にかなっているがその期間の生活保障がない。さらに、わが国労働市場では賃金の男女格差、正規非正規格差が慣例であるから、ワーキングプア状態からの脱出がむずかしい。

子どもを保育所に預けたくて役所へ行けば「在職証明が必要」といわれ、求人に応募すれば「誰か子供を預かってくれる人がいないとねえ」といわれてきた。

本来の自由主義者なら「機会は公平に開かれるべきだ」といって事態を改善するはずであったが、そうならなかったのは、保守主義者が取り込んだ自由主義だからであろう。もっとも、子育てと仕事の両立を目指す男女の相談に乗るために2006年から「マザーズハローワーク」が作られ、また、ハローワークの中に「マザーズコーナー」を設けている所もある。
　ともかく2013年に「子どもの貧困対策の推進に関する法律」ができて児童養育世帯の「貧困対策」と「教育の機会均等」を対策に掲げている[15]。その背景には、近年の格差拡大が低所得層の急増に基づくので、その部分を引き上げるという平等指向からの要請、そして、将来の労働供給に不安のある経済自由主義からの質のよい労働力の確保という要請とがあろう。自由主義者のいう機会均等は競争の機会均等だったが、ここでは労働者になる以前の段階での教育の機会均等を目標とした。

第4節　在宅福祉と在宅医療

　会社員が病気で通院したいが仕事を休めない、保育所に預けている子どもが病気になったが職場を早退できないなど、社会制度と自分の生活にはやりくりのつかないことがたくさんある。そこで社会福祉学の岡村重夫は一般的に人々の生活にとって、会社や社会保険、買い物、病院、学校、福祉サービス、その他の社会制度との「社会関係」を維持することが重要で、そこに働きかけるのが社会福祉固有の仕事であるとした[16]。これなら社会福祉は原理的に地域で営む社会生活の維持を狙った支援となる。従って社会福祉施設での相談は施設を出て地域で生活するという方向での相談が中心になろう。
　これを「社会福祉法」は第4条で、誰もが「地域社会の一員として日常生活を営み、社会、経済、文化などあらゆる分野の活動に参加できる」ように支援することを「地域福祉」と表現し、地域住民や福祉関係者は地域福祉の推進に努めなければならない、と規定した。社会変動で自由が増えた代わりに伝統的な共同体の人間関係が希薄になり、都会では地域の伝統的な文化や娯楽も廃れ、人との交わりに加われない人が増えた。そういう背景を考えればこの地域福祉には、現役の勤労者なのに近隣や地元とのつながりのない「原子化」した個人を地域の人間関係で包みたいという保守的な側面もあろう。自由主義だったら逆

に、A. センのように「誰もが自分の選んだ生活」を支援する、つまり、集団や共同体に縛られない生活ができる環境条件をつくる、というに違いない。

（ここの「地域福祉」は補完性原理のもとで、国家ではなく民間や自治体などの裁量により身近な地域で福祉サービスを供給するシステムとなり、同様に社会参加の強調も「社会的包摂」と整合的である。ひとりで孤独を楽しむ高齢者がいれば自由主義者はほうっておくが、保守主義者は「困ったことがあれば相談してね」と口出ししてしまう）。

1　社会福祉サービスと自立

1）社会福祉の「自立」

社会福祉と自立といえば、1950年の社会保障制度審議会「勧告」で、国家扶助の受給者や身体障害者や児童などが「自立してその能力を発揮できるように」生活指導するなどがあったが、この「自立」は脱社会福祉の「自助的自立」と考えられた。1980年代のわが国の障がい者の自立生活運動（IL）などは「家族や行政」による保護と支配を差別と見なしそれを拒否することを自立とした。しかし米国のような「低福祉」の自由主義ではなく、納税者には理解しにくいがいわば「金は出しても口は出さない」ような公的な福祉を権利として要求した。

また最近では、障がい者や要介護者などが福祉サービスを利用しつつ自宅で独り、または家族とともに生活する「依存的自立」という考え方もある。ただし「依存的自立」には一方で福祉国家の干渉を嫌い自己決定といいながら、他方で公的福祉の充実を要求するというIL同様の両面がある。

今は「社会福祉法」の第3条で、福祉サービスは利用者が「能力に応じ自立した日常生活」ができるように支援するとあるが、ここには「能力に応じ自立した日常生活」の定義は見当たらない。（従来、母子世帯の母の自立のような経済的自立、身体が不自由な人の着脱衣など身辺自立、自分のことは自分で決めるという精神的自立などがあり、また、高齢者の自立は就労、障がい者の自立は施設を出た在宅生活などがあった。第3条には、人々が仲良く世話をしてこれらの自立を目指すという日本型福祉社会論の自立も含まれよう）。

このように社会福祉で自立は多義的で、最近は要介護度を改善することを「自立」ということもある。その「自立」は介助なしでも自分で歩けるようになった時でも顔なじみの福祉職員と顔を合わせることができる「依存的自立」なのかあいまいで、要介護者が不安を募らせる。もっとも第4条で「福祉サービス

を必要とする地域住民が地域社会を構成する一員として日常生活を営み、社会、経済、文化その他あらゆる分野の活動に参加する機会が与えられる」という日本型福祉社会が描かれ、脱社会福祉の自立であっても米国の自立とは違って地域の人間関係の中に包み込まれることで安心が持てることが期待される。

　三浦文夫は「これからの社会福祉の目的」は1998年の「社会福祉基礎構造改革（中間まとめ）」を利用して、「生活の自己責任原則、社会連帯、個人の人としての尊厳、ノーマライゼーションなどの理念」に基づき、「その人らしい安心のある生活が送れるような自立」と「社会参加（社会的統合）」であるとした。また、「自立と並んで社会的統合あるいは社会的包含（ソーシャル・インクルージョン）」を社会福祉固有の目的とすると言い換えた[17]。つまり社会福祉の仕事として、自由指向の自己責任、自立、平等指向のノーマライゼーション、保守指向の社会参加、ソーシャル・インクルージョンなど多元的な価値を網羅した。

　しかし、社会保障・社会福祉がいくら自立といっても、幸福追求の条件整備に努めるだけであるから、デイ・サービスに来てもらえるようにしても、そこで喜びを見つけられるかどうかは本人次第のはず、というのが自由主義である。しかし保守主義のパターナリズムは「みんなでもっと親切にしてあげよう」となる。

2)「自立」と「主体性」

ⅰ）

　アリストテレスは『ニコマコス倫理学』で、幸福や終極の善は「自足するもの」であり、「自足するもの」とは「それだけでも生活を望ましいもの、不足するところのないものにするもの」であるという。これは自分一人の生活を生きている自分において足りるという意味ではなく、親や子や妻や友人や同じ市民達と共にある自分において足りるという意味である。なぜなら人間は本性上、ポリスを成して存在するものだからであると述べた[18]。（ちなみに、OECDは社会政策の目標のうち、就業率、失業率、学歴別人口、教育達成度などを self-sufficiency と括り、厚生労働白書では「自立」と訳し、「経済や社会への参加の程度と個々人がどの程度自分自身の日常生活から便益を得ているかを反映している」と解説している[19]）。

ⅱ）

　ところで自由主義的な「主体性」の議論がわが国では戦前からあったことを大

橋謙策が紹介した。海野幸徳などの「積極的社会事業」のひとつの意味は、「生活の困難な状況に陥って打ちひしがれている人に寄り添い、その人の生きる意欲を引き出し、人生を再設計したいと思わせる、そういう主体性の確立にかかわること」である。また、小河滋次郎は積極的社会事業の救済は単にものを与えることではなく、「その人がもう一度人生をやり直したい、そういう希望、意欲を見いだし、それが可能になるように援助すること」と述べた、という[20]。つまり、戦前すでに、人々を取り巻く生活環境に挑戦する「主体性」の回復を求める思想があった。だからこそ、人々を共同体に包み込もうとする日本型福祉社会の地域福祉の時代に大橋が若い世代に紹介する意味があった。自由主義者にとってはこの自ら働きかける能動性、「主体性」の確立こそが自立といえる。

それは、人間は環境から影響されると同時に、自分から環境に働きかける存在でもあるという岡村重夫の生活者認識に通じるものといえる[21]。その講演の中で岡村は「個人と社会の相互責任」に触れた。ウェッブを引いて、社会は社会政策でその責任を果たし個人も自分の責任を果たし、両者が責任を果たすことによって「社会的健康」が維持される。例えば教育を無料にすると、親はどのようにしてでも子どもを学校に入れようとするだろう。医療の無料の保障をすると、皆健康に注意して早期に医者にかかるようになるだろう。このように双方が責任を果たし合うことによって、社会的健康は維持される、とウェッブは書いていると紹介した。（ここでは医療保障をするとモラル・ハザードが起きるという「資本主義」的人間像とは逆である）。

欧米の自立とは違い日本型福祉社会なら、個人の自立といっても脱共同体にならず共同体の一員として生活するという姿である。これなら「自立」といっても欧米を真似て「孤独に耐える精神を持て」といわれることもないから人々は安心できる。

老人福祉法の基本的理念の中の第3条第1項には老人は知識と経験を活用し「社会的活動に参加するように努めるものとする」と能動性をうたい、第2項には「希望と能力とに応じ、適当な仕事に従事する機会その他社会的活動に参加する機会を与えられる」とある。

身体障害者福祉法も第2条第1項ですべて身体障害者は能力を活用し「社会経済活動に参加することができるように努めなければならない」と能動性を求め、第2項で「社会を構成する一員として社会、経済、文化その他あらゆる分野の活動に参加する機会を与えられる」と述べている。

ⅲ）

　障害者福祉論で、自分では何もできず全面的に依存的な寝たきりの障害者がいるが、お見舞いに行った人が皆、勇気づけられ励まされて帰って来るという例が出される。しかし「あの人は例外」だと一蹴される。しかし可能ならば「バルネラブル」な人にも主体性や内面の自立あるいは自己決定権の確保を求めるのが自由主義の考え方で、福祉サービスの利用を強調する古川孝順の「依存的自立」との違いだと思われる[22]。なお古川の「バルネラブル」な人とは「判断能力の低位性、身体的、精神的、あるいは社会的、経済的な脆弱性、情報の非対称性などのために不利益や差別を被りやすい人々」である。

　しかし、自立や自律を呼びかけると、これには従来から米国では「中産階級の価値観の押しつけ」という批判があり、近年は、専門職のアドバイスは相談者を「ワーカーに従属させるパターナリズムだ」と批判する人も出てきた。前者は自由主義への批判で後者は保守主義への批判である。

　日本では佐々木閑は出家者が「依存しながら自律」の身近なモデルだったという。出家者は日々の生活物資を托鉢に依存するので、怠け者でないことを証明するために「律」に定められた何百もの規則を守り禁欲的に、どこからみても清廉で「なんと立派な」と、住民が感心する起ち居振る舞いで暮らす。これが修行者が自尊心を持って社会に依存しながら生きるための基盤になると佐々木はいう。そして、釈迦が修行僧に主体性の確立を求めていた時代の仏教だと、「どのように死ぬかが人生の総決算。死の間際に慌てても間に合わない。だから毎日毎日が死の価値を決めていく」[23]という、日本人が忘れがちだが、高齢者の死生観に無関係とはいえない話にもなる。

2 在宅福祉とコミュニティケア

　戦後の社会福祉の仕事は児童・老人・障害・公的扶助などに専門化した施設福祉（それぞれを専門の福祉施設に収容して食事介助やリハビリその他の福祉サービスを提供する方法）が中心で、ともかく人並みにニーズを満たしてあげたいという平等指向であった。ところが高齢者の介護は北欧の平等指向などの影響で、地域で暮らせるように支援することが目標となり「地域」と切り離せなくなった。そして自宅やケア付き住宅などの住まいで地域での生活を支える財・サービスの供給が「在宅福祉」と呼ばれるようになった。

　今日の在宅福祉ではソーシャルワーカーが生活相談に乗りヘルパーが訪問介

助し、また、デイサービスの通所などの福祉サービスを提供している。そして、福祉や医療や保健などの専門職やボランティア団体も関わって、在宅で対応出来なくなっても円滑に施設や病院が利用できるようにシステム化されると「コミュニティケア」(地域ケア)と呼ばれる。

1978年に、それまで措置による入所老人だけ扱っていた老人ホームが、在宅の寝たきり老人を1週間程度預かる「ショートステイ」サービスを始め「施設の地域開放」といわれた。当初は家族が家を空ける用事のある場合だけだったが、今は休養の場合にも利用でき「レスパイト・ケア」と呼ばれる。

そして1980年代から、暮らしやすさ優先のための地域福祉と、財政面からの福祉見直しとしての脱施設福祉、在宅福祉の重視が始まった。1982年には、62年から始まっていた老人家庭奉仕員派遣の所得制限が撤廃されどの世帯も有料で利用できるようになった。

1989年の福祉関係三審議会意見具申「今後の社会福祉のあり方について」では、市町村の役割の重視、在宅福祉サービスを法の社会福祉事業とすること、民間業者やボランティア団体などの育成、地域において福祉・保健・医療の連携、在宅福祉と施設福祉の連携強化(在宅の要介護者が医療も受けられるようにし、いざという時すぐに施設や病院に入れるようにし安心して在宅生活ができるようにする)などが強調された。

89年に消費税が始まり、その12月に大蔵省自治省厚生省三大臣合意「高齢者保健福祉推進十か年戦略(ゴールドプラン)」が発表され、「消費税導入の趣旨を踏まえ」高齢者保健福祉を強力に推進するとされた[24]。こうして自宅へのホームヘルパーの訪問、通所のデイサービス、老人ホームへの短期入所のショートステイなど在宅福祉の3本柱の整備が始まった。なお2014年度予算では、社会保障・税一体改革により消費税収(地方消費税収を除く)は、全て社会保障財源となる[25]。

さらに1993年からは、市町村都道府県の「老人保健福祉計画」策定が義務化され、市町村には地域の介護ニードを調査してからサービス供給を計画するという手法が採用された。ただし作業はシンクタンク頼みだったらしい。

1994(平成6)年大蔵・厚生・自治三大臣合意「高齢者保健福祉推進10か年戦略の見直しについて(新ゴールドプラン)」では、利用者本位・自立支援、普遍主義、在宅ケアを基本に保健・医療・福祉を通じたサービス提供、地域主義(市町村を基本)を基本とした。

こうして2000年の介護保険となるが、老人ホームへの入居やヘルパーの利

用などの保険給付は、本人と事業者の「契約」によることになり、介護支援専門員（ケアマネージャー）が本人や家族と相談して居宅サービス計画（ケアプラン）を作成することになった。これが「措置から契約へ」といわれる。

また、住民の生活相談に応じるソーシャルワーカーの仕事場は、役所、保健所、地域包括支援センター、介護施設、老人保健施設、病院、福祉施設、社会福祉協議会、学校などである。最近は要介護の受刑者が増えその出所に備えて刑務所にも配置される。そして、ハローワークにもソーシャルワーカーを置いて育児や介護など福祉全般も同じ場所で相談できるようにすれば民間の職業紹介業者との差別化となる。つまり「年越し派遣村」（2008年12月31日から翌1月5日まで日比谷公園）にならうワンストップの相談拠点になれば心強い。

③ 在宅医療と地域医療

従来から、医学的には入院の必要がないのに退院後の通院が困難だとか食事等の介助者がいないなどの社会的理由で退院できず入院を続ける「社会的入院」が医療費高騰の大きな要因とされてきた。退院後の在宅療養を支えるためには病院と診療所との連携、医師の往診、看護師の患者宅への派遣だけでなく身辺介助や食事や入浴の世話などが必須で、そのために医療の側からも在宅福祉の整備が求められていた。一つのモデルは「尾道方式」である。

在宅患者に医療を提供する「在宅医療」は「医療・保健・福祉の連携」という形をとるが、その中で福祉は病院のソーシャルワーカーが退院後の生活やケアの相談にのり、ヘルパーが実際の介助をするなどで位置付く。現場では医師や看護師が指導的だったが、「生命の尊厳」を価値とした医療と「生活」を価値とする福祉では、特に終末期に治療優先か生活の質優先かで原理的な不一致があった。

1982年の老人保健法では、老人の退院患者への継続看護が創設され、1994年に健康保険法改正では「訪問看護療養費制度」がつくられ、高齢者に限らずがん患者などの在宅医療が保険適用となった。2006年に診療報酬上に「在宅療養支援診療所」ができ、病院や訪問看護ステーションやケアマネージャーと連携し患家（かんか。患者の家）の求めに応じて24時間の往診に応えてくれるが、それが整備されている市町村は在宅死の割合が高いとされる。

「地域医療」は健康な人も含めて地域住民全体を対象にして、健康診査、予防、治療、リハビリテーションや、その供給体制の整備といえる。（その一環として市

町村と医師会が地域医療構想や医療費適正化計画をつくるが、他方で、経済財政諮問会議では逆に医療費抑制のため「都道府県の責任」を前面に出す提言をしている）。近年、医療保険で長期入院の報酬を減らしたので病院は患者をすぐに退院させるから、退院後の在宅リハビリが必要な患者も多い。訪問診療の医師、看護師、歯科医、理学療法士、作業療法士、薬剤師、栄養士など多岐にわたる専門職が家庭や施設に訪問して活動している。

　疾病予防では、住民検診などは治療ではないから医療保険は使わせないといって従来から市町村が公費で行っていたが、2008年から40〜74歳の公的医療保険の加入者全員を対象にしてメタボ予防の特定健康診査・特定保健指導が行われることになった（「老人保健法」を改名した「高齢者の医療の確保に関する法律」による高齢者医療制度と、国民健康保険法による）。

　こうして、入院・退院・通院・居宅生活が切れ目なく行なわれるシステムをつくり、患者が不安なく退院できることを目指している。

4　地域包括ケア

　地域包括ケアは高齢者が可能な限り、住み慣れた地域でその有する能力に応じ自立した日常生活を営むことができるよう医療、介護、介護予防などを行うものだが、その一環で、通院患者に対する「主治医（かかりつけ医）」の関わりを強化するために、2014年4月に医療保険に「地域包括診療料」の支給を新設した。対象となる患者は認知症、高血圧症、糖尿病、異常脂質症のうち二つ以上の病気を持っている患者で、医師には、患者が処方されている医薬品をすべて管理し、介護保険の主治医意見書作成などが求められる。

　医師会の調査では、在宅医療で大変なこととしては「緊急時の対応」、「自身の体力」、「在宅での看取り」などが挙がった。今後の在宅医療への取り組みは「現在も今後も取り組まない」が最多で55％であった[26]。外来患者で手一杯とか自分がやらなくても誰かがやってくれるからとか、教育投資の回収済みとかでモチベーションが低いのなら、外来と往診の診療報酬の操作とか登録人頭方式の導入の余地もあろう。

参考文献（第10章）

(1) 日本経済新聞、2016年9月5日。
(2) 天瀬光二・町田敦子・樋口英夫二「ドイツ・フランス・イギリスの失業扶助制度に関する調査」労働政策研究・研修機構 http://www.jil.go.jp/institute/chosa/2010/documents/070.pdf。http://www.jil.go.jp/institute/siryo/2010/070.html。
(3) 日本経済新聞、2016年2月24日。
(4) 伊藤正純「スウェーデンの現在の教育と就業の姿―公教育の重視と非正規雇用の不在―」摂南経済研究 第4巻 第1・2号（2014） https://setsunan.repo.nii.ac.jp/index.php?…。岡本英男「レーン＝メイドナー・モデルの特質とその成立背景」東京経大学会誌、第263号 http://www.tku.ac.jp/kiyou/contents/economics/263/043_okamoto.pdf。
(5) OECD「日本は若者が安定した仕事に就くのをもっと助けるべきである」http://www.oecd.org/japan/japancoulddomoretohelpyoungpeoplefindstablejobs.htm。
(6) （2011年10月） http://www.mhlw.go.jp/stf/shingi/2r9852000001reb1-att/2r9852000001reei.pdf。
(7) 八代尚宏『労働市場改革の経済学―正社員「保護主義」の終わり』東洋経済新報社、2009年、pp.73～85。
(8) 世界経済フォーラム「将来の仕事と雇用と技能と第4次産業革命に向けた労働戦略」http://www3.weforum.org/docs/WEF_FOJ_Executive_Summary_Jobs.pdf。
(9) 竹内淳一郎・武田洋子「米国のサプライサイド政策と労働市場の変貌について」http://www.boj.or.jp/research/brp/ron_1998/data/ron9810b.pdf。
(10) 高田一夫「ワークフェアとアクティベーション」一橋大学フェアレイバー研究教育センター http://www.fair-labor.soc.hit-u.ac.jp/rh-junpo/151025.pdf ほか。
(11) 藤井威「スウェーデン社会はなぜ高負担を受け入れたのか」社団法人スウェーデン社会研究所所報、2014年3月 http://www.sweden-jiss.com/jiss/2014.03.01/1-3.html。
(12) http://www.mhlw.go.jp/bunya/koyou/kyushokusha_shien/dl/jisseki.pdf。
(13) http://www.pat.hiho.ne.jp/musashi/index.dousureba6.htm。樋口修「スウェーデンの子育て支援策」レファレンス（国立国会図書館調査及び立法考査局） 2011年2月 http://www.ndl.go.jp/jp/diet/publication/refer/pdf/072103.pdf。
(14) 衆院厚生労働委員会の2010年3月9日議事録 http://kokkai.ndl.go.jp/SENTAKU/syugiin/174/0097/17403090097006a.html。
(15) 厚生労働省「ひとり親家庭等の現状について」2015年4月 http://www.mhlw.go.jp/file/06-Seisakujouhou-11900000-Koyoukintoujidoukateikyoku/0000083324.pdf。
(16) 岡村重夫『社会福祉原論』全国社会福祉協議会、1983年。
(17) 三浦文夫「社会福祉とは何か」同編『社会福祉エッセンス』自由国民社、2005年、pp.30～36。
(18) アリストテレス『ニコマコス倫理学』岩波文庫（上）、pp.37～38。
(19) http://www.mhlw.go.jp/wp/hakusyo/kousei/12/dl/1-05.pdf。
(20) 大橋謙策『「社会事業」の復権とコミュニティーソーシャルワーク」2010年3月 http://

www.jcsw.ac.jp/kenkyu/hokoku/kiyou/57_ohashi.pdf。
⑵1　岡村重夫「(講演) 地域福祉の思想」福祉かながわ、vol.3、1993年　https://sites.google.com/site/gugurubansono1/okamura-kouen-1chiiki-fukushi。
⑵2　古川孝順編『生活支援の社会福祉学』有斐閣ブックス、2007年、pp.15～16。
⑵3　佐々木閑『日々是修行』ちくま新書、2009年、pp128～129、p.34。同『ブッダ　最期のことば』NHK100分de名著、2015年、p.86。
⑵4　http://www.ipss.go.jp/publication/j/shiryou/no.13/data/shiryou/syakaifukushi/394.pdf。
⑵5　https://www.mof.go.jp/tax_policy/summary/consumption/122.htm。
⑵6　「日医、2014年度改定の診療所調査結果を公表」2014年　https://www.m3.com/open/iryoIshin/article/278616/。

社会保険

社会保険は小さな確率で発生する保険事故を対象にして始まった。例えばドイツのビスマルクの老齢年金の支給は70歳からだった。これは経済学者がいう想定外の長生きによる生活費の不足という「長生きのリスク」に対応するものということができ、受給者の発生は小さな確率であった。
　ところが、政治や連帯主義は社会保険に様々な要求を持ち込んだ。戦後のヨーロッパでは「ハッピー・リタイアメント」といって高齢で退職すればそのまま「年金生活」に入るのが定石で、ほとんどの定年退職者が「年金生活者」となったから発生は稀な確率ではなくなった。それでも、当初は積立方式であったから自助努力の貯蓄型で、早死にした人の残した積立金は「長生きした人の年金」になったから、これなら「世代内再分配」で、連帯による「保険」という名称に違和感がなかった。
　わが国の「年金生活」型の厚生年金は今は「世代間扶養」で、保険とはいっても現役が支払っている保険料は定年退職者全員を支えるもので、自分も高齢になれば後輩からの「贈与」で年金を受給する。これは「世代間再分配」だが政府は「私的扶養の代行」で説明してきた。最近は「仕送り」といって現役世代が支えていることを明確にした。
　実は医療保険も高齢化で病弱な加入者が増えた結果、従来のような稀に発生する病人を皆で助け合うというシステムではなくなり、高齢世代のために現役世代が税金や各健康保険からの支援金でかなりの「扶養」をしている。一方、介護保険ははじめから受給者は原則として高齢者限定とし、40～64歳の人は保険料を拠出するが給付は老人性のものに起因する場合に限られた。つまり年金・医療・介護の保険料は「扶養税」といってもいいくらいである。
　「長生きのリスク」対応の年金なら、退職後の「空白期間」をどう埋めるかが問題となる。厚生労働省は2012年8月の高年齢者雇用安定法改正の解説で、厚生年金の支給開始年齢の引上げにより、当時の高年齢者雇用制度だと2013年度には、60歳定年以降、雇用もなく年金も支給されない無収入者が生じる可能性があり、年金支給と雇用の接続が課題であるとしていた[1]。昔から年功賃金体系では定年延長に企業が堪えられないといわれてきたが、年金も切羽詰まってきた。

第11章　社会保険

第1節　社会保険方式

1　社会保険の特徴

　社会保険は、病気、ケガ、失業、障害、介護、高齢、退職、業務死亡などによる所得喪失や臨時の出費が、稀ではあるが一定の確率で誰にでも生じる「事故」であるとみなし、みんなが出し合ったお金で現金給付や医療・介護などのサービスを支給して互いに助け合う仕組みである。ただし、ここの高齢は定年とは関係しない「長生きのリスク」対応の年金、退職は定年退職に接続した「年金生活」対応の年金となる。

　また、障害給付と遺族給付は確かに稀に発生する事故である。障害給付は例えば入社して厚生年金に加入すれば翌日に障害になった場合でも、傷口が固定するなどして障害認定が出たあと最低保障の年額58万5100円が支給される。遺族給付は被保険者が死亡したときに扶養されていた家族に支給されるものである。

　ところで、『ベヴァリッジ報告』は、医療サービスを社会保険でやることには批判的で、その第437項で「社会保障の見地からいうと、あらゆる種類の完全な予防と治療をあらゆる市民に例外なしに、さらに所得制限なしに、またどんな点でもそれを受けることを遅延させる経済的障害なしに、提供する保健サービスというのが、理想的プランである」と述べていた。またベヴァリッジは「個人の健康は個人の利益ではなく、国家の利益であるという方針をとるなら、医療サービスは警察や軍隊のサービスのように無料であるべきである」と述べていたとされる[2]。いわば公共財扱いである。

　これらのせいか、戦後の英国では医療は「国民保健サービス（National Health Service）」で、税を財源とし患者は原則的に無料の制度を実施した。ただし、今はサービスの質が低下し、入院するのに半年以上待たされるとか、医師は良い待遇を求めて海外へ流出し、国内には外国人医師が増えているといわれる。

　社会保険が民間の保険と区別される特徴として、(ア) 強制加入、(イ) 垂直的再分配、(ウ) 公費負担、(エ) 福祉原理などが挙げられる。

2　強制加入と垂直的再分配

　民間保険の場合は保険会社が、加入者に拠出させる保険料と保険金が確率的にバランスするように設計し（給付反対給付均等の原則）、それをみて各人が保険に加入するかどうかを決める。ところが民間の医療保険の場合には「リスク選択」と「逆選択」という二つの不都合がある。
「リスク選択」とは医療保険会社が、加入希望者に病歴を申告させて病人や大病の経験者を排除しリスクの小さい人ばかり加入させることをいうが、これでは高リスクの人が排除されてしまう。牛乳からクリームだけすくい取ることに擬してクリーム・スキミング（いいとこ取り）とも呼ばれる。

　また、「逆選択」の一つの例は次のようなものである。病弱だと思っている人は保険料が高くても手厚いプランに加入するが実際に発病が多いので保険は赤字になる。そこで翌年はさらに保険料は高くなる。しかし健康だと思っている人にとっては割高なのでそのプランをやめてしまう。そのためにそのプランにはリスクの高い人ばかりが残り、保険が成り立たなくなる。進化論の選択（淘汰）とは逆に病気になりやすい人を残してしまう。

　高リスクの人を救済するには、病弱者も強制加入させる社会保険が求められるが、社会保険はもともと似通った収入や境遇の労働者が対象だったから、だれでも高リスクの家族を抱える可能性のあることを互いに理解し、連帯ができた。

　会社の健康保険の最近の保険料率は賃金のおよそ8％（これを本人と事業主で折半）であるが、所得水準別に見て病気の発生確率や医療費には大差がないのに、高所得者は低所得者よりも高額の保険料を負担している。これは応能原則で医療保障に「貢献」しているといえるから「垂直的再分配」の仕組みとなる。ただし、これを元気な人から病気の人への援助と見れば「水平的再分配」である。

　会社員の厚生年金の保険料率は約18％（これを本人と事業主で折半）で高所得者は低所得者よりも高額の保険料を負担しているが、これは公的年金における応能原則による貢献といえる。しかし年金は長期間拠出するから、高所得層の保険料支払いの動機付けを考えれば、現役時代にたくさん保険料を払ったものにはそれに見合う年金を支給する制度のほうがよい。ここを強調すれば「応益原則」の方法であるが、障害厚生年金には最低保障があり、また、基礎年金と報酬比例の2本立てということもあって「垂直的再分配」の要素がある。

第 11 章　社会保険

　ただし会社員の健保と厚年では、高所得者の保険料額が一定額を超えると保険料額が頭打ちとなり高所得者の「負担率」は下がる。今は財源不足の折から上限額をなくして高所得者からもっと保険料をとるべきという意見があるが、年金の場合はそれに連動する年金支給額が過大になるという反対意見もある。ただし、健康保険は 2016 年 4 月から標準報酬月額と標準賞与額の上限を引き上げた。（社会保険では賃金ほか一定の範囲の給与を「標準報酬」と呼ぶ。両方の保険とも標準報酬月額を 30 の等級に分け等級ごとの保険料月額を表示した一覧表をつくっているが、ソロバン時代の簡便法であろう）。

③　低所得者対策となった国庫負担

　社会保険への国からの拠出（国庫負担）のルーツはビスマルクが国家からの賜り物として年金で始めたものである。また、ベヴァリッジ型の社会保険では、低収入者にも払える安い保険料でないと困るが、一定水準の保険給付をするために国庫負担も正当化される。英国では 1911 年の国民保険で事業主と労働者本人の他に国庫負担が導入され、『ベヴァリッジ報告』でも「1911 年に確立された三者拠出方式」を受け継ぐとした[3]。

　わが国では 1927 年の健康保険法で給付費の 10 分の 1 の国庫負担がつけられたのが始まりだが、労使協調の奨励や当時の軍人・官吏の恩給にならった国からの賜り物であったのかも知れない。今は、国庫負担は連帯の奨励や保険になじまない給付のためにあるといえる。ところが経済学では民間保険を念頭に置いて社会保険への国庫負担は、保険料や患者負担の値引きとみている[4]。

　国庫負担によって所得水準とは関係なしに負担を軽減するのは自由指向の選別主義から見れば不効率である。また医療では、新米医師もベテランも同じ料金にするなど競争がなく、質が悪い病院や開業医でも営業ができる。そこで、一律の料金を払わされている患者の不満を抑えるために国庫負担を入れて保険料や患者負担を安くしている、という見方も紹介される[5]。また、負担を低くすると患者が病院のハシゴをしたり医師が過剰な診療をしたりするなどといわれながらも、住民の流出予防のため子どもの医療費助成を行う市町村もある。（政府は従来、無料化の医療費助成をしている自治体の国保への補助金を減額してきたが、2016 年 11 月に逆に子どもの医療費無償化を促進する方向に転換した）。

　ところが財界は保険への公費投入をそうは見ていない。社会保険料には賃金や雇用を抑制し、企業や個人の活力の発揮や経済成長を阻害するデメリットが

267

ある。社会保障制度の中長期的な持続可能性確保と経済活力の向上のために、消費税率15％程度を視野に、基礎年金や後期高齢者医療や介護保険への公費投入割合を増やすべき、と述べていた[6]。(一方、自民党行革推進本部は2015年にそれらへの国庫負担の削減を提案した。第1章3節(1)3)参照)。

　自営業者等の国民健康保険では医療給付費の約5割を国や市町村の公費でまかなう。その根拠として、被用者保険では保険料の半分を事業主が負担し被保険者負担が軽減されているが国保はそれがない、そこで医療費から患者負担を除いた残りの半分を公費で負担し残り半分を保険料として賦課すると説明される。

　もっとも、近年は国年も国保も低賃金の被用者や無職者の加入がおよそ半数で保険料収入が少ない。だから国庫負担は給付を維持するために必要な低所得者対策という性格があり、今さらやめるわけにもいかない。それなら裕福な商店や、農政で手厚く保護されている農家を別にして、低所得層だけ負担軽減をやればいいというのがリバタリアン的な意見となる。

④　社会保険の福祉原理

　次のような措置も社会保険を民間保険から区別する特徴とされ「福祉原理」または「扶助原理」と呼ぶ場合がある。

- ㈠　国民年金第1号被保険者の保険料免除制度。2種類あり「法定免除」は生活保護受給者や障害基礎年金受給者が申請すれば全額免除し、「申請免除」は第1号被保険者のうちの低所得者が申請し審査を受けるものである。両者ともに25年以上手続きをすれば減額された年金が支給され、40年間全額免除でも満額年金の2分の1を受給できる。申請者の収入に応じて全額免除、4分の3免除(4分の1納付)、半額免除、4分の1免除(4分の3納付)があり、それぞれ減額された年金が該当期間に応じて支給される。
- ㈡　会社員の障害厚生年金は本人の賃金や加入月数などで決まるが、障害等級3級の場合には、最低保障年金が保障される。
- ㈢　会社員世帯の専業主婦など国民年金第3号被保険者には、25年以上加入手続きをすれば保険料を払わなくても加入期間に応じた老齢基礎年金が支給され、40年加入なら満額の年金が支給される。厚生労働省の2014年の「いっしょに検証！公的年金」[7]で、会社員の専業主婦の保険料は「厚生年金に加入している人が負担している」と説明しているから、これは福祉原

理といえよう。
　㈣　国民健康保険や介護保険の保険料は、給付は減らさないが応能原則で低所得世帯の保険料が軽減される。
　㈥　医療保険に高額療養費支給制度がある。

5　社会階層と社会保険

　社会調査では、大企業役員、大企業社員、中小企業経営者、公務員、中小企業社員、自営業主、日雇いなど非正規社員等々、社会階層別に生活問題の解決能力や「生活の安定」に格差があるように見えた。

　一方、わが国の社会保険は社会階層ごとの給付の格差がある。例えば厚生年金の老齢年金額は、生涯の平均賃金や保険加入月数に比例する要素があったから、大企業の社員は中小企業よりは高賃金でしかも失業が少ないから年金でも有利だった。医療保険でも大企業の健康保険組合からは法定外給付（法定の給付に上乗せする給付）を受け取れた。会社員の健康保険なら、病気で賃金がもらえないとき傷病手当金が支給されるが、零細企業の社員が加入する国民健康保険にそれがない。

　会社員の育児・介護休業期間の所得保障は雇用保険から給付されるがパートなど未加入の労働者にはそれがなかった（今は適用事業所に雇用され、週の所定労働時間が20時間以上で、雇用期間が31日以上なら加入しなければいけない）。なお、厚生年金も2016年10月からパート（短時間労働者）の適用の対象範囲が拡大され、次のいずれかの条件の場合も対象とする。週20時間以上、月額賃金8.8万円以上、勤務期間1年以上、従業員501人以上の企業、などで、対象者数は約25万人とされる[8]。これには第3号被保険者を減らすという効果も挙げられる。

　厚生労働省の2014年の就労形態の調査によると、正社員（雇用期間の定めがなく出向でないもの）が60％で、出向・契約社員・パート・臨時・派遣その他の「正社員以外」が40％である。後者のうち「雇用期間の定めがない」が32％、「雇用期間の定めがある」66％であるから、調査対象の26％が有期雇用であった[9]。

第2節　社会保険と福祉国家

　1980年の吉田嗣義『老人ホームはいま』(ミネルヴァ書房)によれば、当時は寝たきりになれば褥瘡(じょくそう。床ずれ)ができても当たり前とされていたが、任運荘という老人ホームが頻繁な体位交換を行って褥瘡ゼロを報告したときそれを信じる人は誰もいなかったという。当然、ヘルパーの負担が増えたはずだが給与は増えない「熱意」頼みだったと思われる。今でも隣人や労働者の仲間内の助け合いなら多くお世話になったら多くお礼をしなければと思うはずのところ、国家の仕事となると「福祉は無料」で負担増に「ノー」である。

　しかし社会保障は国家の責任と国民の義務と連帯主義がワンセットというのがレオン・ブルジョワやベヴァリッジ以来の発想だった。

1　労働者の「連帯意識」と「連帯主義」

　19世紀のドイツでは同業組合や工場や地域の共済組合(疾病金庫、救済金庫等と呼ばれた)による互助が行われていて、英国やフランスも同様で親方や職人や労働者の仲間の「連帯意識」の発露だった。

　一方、19世紀末のフランスのレオン・ブルジョワの「連帯主義」「社会的連帯」は、個人は社会に負債を負っていて各人は生活の共同組織を支える「義務」を負っているという考え方に基づき、それまでの仲間内の相互扶助を超えた幅広い社会保険を構想した。これによって社会保険が義務化されれば、人間の「善意」抜きで、個人の自由と社会を調和させ、安全と連帯を生み出す機能を持つ。こうして19世紀後半には国家と保険技術が強く結びつくようになった[10]。

　おそらくブルジョワは、働く人々が持っている仲間内の「連帯意識」では全国的な社会保険はつくれないことを予想して、「理念としての連帯主義」を掲げたのかもしれない。実際にはフランスの社会保険は今でも、労働者が「連帯意識」をもてる「職域」ごとの制度で、年金制度は20近くに細分化されたままである。

2 連帯の解体

1) 福祉国家批判

近年は福祉国家や社会保険に疑問が出されている。一つは、福祉国家が本来的に連帯を解体させるという意見、もう一つは、1990年代以降に連帯そのものを脅かす状況が生じたという意見である。

エスピン・アンデルセンも、次のように述べている。特に近年は労働者は相互に競争を強いられ、将来が不安定なので集団としての連帯を実現する能力を制約されている。また、現代のヨーロッパでは、社会保険の受給資格は雇用に由来し、また、社会的保護が職業階層によって異なり、給付は必ずしも所得再分配の効果を持たず、慣例的な地位や所得を反映している。つまり、連帯や危険分散がますます希薄になり、いっそう個別化している[11]。

そして池本美和子は次のように述べた。P. ロザンヴァロンによれば、社会連帯原理はもともと社会そのものの原理だが、国家が介在し福祉「国家」に改編すると、かつての隣人に対する素朴な愛情は、租税・社会保険料の強制徴収機関への嫌悪感に転じ、しかも制度の中央集権化、官僚主義化、硬直化などを導く[12]。

つまり、社会的連帯を国家の強制力で社会保険制度に変換したが、それ自身の内に仲間内の連帯意識を破壊する要因があったというこの福祉国家批判は、わが国の社会福祉学者岡村重夫による批判と同型だと思う[13]。しかしこれは福祉国家に始まったことではなく、田中美知太郎はもともと近代国家そのものに、自然発生的な家族や共同体の人間関係を破壊するところがあると述べていた。

2) 連帯の弱体化

わが国では近年、行政が「連帯にもとづく自助・共助」を強調している。二つの震災で公的セクターが機能マヒに陥ったときに、それに代わって住民の生命を守ろうとした民間活動などの「共助」を福祉に取り込もうとしたものだと思う。東日本大震災では最後まで住民に避難を呼びかけ犠牲になった女性など名もない人びとの職務への忠誠や自己犠牲が人びとを前向きにさせて、それまで町内会・消防団・民生委員などフォーマルな「互助」組織の陰に隠れていたボ

ランティア団体など小回りが利きメンバーも日替わりで交替するような「共助」集団が人々を励ました。

人口高齢化により次のような事態が生まれている。

(ア) 高齢者が病気になったり要介護状態になったりするのは稀な保険事故というよりは高齢者の一般的な生活状態といえる。

(イ) 高齢者の経済的状態は多様で裕福な高齢者も少なくないために、世代間扶養方式の年金は、生活が苦しい若者が裕福な高齢者に贈与する側面を持つ。

(ウ) 非正規社員や不安定な雇用の労働者は、同じ会社の仕事をしているのに正社員になる見通しもなく帰属意識が持ちにくく、社会学者マートンの意味での「相対的剥奪」(relative deprivation)、つまり、同じような仕事をしているのに自分たちは今の社会で割に合わない立場であるという感覚を持つ人も増えたように思える。帰属意識もなく自分が必要とされているという感覚を持てない人々の内面には、連帯や共助を後押しするものが育ちにくいかもしれない。

こうして今は、福祉国家を支えてきたロブソン的な「福祉社会」の弱体化が進んでいると考えられる。

③ リスクから「不安定」へ

1) 長寿によるリスクの常態化

1950年の社会保障制度審議会勧告では、社会保障の中心は「社会保険制度でなければならない」と述べていた。ところが当時は、なによりも高齢人口の割合が5〜6%に過ぎなかったから、きっと稀に発生するリスクに対応する社会保険のイメージで良かったのであろう。

ロザンヴァロンは、社会保険は「リスクは平等に分配されていると同時に、きわめて偶発的な性質を持つ」ということを前提にしていたという。ところが、1990年代以降に現れた「平等な確率で生じるリスク」に当てはまらない二つの例を挙げた。(ア) 失業の場合、1980年以降長期失業が一般化し、社会に失業のリスクが大きい層と小さい層の分断ができ、一定層が恒常的に排除・貧困状態にある。(イ) 今や「長生き」が普通で高齢は例外的なリスクではない。介護は多くの高齢者にとり発生確率が小さい「リスク」というよりも、加齢とともに誰

もが抱える「不安定や脆弱」である。だから近年は社会保険に代わって、誰でも自分の責任で出費に備えるべきという米国的な個人の責任などが論じられるようになってきた、と述べている[14]。確実に訪れる将来の不安、健康を取り戻す復元力がない状態に備えるのは各人の自己責任であるという方向である。

　2012年の介護保険で、65〜74歳の男女被保険者のうち要介護の認定を受けたのは3.0％、75歳以上では23.0％であった[15]。社会保険は稀に発生する保険事故に対応すればいいという立場なら、保険の対象としては74歳までの要介護と75歳以上の重介護のみを対象とし、それ以外の高齢者は介護目的税による資産調査付き給付でもおかしくはない。年金も「年金生活」型から「長生きのリスク」対応へと変え、例えば75歳以上のみとし、75歳未満は税方式の最低年金のみ、あるいは個人年金と就業と生活保護で対応するなどミックスの枠組みもあり得よう。ただしいずれも、保険料は減るが自己負担と消費税は重くなる。つまり社会保障を社会保険中心でやるといっても、長寿少子高齢社会の世代間扶養は負担面では、富裕層の負担を増やさない限り現役世代にとって保険方式が好ましいという理由もなくなる。

　また、「リスクは平等ではない」となれば、リスクの発生確率が似通った者同士の民間保険や仲間内の組織を作ろうとすることは、すでに大企業の「健康保険組合」や開業医などの「国民健康保険組合」で実証済みである。現在、164の国民健康保険組合のうち92が医師、歯科医師、薬剤師の組合で、かつてその全組織の代表は厚生事務次官経験者であった。健康な現役が多い組合だからおそらく医療費は安く、高所得者にとっては地域の国保に加入するよりも保険料は安いはずである。国会でも一時問題にされたが、大企業の健康保険組合を認めているのに、こちらの解散を迫ると「弱い者いじめ」になってしまう。

2）少子化による連帯の揺らぎ

　わが国では近年、意図的に非婚やDINKS（ダブル・インカム・ノーキッズ）などを選択したノーキッズの男女も増加している。それを将来に投影してみると、次のような光景が見えてくる。

　内閣府の会議資料「将来推計人口（平成18年12月）のモデルにおいて推定されるコーホート別の指標（女性）」の中に生年別の出生児数分布がある。それをみると出生児数ゼロは、1965年生まれ（2050年に85歳になる）では23％、75年生まれ（同じく75歳になる）で33％、80年生まれ（70歳）で36％、85年生まれ（65

歳）37％、90 年生まれ（60 歳）37％、95 年生まれ（55 歳）38％となる[16]。

　この試算を当てはめると、2050 年には年金受給者の主力部隊の 3 分の 1 は男女ともにノーキッズで占められ、加藤彰彦はこれに注目する。1 人の子どもを育て上げるのには 2000〜3000 万円かかるといわれているが、「われわれ」の 3 分の 1 は子育てをせず、やがて、わが子たちの負担で「われわれ」と同じ年金がもらえる、という話に納得が得られるか。また、近年の人口論的な知見によれば未婚率や子のいない率は所得の低い層に多い。それを根拠にしたせいか加藤は、推計によれば団塊ジュニアの 3 割は無子に終わることがほぼ確実で、この中から将来、巨大な「老後破産」人口が生まれてくる可能性は高いと指摘している[17]。

第 3 節　わが国の社会保険の特徴

1　保険料の転嫁と帰着

　財政学では法人税は事業主や株主の負担にはならず従業員や消費者の負担に転嫁されているという仮説がある。もっとも法人税を減税した場合はその効果は株主に帰着するのかもしれないが。そして労働組合は「社会保険は労働者のものを取り戻すものだから、社会保険料を全額、会社に負担させろ」というが、事業主が負担する部分に、負担の転嫁と帰着という問題がある。つまり、企業や株主は社会保険料の負担のうちの幾分かを、または全部を、製品価格に上乗せし消費者に負担させるか、または、従業員の賃金を低くして従業員に負担させているのではないかという議論である。社会保険料については転嫁と帰着について一致した結論は定性的にも定量的にもないようだ。

　岩本康志は次のように紹介していた。（ア）1989 年に米国のサマーズが、社会保険は負担の対価として給付が得られるので、保険料が労働者に転嫁され賃金が下がっても労働者は受け入れられやすいといった。（イ）1991 年にクルーガーは実証的に労災の保険料の事業主負担の多くの部分が賃金に転嫁されているとした。（ウ）経済学者の多くは事業主負担は労働者に帰着するとの考え方を支持しているとして、例えば駒村康平らは、健康保険の保険料の事業主負担は 100％近くが賃金に転嫁されるという結果を得たという。（エ）逆に、橘木俊詔らは 2008 年に、健康保険、厚生年金、雇用保険の事業主負担は基本的に賃金に転

嫁されないという結果を示したという[18]。

2　年金保険

1）会社員と専業主婦への年金の計算

ⅰ）

1985年の年金改正前までは、60歳から支給された厚生年金老齢年金の年額の基本的な考え方は次のようだった。

夫名義の年金は ｛共通の定額×乗率×加入月数＋（生涯平均賃金×乗率×加入月数）＋加給年金｝ で、妻名義の年金は国民年金に任意加入しなかった専業主婦の場合 ｛ゼロ｝ であった。

夫の年金の第1項は「定額年金」で夫の現役時代の収入にかかわらずだれでも共通の金額を用いていた。第2項は「報酬比例年金」で、第3項が妻のいる人に支給された「配偶者加給年金」である。「定額年金」は再分配または連帯主義の要素、「報酬比例年金」は業績主義の要素といわれた。

また、専業主婦の妻には自分名義の年金がなかったが、任意で国民年金に加入していた人は「妻名義の年金」があったが夫婦の受け取り分としてはやや過剰であろう。

なお生涯平均賃金を計算するときには、過去の給料を現在の相場に近づけるために、年々「再評価率」というプラスの数値を乗じて水増ししてから算出する。生涯平均賃金のうちどれくらいの割合を年金とするかを決めるのが給付「乗率」であり、生まれた年ごとに異なる千分比である。結局、本人の加入月数と過去の賃金は変えられないから、政策手段は審議会で決める「定額年金」と「乗率」と「再評価率」である。こうして、生涯平均賃金は年金を従前所得にリンクさせ、再評価率は現役の賃金にリンクさせることで、老後貧困を予防する機能ができた。

ⅱ）

1985年に改正され86年施行の新年金制度では、専業主婦の年金や障がい者の年金が改善された。しかし将来の現役世代の負担を重くしないためということで、旧厚生年金では32年加入で現役男子平均標準報酬の83％となっていたものを40年加入で69％となるように設計したので、マスコミは「年金の改悪」だと伝えた。

改正後は転職してもしなくても、加入した公的年金の加入期間を合わせて25年以上加入することで受給資格が発生し、65歳から国民年金の「老齢基礎年金」と厚生年金の「老齢厚生年金」の2本立てで支給されるが、会社員だった人には60～64歳まで「特別支給の老齢厚生年金」が支給され、旧制度との連続性を保った。妻が専業主婦だった会社員世帯の65歳以上の夫婦の年金年額の基本的な考え方は、次のようになる。

　夫名義の年金は｛夫の老齢基礎年金＋(夫の老齢厚生年金＋＜　＞)｝で、妻名義の年金は｛妻の老齢基礎年金＋＜　＞｝である。

　老齢基礎年金は国民年金第1号被保険者と同じで、定額×(保険料納付月数÷加入可能月数)で加入可能月数の最大は40年加入の480ヶ月となる。妻は25年以上専業主婦だった妻である。

　これらに物価スライド率をかける。40年間勤務した夫の老齢基礎年金の月額は約6万5千円で、(　)内は報酬比例年金(生涯平均賃金×乗率×加入月数)で、＜　＞は「配偶者の加給年金」で、妻がまだ老齢基礎年金をもらっていない場合に支給されるが、妻が65歳になり老齢基礎年金が支給されると付かなくなる。妻名義の老齢基礎年金も専業主婦歴40年で約6万5千円となり、＜　＞は「配偶者の加給年金」が支給されなくなった場合に＜振替加算＞が支給される場合もある。なお、厚生年金の加入の最長は中学卒業から70歳までの55年前後で老齢厚生年金額に反映されるから働きづめだった人生が報われる(ただし、基礎年金部分は40年が上限)。

　報酬比例部分の給付「乗率」は生年ごとに異なり2003年3月までの報酬については、例えば昭和4年生まれは千分の9.101、昭和20年生まれは千分の7.230、また、2003年4月以降の報酬についてはそれぞれ千分の7.001、千分の5.562などである[19]。つまり先輩ほど名目賃金が低いから余分に年金がかさ増しされ生活水準が保てるようにしてある。

　仮に、再評価後の平均標準報酬月額が40万円、乗率が千分の8、加入月数が480ヶ月、老齢基礎年金が6.5万円だとする。配偶者加給は無視して、(　)内の老齢厚生年金は月額12.8万円で、夫の基礎年金と合わせて19.3万円、40年間専業主婦だった妻は6.5万円、夫婦合わせて25.8万円となる。ただし、医療と介護の保険料が天引きされる。

　また、中小企業の賃金は大企業の7～8割で、会社員全体の賃金の平均は中小企業の水準に近いと仮定すれば、大企業の社員だった人は標準的な年金の平均の2～3割増しとなるだろう(保険料もたくさん払ったが)。それに私的年金の

企業年金もつく。

2) 微妙な立場の第3号被保険者

ⅰ)

　1985年改正では、それまでの夫名義になっていた夫婦の年金を夫と妻に名義分割したに過ぎないから妻は自分で保険料を払わなくても年金が受給できるというのが当初の説明があったが、この説明は近年、見かけない。

　また、社会保障審議会年金部会では「健康保険において被扶養配偶者は自ら保険料を負担せずに医療保険給付を受けているのと同様に、独自の保険料負担を求めず、必要な費用は被用者年金制度全体で負担することとした」ともいわれる[20]。しかし、短期と長期という違いがあり、さらに疾病の発生は現役なら確率的だが、全員が受給することを予定する「年金生活」型年金はそうはいえないのに、両方を同一視したことには違和感がある。

　『ベヴァリッジ報告』では専業主婦の夫が払う保険料は妻の年金のために払われたと見做され、週の年金額は夫婦で40シリング、単身の男女は24シリングとされた[21]。

　もっともわが国では、老齢基礎年金の半分は国庫負担でその財源は消費税であるから、これなら主婦も一部は負担しているといえるかも知れない。専業主婦の中にも「自分で保険料を払いたい」という人はたくさんいるが、「夫に保護される身分の妻がそのようなことを言い出すはずがなかろう」と思っている保守主義者も多そうである。

ⅱ)

　この制度には単身者や働く女性からは「不公平」といわれ、幾度も見直しが検討された。その結果、今は、払った保険料の半分は妻が負担しているという体裁にすれば「妻も負担しています」といえる、という心理作戦の方向で落ち着いているようである。当然ながら、実質的な不公平解消の要求がある。

　さらに本田麻衣子を参照してみる[22]。1961年の国民年金の発足当時は、厚生年金保険では、妻が専業主婦の会社員の年金は夫婦2人分の生活費を考えて支払われた。そして、会社員世帯の無業の妻については、国民年金に任意に加入し自分の年金をもらえるようにしたが、妻が任意加入していない場合、妻が障害者になったときや離婚時の年金保障に欠けるという問題があった一方で、任意加入す

ると、厚生年金と国民年金が支給され過剰給付ではないかと懸念された。

そして1985年改正当時は、専業主婦世帯の方が共働き世帯よりも多かったが、共働き世帯が徐々に増加し共働き主婦の声が届くようになり、専業主婦に対する優遇策ではないか等の声が高まった。第3号被保険者制度の廃止または見直しを求める意見には、次のようなものがあった。

（ア）これは片働き世帯の優遇。パートの収入が増えたときに仕事を辞めてしまう原因になる。（イ）妻でもパートなどの第3号被保険者には保険料負担能力はある。（ウ）第2号被保険者全体で支えることは社会的に受容されない。（エ）第1号被保険者である自営業者の妻や母子家庭の母と比べて不公平である。（オ）育児・介護等の事情のない第3号被保険者は自ら働かないことを選択している。（カ）自ら保険料を納めないことで、年金制度への関心が薄れ、夫の転職や退職等の場合の妻の手続漏れ等も生じている。

ⅲ）

上記の年金部会資料には、収入のない配偶者の給付に関する諸外国における取扱いが紹介されている。諸外国の年金制度では、一般に収入のない者（働いていない者）は制度の適用対象外であるが、ただし、収入のない配偶者については、年金給付のある国がある。

米国は、（ア）制度は老齢遺族障害保険（OASDI）で、（イ）収入のない配偶者を含む無業者は適用対象外である。（ウ）収入のない配偶者に係る年金給付は、夫（妻）の年金の50％を妻（夫）自身の年金として支給する。（エ）被扶養の妻の給付月額は約4万4300円（2010年）である。

英国は、（ア）国民保険、（イ）適用対象外（任意加入は可）。（ウ）夫（妻）の基礎年金の60％を妻（夫）自身の年金として支給。（エ）満額は約3万3900円（2011年）である。

ドイツは、（ア）一般年金保険、（イ）適用対象外（任意加入は可）。（ウ）なし。

フランスは、（ア）一般制度、（イ）適用対象外（任意加入は可）。（ウ）なし。

スウェーデンは、（ア）所得比例年金・保証年金、（イ）所得比例年金は適用対象外（保証年金は税財源）。（ウ）所得比例年金はなし。保証年金は居住期間に応じて支給。（エ）保証年金の満額は約8万4000円（2010年）である。

3) 欧米に立ち後れた支給開始年齢の引き上げ

　戦争中の 1942 年に厚生年金の前身ができたときは男性のみ加入し、20 年間以上保険料を積み立てた人に 55 歳から（女子は男子の定年までは働けないだろうということで 50 歳から）年金を支給する制度であった。終戦直後の 1947 年の 55 歳男性の平均余命は 15.97 歳であった[23]。設立当時は、まだ自営業や農家も多く生涯会社員というイメージがなかったに違いない。

　1973 年に年金水準を手厚くしたが、1975 年の 60 歳男性の平均余命は 17.38 歳、60 歳女性は 20.68 歳であった。給付を手厚くしたのだから、保険料引き上げか支給開始年齢引き上げをしないと財源が不足するが、1971 〜 74 年は第 2 次ベビーブームで急激な少子化を誰も予想していなかった。

　政府が支給開始年齢引き上げを打診しても、労働組合は定年退職と年金支給までの「空白期間」を問題とし、マスコミも同調し年金改悪と批判し、企業側は定年延長すると年功賃金で人件費負担が増えると難色を示していた。もっとも、「支給開始年齢引き上げ」は本来、団塊世代とそれ以前の高齢世代の支給開始年齢を遅らせるのが趣旨だったのに、近年いわれている支給開始年齢引き上げでは将来の年金受給者の給付削減である。（すし詰め学級で苦労した団塊世代が報われるようにみえるが、若い人からは団塊世代は逃げ切ったといわれている）。

　1994 年の制度改正で、男女ともに 12 年かけて徐々に 65 歳支給開始にすることにしたが、1995 年の 65 歳男性の平均余命は 16.48 歳、65 歳女性は 20.94 歳であった。

　海外では年金支給開始年齢の引き上げが始まっている。米国は 66 歳を 2021 年から引き上げ始めて 2027 年に 67 歳とする予定である。英国は男性 65 歳で、女性 60 歳が 2020 年に 65 歳となるように引き上げ途上である。さらに男女とも 2024 年から 46 年にかけて 68 歳に引き上げる予定。ドイツは 65 歳を 2012 年から引き上げて 2029 年に 67 歳となるように引き上げ途上である。フランスは旧サルコジ政権の提案では、60 歳が 2018 年までに 62 歳になるように引き上げるほか、現行 65 歳の満額年金受給年齢を 2023 年に 67 歳となるように引き上げる（ただしオランド大統領は一部の受給者は 60 歳支給開始に戻す方針といわれる）[24]。オーストラリアでは 2014 年度予算で老齢年金の受給開始年齢を将来 70 歳に引き上げる方針を示したが、労働党の前政権は 2023 年に 67 歳とする方針を示していた。

4) 超高齢者にも高年金グループがいる

　厚生労働省『年金制度基礎調査（老齢年金受給者実態調査）平成 24 年』[25] によれば、「厚生・共済年金あり」の男子本人の平均の公的年金額は 192.7 万円で、女子本人は 110.0 万円である。男子の回答者が最も多いのは 200 ～ 250 万円のクラス、ついで 250 ～ 300 万円のクラスである。

　年齢階級別の平均は、65 ～ 70 歳未満は 205.6 万、70 ～ 75 歳未満は 206.3 万、75 ～ 80 歳未満は 221.1 万、80 ～ 85 歳未満は 228.0 万円、85 ～ 90 歳未満は 214.7 万、90 歳以上の平均は 175.0 万円である。若い方は在職老齢年金（年金受給者が厚生年金のある会社で働くと年金が一部カットされる）で減額されているにしても 80 歳オーバーの年金が高い。

　男子の年齢階級ごとに受給者が最も多い金額帯を見ると、70 歳未満と 75 歳未満は 200 ～ 250 万円、80 歳未満は 250 ～ 300 万円、85 歳未満は 300 ～ 350 万円、90 歳未満は 50 ～ 100 万と 300 ～ 350 万円のふた山、90 歳以上も同様であった。

　生年別の「乗率」をみると、早く生まれた人たち、つまり超高齢者ほど「乗率」が大きく、乗率の違いだけで年金額が 3 割以上も上乗せされてきたが、最近は超高齢者の乗率を減らすようになった。なお、昭和 21 年 4 月 2 日以降生まれは千分の 7.125 だが、これは、2003 年からの「総報酬制」で年金支給額が増加するので、3 割の割引をするために 1.3 で除して今は千分の 5.481 となったとされる[26]。

5) 国民年金の被保険者の年収

　国民年金の第 1 号被保険者の年収階級別分布がある[27]。第 1 号だから自営業・農民・無職と臨時・パート・会社員などである。男女計で見ると、年収 50 万円以下が 38.0％（そのうち収入なしが 24.6％）、50 ～ 100 万円が 16.7％で、100 ～ 150 万円が 9.8％で、こうして 150 万円までの合計は 64.5％に達する。ここには女性もかなり含まれて低収入になりがちであろう。

　堀江奈保子によれば国民年金保険料の全額または一部免除者の割合は 1996 年の 17.6％が 2012 年には 34.6％とほぼ倍増である。2011 年の「国民年金被保険者実態調査」によれば、第 1 号被保険者のうち「臨時・パート」で全額免除者の割合は 28.7％、「無職者」では 35.7％だった[28]。（このほかに手続きをしていない滞納者がいる）。

6) 低年金・無年金

低年金・無年金が生じる原因としては、(ア) 保険料を拠出しなかった。(イ) 拠出年数が短くて受給資格が得られなかった。(ウ) 国民年金で保険料免除が適用されて低年金を受給している。(エ) 同じく拠出した年数が短く満額より低い年金を受給する。(オ) 同じく65歳をまたずに早期受給開始をしたために年金額が低い、などが考えられる。

なお、2007年(旧)社会保険庁調べでは、65歳以上の無年金者(約42万人)の納付済み期間は、10年未満が59%、10年以上15年未満は19%、15年以上20年未満は15%、20年以上25年未満6%であった[29]。そこで「社会保障と税の一体改革」のなかで、消費税率10%引き上げの時期にあわせて、老齢基礎年金の受給に必要な資格期間を25年から10年に短縮することになったが、2016年10月26日の閣議で17年9月分からの資格期間短縮の導入とマクロ経済スライド強化が決まった(これで無年金者の40%が救われるとされる。同時に10年で加入をやめてしまう低年金者が増えると予想されている)。

一方、企業の厚生年金の加入逃れの疑いがあるのは、2014年度末に24万5千事業所を数え、5年前の2倍に増えた[30]。

7) 公的年金の変遷

ⅰ)

1965年から厚生年金の「在職老齢年金制度」ができた。もともと厚生年金の老齢年金の支給要件は60歳で退職していることであった。すると定年後に会社員になると年金がもらえず自営業や役所勤めなら年金がもらえて不公平だったので、定年後に会社員になった人にも少額の「在職老齢年金を支給する」ことにした(ただし、現在は年金を減額するという意味が強い)。

ⅱ)

わが国では5年ごとに国民年金と厚生年金の「財政再計算」を行って保険料を見直し、年金支給額の見直しを行っていた(現在は「財政検証」という)。

1973年改正で、消費者物価指数が5%以上上昇したときに年金額を引き上げるという「物価スライド制」と、生涯の平均標準報酬を求めるときに過去の標準報酬を水増しする「再評価」が導入された。さらに、厚生年金の標準的な老齢年

金は直近男子平均標準報酬の 6 割をめどとするという基準が設定された。

　転職をしても年金が不利にならないようにするために年金制度の一元化の検討が行われていた。(ア) 1977 年の社会保障制度審議会の「基本年金構想」は、全国民に共通の基本年金を新設し、その上に既存の国民年金、厚生年金、共済年金を乗せる、そして、基本年金の財源は目的税の税方式、2 階部分は社会保険方式というものだった。当時、保守の地盤の自営業や農家が入っている国民年金は、産業構造の変化で被保険者がじり貧となり、年金水準は引き下げるほかはないと予想されていた。(イ) 1979 年、厚生省の年金制度基本構想懇談会報告書では、既存制度の分立のまま、「基礎年金勘定」という特別会計を設け、そこに各制度が給付財源を持ち寄ることで、あたかも基礎年金が存在するかのような体裁をとる案を出した。これなら全国民が加入する新たな基礎年金勘定によって自営業や農家の年金も底上げができる可能性があった。1985 年の改正はこのタイプであった。

　ⅲ)
　1985 年に国民年金制度を改正し 20 歳以上のすべての人を国民年金に加入させて 1 号、2 号、3 号の被保険者とすることとし、同時に将来の保険料負担を抑えるために年金の給付抑制を行った。改正前の厚生年金の標準年金は 32 年加入で月額 17 万 3100 円が夫に支給されていた (報酬比例部分 8 万 1300 円、定額部分 7 万 6800 円、妻の加給年金 1 万 5 千円)。改正後は、40 年加入で合計 17 万 6200 円が夫と妻に支給された (夫老齢厚生年金 7 万 6200 円、夫老齢基礎年金 5 万円、妻老齢基礎年金 5 万円)。この改正は制度分立のままであったが、厚生省は 2 階建ての概念図によって説明したので、世間では「2 階建て年金」ができたと受け取られている。

　1989 (平成元) 年には、1990 年以降、年々の消費者物価指数の変動に合わせて翌年の年金を見直す「完全自動物価スライド」が導入された。

　1994 (平成 6) 年の改正でネット・スライド制を導入した。その当時、勤労者の税や社会保険料の負担が大きくなり手取り賃金は増えにくくなっていたから、税込み賃金に合わせた賃金スライドでは年金を引き上げ過ぎるということで、勤労者の給料から所得税、保険料を差引いた手取り (ネット) 賃金の変化に年金をスライドさせることにした。

　2000 年の年金改正では、(ア) 2000 年度から厚生年金の報酬比例部分の給付水準が 5% 減る。賃金スライド制を凍結し物価上昇率だけを反映する。(イ)

2004年までに、安定した財源を確保し基礎年金の国庫負担割合を現在の3分の1から2分の1に引き上げる。(ウ) 2013 (平成25) 年度から特別支給の厚生年金の報酬比例部分の支給開始年齢が、2025年度にかけて段階的に60歳から65歳に引き上げられる (定額部分はすでに、2001年度から13年度にかけての引き上げが決定済みであった)。(エ) 厚生年金ですでに年金を受給している人の年金 (既裁定年金) の改訂では賃金スライドはやめて物価スライドのみとし、新規裁定年金 (初めて受給する年金) の算定では賃金スライドを残すことにした。

iv)

ドイツのシュレーダー政権では2001年年金改革で「給付水準を維持する制度」から「負担可能な保険料にあわせた給付水準」を設定する制度への変更などが提案され、これに影響されたかのようにわが国でも大きな改革が行われた。

わが国の2004年の財政再計算に基づく年金改革法が成立したが、日本年金機構の資料では、2004 (平成16) 年改正以前は財政再計算により「給付に必要な保険料率を設定する」という考え方だったが、2004年改正で、将来の保険料率を固定することになり、その「財源の範囲内で給付水準を自動的に調整する」ことで給付と負担の均衡が図られる財政方式に変わった、としている[31]。つまり給付建てから拠出建てに変わったといえる。

改正点は (ア) 基礎年金の国庫負担を04年度から5年をかけて2分の1に引き上げる。(イ) 厚生年金保険料13.58% (これを労使折半) を04年10月から毎年0.354%ずつ引き上げ、17年度以降は18.30%で固定する。国民年金は2005年4月から毎年月額280円引き上げ、17年度以降1万6900円で固定する。(いずれも平成16年度価格)。(ウ) マクロ経済スライドの導入により、給付水準に社会の保険料負担能力の伸び (実は低下) を反映させる。(「スライド調整率＝被保険者数の減少率＋平均余命を勘案した一定率 (0.3%)」とするが、この率は2025年度までは年0.9%程度である。新たに受給する新規裁定者の年金は1人当たり賃金伸び率からスライド調整率を引いた率で伸ばし、また、既に受給している既裁定者の年金については物価上昇率からスライド調整率を引いた率で伸ばす。ただし、名目額を下回らないこととする。例えば新規裁定については、現役労働者の手取り賃金上昇率が年2.1%だったとしても、スライド調整率が0.9% (加入者減少0.6%＋平均余命伸びの定率0.3%) であれば、0.9%ポイントが自動的にマイナス調整され1.2%の上昇とみなされる。また、現役男子の平均的な手取り収入の59.3%となっている標準的な年金を、マクロ経済スライドにより、23年度に50.2%にする)。(エ) 60歳代前半の在職老齢年金の一律2割の支給停止の廃止、70歳以

上の被用者に60歳代後半の在職老齢年金のしくみを適用（ただし、保険料納付はなし）、育児休業中の保険料免除対象を1歳未満から3歳未満へ拡大する、離婚したときの厚生年金を夫婦で分割。（オ）基礎年金国庫負担の1/2へ引き上げ開始。

　これらで年金財政は今後100年間は安定するとしている。しかし、この改正では2000年の合計特殊出生率1.36が2050年に1.39に回復すると想定しているが、すでに法律成立直後の03年の合計特殊出生率が1.29に落ち込んだ。

　ところがマクロ経済スライドはいつになっても発動されなかった。その実施には二つの歯止めがあったからである。物価下落の時は行わないこと、過去の物価下落時に年金額を据え置いた「払いすぎ」の状態（特例水準）を解消した後に行うこと、の2点である。そのために実際に発動するのは2015年4月からとなった。発動が遅れたために「いまの高齢世代が受け取る年金が高止まりし、将来世代が使える財源が減った。結果、年金抑制を続けねばならない期間が延びた」[32]。

　厚生労働省は2014年6月の年金の財政検証で、デフレを踏まえて物価にかかわらず抑制策を毎年必ず実施するという改革案を示した。しかし自民党は「マクロ経済スライド」をデフレのときには凍結し、物価上昇率が約1%を超えたときに複数年分の抑制をまとめて実施するという改革案を了承した。ただ過去20年の消費者物価を見ると1%以上上がったのは3回だけで、うち2回は消費増税の年だったという[33]。

ⅴ）

　2005年改正で、第3号被保険者の届出忘れの救済を開始し、届ければ全期間認定する。

　2006年には、国民年金第1号被保険者の保険料の2段階の減免制度を4段階に変えた。40年加入では、4分の1免除は満額年金の87.5%支給、4分の2免除は満額の75%支給、4分の3免除は満額の62.5%支給、全額免除は満額の50%支給とする。減免を受けても、10年以内に保険料を全額後払いすれば満額がもらえる。

　2007年には次の変更が始まった。（ア）70歳以上の会社員の厚生年金にも在職老齢年金制度を適用して年金を減額する。（イ）子供のいない30歳未満の寡婦の遺族厚生年金支給を5年未満に制限する。（ウ）離婚時に厚生年金報酬比例部分を夫婦の間で分割可能にした（分割割合は夫婦間の協議で決まるが、合意で

きなければ裁判所が決める)。

　2008年4月から、会社員の夫と専業主婦の離婚時の年金分割は協議不要で夫の厚生年金を2分割して妻に支給することになった。ただし、当年4月以降の婚姻期間に適用する。

8) 世代間扶養と「年金100年安心プラン」

ⅰ)

　かつての厚生年金の老齢年金は、戦時中に報酬比例で平均標準報酬月額の25％を給付する計画から始まったが、インフレや生活水準上昇のもとで、定年後の所得急減に対応できる給付が望まれていた。
「国民の生活水準の向上」に対応した年金水準の改善は、昭和40年改正頃から始まったようである。「消費者物価や賃金水準の上昇に対応させていくというだけでなく、実質的な給付水準の引き上げを図るため、年金額は定額部分、報酬比例部分の双方にわたり数次の手直しが加えられた」[34]。その当時は、経済成長が続けば特に問題がないと考える人が多かったが、今井一男は賦課方式に変えることに反対意見を述べていた[35]。

ⅱ)

　年金白書の1985年版で年金の理念を「世代間の助け合いとしての社会的扶養システム」、1989年版で「世代間扶養」とし、以後この表現となっている[36]。
　厚生省年金局は「世代間扶養」について、積立方式と賦課方式を説明した上で、「公的年金制度においては、受給者にとって個人の責任で対応できない物価の上昇や国民の生活水準の向上に対応した給付の改善などに必要な財源を後代の世代に求めるという仕組み、いわゆる世代間扶養という公的年金特有の仕組みを採っている」と述べていた[37]。つまり、給付改善分以外には世代間扶養をあてはめない算段だったように読める。
　公営事業の民営化論に刺激されて「年金の損得論」が出た。保険料を払うよりもそれを自分で運用した方が老後の自分の受取分が大きくなるというものだったが、公的年金には遺族保障も障害保障もあるから一概にそうとはいえない。
　また、厚生労働省は2001年に世代間扶養とは「あらかじめ見通すことのできない長い期間に生ずるであろう賃金や物価の上昇などの経済社会の不確実な変化に対応するための、世代を超えた支え合い」としたとされる[38]。2004年年金改

正の解説の中で官僚は「世代間扶養の賦課方式を基本とする年金制度」と表現していた[39]。

「賦課方式」では積立金は年金給付の1年分程度を残すように設計するものとされる。ところが現在、厚生年金には3.8年分程度、国民年金には2.8年分程度の積立金があり今後もまだ積み上げて、将来世代の年金財源として活用するという世代間扶養方式の設計だから「賦課方式」としては異質である。少子高齢長寿化という環境激変で、将来の被保険者数減少と保険料収入不足に備えて巨額の積立金を長期運用するという解法である。『平成24年厚生労働白書』の51頁ではわが国の公的年金そのものを「世代間扶養」としていた。

ⅲ）

現行の年金制度は「年金100年安心プラン」と呼ばれた。「2014（平成26）年財政検証結果」で「将来の厚生年金・国民年金の財政見通し」の試算表「出生中位、死亡中位、経済ケースA（変動なし）」がある[40]。「積立金」は2110年度741兆円で、その年の収入で支出を賄えず、この方式は2111年度に破綻させる予定である。ただ、2025年度以降は「積立度合」が3.5年分から増加し続けるから「積立金」を増やすのではなく保険料率を引き下げても良いはずであるが、保険料率を引き下げない理由は、2105年度まで「厚生年金」制度を持続させ、その破綻（別の制度に移行する）を遅らせるためと考えられる。

財政検証は第14章2節で再度、取り上げる。

9) 世界銀行の年金レポート

1981年のチリの年金改革は賦課方式を完全積立方式に変更し、労働者は個人年金勘定を持ち制度は確定拠出型で年金基金は民間が運用するものだった。これが「新自由主義」的な改革といわれ、IMFや世界銀行は途上国などへの融資の条件として公的年金をこのように変更するように求めるようになった。

1994年の世界銀行の報告書『高齢者危機の回避』では、給付建て・賦課方式の公的年金は資本市場の発展を妨げるが、積立方式は経済発展に寄与することが強調され、3本柱の年金制度体系が提案されたが、新自由主義的と評された。第1の柱は強制的で公的なもので、ミーンズテスト付き年金または最低保証年金または定額年金で、財源は税とする、第2の柱は強制的で民間管理によるもので、個人貯蓄または企業年金（個人勘定）で、確定拠出の完全積立方式とする、

第3の柱は任意の個人貯蓄または企業年金というもので、わが国でも新自由主義的な経済学者がこの3本柱に切り替えることを主張していた。

2005年に世界銀行から『21世紀における高齢者の所得補助：年金制度と年金改革に関する国際的パースペクティブ』が出された[41]。

そして、年金制度の目標は貧困削減と退職後の生活水準の急激な低下を防止することと、弱い立場の高齢者を経済・社会的危機から守ることの両方が重要であるとした。さらに3本柱に代わって5階建ての年金体系が提案された。特筆すべきは、4階は家族の私的扶養、医療などの社会プログラム、個人の金融・非金融資産、としたことである。この2005年の報告書は前回のような、民間の年金制度の役割を無条件に拡大する提言ではなくなったので、「脱新自由主義」的であったとされる。

③ 医療保険

1）診療報酬と医師の動機付け

医療保険では、検査、診断、治療、相談、リハビリほかの医療サービスと薬剤などを金額に変換するために公定価格としての「診療報酬」「薬価基準」を政府が定め、それによって医療費が合計で何円かかるかが決まる。なお、保険は薬剤費を薬価基準に従って病院に支払うが、以前は、病院が問屋から安く仕入れて「薬価差益」が生じ病院の収入となったが今は医薬分業で解消したとされる。

ヨーロッパの「償還方式」は患者が窓口で一旦、費用全額を支払い、後日、保険給付分が患者に払い戻される。それとの対比でわが国は「現物方式」といわれ、患者は一部負担として例えば3割を支払えば診察や治療などのサービスを全て受け取れる。仮に医療費が5000円かかる診察・治療なら窓口で1500円を支払えばよい。保険給付の3500円は、後日、「社会保険診療報酬支払基金」という機関を通して医療保険から医療機関に支払われる（その財源は医療保険から基金へ支払われている。基金では病名と検査や治療や処方が適切かどうかを審査する）。

医療保険では、診察した量、検査・薬剤の量に応じて医療機関に報酬を支払う「出来高払い」方式である。これは、医師が足りなかったころ、医師に少しでも多くの患者を診るように動機付けるための、医師の苦労に報いるシステムである。ところがやがて「濫診濫療」といわれるようなムダな治療や検査が横行するようになり、これが、高額な医療設備や人口高齢化などと並んで医療費の

高騰を招いている。

　そこで最近は、病気ごとにあらかじめ決められた医療費を医療機関に支払う「包括払い」方式が、高齢者など一部の医療に導入され始めた。これは入院日数を長引かせたり検査をたくさんやったりしても報酬は増えないので、逆に入院日数を短縮してベッド利用の回転率をよくするように動機付けるシステムである。ところが今度は逆に、手抜きをしても同じだけ報酬が得られるのかという心配をしている。

　英国のNHS（国民保健サービス）では、住民は近所のかかりつけ医を選んで登録し、医師の報酬はその登録人数によって決まる「登録人頭方式」である。住民はまずはその医師に診てもらい、必要なら病院へ紹介状を書いてもらう。これなら、かかりつけ医は疾病予防や地域医療に力を入れる動機付けがあるとされる。

2) 医師会が反対する混合診療

　美人に見せる美容整形やまだ保険適用が決まっていない最新の抗がん剤やガン治療などは、医療保険が利かず医療費の全額を患者が負担する「自由診療」である。それに対して保険が適用されるものを「保険診療」という。ただし、部分的に自由診療を行ったときには、普段なら保険が利く診察や入院料なども保険が使えなくなり、すべて全額が患者負担になる。

　入院して最新の抗がん剤で治療をしたとき、仮に、抗がん剤だけを「自由診療」で全額患者負担とし、診察、検査など普段は保険が適用される部分を「保険診療」とし患者一部負担とし、医療費を2本立てで請求するやり方を「混合診療」という。現在のところ、原則として「混合診療」は禁止されているが、禁止する理由は三つあるとされる[42]。

(ア)　「自由診療」は保険が利かず高額な負担となり富裕層しか使えないが、同様に混合診療だと結果として富裕層だけが保険を使って高額な医療を使うことになり不平等だから禁止する。（これは医師会が主張している。逆に現状では、先進的な抗がん剤を使うとほかのものまで全額患者負担となるから負担が大きすぎて有効な治療を受けられず不合理である、というのが混合診療賛成論の主張である）。

(イ)　医師会は「必要なものははやく保険の対象にすればよい」と主張する。（しかしそれでは医療費が足りず、そこで財源対策として患者負担の引き上げという提案もあるが、医師会は「そんなことをすれば低所得層が医者に来づらくなり病

気をこじらせ、かえって医療費が高くなる」とこれにも反対する)。

(ウ) 「混合診療」が認められたら「競争原理」が働き、患者は最新の治療をしてくれる医師・病院に集中する。患者にとっては望ましいが、定年がなくのんびりやっている開業医や医師会にとっては「混合診療の解禁」は死活問題なので抵抗する。

原則は「混合診療の禁止」だが例外もある。1984年の「特定療養費制度」では、差額ベッドや高度先進医療などいくつかの決められたケースで、保険が利かない部分は患者負担を請求し、保険診療部分には保険給付を認めたがこの保険給付が「特定療養費」である。もともと「療養費」とは医療保険証を持参しなかったときに窓口で一旦、医療費全額を払い、後日、患者一部負担を除いた残額が現金で払い戻される制度のものである。

次に政府は2007年に「保険外併用療養費制度」を作った。これは、先進医療、未承認薬の使用などの「評価療養」と、差額ベッド、予約診療、時間外診療、大病院の紹介状のない患者の初診、金歯ほかの「選定療養」の二つの場合に、決められた医療機関のみ混合診療を認めた。2014年には安倍内閣の成長戦略の一環として混合診療が大幅に認められる形になった。

3) 高額療養費

ひと月に払った患者一部負担のうち一定金額(自己負担限度額)を超える部分は保険から「高額療養費」として給付され患者の負担が軽くなる。高額療養費は1973年に作られた制度で、当初はあとから払い戻される制度だったが、2012年からは事前に手続きをすれば、入院も通院も窓口では患者一部負担のうち高額療養費分を除いた残りだけ支払えば良くなった。

2015年1月から、例えば患者が70歳未満で医療費がひと月に100万円の場合、3割負担なら患者一部負担は30万円となるが「高額療養費」の給付があるから支払いは、市区町村民税非課税などの低所得者は3万5400円、年収約370万円未満なら5万7600円、年収770万円までは8万7430円、1160万円までは17万1820円、年収約1160万円以上なら25万4180円と3割に近づく。そして、70歳以上の高齢者については高額療養費制度による自己負担よりさらに安い自己負担限度額を別途計算式により決めている。ひと月の医療費が100万円のとき、億万長者でも自己負担限度額は8万7430円、医療費500万円でも12万7430円である。低所得層は医療費が高くても限度額は4万4000円かそれ以下

である。

　また、自己負担限度額に達しない場合でも、同一月内に同一世帯で2万1000円以上の自己負担が複数あるときは合算して自己負担限度額を超えた部分が軽減される（世帯合算）。また、同一人が同一月内に二つ以上の医療機関にかかりそれぞれの自己負担額が2万1000円以上である場合も合算できる。さらに、高額療養費が年間に3回以上適用されたときは4回目から限度額がさらに低くなる。

　また、長期高額疾病として人工透析、血友病、HIVがあり患者負担は原則として1万円である。血友病とHIVは公費が財源である。

　ちなみに、ドイツでは5万ユーロ（およそ650万円）以上の所得者は私的保険の加入を選択できるとされているが、わが国には「高額療養費制度」があるから、高所得層も公的医療に加入しているのが得である。

4）高齢者医療

ⅰ）

　従来は、定年退職した高齢者の多くが国民健康保険に加入したので、国保が高齢者の医療費を一手に引き受ける形で、それは不公平ということで、1983年に「老人保健法」が制定され、高齢者をそれまでの医療保険から別建ての老人保健の医療給付に変え、わずかな額だが老人の患者負担を導入し、その他の財源は健康保険や国民健康保険などからの拠出金と公費で賄うことにした。

　2008（平成20）年に、老人保健法を改正した「高齢者の医療の確保に関する法律」で「高齢者医療制度」が発足したが、内容は2本立てで、75歳以上高齢者を対象とした「後期高齢者医療制度」と、65～74歳を対象とした「前期高齢者医療制度」である。（ちなみに、人口学で65～74歳を前期高齢者、75歳以上を後期高齢者と定義していて、それにならったものである）。

　「後期高齢者医療制度」は75歳になると、それまでの医療保険の被保険者本人も被扶養家族も医療保険をやめ、新たに「後期高齢者医療制度」に加入しその被保険者になり、一人一人が保険料を払い後期高齢者医療被保険者証を受け取る（なお、65歳以上74歳で一定の障害がある人も同様である。また、世帯主など今までの保険の被保険者本人がこちらに移行するとその被扶養家族だった75歳未満の人は別の医療保険に加入し直す）。

　後期高齢者の医療保険の財源は総医療費から患者一部負担を除いた医療給付費の1割を保険料、4割を現役世代の医療保険からの支援金、5割を国や地

方の公費でまかなう（国と都道府県と市町村が 4:1:1）。患者一部負担は、現役並み所得者は 3 割、一般と低所得層は 1 割である。運営は後期高齢者医療広域連合が都道府県単位で行い保険料も決める。2010（平成 22）年度の予算の場合、総医療費は 12.8 兆円で、そのうち 1.1 兆円は患者負担、11.7 兆円は給付費を見込んだ。

　一方、各医療保険に加入している前期高齢者（65 〜 74 歳）は、高齢者自身は今まで通りの保険加入だが、「前期高齢者医療制度」は前期高齢者に給付した医療給付費の財源調整を行う。2010 年度の場合、財源調整した結果、給付費 5.3 兆円のうち国保は 1.9 兆円、協会けんぽは 1.6 兆円、健保は 1.3 兆円、共済は 0.4 兆円の分担となった。

　さらに国民健康保険や健康保険などでは、70 〜 74 歳の被保険者には「高齢者受給者証」が交付され、患者一部負担は、2014 年 4 月 1 日以降 2018 年まで、3 割・2 割・1 割の 3 通りである。

　ⅱ）

　2010 年度の入院について、推計平均在院日数は 65 〜 69 歳の 30.8 日、75 〜 79 歳の 36.0 日で、加齢と共に急増し 100 歳以上では 73.6 日となる。ところが 1 日当たり医療費は、75 〜 79 歳は 32.6 千円で 40 〜 50 代と変わらず、むしろ加齢と共に低下し 100 歳以上では 20.4 千円で年齢階級別では最低となる。つまり、後期高齢者世代は薄い治療しかやらないのだから退院していいのであるが、医師は「いつ危険な状態になるか分からない」から退院させられない。1960 年ころは死亡者の 8 割近くが自宅、2 割が病院であったが 70 年代に逆転し、今は病院が 81%、家庭が 2.4%、施設が 13.9% である[43]（それに対して、スウェーデンとオランダは病院が 35 〜 42%、家庭が 31 〜 32%、施設が 20 〜 31% である）。

　わが国では「一に看病、二に薬」ともいい、病人の死は十分な看病をしなかった家族への報い、うらみのようないい方があり、「もっとやれることがあったのでは」という謝罪や自責の念が生まれる。そうならないように、いつまでも「先生」に治療してほしい、そんな気持ちも延命措置を後押しする。

　一方、キリスト教では「一羽の雀さえ神の許しがなければ地に落ちることはない」（マタイによる福音書 10 章 29 節）という。これでは不慮や災害の死も神の意志かと悩むが、近年「あなたがたの父が知って下さることなくして地に落ちることはない」（エルサレム聖書）という解釈もあるという[44]。これなら泣きながら死んでいった人にも神様が付き添ってくれるのであろう。

5) 短命県ワーストワンになった沖縄

　厚生労働省のウェブサイトによれば、先進諸国では20世紀以降に疾病構造が変わり、生活習慣病が主たる死亡原因となっている。その生活習慣病とは、がん・脳血管疾患・心疾患と、それらの危険因子となる動脈硬化症・糖尿病・高血圧症・脂質異常症などである。それらには食事や運動・喫煙・飲酒・ストレスなどの生活習慣が深く関与すると考えられている[45]。また、2004年の全国の疾病全体に占める生活習慣病の割合は、死亡原因では約60％、医療費では約30％を占めていた。こうした生活習慣病患者の増加の背景にはメタボリックシンドロームがあると考えられた。

　ところで長寿県だった沖縄県がいま短命県になりつつある。都道府県別で見た平均寿命がそれまで1位だった沖縄の男性は2000年には26位に転落し、「沖縄クライシス」とも呼ばれた。それまで1位だった女性も2010年には3位に転落した。実は沖縄県は2010年に65歳未満の死亡率では短命県ワーストワンである。沖縄でこの数十年の間に急速に増えた死因が心筋梗塞や脳梗塞などで、沖縄県は現在肥満者の割合が45.2％で日本一の肥満県でもある。かつては野菜をたくさん食べていたが、いまでは野菜摂取量は男性が全国で45位、女性が44位である。ちなみに男性のワースト1位の徳島県と2位の香川県は糖尿病の死亡率がワースト1位と2位。沖縄県の死亡原因の第1位も糖尿病。野菜不足が糖尿病をもたらし血管をダメにしている[46]。

　医師がどれほど指示しても患者が養生しないのではお手上げである。『ベヴァリッジ報告』第426項では国民保健サービスについて「個人は健康を保ち、予防できる間に早期の診断のあらゆる処置に協力することを義務とすべきである」と述べていた。(まさに自由主義の自己責任論・主体性論である。生活習慣病は遺伝性を除けばある程度は本人の努力で予防可能と見られるが、わが国では「医療に自己責任を持ち込むべきではない」という批判がある。なお、介護保険には予防給付があるが医療保険に予防給付を含めるべきかには効果や費用を巡り賛成(医師側)反対(保険者側)が分かれている)。

　また、「元気づくり体験事業」で市民に運動を推奨した三重県いなべ市では、運動を1年間続けたグループと続けなかったグループの医療費を比較する調査が行われ、その結果、前者で医療費抑制の効果がみられたという[47]。

6) 高齢者が支える医療需要

　2011 年 10 月の「年齢階級別受療率」(調査日当日に診療機関で受療した人数の人口 10 万対比) は、いくつかの年齢ではつぎのようである。入院は、0 歳 1036、1 〜 4 歳 175、30 〜 34 歳 304、50 〜 54 歳 619、65 〜 69 歳 1445、70 〜 74 歳 2007、75 〜 79 歳 2927、80 〜 84 歳 4314、90 歳以上 9733 である。また、外来は、0 歳 7193、1 〜 4 歳 7009、30 〜 34 歳 3026、50 〜 54 歳 4585、65 〜 69 歳 8802、70 〜 74 歳 11617、75 〜 79 歳 13363、80 〜 84 歳 13457、90 歳以上 9322 である[48]。

　また、「国民医療費」には、診療や薬剤、入院費などの療養の給付や療養費や傷病手当金などの現金給付など保険給付分と患者負担分を含むが、正常分娩、美容整形、市販薬などは含まない。2014 年度の国民医療費総額は約 41 兆円で、人口 1 人当たりの年間医療費を年齢階級別に見ると 0 〜 14 歳は 14 万 9500 円、15 〜 44 歳は 11 万 4400 円、45 〜 64 歳は 27 万 7200 円、65 歳以上は 72 万 4500 円だが、そのうち 70 歳以上は 81 万 5800 円、75 歳以上は 90 万 3300 円である[49]。

　先進国の総医療費の対 GDP 比 (2010 年) は、米国 17.6%、フランス 11.6%、ドイツ 11.6%、カナダ 11.4%、スウェーデン 9.6%、英国 9.6%、日本 9.5%、イタリア 9.3% などである[50]。これをみて、わが国はまだ医療費を負担する余力があるという人や、長寿の割には安上がりで済む優れたシステムだという人がいる。

　一般的に事故や病気の費用が保険で補償されると、リスク回避や注意義務を怠る人が出てくるがこれを「モラル・ハザード」という。これでは他の加入者の保険料負担まで重くなるので、これを防ぐ一つの方法として「保険免責」がある (わが国の公的医療保険では行われていない)。仮に医療費 3000 円で 3 割の患者負担の場合、免責額を 1000 円とすれば、患者はまず 1000 円を負担し、さらに残りの 2000 円の 3 割を合わせた 1600 円を負担する。これは健康維持に努める人に配慮すると同時に安易な受診を抑制するためのもので、保険料を引き上げずに済むが、おそらく医師会はこれでは軽症のうちの受診を抑制するので、かえって医療費がかかるようになるといって反対するであろう。

　(長寿社会では当てもなく生かされる人も増え、寿命と健康寿命、あるいは「生命の尊厳」と「人間の尊厳」にギャップが生じたといえる。そのせいか、高齢者が「終末」を選ぶ権利も語られ始め、ホスピスや緩和ケアも医療保険の給付範囲となった。厚生労働省の「医療と介護の連携に関する意見交換第 1 回議事次第」(2017 年 3 月) には次のように記されている。2014 年にそれまでのガイドラインを改称したが「人生の最終段階における医療の内容は、多専門職種からなる医療・ケアチームにより、医学的妥当性と適切性を基に慎

重に判断する」とされた。また、「終末期医療に関する意識調査等検討会報告書」の概要(2014年)では「終末期医療」から「人生の最終段階における医療」への名称変更について、「最期まで本人の生き方（＝人生）を尊重した医療およびケアの提供について検討することが重要であることから変更」したとされる[51]。つまり、2014年には従来通り「医学的妥当性と適切性」を維持する方向と、「生き方」に配慮する方向があったといえよう）。

4 医療供給体制

1）社会的入院対策

　医療費高騰の一つの要因として、高齢者の「社会的入院」がある。経過が良くなり通院でも良くなったにもかかわらず、一人暮らしや家族の事情で家庭で世話を受けられないとか、積雪のために通院が困難などのために入院を続けさせ、そのために医療費がかさんでいた。

　一方、社会福祉では北欧で高齢者は老人ホームではなくケア付き住宅や自宅に住まわせるという傾向があり、他方で、わが国では高齢者激増のもとで特別養護老人ホームを作って対応することは無理という現実があった。

　こうして政府は、社会的入院を減らして医療費を抑えることと介護ニードに対応するという動機で在宅介護サービスに力を入れ始め、1989年には大蔵省自治省厚生省三大臣合意「高齢者保健福祉推進十か年戦略（ゴールドプラン）」で、税方式による在宅福祉の3本柱（ホームヘルパー、デイサービス、ショートステイ）の整備を始めることになった（ショートステイは在宅の高齢者が家族の都合で介護を受けられないとき1週間程度、老人ホームに滞在するもの）。その背景には入院よりも在宅福祉の方が安上がりという思惑があり、確かに当初は医療費にブレーキがかかったかに見えた。しかし、それまでは「福祉のお世話になる」というイメージがあった「措置制度」がなくなると、一般家庭の利用者が急増し介護費用も激増することになっていく。

　1991（平成3）年の老人保健法の改正により老人訪問看護制度が創設され、さらに老人訪問看護ステーションが開設され在宅療養生活を支援するに至った。1994（平成6）年の健康保険法改正により訪問看護事業の対象が末期がん患者、難病患者等に拡大され保険が使えるようになった。そして2000年から介護保険が始まった。

2) 東西日本の都道府県別医療費

ⅰ)（医療費と関連する変数との相関）

都道府県別「県民1人当たり医療費」は市町村の国民健康保険と後期高齢者医療制度を合わせたものであるが、西日本が東日本よりも高い傾向があり西高東低といわれる。ここでは県名名簿の北海道から三重県までを「東日本」、滋賀県以西を「西日本」としておくが、東日本の2012年度の各県の単純平均は約47万円、西日本は約55万円であった。また、1人当たり医療費が高かったのは高知、山口、佐賀、大分、鹿児島、広島など65万円から62万円であった。厚生労働省保険局『医療費の地域差分析　平成24年』によると地域差をもたらす要因を比べると、西日本では診療種別では「入院」、疾病分類別では「精神及び行動の障害」の比重が大変大きいのが特徴である。

年齢階級別に見ると高齢者は1人当たり医療費が嵩むから地域の人口高齢化は地域の1人当たり医療費に影響する。医療費と「65歳以上人口割合」の相関はr＝0.5890で、「65歳以上人口に占める75歳以上の比率」（2010年と15年の比率の平均）の相関はr＝0.5380である。さらに、「高齢者医療制度1人当たり医療費」の各県の単純平均は東日本は82.9万円、西日本は97.3万円で、医療費と「高齢者医療費」の相関はr＝0.7226（東日本はr＝0.5839、西日本はr＝0.4470）である。

一方、医療費格差の要因とされる「人口10万対病院病床数」（2014年）と医療費の相関はr＝0.8533（東日本はr＝0.8590、西日本はr＝0.7216）である。病院病床数の各県の平均は東日本は1215床で西日本は1615床である。従って医療費抑制の政策手段として病床数削減が挙げられる。また、高齢者の労働参加率が高い地域ほど1人当たり医療費が低い傾向があることが分かっている。しかし医療費と「60歳以上有業率」の相関はr＝－0.2191である（東日本はr＝－0.2333だが、西日本は逆にr＝0.4674。ここはクロスセクションデータであるから高齢者の有業率が高い地域と医療費が高い地域が重なるということしかいえない）。医療費と「男性のうちの非正規労働者割合」の相関はr＝－0.2405（東日本はr＝－0.1159だが西日本はr＝－0.5988と相関は大きい）である。同じく「男子の第1次産業有業割合」と医療費はr＝0.3453（東日本はr＝0.1901、西日本はr＝0.3413）である。（なお、「男性の非正規労働者割合」と「男性有業者のうち第1次産業の割合」は内閣府男女共同参画局のサイト[52]）。

ii）(医療費と介護費用)

ところで、介護の充実で医療費が下がると期待されていたが、「65歳以上人口1人当たり介護費用」の各県の単純平均は東日本が26.8万円で西日本の平均が29.3万円である。都道府県別の医療費と「介護費用」の相関はr = 0.5067（東日本はr = 0.5794、西日本はr = 0.0934）である。そこで東日本を大都市周辺とその他に二分してみる。首都圏（茨城、栃木、埼玉、千葉、東京、神奈川）と東海（岐阜、静岡、愛知）の9県だけで見ると相関はr = 0.7222で右上がりの分布で、それに対して、その他の15県はr = － 0.1163でマバラだが右下がりに近い分布である。両者の位置関係を縦軸に医療費、横軸に介護費用の図上で示せば、軸（柄）が太く傘が肉厚のキノコを静かに横たえたような感じである。

一方、西日本も二分してみる。関西圏（滋賀、京都、大阪、兵庫、奈良）の相関はr = 0.8222で正の相関、その他の18県はr = － 0.5777で負の相関で、パターンは同じくキノコである（クロスセクション・データであるから、これだけで医療費と介護費用が補完的とか代替的とはいえない）。西のキノコは東のキノコを少し北東方向に移動させた感じである。両者を重ねると、大都市圏は右上がり、その他は右下がりのパターンである（ちなみに首都圏、東海、関西圏を合わせた相関はr = 0.8097で、その他の33県はr = － 0.0562）。かくして、47都道府県一括で見ると医療費と介護費用の相関関係は分かりにくくなる。

（人口流出地域は高齢者比率が上昇し1人当たり医療費が高騰するが、在宅療養が難しい場合には、同時に高齢者の入院需要が増すと考えられる。この場合に病床数を削減する時にはそれに反比例して在宅療養・在宅ケアの供給を増やさないと住民は困り越境入院が増えると予想できる。まさに医療と福祉にまたがる問題である）。

iii）(回帰式)

地域の医療費格差を説明する要因として第一に病院病床数が挙げられるが、そのほか様々な変数を用いた回帰式を求めてみたが、変数相互の相関が高いものが多く、フィットは良くても使いにくい。また、同じ独立変数を用いても西日本では決定係数が低かった。決定係数が高い式の例は、「病院病床数」、「男性有業者の第1次産業割合」、「男性非正規労働者割合」、「介護費用」の4変数の場合で、R^2 = 0.8527（特に西日本はR^2 = 0.8964、自由度調整済みで0.8733）で介護費用以外のt値の絶対値は2よりも大きい。ただ、医療費との相関が正だった第1次産業割合の符号がこの式では負となり、また、第1次産業や非正規と医療費の関係が分かりにくいので使いにくい。

3) 日米に病床数の格差はないとする説

　一般にわが国の医療供給体制を海外と比較すると、わが国では人口当たりの病床数や在院日数がずば抜けて多いこと、民間設立の病院の割合が高いこと、病院と診療所の機能が未分化であること、家庭医・かかりつけ医が不十分であることなどが指摘されている。

　OECD のデータ (2003 年) で日米比較をすると、人口千人当たり病床数は日本 14.3 床で米国 3.3 床の 4 倍強となる。また平均在院日数は日本が 5.6 倍で、逆に百床当たり医師数は米国が 4.9 倍、同じく看護職員数は米国が 4.3 倍となっている。このデータを見て日本の病床数の多さが医療費高騰を招いていると考えられているが、この見方には中澤堅次による異論もある。

　病床の内訳を見ると、日本の人口千人当たり病床数(2004 年)は、一般病床 7.1、療養病床 2.7、精神・結核病床 2.9、総数 12.8 床で、一般と療養だけなら 9.8 床であるという。それに対して米国の病院はホスピタルとナーシングホームで構成され、ホスピタルは急性期に特化し ICU のようなものであり、慢性期はナーシングホームが担っている。このナーシングホームには医師がいないために開業医が担当するので、病院病床数としてはカウントされていない。そして米国の人口千人当たり病床数は、短期入院病床 3.1、長期入院病床 0.1、精神・結核病床 0.4、以上の総数 3.6 床で、そこへナーシングホームの 6.8 床を加えた場合、短期とナーシングホームを合わせると 9.9 床となり日米に大差はなくなる (米国データはアメリカ病院協会「病院統計 2003 年」、「健康とヒューマン・サービス調査 1999」である)[53]。

　通常、わが国では米国のナーシングホームは介護施設と位置づけられているが、「ナーシングホームでは医学的ケアも行われており、老人ホームと病院をあわせたような施設です」という説明もあるから、中澤の議論が必ずしも牽強付会というわけではなさそうである。また、ナーシングホームで医療保険のメディケアからの給付を受けられるのは「ナーシングホームにおいて専門的ケアを必要とする状態で、かつ、入居期間がメディケアの給付期間である 100 日間以下についてのみ対象」で、これらの要件を満たさない場合には自己負担となる[54]。こうみると、ナーシングホームには確かにわが国の療養病床患者に相当する高齢者が含まれているように思えるがどうであろうか。

5 介護保険

　介護保険の費用は利用者の負担（利用料。従来1割であったが、2015年から高所得層は2割）と加入者の保険料と公費でまかなう。従って、保険料を算出するには、翌年の介護給付費の総額を見積もり、まず、利用料収入を差し引く。残りのうち50％を保険料でまかない、残りの50％を公費で賄う（国25％、都道府県12.5％、市町村12.5％）。保険料は3年ごとに現役世代と高齢世代の人口比に応じて配分するが、2012～14年度は保険料総額50のうち65歳以上の第1号被保険者に21、40～64歳の第2号被保険者に29を振り分けている。2013年度予算の介護保険の総費用は9.4兆円である。

　介護保険では国が決めた介護報酬が老人ホームなどに支払われ人件費など経費に充てられる。介護報酬が高過ぎると利益目的で質の悪い業者の参入が増えるといわれていたが、調査ではオーナー一族が不適切に高給を受け取っていたり、繰越金を貯め込んでいたりする特養も少なくないことが分かり、介護報酬が引き締められてきた。ところが重介護の人が増え夜間コールも増えて労働条件は厳しくなっているのに低賃金だから職場として魅力がない。そのため一方で待機老人がいるのに他方で職員が確保できず入所を断り定員に空きがある。

　しかも、老人がホームに入所しているうちに加齢とともに要介護度が高くなると介護報酬が増え老人ホームの収入が増えるという報酬構造で要介護度を下げる動機付けがなかった。そこで2017年4月から介護福祉士資格保有者が多いほど、常勤職員が多いほど、勤続年数3年以上が多いほど介護報酬を増やすことになった。

1) 要介護度別の発生率と給付

ⅰ)

　要介護（介護保険のサービスを必要とする状態）の発生確率は重要であるが、医学ベースの発生率と介護保険ベースの認定率（申請をして市町村職員の訪問を受け調査した人のうち、要介護・要支援として認定された人の割合）が区別される。

　2013年に厚労省の研究班は65歳以上高齢者のうち認知症は15％、認知症になる可能性がある軽度認知障害（MCI）は13％と推計した。年齢別には（日本経済新聞2015年6月2日の記事のグラフから読み取った認知症有病率は）、65～69歳の男性は2％・女性は3％、70～74歳3％・4％、75～79歳12％・15％、

80～84歳17%・24%、85～89歳35%・44%、90～94歳49%・67%、95歳以上51%・84%。男女合計は、65～69歳3%、70～74歳4%、75～79歳14%、80～84歳22%、85～89歳42%、90～94歳61%、95歳以上80%である。男女ともに70歳代後半から急に増え始めるようである。

『介護保険事業状況報告』(平成24年)によれば、65～74歳の男女被保険者のうち要支援の認定を受けたのは1.4%、要介護は3.0%、75歳以上では要支援は8.4%、要介護は23.0%であった[55]。

ところで介護保険で認知症に限らない要介護度別認定者数は、2009(平成21)年4月末でみると要支援1は57.5万人、要支援2は66.2万人、要介護1は78.8万人、要介護2は82.3万人、要介護3は73.8万人、要介護4は59万人、要介護5は51.5万人である。軽度がもっと多く重度が少なく分布するように予想されるがそうはなっていないのは、制度創設以来、要介護度判定の「状態像」をそうなるように描いてあるからである。

ⅱ)
介護保険では要介護度別に利用できるサービスの費用の上限(利用限度額)が決まっていて、重いほど高額が利用できる。ところが実際には、同一の要介護度であっても、少し利用する人とたくさん利用する人がいる。

ところで2012年の家庭の介護費用の民間調査がある[56]。全体の平均として、ひと月に家計にかかる費用は介護保険の1割(または2割)負担と、利用限度額を超えたサービスの利用料金と、介護保険以外のサービスの利用料金の合計の平均が7.7万円である。これが平均介護期間4年9ヶ月続き、さらに車いす購入や住宅改修などの一時費用の平均が91万円、両者の合計が526万円であった。また要介護度別に見ると、毎月かかる費用は要介護1の平均が6万円、要介護5の平均が11.2万円であった。

なお、「現住地特例」という制度がある。老人ホームが存在する市町村は老人がよその市町村からも集まり医療費や介護費が嵩むが、その一方で、老人を送り出した市町村の負担が軽くなるというのでは不公平である。そこで老人ホーム等施設へ入所・入居した場合、もとの住所地の社会保険(介護保険、国民健康保険、後期高齢者医療制度)の負担とするものである。

2）介護慰労金と混合介護

ⅰ）（家族介護慰労金）

　保守主義者が介護保険に賛成する動機は家族による介護を支援するためと考えられる。介護保険法以前には家族介護をする世帯に現金を支給する「介護手当制度」があったが、家族介護の固定化、つまり女性に介護が押しつけられるとして主に女性団体の猛反対があってほとんどの市町村で廃止された。確かに「お前はお金をもらっているのだから、もっとしっかり介護しろ。お前に任せた」ときょうだいからいわれることは間違いない。

　しかし、自民党有力議員から「介護保険制度は親の面倒をみている親孝行者を無視した制度だ」という反対意見が出されたので、介護保険サービスを使わないで在宅介護する家族への「家族介護慰労金」ができたとされる。これは税が財源で、例えば横浜市では、要介護4または5に認定された市民税非課税世帯で、過去1年間介護保険サービスを利用していない場合に「在宅重度要介護者家庭援護金」として年間10万円を支給する。慰労金とはいえきっと介護の出費で消えてしまうだろう。

　しかし保険料や利用者負担が払えずに介護サービスを受けられない人もいる。老人福祉法第10条第11条には、税を財源とした「措置」による介護の定めがあるが、これは虐待などがあった場合に区市町村長が職権で利用させるもので、低所得層対策ではないから制度から取り残された人々を生む。（むしろこれを使えば例えば「家族介護週休2日制」（毎週2回無料または有料でのショートステイ利用を家族と市町村に義務づけ）の導入もできよう。ただし、家族そのものの保護と家族の葛藤の両面の効果が予想される）。

　ところで民法第714条（責任無能力者の監督義務者等の責任）によれば、認知症の親が他人に被害を与えた場合、親を献身的に介護しているほど家族に重い監督責任、賠償責任を問われかねない。（2007年、徘徊していた認知症男性が電車にはねられ死亡した事故で、ＪＲ東海が損害賠償を家族に求めて提訴し、一、二審は家族に支払いを命じたが最高裁は16年3月、このケースでは家族に責任はないとした。17年9月に神奈川県大和市は徘徊の恐れがある認知症高齢者保護のための団体の参加者237名について、徘徊で生じた事故の損害賠償に対応する保険の保険料を公費で負担することにした）。

　介護殺人、介護心中は公的サービスを利用しない人が悪いとか、申請主義（福祉サービスは世帯からの申請を待って開始するという原則）や自己選択を隠れ蓑に

市町村がアウトリーチ（相談もできずに孤立しがちな人を福祉専門職が予測して訪問や面接してニーズを聞き出す。パターナリズム類似）に不熱心なのが悪いなどといっていられない。例えば、住民異動後の世帯構成の変化や医療機関の患者データと福祉需要の発生をリンクしたモデルができればアウトリーチも効率化できよう。

ⅱ）（混合介護）

　介護保険では利用者の希望によりヘルパーの訪問日数を増やしたり、時間の前後に保険外のサービスをしたりできるが、そこは自己負担である。このような場合を従来は「混合介護」といっていた。ところが最近提唱されている混合介護は、ヘルパーが訪問介護の時間内で保険サービス以外の仕事を一体的に行い別途の料金が発生するというものである。利用者の洗濯物と一緒に家族のものも洗濯すれば家族も助かるし、たまには寝たきりの女性にお化粧をしてあげればきっと喜ばれQOLの改善にも役立とう。ヘルパーの収入を増やすという面からも賛成者がいる。ところが厚労省や与党から「高所得者ばかりが恩恵を受ける不平等につながりかねない」などの意見もあるという。社会保険はあくまで最低保障でという意見もある。介護業界はいま、常勤・非常勤を含めて168万人の介護職員を抱え、それを食べさせるには有償ボランティアや家事代行などの弱小な民業から仕事をとってくるのかもしれない。

3）高額医療・高額介護合算療養費制度

　医療保険の高額療養費と同様に、介護保険には高額介護サービス費の制度がある。
　また、高額医療・高額介護合算療養費制度は、医療保険加入世帯に介護保険の受給者がいる場合に、1年間の医療保険と介護保険の自己負担を合算した額が上限額を超えると、一旦、自己負担を支払ったあとで請求すれば、所得・年齢区分に応じて上限額を超えた部分が払い戻される（2008年4月施行）。

4）応能負担の強化

　昔は特別養護老人ホームの多人数部屋に対して批判が強く、家庭では赤の他人が同じ部屋で寝泊まりすることはあり得ず個室が当然という建前論は昔からあった。やがて多人数部屋にも応能負担が導入されるようになったが、2015年

8月1日から、利用者の負担が見直され応能負担が強化された。
　(ア)　特養の多人数部屋入所者室料負担を840円に引き上げ
　　　（ただし、多人数部屋の低所得者で利用者負担の第1〜第3段階の人には補足給付を支給し負担を増加させない）。
　(イ)　高額介護サービス費の負担上限を4万4400円に引き上げ
　　　高額介護サービス費の負担限度額の上限額は、現役並み所得相当の人がいる世帯では月3万7200円から4万4400円に引き上げる。
　(ウ)　160万円以上の所得者は2割負担に引き上げ
　　　個人単位なので夫が2割、妻は1割というケースもあり得る。（65歳以上の第1号被保険者の所得上位20%に相当する人の負担を引き上げた。なお、所得とは収入から基礎控除を除いた残り分）。
　(エ)　食費・部屋代の軽減に単身者1000万円、夫婦2000万円の資産要件追加（第1章3節 (2) 3) 参照）。

5) 地域包括ケアシステムの深化・推進

　ⅰ)（小規模多機能型居宅介護）
　従来、利用定員が少ない通所介護事業所（小規模デイ）は県が指定していたが、市町村の地域包括ケアシステムの中に位置づけるため、2016年4月1日（遅くても17年3月31日）から市町村が必要性を判断して管轄する「地域密着型通所介護」（地域密着型サービス）へ移行した。
　小規模多機能型居宅介護は要介護者が中重度となっても在宅での生活が継続できるように、「通い」を中心に24時間365日随時「訪問」や「泊まり」を組み合わせてサービスを提供するもので、単独の事業所やグループホームなどに併設される。

　ⅱ)（2017年の介護保険制度改正案）
　2017年6月に「地域包括ケアシステムの強化のための介護保険法等の一部を改正する法律案」が成立した。主眼は地域包括ケアシステムの深化・推進と介護保険制度の持続可能性確保の二つで5本の柱がある。
　(ア)　保険者機能の強化。全市町村が介護予防・重度化予防を目標にして小規模多機能型居宅介護などを普及させる。小規模デイは過剰になれば市町村が指定を拒否できるようにする。

(イ)　医療・介護の連携。これは「介護医療院」の創設。社会的入院を解消するために、18年度末に介護療養病床を廃止し介護保険施設の中に新たに介護医療院を創設し「長期療養のための医療ケア」と「生活の場として日常生活上の世話（介護）」を一体的に提供しターミナルケアや看取りも受けられる。これは介護保険施設であるが医療法上の医療提供施設でもある。

(ウ)　地域共生社会の実現。社会福祉法・介護保険法・障害者総合支援法・児童福祉法などの包括的支援体制をつくり、各分野を記載した地域福祉計画を策定する。従来は、障がい者が高齢になると介護保険優先の原則により福祉サービスとは別の介護保険の事業所を利用したが、「共生型サービス」で障害福祉事業所が介護保険事業所の指定を受けやすくする。

(エ)　高所得層の負担割合を3割。現役並み所得者の利用者負担を3割に引き上げる。対象を世帯単位ではなく個人単位としているが金額等は未決定。

(オ)　介護納付金への総報酬割の導入。第2号被保険者の保険料は介護納付金として医療保険者に賦課し、医療保険者が第2号被保険者の負担すべき費用を一括して納付するが、協会けんぽ、健保組合、共済組合はこれまでの各保険の「加入者数に応じた負担」から「報酬額に比例した負担」に改める。これにより組合健保の負担は重く、協会けんぽの負担は軽くなる。

これらへの医師の反応は、「虚弱な老人は介護療養病床のような手厚く人を配置した施設ではなくもっと安上がりの施設で我慢しろ、そこで死ねということなのか」という。近ごろ福祉を競合相手と見るせいか「福祉は安もの」と見なし、元医師会副会長で参院厚生労働委員長も「医療行為は命にかかわる。安く済むという発想はなじまない」と政治も目に見える支持団体に応えようとする[57]。これが医療と介護の連携が直面する一つの側面である。

「地域共生社会」。これは福祉改革の基本コンセプトである。2016年7月の厚生労働省地域共生社会実現本部の資料[58]によれば、近年はこれまで制度が想定していなかった生活課題や複合的な課題を抱える世帯など、対象者ごとの縦割りサービスでは「対応が困難なケース」が増えた。また、地方圏・中山間地域では人材面から縦割りでサービスをすべて用意するのは困難である。そこで福祉のパラダイム転換をする。「地域のあらゆる住民が支え合う地域コミュニティ」と「公的な福祉サービス」により「地域共生社会」を実現する。そこでは地域住民は「我がこと」として地域作りに取り組み、市町村は今までの対象者別「縦割り」公的福祉を「丸ごと」の総合相談・支援体制へ転換する。

おそらく、独居で軽度の要介護者に対しては市町村が「地域包括ケア」と「生活困窮者自立支援」と「高齢者住宅供給」、場合によっては「受刑者の再犯防止」、「買い物難民対策」

ほかをもっぱら住民総掛かりで実施するというイメージとなろう。ただしこれでは素人ばかりで、専門職との定期的な会話・接触の機会がなくなり、状態が悪化しても適切なケアがなされないまま要介護度が悪化してしまう、という心配もある）。

6）都道府県別の介護費用

ⅰ）（都道府県別介護費用と関連する変数との相関）

2012 年について都道府県別にみた「介護保険の 65 歳以上人口 1 人当たり介護費用」と「65 歳以上人口割合」の相関は r = 0.5424 である。県名名簿で北海道から三重県までを「東日本」とすれば東日本では r = 0.7848、滋賀県以西を「西日本」とすれば西日本では r = 0.2112 である。西日本は高齢化が同程度でも介護費用が高い地域と安い地域がばらついている。また、「65 歳以上人口に占める 75 歳以上人口の比率」（2010 年と 15 年の比率の平均）は、介護費用との相関は高くて r = 0.8336（東日本は r = 0.8488、西日本は r = 0.7864）である。従って介護費用が高い地域と後期高齢者比率が高い地域は重なるが、後期高齢期以降の介護費用が高水準であることをうかがわせる。

介護費用と医療費の相関は単純な関係ではなかった（本章第 3 節（4）2）参照）。「高齢者医療制度 1 人当たり医療費」と介護費用の相関は r = 0.2128（東日本は r = − 0.1148、西日本は r = − 0.0896）で有意ではない。東日本を二分してみる。大都市圏（関東地方、愛知）は r = 0.3318 で正の相関、その他の県は r = − 0.2506 で負の相関である。同じく西日本は関西圏（滋賀、京都、大阪、兵庫、奈良）は r = 0.7020 で正の相関、その他の県は r = − 0.4842 と負の相関である。そして東の大都市圏と西の関西圏を合わせた場合の相関は r=0.5972 で正の相関で、東西のその他の県を重ねた相関は r = 0.0622 で相関は正とも負ともいえない。次に、「人口 10 万対病院病床数」と介護費用の相関は r = 0.6242（東日本は r = 0.6683、西日本は r = 0.4186）である。西日本の内部では関西圏（滋賀以下奈良まで）は r = 0.6020、その他の 18 県は r = − 0.2645 で負の相関である。

「男性有業者の第 1 次産業割合」と介護費用の相関は r = 0.6832（東日本は r = 0.6423、西日本は r = 0.7293）である。ちなみに「男性有業者の第 1 次産業割合」と「75 歳以上比率」の相関は東日本が r = 0.7468 で西日本は r = 0.9209 に達する。「男性の非正規労働者割合」と介護費用の相関は r = − 0.1284（東日本は r = − 0.3379、西日本は r = − 0.0940）である。「男子の製造業就業者割合」と介護費用の相関は r = − 0.3145（東日本が r = 0.0543、西日本は r = − 0.6070）である

が、東日本の内部を三つに分けると、東京圏（千葉、埼玉、東京、神奈川）は r ＝ － 0.5717、北海道を除くその他の 19 県は r ＝ － 0.5633 である。地域間の関係だが興味をそそられる変数である。

ⅱ)（回帰式）

　介護費用を従属変数とする回帰式は、効果的な独立変数が見つけられなかった。「男子の製造業就業者割合」、「男子非正規割合」、「75 歳以上比率」、「病院病床数」の 4 変数の場合、R^2 = 0.7169 となる（東日本は R^2 = 0.7953 で、西日本は R^2 = 0.8016）。各変数の符号は製造業割合と非正規が負である（ただし地域比較だから製造業従事者や非正規労働者の介護利用が少ないとはいうわけではない）。また、75 歳比率は正で、病床数は東日本は正、西日本は負である。すべて t 値がやや小さく、変数相互間の相関係数が大きいものもあり使いにくい式である。

参考文献（第11章）

⑴　http://www.mhlw.go.jp/seisakunitsuite/bunya/koyou_roudou/koyou/koureisha/topics/dl/tp0903-gaiyou.pdf。

⑵　『ベヴァリッジ報告』至誠堂、p.81、p.250。片桐由喜「イギリス国民保健制度の形成過程：国民保健サービス法（1946年）を中心として」北海道大学大学院環境科学研究科邦文紀要、1993年　http://eprints.lib.hokudai.ac.jp/dspace/bitstream/2115/37084/1/6_75-128.pdf。

⑶　『ベヴァリッジ報告』至誠堂、pp.170、171。

⑷　鈴木亘『財政危機と社会保障』講談社、2010年、p.27。

⑸　鈴木亘『社会保障亡国論』講談社現代新書、2014年、p.158。

⑹　日本経済団体連合会「税・財政・社会保障制度の一体改革に関する提言～安心で活力ある経済社会の実現に向けて～」2008年10月 https://www.keidanren.or.jp/japanese/policy/2008/068/index.html。同「社会保障制度改革の推進に向けて」2013年10月　http://www.keidanren.or.jp/policy/2013/085.html。

⑺　http://www.mhlw.go.jp/nenkinkenshou/structure/structure03.html。

⑻　www.mhlw.go.jp/file/05-Shingikai-12601000.../0000058100.pdf。

⑼　厚生労働省「平成26年就業形態の多様化に関する総合実態調査」　http://www.mhlw.go.jp/toukei/itiran/roudou/koyou/keitai/14/dl/02-01.pdf。

⑽　ピエール・ロザンヴァロン『連帯の新たなる哲学─福祉国家再考─』（1995年）、勁草書房、pp.21～22。

⑾　エスピン-アンデルセン『福祉資本主義の三つの世界』（1990年）、ミネルヴァ書房、p.16。同『転換期の福祉国家─グローバル経済下の適応戦略』（1996年）、早稲田大学出版部、p.108。

⑿　池本美和子「日本における社会連帯論」　http://www.bukkyo-u.ac.jp/pdfs/ronsyu/syakai37/S037L001.PDF。

⒀　岡村重夫『社会福祉原理』全国社会福祉協議会、1983年、pp.45～58。

⒁　ピエール・ロザンヴァロン　前掲書、pp.23～30。

⒂　『平成26年版高齢社会白書』　http://www8.cao.go.jp/kourei/whitepaper/w-2014/zenbun/s1_2_3.html。

⒃　「子どもと家族を応援する日本」重点戦略会議の第1回、重点戦略検討会議　点検・評価分科会（平成19年3月）参考3（1）　http://www8.cao.go.jp/shoushi/shoushika/meeting/priority/tenken/k_1/19html/sn_3.html。「『社会保障＝世代間扶養』の神話」岩本康志のブログ、2008年8月　http://blogs.yahoo.co.jp/iwamotoseminar/14869756.html。

⒄　加藤彰彦「出生率向上に必要なのは伝統的拡大家族の再生だ」正論、2015年12月号、pp.224～231。

⒅　日本経済新聞、2011年2月10日。

⒆　「報酬比例部分の乗率」日本年金機構 http://www.nenkin.go.jp/n/www/service/detail.jsp?id=3899。

⒇　「第3号被保険者制度の見直しについて」社会保障審議会年金部会資料、2011年9月

⑳　http://www.mhlw.go.jp/stf/shingi/2r9852000001q0wz-att/2r9852000001q11t.pdf。

㉑　『ベヴァリッジ報告』至誠堂、p.204、232。

㉒　本田麻衣子「第3号被保険者をめぐる議論—年金制度の残された課題—」調査と情報、第783号、2013年　dl.ndl.go.jp/view/download/digidepo_8198310_po_0783.pdf?。

㉓　www.stat.go.jp/data/nenkan/zuhyou/y0227000.xls。

㉔　http://www.gyoukaku.go.jp/koumuin/ikenkoukan/dai2/siryo3.pdf。

㉕　http://www.e-stat.go.jp/SG1/estat/NewList.do?tid=000001021991。なお、保険局『平成22年度後期高齢者医療制度被保険者実態調査報告』の第8表でも年齢階級別年金収入が分かる。http://www.mhlw.go.jp/bunya/iryouhoken/database/seido/kouki_jittai_chousa/dl/h22a.pdf。

㉖　厚生労働省年金局「第24回社会保障審議会年金部会議事録」2014年9月。

㉗　厚生労働省「公的年金加入者等の所得に関する実態調査結果の概要について」（平成22年公的年金加入状況等調査）　http://www.mhlw.go.jp/stf/houdou/2r9852000002exks-att/2r9852000002exm9.pdf。

㉘　堀江奈保子「国民年金保険料の免除者が増加」みずほ総合研究所、2014年　http://www.mizuho-ri.co.jp/publication/research/pdf/insight/pl140306.pdf。

㉙　http://www.mhlw.go.jp/stf/shingi/2r9852000001ofqi-att/2r9852000001ofvn.pdf。

㉚　「年金機構、加入逃れ企業検査せず」ヨミウリ・オンライン、2015年10月27日。

㉛　http://www.nenkin.go.jp/n/data/sic/0000016024pT8ghAPvV6.pdf。

㉜　中村靖三郎「年金抑制策ついに始動」朝日新聞デジタル、2015年1月31日。

㉝　日本経済新聞、2015年2月25日。

㉞　厚生省年金局数理課監修『年金と財政—年金財政の将来を考える』1981年3月、p.10。

㉟　今井一男「年金の財政をどうするか」大河内一男編『年金革命への道—基本年金を提唱する』東洋経済新報社、1982年、p.27。

㊱　岩間大和子「EU 諸国の少子高齢化に対応した年金制度改革」2005年　http://www.ndl.go.jp/jp/diet/publication/document/2005/200502/7.pdf。

㊲　厚生省年金局数理課監修『年金と財政—年金財政の将来を考える』法研、1995年、p.16。

㊳　田中秀一郎「ドイツ年金保険における世代間契約概念の歴史的変遷を中心として」九大法学86号、2003年、p.310　（サイト削除）。

㊴　http://www.mhlw.go.jp/topics/nenkin/zaisei/zaisei/04/04-17-4.html

㊵　http://www.mhlw.go.jp/stf/seisakunitsuite/bunya/nenkin/nenkin/zaisei-kensyo/。

㊶　高山憲之「年金に関する世界銀行の新レポート」www.ier.hit-u.ac.jp/~takayama/pdf/media/.../nenkintokeizai0507.pdf。有森美木「世界銀行年金報告—5本柱の年金制度体系」2005年　http://www.nikko-fi.co.jp/uploads/photos1/120.pdf。

㊷　日本経済新聞、2013年4月8日　ほか。

⑷₃ http://www.mhlw.go.jp/file/06-Seisakujouhou-12400000-Hokenkyoku/nenrei_h22.pdf。「地域包括ケアの構築」http://www.mhlw.go.jp/file/05-Shingikai-12301000-Roukenkyoku-Soumuka/0000086353.pdf。

⑷₄ 志村真「一羽の雀」http://www.chubu-gu.ac.jp/about/christianity/chapelhour/talk/2011/110502-02/index.html　ほか。

⑷₅ eヘルス・ネット、http://www.e-healthnet.mhlw.go.jp/information/dictionary/metabolic/ym-040.html。「健康づくり施策概論」http://www.mhlw.go.jp/bunya/shakaihosho/iryouseido01/pdf/info03k-02.pdf。

⑷₆ 「かつての長寿県はいまや短命県No.1!?　沖縄県に学ぶ"寿命を縮める"方法」ヘルスプレス、2014年　http://healthpress.jp/2014/12/26.html。

⑷₇ サワイ健康推進課「運動する・しないで差がつく医療費」2013年　http://www.sawai.co.jp/kenko-suishinka/news/201311.html。

⑷₈ 「受療率」http://www.mhlw.go.jp/toukei/saikin/hw/kanja/11/dl/02.pdf。

⑷₉ 「平成26年度国民医療費の概況」http://www.mhlw.go.jp/toukei/saikin/hw/k-iryohi/14/dl/kekka.pdf。

⑸₀ http://www.mhlw.go.jp/seisakunitsuite/bunya/kenkou_iryou/iryouhoken/iryouhoken11/images/index_img_01.gif。

⑸₁ http://www.mhlw.go.jp/stf/shingi2/0000155666.html。

⑸₂ http://www.gender.go.jp/kaigi/senmon/kihon/kihon_eikyou/pdf/02_2_chosakai_todoufuken.pdfの30、31ページ。

⑸₃ 中澤堅次「医療提供体制の議論における重大な誤認」　http://www.iryoseido.com/toukou/01_001.html。

⑸₄ 「アメリカの社会保障制度」保健医療経営大学　http://www.healthcare-m.ac.jp/app/gm/archives/4158。西平賢哉「アメリカの高齢者介護の現状と介護版マネージドケア」http://www.ilcjapan.org/chojuGIJ/pdf/03_02.pdf。

⑸₅ 内閣府『平成26年版高齢社会白書』　http://www8.cao.go.jp/kourei/whitepaper/w-2014/zenbun/s1_2_3.html。

⑸₆ 生命保険文化センター『平成24年度生命保険に関する全国実態調査』。

⑸₇ 京都府保険医協会　https://healthnet.jp/informations/informations-15507/。日本経済新聞、2917年6月26日。

⑸₈ http://www.mhlw.go.jp/stf/shingi2/0000130501.html。

第12章

雇用労働における今日的課題と現行制度

このところの政府の働き方改革の動きや日本学術会議の提言「労働・雇用と安全衛生に関わるシステムの再構築を－働く人の健康で安寧な生活を確保するために－」は、働き方が変わる大きな転換点に来ていることを予感させるものであるように思う。

非正規雇用の変容をみてみよう。
　かつての非正規雇用は、主婦パート、学生アルバイト等の主たる生計維持を目的としていない者（「家計補助型」）が主流であったが、非正規雇用が雇用者に占める割合が4割に迫ると、非正規雇用で、主たる生計維持を目的とする者（単身型、または世帯の中に他に依拠すべき人がいない「自立型非正規雇用」）が増えてきた。厚生労働省の「就業形態の多様化に関する総合実態調査」でも、正社員以外の労働者で「主な収入源が自分の収入」と回答した者が、2003年42.8%から10年49.1%に上昇している[1]。
　こうした状況を受けた政府の働き方改革では、同一労働同一賃金に力点があるが最低賃金も重視し、「働き方改革実行計画工程表」において、名目GDPの成長率にも配慮しつつ年率3%程度を目途として引き上げ、全国加重平均が1,000円となることを目指す、と最低賃金の引上げも重視している[2]。
　また、日本学術会議の提言では、「OECDによれば、近年、日本の相対的貧困率は先進国中第2位とされるが、貧困の背景には、低賃金で働く非正規雇用の増大という雇用問題がある。」[3]としている。

つぎに長時間労働の現状はどうか。
　先の「工程表」では、わが国は長時間労働者の割合が欧米諸国に比して多い、と指摘している。週労働時間49時間以上の労働者の割合（2014年）は、日本21.3%、米国16.6%、イギリス12.5%、フランス10.4%、ドイツ10.1%である。さらに、週労働時間60時間以上の労働者の割合（2016年）が、7.7%、30代男性では14.7%と指摘している。また、80時間超の限度を設定する特別条項付きの36協定を締結している事業場（2013年）は4.8%、大企業では14.6%とも指摘している[4]。あるいは「働き方改革実行計画参考資料」では、年間総実労働時間は見かけ上減少傾向であるが、一般の労働者及びパートタイム労働者それぞれの総実労働時間はあまり減少していない、とも指摘している[5]。一方、わが国は欧米諸国と比べると労働時間が長く、しかもこの20年間フルタイム労働者の労働時間はほぼ横ばいであるという指摘もある[6]。

2016 年の 9 月には東京労働局の三田労働基準監督署が、電通の女性新入社員の自殺は過労自殺であるとして労災認定をした。その後電通が労働基準法違反としては稀な公開の法廷での司法の裁きを受けたこともあって、長時間労働はなくしていこうという機運が、広く深く社会に浸透し始めたように思える。
　厚生労働省は、2016 年度の過労自殺の労災認定件数は未遂も含み 84 件にのぼっていると、2017 年の 6 月に公表した。
　また、日本学術会議の提言では、「過労死の労災認定件数はこの 10 年間で約 2 倍に、過労自殺の申請件数は約 6 倍に増加した。長時間労働は労働生活と家庭生活の調和（ワークライフバランス）を難しくさせる大きな要因ともなっている」[7]としている。
　ここでは、先ず、低賃金労働者の保護を目的とする現行制度としての最低賃制度を取り上げる。次に、長時間労働と過労自殺との関係を、過労自殺が労災認定され得るという現行制度としての労災保険を取り上げる。

第 1 節　最低賃金制度

1　最低賃金とは

　最低賃金は、国が賃金の最低限を最低賃金制度の下で法的拘束力をもって規制し、労働者を使用する事業主（使用者）にその額を下回って支払ってはならないもののことをいう。

　その目的とするところの第一義的なものは、低賃金労働者を保護することにあることは言うまでもないが、公正競争の確保ということも目的の一つと考えられている。というのは、賃金の最低基準が設定されていれば、その限度で事業主間の過当競争による賃金の不当な切下げが防止され、事業主間の競争条件に一定の限界を設けることになるからである[8]。

2　最低賃金決定の仕組み

　最低賃金の決定方式は、審議会方式、法定方式、労働協約拡張適用方式、労働裁判所方式の四つの型に大枠で分類できるとされている。審議会方式は、労・使・公益の3者の代表から構成される審議会が最低賃金を決定する方式である。法定方式は、法律で最低賃金額そのものを決定する方式である。労働協約拡張適用方式は、一定の地域内の一定の労働者のかなりの部分に適用されている最低賃金に関する労働協約があることを前提に、その労働協約上の最低賃金をその一定の地域内の同種労使全部に適用されるものとして決定する方式である。労働裁判所方式は、労働裁判所などの裁定または決定によって法的拘束力を持った賃金の最低限度を定める方式であり、1894年に世界で最初に最低賃金制度を導入したとされるニュージーランドの仲裁方式による最低賃金制度は、これに当たるといえよう。

　わが国はこの四つの方式のうちどの方式なのかというと、沿革はともかくとして、今は審議会方式が採られている[9]。では、それによる最低賃金決定の仕組みはいったいどうなっているのであろうか？

　審議会方式による最低賃金には、国内の各地域ごとにすべての労働者に適用される地域別最低賃金と、特定の産業に属する事業場の労働者にだけ適用される特定最低賃金との2種類がある。

地域別最低賃金は、都道府県ごとに毎年決定されているのが実態であるが、その決定プロセスとしては、都道府県労働局長が、地方最低賃金審議会に諮問して、地方最低賃金審議会の審議の結果の答申を受けて、都道府県労働局長が決定している。なお、全国的な整合性を図るために、1978年（昭和53年）から毎年、全国の都道府県労働局長から各地方最低賃金審議会への諮問がおおむねなされた頃に、中央最低賃金審議会により地方最低賃金審議会に対し最低賃金額改定のための引き上げ額の「目安」が提示されている。地方最低賃金審議会の審議の過程では、この「目安」を参考としながら地域の実情に応じた審議が行われることになる。

特定最低賃金は、全国を適用地域として特定の産業について決定されているもの（「全国非金属鉱業最低賃金」2017年3月末現在）もあるが、実態としては、都道府県内の特定の産業について決定されているものがばかりである。その決定プロセスは、地域別最低賃金の決定プロセスとは異なる。どう異なるかというと、地域別最低賃金は行政機関に決定を義務付けているけれども、特定最低賃金では、特定の産業の関係労使の申出を受けた厚生労働大臣または都道府県労働局長が最低賃金審議会に意見を求めて、意見を求められた審議会がその申出を採用するのが妥当等の意見を提出した場合に、厚生労働大臣または都道府県労働局長は最低賃金審議会に諮問することになる。そして、最低賃金審議会の審議の結果の答申を受けて、厚生労働大臣または都道府県労働局長が決定しているのである[10]。

なお、地域別最低賃金、特定最低賃金いずれも地方最低賃金審議会の審議の過程において金額審議そのものを行う際には、地方最低賃金審議会の中にそれぞれ専門部会を設けて金額審議を進めるのが通例となっている。

2017年度（平成29年度）の都道府県の「平成29年度地域別最低賃金額及び発効年月日」等は、表1のようになっている。一番高い東京都は、時間額958円であるが、一番低い高知県、沖縄県、福岡県を除く九州各県は、時間額737円とその差には221円の開きがあるように、地域間で格差があることは一目瞭然である。このような格差を生ぜしめている地域別最低賃金額は、地域の実情に応じた審議により決定されているといったけれど、いったいどのように実際の審議の場では審議が進められているのであろうか？

通常、地方最低賃金審議会では、適用対象となる労働者の賃金実態について、事務局としての各都道府県労働局が毎年実施している「最低賃金に関する基礎調査結果」等の資料を精査したり、必要に応じて、最低賃金審議会の委員自ら

が事業場に赴き、作業実態、賃金実態等を実地視察したり、また、関係労働者や使用者から最低賃金に関する意見聴取をするなどして、慎重に金額の検討が進められ、その上で、地域における生計費、学卒の初任給、労使間で協定した企業内の最低賃金、賃金階級別の労働者分布、決定しようとする最低賃金未満の賃金を支給されている労働者数からみた影響の度合い（影響率と呼んでいる）等を考慮し、審議が尽くされたところで結論が出されている[11]。

　こうして地方の実情に応じて決定されているとされる地域別最低賃金額に、結果として地域間で格差が生じている現実に対して、全国一律の最低賃金額を設定すべしという主張も存在する。ここではその主張を検討する余裕はないが、現実問題としてみた場合には、全国一律の最低賃金額を設定するということは容易なことではあるまい。

表1　平成29年度地域別最低賃金改定状況等

都道府県名	最低賃金時間額【円】新年度	最低賃金時間額【円】旧年度	発効年月日	＜参考＞平成19年度最低賃金時間額(円)
北海道	810	(786)	平成29年10月1日	654
青　森	738	(716)	平成29年10月6日	619
岩　手	738	(716)	平成29年10月1日	619
宮　城	772	(748)	平成29年10月1日	639
秋　田	738	(716)	平成29年10月1日	618
山　形	739	(717)	平成29年10月6日	620
福　島	748	(726)	平成29年10月1日	629
茨　城	796	(771)	平成29年10月1日	665
栃　木	800	(775)	平成29年10月1日	671
群　馬	783	(759)	平成29年10月7日	664
埼　玉	871	(845)	平成29年10月1日	702
千　葉	868	(842)	平成29年10月1日	706
東　京	958	(932)	平成29年10月1日	739
神奈川	956	(930)	平成29年10月1日	736
新　潟	778	(753)	平成29年10月1日	657
富　山	795	(770)	平成29年10月1日	666
石　川	781	(757)	平成29年10月1日	662

第12章　雇用労働における今日的課題と現行制度

都道府県名	最低賃金時間額【円】		発効年月日	<参考>平成19年度最低賃金時間額(円)
	新年度	旧年度		
福　井	778	(754)	平成29年10月1日	659
山　梨	784	(759)	平成29年10月14日	665
長　野	795	(770)	平成29年10月1日	669
岐　阜	800	(776)	平成29年10月1日	685
静　岡	832	(807)	平成29年10月4日	697
愛　知	871	(845)	平成29年10月1日	714
三　重	820	(795)	平成29年10月1日	689
滋　賀	813	(788)	平成29年10月5日	677
京　都	856	(831)	平成29年10月1日	700
大　阪	909	(883)	平成29年9月30日	731
兵　庫	844	(819)	平成29年10月1日	697
奈　良	786	(762)	平成29年10月1日	667
和歌山	777	(753)	平成29年10月1日	662
鳥　取	738	(715)	平成29年10月6日	621
島　根	740	(718)	平成29年10月1日	621
岡　山	781	(757)	平成29年10月1日	658
広　島	818	(793)	平成29年10月1日	669
山　口	777	(753)	平成29年10月1日	657
徳　島	740	(716)	平成29年10月5日	625
香　川	766	(742)	平成29年10月1日	640
愛　媛	739	(717)	平成29年10月1日	623
高　知	737	(715)	平成29年10月13日	622
福　岡	789	(765)	平成29年10月1日	663
佐　賀	737	(715)	平成29年10月6日	619
長　崎	737	(715)	平成29年10月6日	619
熊　本	737	(715)	平成29年10月1日	620
大　分	737	(715)	平成29年10月1日	620
宮　崎	737	(714)	平成29年10月6日	619
鹿児島	737	(715)	平成29年10月1日	619
沖　縄	737	(714)	平成29年10月1日	618
全国加重平均額	848	(823)		687

（出所）厚生労働省HPの「平成29年度地域別最低賃金改定状況」を加工

3 最低賃金制度の沿革

　今は、最低賃金法という法律があるけれども、もともと最低賃金制度については労働基準法の中に規定されていた。ただ、このもともとの労働基準法の規定によって最低賃金が実際に決定されることはなかったけれど（労働基準法において最低賃金に関する規定は第28条から31条で規定されていたが、最低賃金法の成立に伴って、改正して第28条の「最低賃金の基準に関しては、最低賃金法の定めるところによる。」のみを置くこととなり、他の規定は削られることとなった。）。

　最低賃金法は、1959年（昭和34年）に成立したのであるが、成立当初の決定方式は先に述べた四つの方式に必ずしも収まるものではなかった。

　当時、1956年（昭和31年）4月に静岡県清水市を中心とした缶詰め業者の自主的な初給賃金に関する業者間協定が参考とされて、各都道府県労働基準局の後押しもあって、横浜市を中心とした絹マフラー、ハンカチーフの手捺染業、和歌山県新宮市の鉄工業などで相次いで業者間協定が締結され1959年（昭和34年）3月末には113件を超える業者間協定が締結されところまでに至っていた[12]。

　こうした実情を踏まえて、業者間協定に基づき、当事者の申請により最低賃金を決定する業者間協定方式が取り入れられることとなった。このほかに、賃金の最低額に関する労働協約に基づき、当事者の申請により地域的最低賃金を決定する労働協約拡張方式や最低賃金審議会の調査審議に基づいて最低賃金を決定する審議会方式などの最低賃金決定方式を採用していた[13]。

　1968年（昭和43年）の最低賃金法改正では、最低賃金法施行以来最低賃金制の普及拡大に大きな効果をあげてきた業者間協定方式は、さらなる効果的普及拡大を進めていくために廃止されることとなり（改正法施行後2年間で廃止）、最低賃金審議会の調査審議に基づいて最低賃金を決定する審議会方式を中心とすることに改められた。最低賃金の決定方式は、労働協約拡張方式と審議会方式によることとされた。そして、1976年（昭和51年）には、全都道府県に地域別最低賃金が設定され、これによりすべての労働者に最低賃金の適用が及ぶこととなった[14]。

　2007年（平成19年）の最低賃金法改正では、地域的最低賃金を決定する労働協約拡張方式は、廃止されることとなり（改正法施行後2年間で廃止）、最低賃金の決定方式は、審議会方式のみによることとされた。なお、地域別最低賃金の決定基準は、最低賃金法第9条により①労働者の生計費②労働者の賃金③通常の事業の賃金支払い能力の三要素を総合的に勘案して定めることとされている

が、①を考慮するにあたっては、生活保護に係る施策との整合性に配慮することとされた(改正法施行日2008年(平成20年)7月1日と同日付けの厚生労働省労働基準局長通達では、「最低賃金は生活保護を下回らない水準となるよう配慮するという趣旨であると解されるものであること」となっている。)[15]。

第2節　労災保険と過労自殺

1　労災保険とは

　労災保険は社会保険なのだけれども、健康保険などのような他の社会保険とはちょっと違う。他の社会保険の保険料が労使折半であるのに、労災保険では保険料は事業主が負担し、労働者は負担しない。なぜか？
　労災保険の正式名称は労働者災害補償保険という。仕事が原因のけがや病気に対しては、事業主が労働基準法上の災害補償責任を負うのであるが、この個別の事業主の災害補償責任を、保険化したのが労災保険だからである。保険を運営して保険給付を行う保険者は政府である。
　労災保険は、当初労働基準法の災害補償責任の裏付けをする制度としてスタートしたが、今では、給付の年金化が進んだり通勤災害に対する給付が導入されるなどして、労働基準法の災害補償責任の範囲を超えて生活保障的な色彩を帯びている。労災保険の社会保障化と言われたりもする。

2　労災保険の仕組み

　労災保険は、政府が保険者となって、原則として労働者を使用しているすべての事業が適用事業とされ(労働者5人未満の個人経営の農林水産業は、暫定任意適用事業とされていて、労災保険に加入するかどうかは、労働者の過半数の意思に任されている。)、そこで働く労働者は労災保険の対象となる。保険料は事業の種類ごとに決められていて事業主が全額負担する(労災保険料の料率は、過去の業務災害等に係る災害率等に応じて原則として3年ごとに見直される。この見直し時期に合わせて、同じ事業の種類であっても、一定規模以上の事業については、個々の事業の災害率の高低に応じて、メリット制といって、翌年度から料率が一定の範囲内で増減される。)。なお、中小零細事業の事業主や建設業の一人親方などは労働者ではないけれど

も、申請により労災保険に加入する特別加入の道が開かれている。

　労災保険の保険給付は、業務上のけがや病気といった業務災害に対して行われる。また、通勤災害に対しても業務災害と同様の給付が行われる。業務災害や通勤災害の保険給付を受けるには、労働基準監督署に申請をして労働基準監督署長の認定を受ける必要がある。

　業務災害または通勤災害の認定を受けると保険給付が受けられることとなる。

1）保険給付の種類[16]

ⅰ）（療養補償給付）

　業務上によるけがや病気の場合の医療の給付である。患者負担はなく、全額保険から給付される。

　通勤災害の場合は療養給付という。200円の患者の一部負担がある。

ⅱ）（休業補償給付）

　業務上によるけがや病気の療養のために働けず休業する場合に、平均賃金に相当する給付基礎日額の60％に相当する金額が4日目から支給される。さらに、ここが労災保険の手厚いところであるが、休業補償給付に上乗せして給付基礎日額の20％に相当する金額が休業特別支給金（労災保険では、保険給付以外に、労災病院、医療リハビリテーションセンターの設置運営などの社会復帰の促進に関する事業や産業保険推進センターの設置運営、健康診断の助成などの安全衛生確保と賃金の支払いの確保を図るための事業と共に特別支給金、労災就学費等の支給などの被災労働者とその遺族の援護に関する事業としての社会復帰等促進事業を行っている[17]。）として支給される。

　通勤災害の場合は休業給付という。

ⅲ）（障害補償給付）

　業務上によるけがや病気が治った後身体に障害が残った場合に支給される。障害の程度に応じて、第8級から第14級までの比較的軽度の場合は一時金（給付基礎日額の503日分『障害等級8級』から56日分『障害等級14級』までの障害補償一時金。）で、第1級から第7級までの重い障害の場合は年金（給付基礎日額の313日分『障害等級1級』から131日分『障害等級7級』までの障害補償年金。ただし、受

給権者が希望すれば障害補償年金前払一時金といって、一時金での支給も可能である。）で支給される。さらに、障害等級に応じた障害特別支給金が障害補償給付に上乗せして一時金で支給されるなどの上乗せ給付がある。

通勤災害の場合は障害給付という。

iv)（遺族補償給付）

業務上死亡した労働者の遺族に対して支給される。労働者の死亡当時その者の収入によって生計を維持していた配偶者、子、父母、孫、祖父母及び兄弟姉妹が受給資格者であるが、妻以外には、労働者の死亡当時に年齢が60歳以上であるとか18歳未満であるとか、あるいは障害を有しているかなど一定の制限がある。そして、このうち最先順位にある者が受給権者になる。受給資格者としての受給権者には、受給権者と生計を同じくしている遺族の数に応じて、遺族補償年金が支給される（給付基礎日額の原則として1人の場合153日分から4人以上の場合245日分の支給となる。なお、受給権者が希望すれば遺族補償年金前払一時金といって、一時金での支給も可能である。）。労働者の死亡当時遺族補償年金の受給資格者がいない場合は、それ以外の遺族に遺族補償一時金が支給される。また、遺族補償給付の受給者に対しても遺族特別支給金が上乗せして一時金で支給されるなどの上乗せ給付がある。

ｖ)（傷病補償年金）

業務上によるけがや病気が1年6ヶ月経っても治らない場合に支給される。その傷病による障害の程度が第1級から第3級までの一定の等級に該当する場合に年額（給付基礎日額の313日分『傷病等級1級』から245日分『傷病等級3級』である。）で支給される。さらに、傷病等級に応じた傷病特別支給金が傷病補償年金に上乗せして一時金で支給されるなどの上乗せ給付がある。

通勤災害の場合は傷病年金という。

これらの主な保険給付のほかにも、業務災害の給付として葬祭料や介護補償給付が、通勤災害の給付として葬祭給付や介護給付がある。さらに、労災保険による二次健康診断として知られている二次健康診断等給付（労働安全衛生法による定期健康診断等において、脳・心臓疾患を発症する危険性が高いと判断された労働者に対して脳血管および心臓の状態を把握するための二次健康診断及び医師等による特定保健指導を無料で受けることができる労災保険の保険給付である。）が2001年（平成13年）からスタートしている。

3 労災保険における過労自殺の位置づけ

1) 業務上疾病の一つ

　業務上によるけがはともかく、病気については事故によるものとそれ以外のものがある。前者は、災害性の疾病と呼ばれていて業務上の判断はそう難しくない場合が多いが、後者は職業性疾病と呼ばれていてじん肺など長時間にわたり業務に伴う有害作用が蓄積して発病に至るため、その原因となった時間的に明確にし得る事故がないため、業務上の判断をすることが困難な場合が多い。このため、業務上の病気については、最新の医学的知見に照らして類型化できるものを網羅的に列挙した「労働基準法施行規則第35条別表第1の2」で職業病リスト化して規定している（列挙されたどれにも該当しない場合でも、最後には、「その他業務に起因することの明らかな疾病」という条項が用意されている。）。

　業務上の病気については職業病リストに列挙されているといったけれども、過労自殺はどれに当たるのであろうか？　それに、そもそも自殺の場合には保険給付は、普通支給されない（労災保険法第12条の2の2で「労働者が、故意に負傷、疾病、障害若しくは死亡またはその直接の原因となった事故を生じさせたときは、政府は、保険給付を行わない」と規定されている。）となっているのに、どうして過労自殺の場合は業務上疾病となり、保険給付がなされるのであろうか？

　過労自殺は、長時間労働やハラスメント等の心理的負荷によって精神障害を発症して自殺したと判断されると（労災保険法第12条の2の2の「故意」について政府は、従前は、結果の発生を意図した故意であると解釈してきたところを、精神障害を有するものが自殺した場合の取扱いについては「業務上の精神障害によって、正常の認識、行為選択能力が著しく阻害され、又は自殺行為を思いとどまる精神的な抑制力が著しく阻害されている状態で自殺が行われたと認められる場合には、結果の発生を意図した故意には該当しない。」と解釈を変更した（平成11年9月14日基発第545号）。）、職業病リストの「人の生命にかかわる事故への遭遇その他心理的に過度の負担を与える事象を伴う業務による精神及び行動の障害又はこれに付随する疾病」に当たるとして業務上と認定されるのである。

2) 過労自殺の労災認定（過労自殺の労災認定基準[18]のあらまし）

　過労自殺が業務上か否かの第一義的判断は、正式名称は「心理的負荷による

精神障害の認定基準」という過労自殺の労災認定基準に基づいて、個別事案ごとに労働基準監督署長が行っている。そこでこの認定基準（以下「認定基準」とする）についてみていくことにしよう。

労災認定のための要件は、大枠で次の①〜③である。
①認定基準の対象となる精神障害を発病していること
②認定基準の対象となる精神障害の発病前おおむね6ヶ月の間に、<u>業務による強い心理的負荷</u>が認められること
③業務以外の心理的負荷や個体的要因により発病したとは認められないこと

この認定基準は、「精神障害は、外部からのストレスとそのストレスへの個人の対応力の強さとの関係で発病に至ると考えられています。発病した精神障害が労災認定されるのは、その発病が仕事による強いストレスによるものと判断できる場合に限ります。」という行政としての立場に立っている。

一つ目の認定要件①について

認定基準の対象となる精神障害は、国際疾病分類第10回修正版（通称 ICD-10）第Ⅴ章の「精神および行動の障害」に分類（表2）される精神障害である。ただし、認知症や頭部外傷などによる障害（F0）及びアルコールや薬物による障害（F1）は除くこととされている。また、業務に関連して発病する可能性のある代表的なものは、うつ病（F3）や急性ストレス反応（F4）などであるとされている。

表2 ICD-10　第Ⅴ章「精神および行動の障害」

分類コード	疾病の種類
F0	症状性を含む器質性精神障害
F1	精神作用物質使用による精神および行動の障害
F2	統合失調症、統合失調症型障害および妄想性障害
F3	気分[感情]障害
F4	神経症性障害、ストレス関連障害および身体表現性障害
F5	生理的障害および身体的要因に関連した行動症候群
F6	成人のパーソナリティおよび行動の障害
F7	精神遅滞[知的障害]
F8	心理的発達の障害
F9	小児期および青年期に通常発症する行動および情緒の障害、特定不能の精神障害

二つ目の認定要件②について

発病前おおむね 6 ヶ月の間に起きた業務による出来事について、労働基準監督署の調査に基づいて、「業務による心理的負荷評価表（「特別な出来事」の類型と特別な出来事以外の「具体的出来事」の類型から成り、前者については出来事の類型別に、後者については出来事の類型、具体的出来事、具体的出来事別に心理的負荷の強度（強い方から「Ⅲ」「Ⅱ」「Ⅰ」）、具体的出来事別に心理的負荷の総合評価の視点、具体的出来事別に心理的負荷の強度を「強」「中」「弱」と判断する具体例が示されており、後者では 30 を超える分類となっておりここでは紙幅の都合上掲載していない。）」により、出来事と出来事後を一連のものとして総合評価を行い「強」と評価される場合、認定要件の②を満たすとされる。この評価表における、極度な長時間労働類型といった「特別な出来事」に当てはまる業務による出来事が認められた場合には、心理的負荷の総合評価は「強」と判断される。「特別な出来事」に当てはまる出来事がない場合には、・「具体的出来事」への当てはめ、・出来事の心理的負荷の総合評価、・出来事が複数ある場合の全体評価、の手順により心理的負荷の総合評価を行い、「強」、「中」又は「弱」に評価される。そして「強」と評価された場合にのみ認定要件の②を満たすとされる。

三つ目の認定要件③について

業務以外の心理的負荷による発病かどうかについては、「業務以外の心理的負荷評価表（出来事の類型、具体的出来事、具体的出来事別に心理的負荷の強度（強い方から「Ⅲ」「Ⅱ」「Ⅰ」）が示されており、30 を超える分類となっておりここでは紙幅の都合上掲載していない。）」を用い、心理的負荷の強度（強い方から「Ⅲ」「Ⅱ」「Ⅰ」）を評価して、「Ⅲ」に当てはまる出来事が複数ある場合などについては、それが発病の原因であるといえるか、慎重に判断される。

精神障害の既往歴や重度のアルコール依存状況などの個体的要因による発病かどうかについては、その個体的要因の有無とその内容について確認して、個体的要因の存在が確認できた場合には、それが発病の原因であるといえるか、慎重に判断される。

これら①〜③の三つの認定要件が満たされると業務上の精神障害の発病として労災認定されることとなる。そして、この業務上の精神障害を発病した者が自殺を図った場合には、故意の欠如（正常な認識や行為選択能力、自殺行為を思いとどまる精神的な抑制力が著しく阻害されている状態に陥ったもの）が推定され、原則として過労自殺の労災認定となるわけである。

このところの精神障害として労災認定された件数は、年間 400 件〜 500 件、

そしてそのうち過労自殺として労災認定された件数は、年間 60 件～100 件の水準にある（表3）。

表3　精神障害、過労死としの労災認定状況

		2012年度	2013年度	2014年度	2015年度	2016年度
精神障害	請求件数	1257	1409	1456	1515	1586
	決定件数	1217	1193	1307	1306	1355
	うち支給決定件数（認定率）	475（39.0％）	436（36.5％）	497（38.0％）	472（36.1％）	498（36.8％）
うち自殺（未遂を含む）	請求件数	169	177	213	199	198
	決定件数	203	157	210	205	176
	うち支給決定件数（認定率）	93（45.8％）	63（40.1％）	99（47.1％）	93（45.4％）	84（47.7％）

（出所）厚生労働省「平成 28 年度　過労死等の労災補償状況」

なお、労働基準監督署長が不認定とした場合で、その決定に不服がある者は労働者災害補償保険審査官に審査請求をすることができる。さらに労働者災害補償保険審査官の決定にも不服がある者は、労働保険審査会に再審査請求をすることなどができる。

参考文献（第12章）

(1) 伍賀一道『非正規大国日本の雇用と労働』新日本出版社、2014年、p.81、p.83。
(2) 働き方改革実現会議決定「働き方改革実行計画工程表」（項目2.賃金引き上げと労働生産性向上）2017年。
(3) 日本学術会議提言「労働・雇用と安全衛生に関わるシステムの再構築を－働く人の健康で安寧な生活を確保するために－」（「要旨」の1「背景」）2011年。
(4) 働き方改革実現会議決定「働き方改革実行計画工程表」（項目3.長時間労働の是正）2017年。
(5) 働き方改革実現会議決定「働き方改革実行計画参考資料」（年間実総労働時間の推移）2017年。
(6) 中央労働災害防止協会(編)『労働衛生のしおり（平成29年度版）』中央労働災害防止協会、2017年、p.41。
(7) 日本学術会議提言「労働・雇用と安全衛生に関わるシステムの再構築を－働く人の健康で安寧な生活を確保するために－」（「要旨」の2「労働者の健康・安全に関する現状と課題」）2011年。
(8) 労働調査会出版局(編)『最低賃金法の詳解（改訂4版）』労働調査会、2016年、pp.129～131。
(9) 前掲書（『最低賃金法の詳解』）pp.132～135。
(10) 労働調査会出版局(編)『最低賃金決定要覧（平成29年度版）』労働調査会、2017年、p.7、p.24。
前掲書（『最低賃金法の詳解』）p.296。
(11) 前掲書（『最低賃金決定要覧（平成29年度版）』）p.6。
(12) 前掲書（『最低賃金法の詳解』）p.151、152。
(13) 前掲書（『最低賃金法の詳解』）pp.161～163、p.175、176、pp.190～195。
(14) 前掲書（『最低賃金法の詳解』）p.213、214、pp.239～241、p.248、249。
(15) 前掲書（『最低賃金法の詳解』）pp.300～313。
(16) 厚生労働省労働基準局労災補償部労災管理課(編)『労災保険制度の詳解（改訂新版）』労務行政、2003年。
佐久間大輔『安全衛生・労働災害』旬報社、2016年。
椋野道子・田中耕太郎『はじめての社会保障』有斐閣、2017年。
(17) 労災サポートセンター（編）『社会復帰促進等事業ハンドブック（改訂2版）』労災サポートセンター、2009年。
(18) 厚生労働省労働基準局長「心理的負荷による精神障害の認定基準（平成23年12月26日基発1226第1号）」2011年。
厚生労働省・都道府県労働局・労働基準監督署『精神障害の労災認定（パンフレット）』厚生労働省、2011年。

最低生活保障

19世紀英国の自由主義者 J.S. ミルは次のように述べた。餓死しそうな人が一番、援助が必要である。「したがって、困窮によって作り出される援助に対する請求権は、およそ存在しうるあらゆる請求権のうちで、その力のもっとも強いものの一つである。[1]」また、1909年には社会主義者の B. ウェッブも「救済に対する権利」を主張した。

　しかし『ベヴァリッジ報告』は違う。社会保険の保険料拠出の動機付けのためには、公的扶助は保険給付よりも「何か望ましくないものであるという感じを抱かせるものでなければならない。」そこで扶助の支給には資力調査（ミーンズ・テスト）と、稼得能力を早めることが条件となるという[2]。これは社会民主主義の「平等」とは違った自由主義の最低保障の発想といえる。

　19世紀英国では、巷にあふれた食うや食わずの「貧乏」(destitution) は、道徳心が欠け同情もされない貧民の問題とされていた。それに対して20世紀初めに英国のロウントリーは、労働者世帯が様々な原因で「収入」が不足して貧乏に落ち込むのを「貧困」と呼び、それまでの「貧困＝貧民」という見方を卒業した。さらに戦後英国の P. タウンゼントは「貧困」を、住民が貧乏ではないが世間並みの生活でない状態 (relative deprivation) と定義し、それまでの「貧困＝貧乏」という見方を卒業した。マルクスの相対的過剰人口の「相対的」は資本の労働需要に対する人口過剰だったが、相対的剥奪の「相対的」はそれまでの生活費ではなく世間並みの生活水準を基準にした貧困だった。「相対的剥奪」よりは相対的欠乏や不足が適訳であろう。

　「世間並み」の水準は近隣ごとに異なるはずであるがタウンゼントは英国全体に適用し、相対的剥奪状態を基準にした貧困人口の量を計測した。

　これら相対的貧困の人口の量を測るには個別の指標の総合化が必要とされるが、個々のニードの優先順位には個人差があり共通の最低水準の設定は難しい。

第 1 節　最低生活保障と最低生活費

1　救済と自立の関連

　生活保護法は生存権保障として国民であれば誰にでも最低生活を保障するが、何もしない人にお金を支給するだけの制度なのであろうか。1950年の社会保障制度審議会勧告や小山進次郎の解説を見ればそうともいえない。
　もともと貧しい人の救済の動機や期待は様々であろう。かわいそうだからという感情のほかに、一つは泥棒が減り治安対策に役立つ。二つ目は為政者の慈悲を示すこと。三つ目は、富者の死後の救済のために利他的行為の機会をつくること。四つ目は、人間は平等であるという思想のもとで、貧困で崩壊した人間性を回復させること、などが挙げられよう。
　この人間性について東洋では紀元前に孟子の性善説があり、そのあとに荀子の性悪説が現れた。朱子学は人の心には誰にも「性」(しょう、たち)があるとし、16世紀の王陽明は人には「善性」があるから罰則は不要という性善説であった。それらの影響のせいか啓蒙思想では人には理性があるという平等主義が普及し、理性を使って合理的に進歩できるという反保守主義的な進歩主義も現れた。
　そして、マルクスは資本主義社会では労働者は働くこと以外何も人間らしいことができないが共産主義社会になれば理性や自由な個性なども発揮できるとした。ところが19世紀後半に英国の慈善組織化協会(COS)は、資本主義社会でも人格者が感化すれば貧民も市民として自立できると考えて活動した。また、20世紀初頭の穏健な社会主義者ウェッブも、資本主義社会でも条件次第で労働者も理性的になれると考えたようで、医療保障があると人々は病気の予防に注意するはずと考えたらしい。一方、社会主義者でない E. エンゲルは、その第一法則で人は飲食物の欲望が満たされたあと自然に「より高尚な欲望に関心を向ける」というダイナミックな人間モデルを描いた。
　1962年に A. マスローは『完全なる人間』(Toward a psychology of being、誠信書房)の251ページ以下でこう述べた。人はそれぞれ基本的欲求や能力など精神的本性を持つが、文化・家族・環境・学習など外の要因によりもみ消されることもある。ところが、内面で抑圧されたものには表に出てこようとする「力動的な力」があり、だからこそ精神療法や教育や自己改善が原理的に成り立

つと。

　ウェッブやエンゲルやマスローはもともと人間が持っている本性は内外の条件次第で表に顕在化するというダイナミックな原理を主張したといえる。

　つまり、法第3条の「健康で文化的な生活水準」を保障する背後には、まず、貧しくても本当は理性や主体性があるという平等主義の前提があり、生活の衣食住が整えばおのずと自立するというダイナミズムの原理があると考えられる。だからこそ生活保護は、単にお金を渡すだけではなく人間性の回復につながるという人間的に意味のある制度になるといえる。例外はつきものであるが。

　(この原理は生活保護法の四原理とは別で、一つの考え方に過ぎない。パターナリズムは貧民や労働者を自分では何もできない人間と見なし、自由主義なら何でも個人の選択に任せ責任は本人が負う。現代の主流派の経済学は、公的な医療保険を行うと暴飲暴食するモラル・ハザードがおこるといい、また、ベンサムの快楽と苦痛の計算を支持し、福祉政策は苦痛の労働を減らし福祉依存を増すように促すと批判する。

　社会学的にはどうだろうか。T.パーソンズの社会的行為の下位体系には文化体系、社会体系、パーソナリティ体系、行動有機体がある（T.パーソンズ『社会類型：進化と比較』（1966年）至誠堂）。これに照らせば法第3条は文化体系と行動有機体に言及するが、まだ中間の二つがある。社会体系は成員が役割を持ち社会参加し「社会関係」を維持すること、パーソナリティ体系はその人の行動の傾向で例えば自由主義ならチャレンジ精神、日本型福祉社会なら人との和を重んじることなどである。社会学では家族や大人や基礎的集団による「社会化の過程」によりすでに社会参加や自立の努力という規範や行動性向を内面化させたことが期待されるが、救済の原理は、最低生活が保障されたら本人が能動性を取り戻し自立することを期待しているといえる。社会化の過程が欠けていればソーシャルワーカーが自立などを教えるが、米国ではマイノリティから「中産階級の価値観の押しつけ」と反発されたこともある。

　欲求が充足され要求水準が上昇する場合には、社会学的には二つの問題が起きる。第一は社会化が欠落している家族や地域では、充足感が一層の努力につながらず期待だけを肥大化させること。第二はタウンゼントが予言したように、成長による生活水準向上で相対的剥奪の基準が上昇し今まで貧困でなかった人も「貧困」とされてしまうことである)。

2　最低生活保障の制度

1）海外の公的扶助以外の制度例

　ヨーロッパでは無年金者や低年金者の高齢者ために公的扶助以外の所得保障があり、高齢者の最低所得保障には公的扶助の他に、次の二つの類型があるという。第1は普遍的な基礎年金で、2階建て年金制度の基礎年金（定額）部分、または1階建ての定額年金である。（ア）財源が税で賄われているデンマーク。（イ）社会保険方式であるが税方式に類似したスウェーデンの旧制度。（ウ）1階建ての定額年金型としてはアイスランド（財源は国庫負担）がある。

　第2は、年金ではなく税財源による高齢者への給付である。公的扶助の要件が課されないか、緩和されている。（ア）スウェーデンの新制度の最低保証年金。（イ）英国の年金クレジット。（ウ）ドイツの基礎保障給付。（エ）フランスの高齢者最低所得保障、がある[3]。

　米国では1972年にニクソン政権で社会保障年金を補足する制度として、租税を財源に補足的所得保障（SSI）が創設された。なお、米国には日本の生活保護制度のような、連邦政府による包括的な公的扶助制度はない。補足的所得保障と食料スタンプが連邦直轄事業で、州政府には医療のメディケイド、貧困家庭一時扶助（TANF）、一般扶助（GA）があり、また広義の所得保障として勤労所得税額控除（EITC）がある。

　なお、英国では資力調査付き給付全体（所得扶助・社会基金・求職者給付・年金クレジット・住宅給付・勤労税額控除・新児童税額控除・カウンシル税給付など）が日本の生活保護に対応するという解説もある[4]。こうなるとかなり捕捉率（後述）が大きく出ることになるが、これと比較して、日本の生活保護の捕捉率は低すぎるという人もいる。

2）最低賃金との関係

　わが国の生活保護では、最低賃金でフルに働く人の手取り収入よりも、生活保護受給者の収入の方が高く医療費も無料であるという「逆転現象」が問題だった。これには「最低賃金が低すぎる」、「保護基準の引き上げが最低賃金を引き上げる力になる」という意見があった。しかし2007年に、最低賃金法第9条3で「生活保護に係る施策との整合性に配慮する」とされ、2014年に逆転現象は

解消したとされる。

なお原ひろみによれば、会社が社員の教育訓練をやっている場合の最低賃金と教育訓練機会の関係は、例えば最低賃金が800円の時、会社が想定している人件費は950円で150円は労働者の訓練コストとして使っているというように考えられる。そこで他の条件が変わらないときに、最低賃金が900円に引き上げられると会社としては訓練コストに使えるのは50円しか残らない。

そこで原ひろみは、最低賃金引き上げの結果として企業内訓練は減少すると予想する。2007年の改正最低賃金法成立以前と以後を中高卒女性で比較すると、最低賃金上昇率の高い地域では「職場を離れての職業訓練」の受講者割合が17ポイント低下し、上昇率の低い地域では10ポイント低下だったことが分かった、しかし大卒大学院卒ではその差がなかったという。結論として、最低賃金引き上げは中高卒の教育訓練機会を減らし、大卒とのスキル形成機会の格差を拡大させるから、引き上げと同時に格差拡大を防ぐための対策も必要であるという[5]。

なお、スウェーデンは政府の規制による最低賃金制度はなく、各業種の最低賃金は労使が自主的に決めている。

また、オランダでは最低賃金と老齢年金や公的扶助が完全にリンクしている。一般老齢年金法は65歳から夫婦で最低賃金（ネット）の100％、18歳未満の子がいる1人親世帯で90％、単身者は70％が支給される。生活扶助法は夫婦で最低賃金（ネット）の100％、1人親世帯で70％、単身者で50％を給付する[6]。

③ 最低生活費

1) 収入が足りずに貧困になる

19世紀英国では中産階級からは生活困窮者は怠け者、飲酒癖、病弱、不信心など本人自身に原因があると見られ、「個人主義的貧困観」と呼ばれ、その解決は国家の役割ではなく施しや慈善で解決すべきものとされ、救貧法があったがその救済は内容が悪い上、受給者は「救恤貧民（pauper）」と呼ばれ人格欠格者と見られたからワーキングプアの労働者からも嫌われていた。

英国のB.S.ロウントリー（1871～1954年）は聞き取り調査で世帯の収入を調べ、「貧困」を人格とは無関係に所得の不足で定義したがその基準は貧困線（poverty line）と呼ばれた。貧乏な家庭を二つに分類し次のように整理した。第1次貧困

は「その総収入が、単なる肉体的能率（merely physical efficiency）を保持するために必要な最小限度にも足らぬ家庭」で、いかに注意深くても肉体的能率の必要を充たせない家庭である。第2次貧困は「その総収入が、もしその一部分が他の支出にふりむけられぬ限り、単なる肉体的能率を保持するに足る家庭」で、収入が飲酒とかギャンブルや冬物の購入など臨時的なものに消費されない限りは貧困線以上の生活を送りうる家庭である。「単なる肉体的能率の保持」とは、交通費や新聞やおもちゃや菓子に使わず教会の寄付もせず、何かがあれば食費を切り詰めるほかはないということである[7]。

これは貧困を人格ではなくフローの収入で定義したものであるが、「貧困」を収入水準で表現する習慣の始まりといえよう。もっとも、当時の貧困層は家具付きの借家で貯金もなく収入さえ聞き出せば良かったのであろう。

2）怠けなくても貧困になる

また、ロウントリーは聞き取り調査の結果、労働者生活のライフサイクルを見て、労働者は生涯に3回、第1次貧困線以下に落ち込むことを発見した。自分の兄弟が幼い時。結婚後、自分の子供達の成長期。子供達が独立結婚し自分が高齢で働けなくなった時の3回で、彼の概念図から読み取ると5〜15歳、30〜40歳、65歳以降であった。

ここには当時の夫婦家族制の労働者家庭では、結婚した若い夫婦が父母からの協力なしで子育てをし、育ち盛りの子に食べさせ、歳をとれば子どもは親を残して家を出て行ってしまう様子を表していた。これは、労働者の怠慢や浪費によらない貧困であった。

また、1899年のヨーク市の調査では第1次貧困の直接原因は低賃金の常雇いが52％、ついで4人以上児童がいる多子が22％で、働き手の死亡や失業などもあった[8]。これは本人が働いても貧困に陥る人が多いという発見で「社会的貧困観」と呼ばれる。

当時、定職がない男たちが、昼間から酒を飲み賭博にうつつを抜かしているのを見て、「本当は貧困などない、むだ遣いをしているだけだ」という人たちも多かった。しかし、家に帰ると妊娠して働けない妻と子どもたちが空腹で父親の帰りを待っているのが現実だ、といって「見えにくい貧困」に気づいていたフランス人もいたとロウントリーは述べた。（わが国でも生活保護受給者がパチンコに通い遊んで暮らしているという話があるが、動機はともかくパチンコやギャンブル

の収入なら福祉事務所に申告せずごまかせるという面もある。本来、収入は正しく申告しなければいけない)。

3) 最低生存水準と最低生活水準

1960年のわが国の労働科学研究所による最低生活費の測定は「労研方式」と呼ばれた。全社協の雑誌『生活と福祉』から紹介してみる。まず、心身生活の状態を衣服、体力体格、入浴回数、知能指数などで表わした。そして、調査世帯の生活費(横軸)と心身状態の各指標(縦軸)をグラフに描くと、各指標は生活費の上昇とともに右上がりで向上する。ところが、いくつかの指標は生活費が4000円前後になると、それ以降は生活費が上昇してもほぼ横ばいで推移し、別の指標群は7000円前後まで上昇するがそれ以降は横ばいとなることが分かった(プラトー状態)。ここから最低生活費は2種類あると考えられた。

(ア) 「最低生存水準」とは、「これを下回ると健康は極端に悪くなり、母の知能指数は高くとも子の知能指数が低くなるという水準。入浴・理髪といった衛生的な面でも、鍋・かまといった最低限必要生活用品についても、ミニマムを確保できない水準」とされる。

(イ) 「最低生活水準」とは、「知能・栄養状態・体格体力などは一応の水準に達し、文化的生活の面でも人並みのものが享楽できる最低限度の水準」である[9]。

4) 食べるのに困らなくても貧困

i)

1979年に英国のピーター・タウンゼントは「現代の貧困」は所得だけでは決まらないと考え、"relative deprivation"という概念を使った。この概念はすでに社会学者のロバート・マートンが準拠集団(例えば18～19歳の新有権者が候補者を選ぶときに学校の仲間(所属集団)とは違って友人の意見に影響されるなど、自分の選択の基準を与えてくれる社会集団)に関連して、「普段は意識しないが他人と比べると自分は損をしていると感じてしまう相対的不満」(例えば家族持ちが兵役に就くと、独身者と比べて損をさせられていると感じてしまう)という意味で用いていた[10]。損させられている感じなので「相対的剥奪」と和訳された。(また、政治学者ラスウェルのdeprivationalには「価値剥奪的」、T. パーソンズ&シルズのdeprivationには「要求阻

害」などの和訳がある)。

　タウンゼントは"relative deprivation"を次のように定義した。住民が「付き合っている仲間や世間では当たり前であり、あるいはどこの家でも努力目標となり受け入れられているような、食事らしい食事、あるいは諸活動へ参加、あるいは生活条件と快適さなどを獲得するために必要な諸資源を欠いているとき、貧困の状態にあるという。」そのような人々の諸資源は「平均的な個人や家族により使いこなされている程度の資源よりもだいぶ下回っているので、彼らは日常の生活様式(living pattern)、習慣、活動などから排除されてしまう。」その上で、この定義だと先進国は経済成長にもかかわらず貧困層の割合はきっと増えるであろうと述べた[11]。

　そしてタウンゼントは貧困の例を具体的な生活内容により記している。たとえば、毎日のように新鮮な肉や野菜、果物を食べていない。室内に風呂・トイレがない。自家用車がない。庭がない。騒音公害がある。孤独または孤立している。家を離れた休暇を過ごしていない、その他多数が列挙してある[12]。

　(deprivationには剥奪と欠如の意味があり、ここでは生活が世間より劣っていることだから剥奪よりは「不足」「欠如」であろう。しかしこれを階級搾取の結果として理解する立場ならば「剥奪」が適訳となる)。

　かつての理論生計費は必要熱量など科学的な根拠で最低生活費を算定しようとしたが、タウンゼントは社会学的に近隣の生活様式を基準にしたわけである。この発想はわが国の生活構造論の貧困論と類似である。ともかく戦後は、テレビを通したデモンストレーション効果や依存効果を介して、外食をしないとか連休に家族旅行をしないとかすると「うちは貧しいのでは」と焦るようになった。新しい貧困が生まれ、それまでの質素や清貧という道徳観は個人が選択するライフスタイルになったといえる。

　ⅱ)
　「相対的剥奪」は定性的には、貧乏ではないが収入が見劣りし「世間並みの暮らしや近所づきあい」ができない状態であり、操作的には「平均的な生活に必要な収入がない状態」と定義されるがこれでは異論が出るから、平均的収入の半分以下などとし、自動的にその世帯の生活を「相対的貧困」と呼び、もっぱら所得格差の国際比較や時間的推移を観察するのに使われる。その代表例は「相対的貧困率」である。相対的貧困率で用いる「貧困線」は所得分布の「中央値の50％または60％」でそれ以下を「貧困」とするから、P. タウンゼントのように資産

や生活行動を世間と比べて「相対的に不足」するという基準ではない。

しかし EU では、相対的貧困とされた世帯の生活実態を調べてみたら、それが社会的にも貧困状態であることが分かったので「相対的貧困率」を貧困世帯の割合と見なすという共通理解が成立しているといわれる。

iii)

EU では 1990 年代以降は労働者や住民が地域社会の一般的な生活と福祉サービスを得られない状態を「社会的排除」と呼び、その対策は「社会的包摂」と呼ばれる。そこで「相対的貧困」と「社会的包摂」がリンクして議論される。わが国でもヨーロッパを真似るせいか、所得分布で見た相対的貧困世帯を「社会的に排除された状態の世帯」と同一視することが多い。

相対的貧困（不足）の解消のための対策は、収入と就学・就労などの社会参加で「社会的ニーズ」を満たすことであろう。

（なお、阿部彩『子どもの貧困 II』（岩波新書、2014 年）には貧困解消の方策として現金給付、現物給付、教育と就労の具体策とその定量的効果が紹介されている。

ところで、need (s) や社会的ニーズは多義的だが、「社会的ニーズ」は、ある人の生活に不足していて家族の外からの供給が必要であると周囲の人々により判断された財・サービス・人間関係・社会関係等で、そのカテゴリーの例は岡村重夫の社会生活の七つの基本的要求である。社会的ニーズのうち社会福祉などで供給されるのは審議会や専門家により承認された質と量に限定されるというのが社会福祉学の共通理解であった。近年は当事者の意向が重視されるが、例えば老親と同居する保護世帯の嫁が実は別居希望をいいだせずにいるという潜在的ニーズを聞き出すことは AI ロボットでは無理であろう。

三浦文夫は「貨幣的ニードから非貨幣的ニードへ」と論じた。文脈を読めば、福祉元年で年金や児童手当などが整備されたが、社会保障を減らそうという大平政権の日本型福祉社会論に対して、社会変動により保育や介護などの非貨幣的ニードの需要が顕在化し今までは家庭の責任だったが新たに社会的ニードとなり、「公私の」社会福祉の課題になると警告したもので、日本型福祉社会における社会福祉拡大論であった）。

iv)

生活保護基準と一般世帯の消費支出との比較について、社会保障審議会の部会の「貧困・格差、低所得者対策に関する資料」（2011 年 5 月）に、2007 年検証結果がある。夫婦子 1 人世帯の生活扶助基準が 15 万 408 円に対して、第 I 十分位階級の生活扶助相当の消費支出は 14 万 8781 円だから基準の方が高く、60

歳以上単身世帯も生活扶助基準が7万1209円に対して消費支出は6万2831円で基準の方が高いというデータを示している[13]。しかし、低所得層の消費支出の実態は、通常は切り詰めてやりくりした結果の数字だから、何の理論もなしにそれと比べて保護基準が高い・低いというわけにはいかない。

ところで水準均衡方式（本章2節(2)参照）について（ア）2016年の社会保障審議会生活保護基準部会資料では次のように書かれている。水準均衡方式は「生活保護において保障すべき最低生活の水準を、一般国民の生活水準との関連において相対的にとらえるものとして、全国消費実態調査における第1・十分位と設定し、当該分位の消費水準を生活扶助基準の指標としてきた。」（イ）平成24年検証では「第1・十分位の平均消費水準が中位所得階層の約6割だった。国民の過半数が必要と考えている耐久消費財の普及状況が中位所得階層と概ね遜色がなかった」。「OECDの国際的基準でみても、第1・十分位の大部分が相対的貧困線以下であった」などの理由で第1・十分位を採用した（これが「生活保護は相対的貧困に対応するもの」といわれる根拠であろう。今の生活保護基準は基礎的ニーズを満たす最低保障というよりは、世間の生活様式と比べた「相対的不足」の貨幣表示に近づいたのだから、保護を受けていない低所得世帯から見れば高すぎる保護水準に思えるであろう）。（ウ）また、水準均衡方式は、一般世帯の生活水準の変動に合わせて変動するから「経済変動によっては基準の低下ということが起こり得る」ので新たな検証手法が必要と書かれた[14]。

5）住民の話し合いで決める最低所得標準（MIS）

MIS (Minimum Income Standard) は英国ラフバラ大学で開発され2008年に初めて公刊された手法である。同大学のホームページでは、最低限必要とされ家計に含まれるべき費目を特定し、また、家計が1週間にいくら必要なのか、その可処分所得を得るにはいくらの稼ぎが必要かを表している、と記している。また、生活賃金の項で、家計が最低限にふさわしい生活標準に必要となるものを検討するため、MISが賃金決定のひとつの資料とされているようである。

わが国でもこの手法が研究され生活保護の会議で紹介されている[15]。

その特徴を列挙してみる。最低生活の中身について専門家ではなく性別、年齢等の属性が近い市民同士が話し合い、何が最低必要か、そして、なぜそれが必要かを話し合ってもらう。話し合いを複数回行うことにより一般市民の常識 (common sense) に近づくと想定する。個人単位でニーズを考えるが、性別、年

齢、家族構成、居住地域を設定し、多くの人の共通のニーズを把握する。予算の制約の下でやりくりするということは考えず、必要な費用はあとで計算する。

実際に平成 22、23 年に東京都三鷹市で試みを行った。三鷹市に住む 32 歳の単身男性、単身女性、高齢 (71 歳) の単身男性、単身女性、子ども (5 歳、小 5 男子・女子、中 3 男子・女子) の親など、それぞれの属性をもつ人びとのグループごとに最低生活の中身を話し合ってもらった。その結果、「最低生活水準」の定義として「現代の日本における誰にでも最低必要な基礎的生活は、衛生的、健康的であり、安心かつ安定して暮らせる生活を指す。そこには、衣食住のほか、必要な情報、人間関係、娯楽、適切な働き方、教育、将来への見通しなどを手に入れられる環境が整っていることが必要である」ということに落ち着いた。

若年単身者の「最低必要な基礎的生活」費用を、三鷹市あたりに居住する 32 歳の男女がそれぞれ別々に話し合った。結果的に月額は単身男性 19 万 3810 円、単身女性 18 万 3235 円となった。ここには 40％程度の住居費が含まれる。食費は男性が 4 万 6320 円、女性が 3 万 8112 円などだった。

かつて生活保護の生活扶助基準は栄養審議会の日本人必要熱量を参照して「男女別年齢別」に示したために女子の方が若干低額だった。ところがそれでは男女差別に見えるから、ということで「ニード」よりも男女平等の「理念」を優先させて「男女共通」の年齢別基準に変更した経緯がある。従って、この会議の場合も「基準」となれば理念に従って男女共通になるかもしれない。

第 2 節　生活保護制度

ちなみに、平成 24 年東京区部の 31 歳単身世帯の場合を考えてみる。その保護基準は生活扶助 8 万 3700 円と住宅扶助 (上限が 5 万 3700 円) から成り 13 万 7400 円である (ほかの市部や町村部はもっと低い)。もし本人の収入が 5 万円なら、いくつか要件があるが、差額の 8 万 7400 円が生活保護で支給される。もし彼の賃金が 20 万円なら税金・社会保険料・通勤費・労働組合費などを必要経費として差し引いて「手取り収入」を得る (仮に 16 万円とする)。これだと生活保護は受けられないが、この場合には、「手取り収入」16 万円からおよそ 3 万円程度を勤労控除として差し引くので、13 万円が「収入充当額」となる。これと保護基準 13 万 7400 円との差額 7400 円が支給される。すると税金ほかを支払ったあ

との本人の手許の金額は賃金の手取り 16 万円と生活扶助の 7400 円の合計 16 万 7400 円で、働かない人の保護基準 13 万 7400 円よりも勤労控除分だけ手取りが多くなり、もっと働いて賃金が増えると勤労控除はもっと大きくしてあるので、勤労を動機付ける仕組みとなっている。

1 生活保護

　わが国の生活保護は憲法に基づき最低限度の生活を、貧困に陥った国民すべてに権利として保障する国の制度であるが、福祉事務所に生活保護の「相談」ではなく「申請」しないと受給できない。この制度の特徴は生活保護法の4原理4原則で表されるが、例えば(ア)申請すると親族に扶養義務の履行を依頼するが、その支援の有無とは関係なく就労できる人は就労し、貯蓄や持ち家など資産を処分・活用することを条件にして、生活保護を支給するという「補足性の原理」がある。(イ)実際に世帯訪問して調査し金融機関の残高証明書を取り寄せるなど資力調査（ミーンズ・テスト）を行う。(ウ)収入を申請すると、保護基準で算定したその世帯の最低保障生活費と世帯収入の差額（不足分）を支給する、などである。そして医療以外は現金支給が原則である。

　要は国が世帯タイプごとに定める最低生活費と実際の世帯収入の差額を支給するが、全く無収入の人も、少し収入がある人もいる。また精神障害のために10年20年と長期間、受給している人もいる。また、年金はあるが足りずに生活保護も受給する高齢者が増えた。逆に収入は基準を超えるが住宅ローン返済のために生活が苦しいケースは支給対象にならない。生活保護は資産形成を助けないという考え方である。

　「貧しい」かどうかの判断にはストックも影響するはずだが、収入のほかに、貯金や持ち家など資産保有の限度をチェックする国としない国がある。1996年の資料では、ほとんど資産保有を認めないのがドイツ、イタリア、日本、ノルウェー、スウェーデンなどである。逆に、かなりの資産保有を認めるのが、オーストラリア、カナダ、フランス、オランダ、ニュージーランド、英国だった[16]。

　保護を相談すると働ける人は就労を求められるが、「働けるかどうか」は福祉事務所の判断で、ほとんどの場合、65歳以上の人に就労を求めることはないといわれる。また、64歳以下だからといって必ず働けという訳ではなく、その人の病状や今までの生活歴などを参考にしながら、福祉事務所が判断する。

　保護の申請後2週間以内に保護の要否判定が出るから、理論的には、判定が

出るまでの最低生活に必要な程度の所持金ならば保有も認められよう。それを超える現金は缶詰や保存食に替えておけばいいのである。エアコンなど耐久消費財は地域の普及率が70％を超えるものならば換金せず保有していてかまわない。

　テレビのニュースに出てくる保護世帯は、こざっぱりした身なりで新品の家電製品を使っているという風景はよくある。そのために、慎ましく暮らす住民が古い衣類を着ていて「これじゃあうちより、いいじゃないか」と思ってしまうが、これは保護費をもらって買ったばかりなのでそうなる。自家用車も原則は処分だが、例外的に、身体障害者などに保有が認められることもある。

　保護費は銀行振込によるひと月分前払いが一般的だが、戦後しばらくは福祉事務所の窓口で毎月渡された。ところが、厚生省が「保護の適正化」と称して保護の適用を厳しくして受給者を減らすなどしたので、不満を持った人たちが支給日に窓口で抗議活動をすることがあり、その混乱を恐れたのが銀行振込になった一因といわれる。

　ちなみに保護を生活必需品ではなく現金支給で行うことは経済学の消費者行動の理論により、近年の社会福祉学なら自己決定権により支持される。ところが保護受給者が貧困ビジネスの被害に遭っている。社員に勧誘されて住居を提供され、その住所を使って保護受給の手続きをし、保護費が振り込まれると家賃や管理費の名目で大半を取り上げられ本人の手元には食費として1万円程度しか渡されないという例もあるらしい。しかし、生活保護法では保護費の使い方に福祉事務所は強くは干渉できない。

　これは納税者から見れば税金が本来の政策効果を挙げていない事例といえるが、近年、経済学にはリバタリアン・パターナリズムやビナイン・パターナリズム（慈悲深いパターナリズム）という考え方があるという。例えば年金の加入資格ができたら、本人の拒否の意思表示がない限り自動的に加入手続きを行い支給漏れを防ぐ方法である[17]。実情に合った方法で、当然、服薬管理・栄養管理・体調管理も視野に入るが、自己決定権論者は異論を唱えよう。

2　生活保護の基準

　生活保護の基準には二つの機能があり、保護申請者に保護が必要かどうか判定する際の基準と、保護で支給する生活費の基準とである。そのため、判定に用いられる金額よりも、例えば自立のための技能習得費や冬期の燃料代の加算

のように、後者で計算して支給される金額が多いということが起こりうる。

　生活保護の受給者には不服申し立てをする権利が有り、裁判になれば、厚生大臣が客観的な方法で最低生活費を決めることが求められるから、政府は審議会などの知恵を借りてその方法を決めてきた。戦後の生活保護において、生活費のうち飲食や衣類、水道光熱などに充てる「生活扶助」の基準額を決める方式はつぎの5つが用いられてきた。

　各方法により最低生活費の総額を得たあと、食費や衣類のような個人別の支出と、光熱費や家具など世帯共通の支出などに分け、世帯員の人数や年齢構成などに応じて、世帯タイプごとに差を付けるという作業がある。従来、栄養審議会の性別年齢別の必要カロリーを参照して個人別の消費金額に年齢別格差を付けていたが、この場合だと十代の後半にピークが来る。一般に消費分析では、成人と子どもの消費に差を付けるときに「ケト」などの「消費単位」を使うことがある。フランスで1人親家庭の世帯員1人当たり所得を算出するときに、1人目の大人を1、その他の14歳以上の者を1人当たり0.5、14歳未満の子どもを1人当たり0.3として計算した合計消費単位で世帯所得を割ることがある[18]。

(ア)　標準生計費方式（昭和21〜22年）
　　当時の経済安定本部が定めた世帯人員別の標準生計費を基に算出し、生活扶助基準とする方式。

(イ)　マーケット・バスケット方式（昭和23〜35年）
　　標準的な世帯が最低生活を営むために必要と考えられる飲食物や衣類、家具什器などの品物や入浴料、理髪代などを列挙し金額に直し、それら全部を賄うのに必要な最低生活費を算出する。

　　一般の家計調査の結果が「実態生計費」だが、これはいくら調べても切り詰めた生活や贅沢な生活の金額しか出てこない。それに対して食費や家賃、その他、理論的に見て必要な支出を積み上げて算出した生活費を「理論生計費」という。そこでマーケット・バスケット方式も「理論生計費」の一つである。

　　この方式のもとでは保護基準の引き上げが、経済成長に伴う世間の消費生活の向上に遅れ気味だった。

(ウ)　エンゲル方式（昭和36〜39年）
　　エンゲルが1857年に考案したものを改良したものである。エンゲル係数＝飲食費÷消費支出額×100であるが、はじめに栄養学的な観点から最低

限必要な熱量を求め、それを満たす適切な献立に必要な飲食費を求める。次に家計調査で最低生活に近い世帯（たとえば第Ⅱ十分位世帯）のエンゲル係数を求める。その結果、未知数として消費支出額が求められ、これを最低生活費とする。

㈣　格差縮小方式（昭和40～58年）

　　高度経済成長期には生活保護基準の改善は遅れ勝ちで、生活保護の水準は全都市勤労者世帯の平均消費水準の5割に満たず、社会連帯の視点から批判が強まった。手っ取り早いのは翌年度の生活水準の向上を先取りすることである。そこで予算編成直前の「政府経済見通し」により翌年度の「個人消費支出の伸び率」を1人当たりに直して基礎の改定率とし、さらに政策的に格差を縮小しようとする率を上乗せして扶助基準の改定率とするものである。

㈤　水準均衡方式（昭和59年～）

　　厚生労働省の資料によれば、水準均衡方式への移行のきっかけは昭和58年中央社会福祉審議会意見具申であった。当時における被保護勤労者世帯の消費支出は一般勤労者世帯の約6割であったが、答申では、生活扶助基準を「一般国民の消費実態との均衡上ほぼ妥当な水準に達している」と評価した。妥当と評価した根拠は6割という消費格差ではなく、「変曲点」という生活構造論の理論概念である。それによれば、一般的に世帯の消費支出は所得の低下に従って減少するが、消費がある水準まで下がると所得が下がっているのに消費が横ばいになる。これは所得が低下しても世間体を考えて貯金を取り崩したり質屋通いをしたりして消費を維持しているものと考え、これを生活構造の履歴現象という。

　　そして所得がある水準以下になると消費支出は急激に低下するが、その所得水準を「変曲点」と呼び、この点は無理が利かなくなって消費を減らし世間の生活様式が保たれない限界点であると解釈し、その生活費を最低生活費と見なし生活扶助基準にすることを考えた。所得と消費を比べて「変曲点」に該当する世帯を総理府「家計調査」で分析した結果、該当する4人世帯の消費支出とこれに見合う当時の生活扶助基準額がほぼ均衡していたことから、現行基準はほぼ妥当との結論に至った、とされる。

　　ちなみに、一般世帯と被保護世帯の1人当たり消費支出格差は、昭和58年答申が検証したのは昭和54年分で格差は62％、水準均衡方式を導入した昭和59年の格差は67％、昭和61年以降は68％台で推移し、2001年

72％、2005年75％、2008年74％、2009年度の格差は78％となっている[19]。

　ところで推測だが、この格差を算出するときに、一般世帯はボーナス込みの年間消費の12分の1を「1ヶ月当たりの消費」と見なしていると考えられる。それを前提にして一つの試算を行う。仮に会社員世帯の「普段の月」の消費支出をCとすれば12ヶ月で12C、ボーナスで3ヶ月分の消費をするとすれば年間では15Cで、その12分の1は1.25Cの消費支出となる。それと比べて格差が77.8％だから、保護世帯の消費は1.25Cの77.8％で0.97Cとなる。つまり会社員世帯の「普段の月」の消費Cと比べれば保護世帯は自分の家と同程度の保障をもらっているように見えてしまう。そうすると一般世帯の所得分布を考えれば保護世帯程度やそれ以下の消費の世帯は多く存在するはずで、ここから、保護基準は高いという感想が出ると推測される。

　また、厚生労働省「生活保護母子世帯調査等の暫定集計結果－一般母子世帯及び被保護母子世帯の生活実態について－」（平成21年12月）[20]では、「被保護母子世帯の保障水準は一般母子世帯の第Ⅲ五分位階級の平均所得（税込み）を上回っている」と述べ、ここだけ見ると、暗に被保護母子はゆとりがある生活だとほのめかしているように見える。ところが一般母子世帯のデータは『国民生活基礎調査』で、所得には「貯金の取り崩し」は含めない。母子世帯の第Ⅰ五分位の平均所得は85.6万円だが、離婚・死別してまだ間がなく貯金を取り崩しても所得には計上されない世帯も混在すると推測できる。同様に第Ⅲ五分位も収入が少なめの可能性があり、これと比べて保護基準が高いというと違和感がある。（消費支出の比較の場合には、総務省『全国消費実態調査』は9、10、11月に行うが、同『家計調査』の月報で見るとその時期はほかの月より額が低い可能性がある）。

③　級地と物価差

　ちなみに2014年の東京都在住の人の保護基準の例として、71歳単身世帯の生活扶助費は7万5750円、高齢者2人世帯は11万6380円、4歳の子と夫婦の3人世帯は15万3860円である。このほかに必要ならアパート家賃等の住宅扶助（上限5万3700円）ほかの給付が追加される。それに対して地方の小さな村の生活扶助は東京都の77.5％の水準に減額される（1987年4月以降、大都市を100とすれば、小都市は91、町村は82の3級地で、各級地に4.5ずつの格差をつけて「枝級地」

341

とし全6段階としている。保護基準の「級間格差」と呼ばれる)。

　級間格差は地域間の物価差と生活様式差(例えば当時なら糞尿処理費の有無)を考慮するということで始まった。ちなみに2002年『全国物価統計調査』によると、全国の「総合」を100.0とすると大都市は106.8、町村は95.3で大都市の89％相当である。つまり、級間格差は物価差よりも大きく設定されている。(2007年の「全国物価地域差指数」では最高は東京都108.5、最低は沖縄県91.9であった。この調査は2014年で終了した。総務省統計局「2013年平均消費者物価地域差指数の概況」2014年[21]によれば、持ち家の帰属家賃(持ち家の場合に仮に借家だとすれば支払っている理論上の家賃)を除いた「総合」の県庁所在地等51市の平均を100とすると、東京都区部105.9、最低は宮崎市、秋田市、奈良市の97.1〜97.4である)。

　したがって公的年金は地方の実質購買力が大都市よりも大きくなる。2002年『全国物価統計調査』の物価差を考慮すると、夫婦2人の国民年金月額約13万円は、大都市の12万1723円に対して、町村は13万6411円で大都市の1.12倍の購買力となる。だから級間格差で保護基準の金額を下げても良いことになる。平等論者は素朴に地域格差に反対であるが、その一方で東京の住宅扶助を引き上げろともいう。また、最低賃金の地域差が人口流出に拍車をかけているという説もあるが物価を考慮すれば格差はないという反論もできる。なお「総合」の指数が全国平均に最も近いのは人口15万〜30万未満の都市で99.8であった。

　かつて厚生省は様々な指標を用いて3300市町村を級地に分けていたが、保護基準が高すぎて住民の半分が生活保護になってしまうからもっと低くしてもらいたいとか、逆に隣村と川一つ隔てて級地が低いのは困るなどのクレームもあったともいわれる。

　介護保険の介護報酬には制度設立当初から地域による上乗せがあるが、それに対して医療保険の診療報酬点数には地域差をつけると患者負担・保険者負担に差がつくという議論などがある[22]。

4 扶助費

1) 高校授業料は生業扶助で

　生活保護費の75％は国が負担するが、残りは市、また町村部においては県の負担となる。日常生活に必要な費用に充てる「生活扶助」、自宅の修繕費やア

パートの家賃などに充てる「住宅扶助」のほか、教育扶助、医療扶助など8項目の費目が設定されている。

小中学生の子どもがいれば「学校教育費」が上乗せされる。以前は中学を卒業したら働くのが原則だったが最近は高校進学はできることになった。その費目は「学校教育費」ではなく「生業扶助（高等学校等就学費）」で支給され、卒業後の就職に役立つ技能の習得という趣旨である。大学生は中退して働きその収入を家族の生活費に入れるのが原則である。しかし、卒業して就職し世帯の自立に役立つ（生活保護から脱出する）と判断されれば、大学生だけ別世帯扱いにして大学を継続しても良かった（大学に進学すると「世帯分離」が行われ、子どもは世帯に含めず世帯の保護費が減額される。東京23区内の母子3人家族の場合、カットされ月額約22万円になる。毎日新聞、2017年7月16日。しかし大学生活を自力でやるとなるとバイト漬けだという）。

2）医療費は無料

国立社会保障・人口問題研究所『社会保障費用統計』によれば、2010年度の生活保護にかかった費用3兆3千億円のうちおよそ半分は医療扶助、つまり医療費であった。もともと生活保護を受給する世帯には病人や障がい者がいて働けないことが多く医療費が嵩むのは当然である。

ところが、介護については保護世帯も65歳以上は介護保険の被保険者になり保険料は生活扶助に上乗せされ1割の利用者負担は介護扶助で賄う（40～64歳は被保険者にならず介護は介護扶助で賄う）仕組みなのに、医療は保護を受給すると国民健康保険を脱退させる。病気になったら福祉事務所へ行って担当者から「医療券」をもらい、医者へ行き診てもらい薬をもらう。いずれも無料である。なぜこういう仕組みにしたのか理由は明らかでないが、戦後、新制度発足のときに、生活保護と医療の担当部局のうち生活保護担当が医療も引き受け、保険に手を切らせたのであろう。

大阪大学の研究で30～50代の生活保護受給者の医療費は、国民健康保険に加入する同じ病気の患者より高くなる傾向があることがわかった。グラフから読み取ると高血圧は国保加入者の7万円に対して保護受給者は7.5万円、心臓病は7万円に対して9万円強、糖尿病は5.4万円に対して8万円であった[23]。患者負担がないから濫診濫療の疑いもあるが、医師会ならお金がなくて受診が遅れ、症状をこじらせてしまうからだというであろう。

生活保護でも医療費を抑制する対策が作られた。保護世帯の診療報酬支払基金の医療扶助のデータや血液検査結果などにより生活習慣病のリスクの高い人を割り出し、一人ひとりの支援計画を作成し、家庭訪問による生活指導、運動指導を行う。民間に事業委託することを認める方針だという。ただし、支払基金は47の支部を持ち審査を担うのは地元の医師で、支部ごとに審査基準が異なるが、幹部は「疾病などの地域差を考慮するとか、コスト削減の視点では医療全体がゆがむ」といいムリな医療費抑制に反論する[24]。

5 捕捉率と保護率

1）捕捉率

わが国で生活保護の基準と同額かそれよりも少ない生活費の貧困世帯のうちで、生活保護を受給している世帯の割合を「捕捉率」と呼び、最近は、厚生労働省は32.1％という推定値を出している。これは厚生労働省提出の「ナショナル・ミニマム研究会8回資料」によれば「平成19年国民生活基礎調査」を用いた場合で、低所得の判断基準を生活保護の生活扶助と教育扶助と高等学校等就学費の合計金額とし、「低所得世帯数に対する被保護世帯数の割合（保護世帯比）」のうち「資産を考慮」の場合の数値が32.1％である。そして、そのデータの注では、ここの資産には不動産や自動車、貴金属等は含まれず、仕送りや稼働能力の有無は不明なので「上記低所得世帯が保護の受給要件を満たしているか否かは判断できない」とされている[25]。従って、32.1％が果たして捕捉率を狙ったものといえるか疑問ではある。

いずれにしても「捕捉率」が低い原因として専門家は、保護をもらうと世間から怠け者だとか社会のお荷物だとかいう目で見られたり（スティグマ）、借金を頼まれるのを恐れた友人知人や近隣との付き合いがなくなったりするのを嫌がって申請しないからだという。そこで所得制限のない社会手当、例えば児童手当や高齢者手当の支給を推奨する人もいる。実際には申請の際に議員や支援団体の関係者に付き添ってもらうと申請が受理されやすいといわれているが、むろん要否判定は別であろう。

2）都道府県別の世帯保護率

ⅰ）（都道府県別世帯保護率と関連する変数との相関）

都道府県別に見た「世帯保護率」のバラツキに影響すると思われる要因と世帯保護率との相関を見てみる。入手したデータの制約で 2012 年を基本としたが、都道府県別にみた「完全失業率」と世帯保護率との相関は r ＝ 0.7498 である。ここでは県名名簿の北海道から三重県までを「東日本」、滋賀県以西を「西日本」とすると、東日本は r ＝ 0.8847、西日本は r ＝ 0.6522 であるが、西日本では沖縄の保護率は福岡や奈良並みにもかかわらず失業率が 6.8％と飛び抜けて高くこれが影響している。時系列データの場合には失業率の悪化と保護率上昇には因果関係があるが、ここではクロスセクションデータだから高失業率の地域と高保護率の地域が重なっているというにとどまる。

「1 人当たり県民所得」と保護率は負の相関と予想されるが 2012 年に関しては r ＝－ 0.1834（東日本は r ＝ 0.0316、西日本は r ＝－ 0.1041）で相関は有意ではない。そこで、高所得だが生活保護者が集積する東京都と大阪府を対象から外してみる。東日本を二分し、東京を除く関東地方各県の県民所得と世帯保護率の相関は r ＝－ 0.3038 で、東日本のその他の 16 県も r ＝－ 0.6048 で負の相関である。西日本も大阪を除いてから二分し、滋賀、京都、兵庫、奈良と福岡の 5 県における相関は r ＝－ 0.6664 で、その他の 17 県における相関は r ＝－ 0.4104 で負の相関である。

「単身世帯率」（2010 年）は世帯保護率との相関は r ＝ 0.5815 と正の相関である（東日本は r ＝ 0.6244、西日本は r ＝ 0.5084）。逆に、「平均世帯人員」（2010 年と 15 年の世帯人員の単純平均）との相関は負が予想されるが、r ＝－ 0.6619（東日本は r ＝－ 0.7189、西日本は r ＝－ 0.5105）である。

一方、保護率と「65 歳以上割合」の相関は r ＝－ 0.0998（東日本は r ＝－ 0.1398、西日本は r ＝－ 0.2551）で有意ではない。理論的には、グラフで横軸に高齢化率、縦軸に保護率を取り概念図を描けば二つの傾向を予想することができる。一つは、歴史的に見て、親族扶養が強い農村では保護率が低く高齢化が進んでいるので、人口が若いが保護率が高い都会が農村よりも左上に位置し、全体として高齢化と共に「右下がりの分布」があり得る。もう一つは、近年は人口高齢化地域は低所得の高齢世帯が多くて保護率が高いから高齢化と共に「右上がりの分布」が考えられる。

そこで東日本のうち北海道と青森を除いてから二分し、関東地方と東海 4

県と山梨と宮城の 13 県の相関を見ると（若い大都市圏ほど保護率が高くて）r = − 0.8471 で右下がり、その他の県は r = 0.6182 で右上がりである。両者の分布は V 字型で右下がり分布の下端から引き続きその他の県が右上がりに分布し、V 字の底、つまり右下がり分布の高齢化率の最大、右上がり分布の高齢化率の最少部分のはるか真上に最も保護率の高い北海道と青森が位置する。その一方で西日本を二分してみると、京都、大阪、兵庫、福岡は r = − 0.4498、その下に沖縄以外の他の県が直角三角形のパターンで入り込んでいて r = 0.1699 である。

ⅱ）（回帰式）

世帯保護率を従属変数とした回帰式を求めてみる。（ア）「失業率」と「平均世帯人員」の 2 変数を独立変数とした場合、決定係数は $R^2 = 0.6865$ で、変数の符号は予想通り失業率は正、世帯人員は負で、両方とも t 値の絶対値は 2 を超える。東日本の $R^2 = 0.8304$、西日本は $R^2 = 0.5482$ となる。（イ）「人口 10 万対病院・診療所数」（2014 年）と保護率の相関は r = 0.4163 である。「失業率」と「病院・診療所数」の 2 変数の場合、$R^2 = 0.7324$（東日本は $R^2 = 0.8205$、西日本は $R^2 = 0.6079$）、病院・診療所数の符号は正で t 値 = 5.29 だから、病院や診療所が多いと医師や院長先生が医療扶助の身近なアドバイザーになって保護率が上がるのかもしれない。（ウ）「失業率」、「世帯人員」、「65 歳以上割合」の 3 変数の場合、$R^2 = 0.7542$ で世帯人員の符号が負となり、いずれの t 値も大きい。東日本の $R^2 = 0.8708$ で t 値はいずれも大きい。西日本は $R^2 = 0.6224$ である。

第 3 節　最低生活の保障と自立

1　自立助長と就労自立給付金

生活保護法の目的は「最低生活の保障」と「自立助長」である。小山進次郎『生活保護法の解釈と運用』(1951 年) では、「自立助長」とは惰民養成とならぬよう保護世帯を生活保護から追い出すことではなく、人びとの持っている可能性を引き出し社会生活に適応させることだ、と述べていた。最近は、福祉事務所が就職面接の仕方や服装など求職活動そのものの援助を始めている。

米国では子どもは成人すれば親元を離れ自立するのが当たり前の社会なので、障がい児も大学生になればボランティアの助けを借りて寮やアパート暮ら

しをするのが「自立生活」とされる。わが国でも親の保護から離脱することが「自立」だという人もいるが、2級障害の人は会社経験がなければ加入期間の3分の2以上が保険料納付または免除の場合に障害基礎年金約6万5000円（月額）、1級ならその25％増しの約8万円が支給される。生活保護なら住宅扶助や障害者加算があるから年金との合計は10万円は超える。

　一方、就労ができて生活保護が廃止になると、社会保険料や税、NHK受信料、水道料などの負担や支払いが発生して手取り収入がそれまでよりも少なくなる場合がある。これではいつまでたっても生活保護から脱出したくないと思わせてしまうので「貧困の罠」と呼ばれる。そこで生活保護廃止のショックを和らげるために、生活保護法が改正されて2014年7月に「就労自立給付金制度」が作られた。保護脱却以前の6ヶ月について世帯に就労収入があるときに就労収入から勤労控除・必要経費（所得税・社会保険料・通勤費等）等を控除した額（収入充当額）に算定率（12％〜30％）を乗じた額を一括支給する仕組みをつくった。単身世帯で10万円、世帯員がいれば15万円を上限とする。

2　生活困窮者の自立支援

　社会保障改革推進法を受けて、2015年4月から各市町村で生活が困窮している人や家族を対象にした「生活困窮者自立支援制度」が始まったが、内容は次のようである。
　（ア）自立相談支援（自立の相談と支援プランの作成）。（イ）家計相談支援（必要に応じて貸し付けの斡旋）。（ウ）就労訓練（直ちに企業での就労が難しい場合に、その人に合った作業機会を提供しながら就労訓練をする）。（エ）生活困窮世帯の子ども学習支援（子どもの学習支援、日常的な生活習慣、仲間と出会える居場所づくり、進学支援、高校生の中退防止支援等）。
　さらに、資産や収入が一定水準以下の人に次の援助がある。（オ）住宅確保給付金（一定期間、家賃相当額を支給）。（カ）就労準備支援（社会との関わり方や人とのコミュニケーションに不安があって就労が困難な場合に、6カ月から1年の間、一般就労に向けた基礎能力を養いながら就労支援や就労機会の提供を行う）。（キ）一時生活支援（住居がない人やネットカフェなどの不安定な住居形態の人に一定期間、衣食住を提供し自立支援を行う）。
　（ところで、ひとから自分が「生活困窮者さん」と呼ばれたらいい気持ちがしないことは誰でも分かる。人口学の専門用語をそのまま使った「後期高齢者医療」という名称に高齢

者から拒否反応が起こったことがあった。今回も、公的扶助論研究の業界用語の「生活困窮者」をそのままパンフレットで使っているようであるが、不満があっても少数者だから声は小さい。ハローワークのようにニックネームがあればいいと思う)。

第4節　負の所得税と給付付き税額控除

1　負の所得税

　再分配機能を担う税制には、M. フリードマンが『資本主義と自由』(1962年)で提案した「負の所得税」(NIT) がある。最低生活費の金額を決めておき、収入がそれ以下の世帯には税務署が現金給付を行うというものである。こうすれば非課税世帯にも効果が及び、また行政機構も簡素化できるという特筆すべき特徴が挙げられた。

2　給付付き税額控除

1) 給付付き税額控除

　最近は「負の所得税」と類似の「給付つき税額控除制度」が話題になる。例えば、「給付付き税額控除」の限度額が15万円だとすると、所得税の課税額が15万円以上の人は、税額控除によって税が15万円軽減され残りを納税する。所得税課税額が10万円しかない場合には、その差額の5万円分が逆に税務署から支給される。課税額が0円の場合、15万円の支給も可能である。この制度はOECDでは社会的保護の社会扶助等に含めることがあるようである。
　鎌倉治子による海外の給付付き税額控除の解説の一部を紹介してみる[26]。
　諸外国では、二つの大きな流れがある。
　(ｱ)　税の所得再分配効果の強化。1980年代以降、所得税では税率構造のフラット化で累進性が低まり課税ベースの拡大で低所得層にも課税された。また、逆進性があるとされる付加価値税・消費税の比重が高まり、また社会保険料負担も引き上げられる傾向にあった。こうした流れに対して、高所得者に有利な所得控除から、低所得者に有利な税額控除や給付付き税額控除への移行がなされた。

(イ) 生活保護等の「貧困の罠」の解消のために税と社会保障を一体化した仕組みとしての「給付付き税額控除」を導入する流れが本格化した。オランダは控除分を社会保険料の支払いにあて、米国は控除分で他の税の支払いに充てその残りを給付、英国は相殺を行わず全額を給付する。

2) 2分2乗方式

　税制ということであれば、少子化対策に関連して2分2乗方式がある。フランスの所得税額の計算方法では、まず、世帯全員の総所得を夫婦と子供の世帯員数で割り、その所得に累進税率を適用して税額を出し、それに世帯員数をかけて世帯の納税額を算出するのがN分N乗方式である。世帯収入が同じでも子供が多いほど納税額が減少するため少子化対策になる。これを夫婦2人にしたのが2分2乗方式で、男女が別々の世帯よりも結婚した方が納税額が減少するので結婚を促進する効果が期待される。フランスでは1946年からN分N乗方式であるが、中低所得層における累進税率の傾斜が日本よりも急なので効果が大きいといわれる。いずれにしてもわが国なら家族形成の保護の方法となろう。

3) AIとBI

　経済学者の井上智洋は2017年8月8日の日本経済新聞紙上で、汎用AIという技術革新を与件として、増税と普遍主義的社会保障を主張している。何でもこなす「汎用AI」が普及した社会を数理モデルで分析してみると、機械のコストが人間の賃金よりも安ければ、労働が機械に置き換えられ「成長率自体が年々上昇する」。これでは無人工場が増え失業者だらけの社会になる一方だから、消費は不足し物価安定という均衡ある成長にならない。そこで汎用AIのもとでは全国民にベーシックインカム(BI)を支給することが必要だという。

　しかし全てがAIロボットに入れ替わるとは考えられない。ローテクの伝統技能や対面的な営業、ケア、相談、教育など人でないとできない仕事もあるはずで、その分野でAIを活用するスキルを訓練し磨くことで高収入につながる人材も供給できるのではないか。

参考文献（第13章）

(1) J.S. ミル『経済学原理』(1848年) 岩波文庫、第5篇第11章13。
(2) 『ベヴァリッジ報告』(1942年) 至誠堂、p.218。
(3) 岩間大和子「EU諸国の少子高齢化に対応した年金制度改革―その意義とわが国への示唆―」http://www.ndl.go.jp/jp/diet/publication/document/2005/200502/7.pdf。
(4) 栃本一三郎・連合総合生活開発研究所編『積極的な最低生活保障の確立―国際比較と展望』第一法規、2006年、pp.89 〜 139。
(5) 原ひろみ「最低賃金引き上げで職場外訓練は減少」日本経済新聞、2016年6月29日。
(6) 本庄敦志「オランダの最低賃金制度」生活経済政策、2012年 http://www.seikatsuken.or.jp/database/files/n201210-189-004.pdf。
(7) シーボーム・ロウントリー『貧乏研究』(第2版1922年)、長沼弘毅訳、pp.95 〜 96。
(8) 社会保障研究所『社会保障の潮流』1977年、p.87。
(9) 「労働科学研究所方式」生活と福祉、全国社会福祉協議会出版部、1973年8月号。小沼正「わが国戦後における最低生活費研究の系譜」季刊社会保障研究 Vol.3, No.1、1967年。
(10) R.マートン『社会理論と社会構造』(1946年) みすず書房。
(11) P.Townsend "Poverty in the United Kingdom A Survey of Household Resources and Standards of Living" PELICAN BOOKS,1979,p.31。
(12) P.Townsend 同上書pp.414 〜。896頁以下に人口カテゴリー別に見た相対的剥奪基準による貧困者割合が表示されている。川上昌子編『公的扶助論』光生館の巻末資料(pp.198 〜 199)に「複合デプリベーションの指標」の邦訳が掲載されている。
(13) http://www.mhlw.go.jp/stf/shingi/2r9852000001d2yo-att/2r9852000001d31e.pdf。
(14) 第24回社会保障審議会生活保護基準部会「生活扶助基準の水準の検証手法及び今後の検証手法の開発に向けた検討」2016年7月 http://www.mhlw.go.jp/file/05-Shingikai-12601000-Seisakutoukatsukan-Sanjikanshitsu_Shakaihoshoutantou/kijun24_6.pdf。
(15) 岩田正美、阿部彩ほか「Minimum Income Standard手法による最低生活費の推計 (三鷹MIS)」社会保障審議会生活保護基準部会、2011年9月27日、http://www.mhlw.go.jp/stf/shingi/2r9852000001pqak-att/2r9852000001pqf5.pdf。
(16) 埋橋孝文「公的扶助制度の国際比較」http://www.ipss.go.jp/syoushika//bunken/sakuin/kaigai/..%5C..%5Cdata%5Cpdf%5C14359207.pdf。
(17) 池田新介『自滅する選択』東洋経済新報社、2012年 https://books.google.co.jp/books?isbn=4492314229。
(18) 井上たか子「一人親家庭の貧困とその対策－フランスとの比較」青山総合文化政策学、2012年。これは所得税のN分N乗のN分に用いられる。 https://www.agulin.aoyama.ac.jp/opac/repository/1000/13011/00013011.pdf。
(19) 厚生労働省社会・援護局保護課「生活保護基準の体系等について」2011年 http://www.mhlw.go.jp/stf/shingi/2r9852000001d2yo-att/2r9852000001d31w.pdf。
(20) http://www.mhlw.go.jp/stf/houdou/2r985200000033ax-img/2r985200000033gv.pdf。

⑴ http://www.stat.go.jp/data/cpi/sokuhou/chiiki/pdf/chiiki.pdf。
⑵ http://www.mhlw.go.jp/shingi/2010/01/dl/s0113-4d.pdf。
⑶ 「生活保護の人『医療費が割高』…過剰な診療？」ヨミウリ・オンライン、2015年10月21日。
⑷ 日本経済新聞　2017年1月23日、2月16日。
⑸ 駒村康平「貧困問題の現状と処方箋」　http://www.tax.metro.tokyo.jp/report/tzc22_3/6.pdf。
⑹ 鎌倉治子「諸外国の課税単位と基礎的な人的公助―給付付き税額控除を視野に入れて―」レファレンス、平成21年11月号　http://www.ndl.go.jp/jp/diet/publication/issue/pdf/0678.pdf。

第14章

社会保障制度における
保守主義的要素

明治政府が教育勅語で「忠と孝」を唱え民法で男子直系を定めた背景には、中村元が指摘した次のような伝統があった。西暦757年に「家ごとに『孝経』一本を蔵し、精勤して誦習しむべし」という詔が発せられたように、日本では仏教と並んで儒教が重視された。中村は「儒教の普及が日本古来の祖先崇拝の習俗に理論的確信を与えその発達に寄与した」とし、その一方で、わが国の習俗に反する個人の福祉を教える道教や老荘思想は受容されず、諸子の自由思想も顧みられなかったという[1]。

　一方、「孝」の祖先祭祀や子孫繁栄の願いは一つの伝統であり価値観であったから、高齢者には生前贈与や遺産で子や孫を応援する人もいる。孫にIT社会や第4次産業革命を牽引したり適応したりする能力があるかどうか分からない、だからなおさら守ってやりたい。もしも孫が有能でも、わが国がその産業革命に乗り遅れたら孫の最適解は海外就職・海外起業・海外移住となりかねない。伝統継承どころではない。

　ところが今の家族社会学では子は親から自立すべき存在とし、実際に世代の連続性の表現が難しい。しかも若い世代は「親の経済力が子の教育の機会を左右する」とか「将来の所得水準が不透明で非婚」とか「結婚して束縛されたくない」などの認識や不安が露わになって、「結婚」や「子を残す」というDNAや自然の本性に逆らいがちで、結婚や出産も個人の選択となった。わが国では地方自治体が結婚支援対策で先んじているが、保守派も日本型福祉社会の自立した家族像を改め家族形成の保護を始めるべきであろう。

　単身世帯は収入が少なくてもある程度の生活水準を維持できるから、低賃金層が増えたからといって直ちに従来よりも貧困世帯が増えたとは言い切れない。しかし、収入が増える展望がなければ結婚も難しい。また、金融やデザインをはじめITが関わる専門職は、高収入ではあるが束縛されたくなく家庭生活とは縁遠いイメージもある。IT化が進むと高所得層での家族形成や家庭との両立などの支援も必要になるのかも知れない。

第 1 節　家族主義

　わが国伝統の「孝」や家族主義は進歩に取り残された遺物という見方もあるが、福祉国家や日本型福祉社会は「孝」とは両立不可能なのであろうか。

　2006 年 2 月 1 日、京都の桂川で 54 歳の息子が 86 歳の母を殺害し自分も死のうとしたが未遂に終わった。3 人家族だったが父親の病死後、母親が認知症となり頻繁に夜間徘徊するようになった。長男は介護のために仕事を休職し収入が無くなり、生活保護を申請したが休職を理由に認められなかった。母親の症状がさらに進み、止むなく退職。再度の生活保護申請も失業保険を理由に拒否された。母親の介護サービスの利用料や生活費も切り詰めたがやがて家賃などが払えなくなった。その日、パンとジュースで最後の食事を済ませ、思い出のある河原町界隈を母親の車椅子を押しながら歩きまわり、やがて死に場所を探して河川敷へ行った。息子が「もう生きられへんのやで。ここで終わりや」というと、母親は「そうか、あかんのか」「一緒やで。お前と一緒や。」そして、すすり泣く息子に「こっちに来い。お前はわしの子や。わしがやったる」といった。それを聞いて長男は母親の首を絞めて殺害し、自分も近くの木で首を吊ろうとしたが落下して意識を失った。法廷では息子は「もう一度母の子に生まれたい」と供述した。

　ところが 2015 年に新聞記者が執行猶予のついた息子を探したが行方不明、そして琵琶湖大橋から投身自殺していたことが判明した。所持金は数百円で「一緒に焼いて欲しい」というメモを添えた母親と自分のへその緒が小さなポーチから見つかった[2]。

　こうして親から「自立」できずに親の介護をやろうとした「孝」がひとつ消えた。

① 「家」思想の継承

　海外で戦後に制定された憲法には家族の保護をうたったものがある。イタリア共和国憲法（1947 年。第 31 条「共和国は、経済的および他の措置により、家族の形成およびそれに必要な任務の遂行を助ける。大家族に対しては、特別の配慮を行う」）、中華人民共和国憲法（1949 年。第 49 条「婚姻、家庭、母親及び児童は国家の保護を受ける」）、ドイツ連邦共和国基本法（1949 年。第 6 条「婚姻及び家族は国家的秩序により

特別な保護を受ける」）などがある。

　ところが日本国憲法には米国の影響のせいか、自立した家長制度があったせいか家族の保護はない。日本型福祉社会論や自民党綱領も家長の復活と誤解されるのを恐れるせいか、家族形成の保護がない。一方、個人主義的とされるが低出産率に悩まされたフランスには家族の保護の政策がある。

　明治民法の第732条で、戸主と同居する親族は「家族」になると規定し、第747条で「戸主ハ其家族ニ対シテ扶養ノ義務ヲ負フ」とし、第752条では60歳以上の戸主はその身分や財産などを家督相続人が相続したときに隠居となるとした。だから家督相続した新戸主には隠居したもとの戸主を扶養する義務があることになる。（なお、旧民法では存命の戸主の相続は「家督相続」で跡取りが単独で全家督を相続したが、死亡による相続は「遺産相続」で子や孫が相続し、子や孫がいないときに配偶者が相続した。戦後も1980年までは配偶者の法定相続分は3分の1だった）。

　戦後の社会保障における家族主義はこのような「家」制度の要素を幾分かは引き継いでいると考えられる。保険料や利用者負担を徴収するときに「戸主」たる世帯主に責任を取らせたり、本人の所得だけでなく同居世帯員の所得も加味して世帯の負担を決めたり、収入は同じでも家族と同居・別居によって負担が違ってもかまわないという考え方である。これは個人に応能負担を求める個人主義の立場からは、負担の「不公平」をもたらすことになる。これは定性的には偽装離婚を動機付け、独居世帯を増やす効果があると推測できる。

2　産業化と家族

1）社会保障が三世代同居を応援

　ヨーロッパで発達した夫婦家族制では既婚子は親と別居するから、やがては老夫婦だけの「空の巣」になる。それに対してわが国の直系家族制は三世代同居で、長男が親の職業を継ぎ結婚して親と同居するが、ほかの子は結婚すると別居する。すると直系家族制とはいえ次三男が新たに創った世帯は自分の子どもが結婚するまでは核家族形態（親と未婚子の世帯）であったから、次三男以下が多かった戦前は全世帯の半数くらいは核家族形態だったと予想される。

　いずれにせよ、自己責任重視のリバタリアンも、「産業は福祉の糧」といっていた社会民主主義者も、老後は子による扶養に頼らないで済むような政策を選ぶはずで、前者なら私的な貯蓄や個人年金、後者なら公的年金であろう。

それに対してわが国の保守主義者は、一方では三世代同居世帯を尊重し家族介護や育児を大切にするが、他方でその家族観は「おんな大学」や「三綱」を引きずり、男尊女卑や専業主婦重視など昔ながらのものである。これは今日では女性を非婚に追いやる要因のひとつという印象がある。
　他方で、親の側に同居を動機付ける仕組みもある。74歳以下の高齢者は会社員の子と同居していれば、子の健康保険の被扶養家族となり自分では保険料は払わなくて済む（収入の制限がある）。かつて、三世代同居世帯は北欧の福祉研究者から老人の孤独を防ぐシステムといわれ、また、白書で「福祉の含み資産」といわれたこともあった。もっとも高齢者は、国庫負担で医療保険や介護保険の保険料や利用者負担が軽くしてあるのだから、年寄りはヨメに気兼ねしながら同居するよりは元気なうちは別居の方がいいかもしれない。
　ちなみに、2011年の「年金受給者調査」では、受給者と「子または子の配偶者が同居」しているのは男子では38％、女子では42％である。年齢階級別にみると若い方は未婚子との同居であろうが、男子65歳未満は41％でその後は減少し、80～84歳は39％、85～89歳45％、90歳以上51％と増え、女子の65歳未満は41％でいったんは減るが80～84歳45％、85～89歳52％、90歳以上64％となる[3]。

2)「家族志向」再生で脱少子化

　加藤彰彦によれば、戦後の核家族世帯割合の増加傾向に対して、二つの理論的仮説があった[4]。(ア)「直系家族制から夫婦家族制へ」という構造的な転換を果たしつつあるという主張（森岡清美ほか）と(イ)核家族世帯割合の増加は結婚年齢人口の肥大という人口構造に起因するもので直系家族制的な規範には変化がないという主張（原田尚）である。同時に原田は、若い直系家族のなかには勤務上の都合で「一時別居型」として核家族形態をとるものが多数存在することを明らかにした。加藤はこれを「修正直系家族制仮説」と呼んでいる。
　そして、東北日本では親との同居確率が高く西南日本では同居確率が低く、この分布傾向はいわゆる東北日本型家族と西南日本型家族の地域分布と重なる。そこで「結婚後10年」における親との同居実現率、同居・近居実現率を調べると、「修正直系家族制仮説」と整合的な結果を示した。対象にしたのは1920～69年生まれで、結婚後10年時点の同居・近居実現率の分布地図を描いた。その図では同居実現率が20％以下は東京、大阪ほか2県、同居・近居実現率が

50％以下は北海道、首都圏、大阪ほか5県で、そのほかの36府県は同居・近居形態が50％以上である。

そして結論として、拡大家族を形成する日本人の家族行動の「基層文化」は戦後も存続している可能性が高い。直系家族を形成する諸要因は、戦後の劇的な社会変動にもかかわらず、今日までその効果を維持してきた、と述べている。このような加藤らの研究に従えば、社会保障にある家族主義的な要素は欧米の個人主義とは違ってわが国の国民生活や文化と整合的であるから、一概に「解消すべき」といわなくても良いことになる。(こういう発想が社会の進歩を妨げているという見方もあるが)。

もっとも加藤は少子化・人口減少による危機というのは、家族が再生産されず社会保障が破綻する危機であると述べている。そして、1985年以降生まれの妻には前の世代の脱家族化傾向とは違って「再家族化」の傾向があるので、少子化対策は家族志向・多子志向の女性たちを集中的に支援し、過去の「脱家族化政策によって毀損された、家族を成して人の親になることの価値」の再生が必要と述べている。そして、子どもを3人以上持つのは「伝統的な多子家族」であると指摘している[5]。

なお、加藤は2015年11月18日の首相官邸の一億総活躍社会の会議で資料「『希望出生率1.8』をいかに実現するか」を提出した[6]。その中の「巨大な世代間格差」では、親・祖父母以外の「おひとりさまの老後」を背負わされることへの疑問や、平成生まれにとっては社会連帯よりも身内の「親孝行」の方が合理的という見方があるということが紹介されている。また、再生産コスト(子育てに伴う金銭・労力・心理的負担)の大きな世代内不平等について、再生産コストの格差、子育ての負担をしなかった彼らをなぜ「うちの息子や娘」が支えなければならないのか？、老後に「よその家の子」の世話になる自由はあるか？などの疑問が紹介された。

非婚やノーキッズの人は税制では扶養控除がなかったという意味で、余分に負担をしているが、ノーキッズは少数であれば「偶然的な確率」の問題である。しかし、「量」が3割にもなれば連帯の揺らぎという「質」の問題になる。

3 親族の扶養義務

1）扶養義務者からの費用徴収

　現行民法では夫婦が助け合う義務（第752条）や、親が未成熟の子を扶養する義務がある（第760条ほか。未成熟の子とは年齢ではなく経済的に自立できない子。ただし、生活保護の場合の未成熟の子とは中学卒業前の子）。また直系血族や兄弟姉妹は互いに扶養する義務（第877条、第730条）を規定している。第877条は子に親を扶養する義務がある根拠とされている。

　民法の扶養義務は学説に従い二つに区別され、生活保護もそれによる。「生活保持義務」は夫婦や親は自分が最低生活に落ち込むまでは配偶者や未成熟の子どもの扶養を続ける義務である。一方「生活扶助義務」は、自分が社会的地位にふさわしい生活をして、なおゆとりがあれば「自分の親」や兄弟姉妹の援助をする義務である。もっとも、高収入だが住宅ローン返済で生活が苦しく仕送りできないという部長や課長もいるようだ。

　1985年12月に中央児童福祉審議会の意見具申が出された。福祉施設の入所費用の全部または一部を入所者またはその扶養義務者から徴収するが、当時は、同一世帯・同一生計であれば、配偶者、親、祖父母、子、孫等の直系血族、兄弟姉妹その他の親族が対象とされていた。しかし意見具申では、その範囲は「国民の扶養意識の動向」を勘案し見直すこと（対象範囲を狭めること）が適当、とも述べていた。

　同じく85年12月の身体障害者福祉審議会の意見具申では、身体障害者が家族から自立することを促進するという観点から（所得保障を充実させることを前提に）本人以外からは徴収すべきではないという意見もあった。しかし、国民一般の親族扶養や、他制度を勘案すれば、扶養義務者を除外できない、また、費用徴収の範囲は「定型的に負担を課して差し支えないと認められる程度に限定する必要がある」と述べた（定型的とは、障害の程度やサービス量には関わらない定額負担と推測できる）。

　今は、費用徴収の対象となる扶養義務者は、「入所時に当該身体障害者と同一の世帯に属し、かつ、生計を同じくすると認められる配偶者又は子（当該身体障害者が20歳未満の場合にあっては、配偶者、父母又は子）」とされている。

2) 父母に子育ての第一義的責任

「児童扶養手当法」(1961年公布) 第2条第1項では、児童扶養手当を支給する趣旨は「児童の心身の健やかな成長に寄与すること」と述べ、第2項では「児童扶養手当の支給を受けた父又は母は、自ら進んでその自立を図り、家庭の生活の安定と向上に努めなければならない」と親を戒めている。国はあなたたちシングルマザーなどひとり親世帯のことを忘れずに手当を支給して見守っています、だからしっかり自立して下さい、と「児童手当法」にはないことを母子世帯にいってしまう。

その「児童手当法」(1971年公布) 第1条では、児童手当は「生活の安定に寄与する」とともに、「次代の社会を担う児童の健やかな成長に資する」ことを目的とするとしたが、その前提として、父母その他の保護者が「子育てについての第一義的責任を有するという基本的認識」を置いた。あらかじめこの「基本的認識」が置かれた理由は、道徳的に親の子に対する「慈しみ」が当たり前で、また、「家の継承」、つまり血筋を絶やさないことは家族の責任ということなどが挙げられよう。

すでに「児童福祉法」(1947年公布) 第1条第2項で「すべて児童は、ひとしくその生活を保障され、愛護されなければならない」とあったところ、その上、今度は国から児童手当まで支給することになった。これを「社会主義国」のように子どもを「家」から取り上げるとか、スウェーデンのように「子どもは社会全体で育てるもの」と勘違いされてもっと増額しろといわれては困ると思い、そこでこの際、誤解のないようにクギを刺しておこうということで「第一義的な責任」が書かれたと思う。

なお、2014年に宇都宮家庭裁判所は、他人が出産した女児を出生直後から7年間育ててきた夫婦に対して、「実の親の同意」がなくても「子供の福祉のため」として特別養子縁組を認める決定をした。(特別養子縁組は、実の親が育てられない子供を養父母と縁組する制度で、民法上は実親の同意が原則だが、例外として虐待のほか「子供の利益を著しく害する」場合には同意なしの縁組が認められる)。

3) 家族主義的な負担配分

(ア) 戦前の健康保険設立当初は社員の労働力回復が主眼であったから会社員本人のみの給付だった。しかし、やがて被扶養家族にも給付するように

なったが、保険料は扶養家族の人数とは関係がなかった。「給付反対給付均等の原則」に従えば、被扶養家族がいる被保険者の保険料は高くしないと不公平となるが、「家長」には家族扶養の責任があるからとか、自分もまた所帯や子を持って助けてもらうからという労働者家族同士の「連帯」による再分配だからだと思う。

　ちなみに今の健康保険の被扶養家族の範囲は、被保険者によって主として生計を維持されている配偶者・子・父母・祖父母など（いずれも同別居を問わない）と、同居する兄弟姉妹や内縁関係の配偶者の父母・子等で、いずれも年間収入130万円未満の場合である。

(イ)　国民健康保険では世帯の保険料の納付義務は世帯主にある。ところが、例えば夫は工場勤めで会社の健康保険、家族は三ちゃん農業で国民健康保険という場合でも、家族の保険料納付義務は世帯主にある。これは、会社員なら決まった現金収入があり保険料の取りっぱぐれがないことや、農業や自営業を守る家族に対する「家長」の責任であろう。

　なお、国民年金の保険料は夫婦が別々に納付するから個人主義的だが、夫婦が互いに納付義務がある。

(ウ)　高齢者が入院したり特別養護老人ホームに入所したりしたときに、高齢者医療制度と介護保険の患者負担・利用者負担の上限額が適用される。ところが、居宅の場合に同居する世帯に市町村民税が課税されている者がいると利用者負担が軽減されないこともある。これらは個々人の負担能力は同じでも、同居・別居のちがいで負担の「不公平」が生じることになる。

4) 親の扶養と個人主義

　欧米の家族扶養では法律で子による親の扶養を求めていない国もあり、「配偶者間と未成年の子」の扶養が主流といわれる。フランスでは「配偶者間と25歳未満の子」、英国では「配偶者間と16歳未満の子」、スウェーデンでは「配偶者間と18歳未満の子」で、米国も州によって異なるが同様である。また、ドイツは「配偶者間、親子間・その他家計を同一にする同居者」であったが、2003年の改正で、高齢者・障害者の扶養義務は年10万ユーロ（約1200万円）を超える収入がある親や子に限定している[7]。フランスの場合、25歳まで対象だが子どもの手当など家族政策が充実しているから一概に親の負担が大きいとはいえない。

現民法に子による親への援助（扶養）について法律に特段の定めがないのは、扶養を道徳に任せているからとか、「進んだ欧米では親の扶養は社会的扶養に任せているから」とか、現民法で扶養は個々の家族に任されているから、という見解もある。しかし法的な扶養義務がないわけではない。

　ところで、親の扶養における個人主義とはどういうことであろうか。戦後は、夫が亡くなったときに、養子縁組でもしていない限り妻には夫の親を扶養する義務はないとされる。単に夫の親が困窮しているというだけではその妻に「扶養義務」は生じない。例外として、妻が家宅を相続しそれまで同居していた夫の親が行くところがないとか、妻が夫の親からかなり援助を受けていたとかの場合には、家庭裁判所が扶養義務を負わせることがある。それでも、妻が「姻族関係終了届」を役所に提出すると（民法第728条、戸籍法第96条）、妻と夫の親との間の姻族関係が消滅し、それまで扶養義務があったとしても夫の遺産を相続しても、妻はその扶養から解放される。親の自助努力を求め大いに個人主義的といえる。

　1990年に長野県でアルツハイマー症の妻との離婚を夫に認めた判決があったが、「家族が個人の危機に対する保障であるという考え方を根底からくつがえした」といわれる[8]。また、届出だけで成立する協議離婚制度は世界でもっとも簡単な離婚で、離婚の給付金額は西欧諸国と比べて極めて低いとされる。

5) 自民党の憲法改正草案

　それに対して憲法に民法の家族主義を入れるとはどういうことであろうか。

　2012年の自民党憲法改正草案には第24条第1項が新設され、「家族は、社会の自然かつ基礎的な単位として、尊重される。家族は、互いに助け合わなければならない」とある。家族の相互扶助を憲法上の国民の義務とすることは「欧米の傾向」と比べ家族主義的で、家族介護・保育中心路線である。しかし家族形成の保護をいわないのが特徴である。

　ちなみにフランスではミッテラン政権の1994年の家族に関する法律では、第1条で「家族は社会がその基礎をおく本質的な価値の一つである。国家の未来は、家族にかかっている」とし、それゆえ、「家族政策は総合的（globale）でなければならない」とし、育児親手当の充実や保育サービスの推進をめざした。日仏ともに家族を社会の基礎として重視しているが、わが国は私的扶養、フランスは社会的扶養を強調したわけである。確かに日仏の制度比較の図[9]を見る

と彼我の差の大きさに驚愕する。

ところがこの草案では家族扶養優先だから「社会福祉法」は、児童法制にならって「第一義的に家族が扶養の義務を負う」となり、「自立」も一人一人の能力に合った自立から「家族の助け合いによる脱社会福祉」へと変わってこよう。

こうして女性の専業主婦化を促すことになるが、それへの反発によって非婚が増えよう。これでは、わが国の保守主義はゴールを見失ったまま家族と子どもの減少を促す構造をつくりかねない。

4 生活保護と家族

1）世帯単位の原則と単身世帯促進

生活保護法では、生活の単位は「世帯」であるという考え方に基づき「世帯単位の原則」（第10条）がある。「世帯」とは同居して家計を一つにして生活している人の集まりで、通常は家族が世帯を構成する。生活保護を支給するときに、世帯員全員の収入を寄せ集めて、それがその世帯員の最低生活に必要な費用を超えるかどうかを判定する。同居子が働いていればその収入も家族の収入とし生活費に充てて下さい（収入認定する）という。

これは「家族主義」的といえるが明治民法第954条「直系血族及ヒ兄弟姉妹ハ互ニ扶養ヲ為ス義務ヲ負フ」つまり「家」を守るための家族の協力の名残であろう。ところが海外には英国のように、同居子の稼ぎは子自身の生活費に充てれば良くて、親の収入が足りなければ親に公的扶助を支給する国がある。これは「個人主義」的である。

わが国で、お兄さん家族と同居している障害のある弟が生活保護を申請すると、お兄さん家族と弟の収入を合わせて保護の要否が判定される。保護されなかった場合、お兄さんとしては「弟がアパートの一人暮らしなら生活保護が受けられるはず」と考えよう。これは、自立できる収入のあるAさんとそれほど収入のない友人Bさんが同居していてBさんが申請した場合にも当てはまる。こうして生活保護では別居を動機付ける場合があると考えられる。

その一方で生活保護には、例外として「世帯分離」という仕組みがある。例えば保護世帯の娘さんが働いていて結婚などで間もなく自立する見通しのある場合などは別世帯扱いをし、保護から外して、自分の収入は家族の生活費に入れず結婚資金にまわして良い。残りの家族は今まで通り保護する。逆に、病気の

妻と乳児がいるのに働かない夫がいるとき、夫を世帯分離して妻子だけ保護する。『保護手帳』に例示されているが実際の世帯分離数は少なく、この措置は「個人主義」というよりは「温情主義」であろう。

　いずれにしても、他の条件が同じなら結果的には単身世帯の方が保護しやすい。外国人の場合も親族ネットワークがわかりにくいから単身世帯の方が保護されやすいと推測できる。長期在住の外国人には1954年から、領事館にその国の保護制度がないことを確認してから生活保護法を「準用」し保護しているが、準用とは権利と見なさないことだから不服があっても訴えることが出来ない。厚生労働省の調査では世帯主が外国人の生活保護世帯は約4万6000世帯（約7万5000人）で、全体の3％近い[10]。（ちなみに長期滞在の外国人は健康保険または国民健康保険、介護保険、厚生年金または国民年金に加入する）。こうして、一人暮らしになった方が保護されやすいという仮説が考えられ、生活保護受給世帯は一般の世帯よりも1人世帯が多い、という予言を得る。

　保護世帯総数でみると、2010年に1人世帯の割合は75.7％、2人世帯が15.8％、3人以上世帯が3.5％であった。生活保護の高齢者世帯の場合には2010年に1人世帯が89.6％であったが、夫亡き後、子どもとの音信も途絶えた一人暮らしの母が年金も乏しく貧困化する（夫が老齢基礎年金だけだった場合は残された妻は自分の年金だけで、会社員の妻が受給する遺族年金はない）。同じく傷病・障害者世帯では2010年に1人世帯が79.7％であった[11]。

　一般的に「貧困階層は家族がばらばらになって扶養機能がなくなり保護世帯に転落する」と考えられているが、近年は高所得層にも単身世帯が増えたから単身世帯でも社会的落伍者といわれる心配もなく、むしろ、保護受給のために「戦略として一人世帯または別居を選択する」という仮説も、数は多くないとしても定性的には可能であろう。むろん1人世帯が多いということは家族がバラバラになっている度合が大きいということでもあるが。

　（ちなみに都道府県別世帯保護率（パーミル）について一つの回帰式を得た。世帯保護率（2012年）＝－3.26－0.01×1人当たり県民所得＋1.54×単身世帯率（2015年）である。予想通り県民所得が高いと保護率は低く、単身世帯が多いと保護率は高く出た。決定係数は0.63、t値はそれぞれ－0.57、－5.13、8.45で独立変数間の相関係数は0.43。同じ式を北海道から三重県までの東日本に当てはめると決定係数0.73だったが、西日本では決定係数0.40と低く県民所得のt値が有意でなかった）。

2）扶養義務を実行させる

　自民党の憲法改正草案に呼応するかのように、2013年12月に成立した「改正生活保護法」では「就労自立給付金」制度の創設と共に、保護の申請時に保護を必要とする人の資産、収入、扶養義務者の扶養状況などを記入した「申請書」提出を義務づけた（ただし厚生労働省のホームページの解説ではDVなど特別な事情がある場合の口頭申請などは現行通り受け付けるとされている）。具体的には、扶養義務を果たしていないと認められる場合に扶養義務者へ通知し、また、申請の内容を確かめるために扶養義務者に報告を求める。つまり、扶養義務者に役所から圧力をかけるシステムに変わった。公平にはなるが、これを嫌って申請を取り下げれば保護費の節約も、という思惑もうかがえる。

　岩田正美は改正案成立前に次のように述べていた。「地域によってはすでに職員を他地域へ出張させて扶養調査をしてきたところもあれば、それはコストを増すばかりで現実的ではないと判断した事務所ではそこまではやらない」、「扶養調査は保護申請の要件ではなく、あくまで申請に先立ってそれが期待されるかどうかを調査するものに過ぎない」、「生活保護バッシングの口火を切った某国会議員によれば、コストをかけても扶養調査は徹底すべきだ、とのことであるが、そのコストは税金から支払われることになる。制度というものは、現実とのバランスを取って合理的に運用すべきものであって、どんなにコストがかかっても良いというわけにはいかない」[12]。

　また、従来は福祉事務所で口頭により生活保護の申請をするとか申請の意思を伝える手紙などがあるとかすれば保護の申請として有効であるとされてきた（保護申請は形式を満たす書面を必須としない「不要式行為」）。しかし改正法では担当者が「申請書」記入の不備を理由に申請書を受理しない処分が正当化されよう。ちなみに千葉市のホームページには「生活保護申請書を提出していただくとともに、調査・決定に必要な書類（同意書・収入申告書・資産状況申告書・年金関係調書・生活歴・扶養義務者の状況調・家賃地代証明書等）をお渡し」します、とある。支援者がいる人以外はこれだけで尻込みしそうで、こんな書類が書けるくらいなら生活保護の世話にはならない、といわれそうであるが声は届かない。

5 介護保険

1) ヨメによる介護

　三世代世帯が全世帯に占める割合が21％以上と高いのは山形県、福井県、富山県、秋田県、新潟県、鳥取県、福島県である。逆に三世代世帯の割合が低いのは大都市圏と関西、四国、南九州である[13]。おそらく、三世代世帯が多い地方では老親の介護は多くの場合にヨメの仕事であろう。しかし、「要介護者等との続柄別にみた主な介護者の構成割合の年次推移」[14]によれば、子の配偶者による介護は2001年の22.5％から2010年の15.2％に減少している。この減少の一つの要因は、高齢人口激増のもと非婚化でヨメの実数は増えてもわずかで、ヨメに介護してもらえない老親があふれてきたことではないか。そうすると逆に、ヨメからみた「自分が夫の親を介護する確率」は、むしろ高くなっていく可能性もある。

2) 世帯単位の保険料算定

　介護保険の65歳以上の第1号被保険者は1人ひとりが保険料を納付するから個人主義的である。これはドイツの介護保険を真似たところから始まったと考えられる。ドイツの介護保険において年金受給者の保険料は、年金の保険者と年金受給者の折半で、年金から天引きされる[15]。わが国も「高齢者の年金を介護の財源に入れる」という手法を真似たため、公的年金を月額1万5千円以上受給している高齢者の場合には保険料は年金から天引きすることになり、結果的に個人主義的になったと考えられる。

　ところがその保険料の金額は世帯単位で決め、第1段階（生活保護受給者。世帯全員が市町村民税非課税、かつ本人年金収入が80万円以下等）、第2段階（全員が市町村民税非課税、かつ本人所得が120万円以下等）以下、第11段階まである。

　また、40～65歳未満は介護保険第2号被保険者で健康保険料と一緒に介護保険料も徴収される。ただし、会社員の健康保険の被扶養家族の保険料は被保険者全体で負担するので扶養する者は新たに負担しなくて良いが、国民健康保険に加入の場合は妻も含む被保険者全員が保険料を課され世帯主が納付する。

6　公的年金

1）専業主婦の年金権

ⅰ）

　もともと 1985 年以前の会社員の厚生年金は夫が年金で妻を扶養し、夫の死後は遺族年金を支給する設計だったが、1985 年の年金改革の「女性の年金権」の発想は夫名義と妻名義を分けるという個人主義的なものになった。だから、本来は 1 人ひとり保険料を負担し年金を受給するという形がふさわしい。ところが負担なしでの年金受給については、単に夫名義の年金を夫婦別々の名義にしたからとか、専業主婦には負担能力がないからという説明もある。「ただで年金をもらうといわれたくない、保険料を払いたい」という人はたくさんいるがどうしようもない。専業主婦の年金に対する不公平感を解消しようとする厚生労働省の動きがなかったわけではなく、それを本田麻衣子により見てみる[16]。

　2001（平成 13）年 12 月に厚生労働省の「女性のライフスタイルの変化等に対応した年金の在り方に関する検討会」の報告書が出され、第 3 号被保険者（以下では妻と記す）に保険料を負担させる案があった。（ア）夫の賃金を分割し、分割された賃金に対する定率の保険料を妻が負担。（イ）第 1 号被保険者のように妻が定額の保険料を負担。（ウ）夫の保険料に上乗せして、妻の保険料を妻が定額または定率で負担、など。または第 3 号被保険者の資格を育児や介護期間中の被扶養配偶者に限るという案もあった。

　2003 年の厚生労働省の改革案。（ア）夫婦間の年金権分割案（保険料は第 2 号被保険者が負担するが、賃金が分割されたものと評価し、妻は基礎年金と報酬比例年金を受給）。（イ）負担調整案（妻が、基礎年金に応じる保険料を負担）。（ウ）給付調整案（妻に国民年金の保険料免除制度を適用し、基礎年金を減額支給）。（エ）第 3 号被保険者縮小案（パートの厚生年金の適用拡大で第 3 号被保険者を縮小させる）。

　しかし、厚生労働省の 2004 年改革（第 11 章第 3 節 (2) 7) のⅳ）参照）に向けた「制度改正案」では、短時間労働者への厚生年金の適用拡大と「年金分割制度」を提案した。年金分割は、第 3 号被保険者期間に限って、第 2 号被保険者の保険料納付記録を分割し、夫婦それぞれに基礎年金と厚生年金の給付を行う。

　ところがこの案の離婚していない夫婦の年金分割は自民党が批判した。

　その結果、2004 年 2 月の「連立与党の最終合意」では、短時間労働者への適用拡大は当面見送られた。

結局、2004年年金改革では第3号被保険者については（ア）被扶養配偶者を有する被保険者が負担した保険料については、被扶養配偶者と被保険者が共同して負担したものであることを基本的認識とする。（イ）第3号被保険者期間（施行後の期間）については、離婚した場合などにその配偶者の厚生年金の2分の1を分割できる、ということになった。

　2011年6月に閣議決定された「社会保障・税一体改革成案」では、「新しい年金制度の方向性（2分2乗）を踏まえつつ」不公平感の解消を検討するとされた。そして同年9月に厚生労働省から新たな「夫婦共同負担案」が提示された。これは、第2号被保険者が納めた保険料の半分を妻が負担したと「見なし」、第2号被保険者が受け取る厚生年金の半分を妻に給付するというもので、新たに保険料負担は発生しないが、妻の保険料負担を明確にしようとした。この案は実質的に制度改正当時の「夫が受け取っていた夫婦の厚生年金の名義を分割しただけだから妻に保険料は発生しない」という説明に回帰したものだが、これに対しては、世帯単位の制度設計と個人単位の年金給付が両立するという評価と、負担の不公平感の解消につながらないという意見もあり、結論は得られなかった。

　2012年2月閣議決定の「社会保障・税一体改革大綱」では、「短時間労働者への厚生年金の適用拡大、配偶者控除の見直しとともに、引き続き総合的な検討を行う」とされ、適用拡大の実施は見送られた。

　政府は2016年4月から(a)大企業で2％、中小企業で3％以上の賃上げ、(b)パート労働者が働く時間を週5時間以上延長などを条件に、企業に補助金を出すことにした（2019年度までの時限措置）。これは主婦の賃上げと労使の社会保険料負担軽減による就労支援とされる。

　ⅱ）（逆の不公平）

　子育ては母の役割というのが保守派だが、専業主婦による子育て・夫の世話・介護などの苦労に報いて、会社勤めした女性と同じように老後に妻名義の年金を支給することで専業主婦になることを動機付けようとしたのかもしれない。

　それに対する女性からの批判といっても、子育てや児童福祉など児童養育に全く関わらなかった養育無関係の男女が、子どもを二人も三人も育てた専業主婦への年金が不公平だと批判するとなると話は違ってくる。養育無関係者も保険料を拠出し世代間扶養の年金を受給するが、その裏付けとなる人口再生産には関わらないまま受給する。本来はそれも了解した労働者の連帯だったが、あまりの多数になれば児童養育の汗を流した女性には不満も出る。そういわれないように、

養育無関係者こそが政府に児童養育支援の充実を要求すべき立場なのであろう。

児童養育との関わりの違いを考えると、福祉国家で始まった児童養育支援は世代間扶養の年金制度を公平に持続させるためにもっと強化すべきであるといえる。伝統的社会では、結婚しないとか子が生まれないとかすれば周囲からあれこれ圧力があり本人達が苦しむ社会であったが、それは不公平感を心理的に解消させる仕掛けだったのかも知れない。

ⅲ)(子育てグループの支援)

健康保険での被扶養家族への給付は労働者の連帯に由来するが、給付反対給付均等の原則から見れば不公平である。しかし少子高齢長寿社会では、社会保障内での少子化対応や制度持続の効果があると見ることも出来る。いっそのこと全ての児童の患者負担を公費で肩代わりする児童医療費無料化も正当化されよう。

一方、年金制度では育児休業中の母親の保険料免除が1994年から、事業主分免除は2000年から実施された。これは「子育てと仕事の両立支援」だが「児童養育者の優遇措置」でもおかしくはない。結婚と出産は昔は規範だったが今日では選択になったから、年金制度持続のための誘因とみなせる。そうであれば働く母親だけでなく全ての児童養育中の父母等の年金保険料を免除・軽減してもおかしくない(その場合は社会保険料控除が減り所得税負担が若干増えるから、まるまる負担および政府の歳入が減るわけではない)。それらの女性が将来受け取る年金はまさに子からの仕送りになる。

2) 高齢者の年金財産権

現に支給されている高齢者の年金額を引き下げるという意見に対して、専門家は「年金は財産権」で「そんなことができるはずはない」といっていたがどうなのだろう。

民主党の鉢呂吉雄が2001年に衆議院に提出した農業者年金の年金受給額の削減に関する質問に対して、政府は2001年3月13日に次のように答えた[17]。公的年金の既裁定の年金(既にもらい始めている年金)の受給権は、金銭給付を受ける権利で憲法の財産権である。しかし公共の福祉のために制約を加えることができるとした上で、「既裁定年金額の引き下げは、受給者の老後生活の安定、

現役世代の負担能力、更には年金財政に占める国庫助成の割合などとの関連において、合理的と判断される範囲にとどまるべきものである」と述べた。

このように「財産権」を強調して削減できないというのは「積立方式」時代の理屈のように思われる。

ところで高山憲之は「イギリスでは、刑務所に服役中の受刑者の年金は85％カットしている」と述べている[18]。わが国には服役中に年金を貯め、出所してそのお金で生活し貯金がなくなったら、また、万引きで入所ということを繰り返す者もいるそうだ[19]。受刑者の年金を削ることになれば高額年金を削る可能性も見えてくる。だから、与野党はやろうとしない。

ところが保守主義的とはいえないことも起こっている。2005年に最高裁は正妻でなく内縁の妻に遺族年金の受給権を認めた。実は男性には20年以上別居し生活費の支援もしていない正妻がいた。その男性が亡くなったとき、男性から生活費をもらい寝たきりの男性を介護し続けた内縁の妻がいて、その女性に受給権が認められた。保守派からは「正妻」の財産を「愛人」に支給するのはおかしいという批判が止まらない。

7 保育と子ども家庭福祉

1）外で働く嫁の「孝」

有配偶女性のうちで専業主婦の割合が50％以上と多いのは、奈良県、大阪府、神奈川県、兵庫県、東京都で、逆に専業主婦の割合が33％以下と低いところは、鳥取県、福井県、富山県、島根県、山形県、石川県などである[20]。

先に見た三世代同居世帯の都道府県別データを合わせると、大都市圏以外で働く主婦の割合が高い理由は、保育所の入りやすさとは別に、同居かまたは近居の老親が孫の世話を手伝うので主婦がパートやアルバイトで働きやすい、あるいは逆に、嫁が家事・育児を守り姑が働きやすいからであるという仮説を得る。そして高齢者は孫の世話ができて満足度が高く、若い母親も社会とのつながりができ収入もつく、という好循環が窺える。保守主義なら嫁は家にいて親に「孝」を尽くせとなるはずだが、今の時代は親がピンピンしているから嫁が世話することもない。

しかし、逆に子どもが生まれないと嫁には地獄が待っている。また、親が要介護になったときには、今度は嫁が世話をする家族介護の番であろう。

しかし家族が大切だから専業主婦を選択したという妻たちもいる。女性たちは「3歳までは母親が育てるのがよい」という3歳神話を周りからずっといわれてきた。スウェーデンだって1、2歳くらいまでは親が育てるのが多数派である。そこで行政は「地域子育て支援」で家庭で1人で育児している母親の後押しを始めた。保育所でも育児相談などに応じ、電話相談、育児講座、食事講座などを始めた。従来の「児童福祉」では念頭にはなかった「専業主婦の子育て支援」をする。

2）保守とは逆の子ども家庭福祉

ⅰ）

米国で"social welfare"という言葉はもっぱら母子世帯への公的扶助を指し、福祉依存を生む元凶として米国保守主義により批判されていた。

一方、1994年に国連で「子ども権利条約」が採択されわが国で1990年代から、家族重視の日本型福祉社会論に対抗するかのように、welfareに代わりwell-beingという理念を掲げた「子ども家庭福祉」論が台頭した。家庭とは家族の共同生活の組織といえるが、家制度や秩序重視や自己犠牲さえ辞さない家族とは違って個性を尊重してくれそうな家庭なら一人一人のwell-beingがふさわしいのかもしれない。

福祉について、1998年にノーベル経済学賞を受賞したアマルティア・センの議論が注目されたが、山脇直司ほかも参照して解釈してみた。センは人間の諸機能と潜在能力という概念を使った。（ア）人間の諸機能（適切な栄養や健康や自尊心や社会参加や教育や人前で話せることなど、その人の生活状態がもたらすもののうち身体的心理的社会的なレベル）、（イ）潜在能力（その人の諸機能を活用して「自分が選んだ目的」を実現させる意欲や努力など本人の潜在的な目的達成能力。ケイパビリティ）である。そして個人の福祉について、従来の福祉国家のような所得水準や近隣の生活様式とのバランスではなく、立場の弱い人も自由に自己実現できることであると考えた[21]。これは個人に焦点を当て、親や夫が家族を支配している途上国であっても、教育や生活環境を整え女性や子どもの諸機能を保障し各人の潜在能力を活性化し福祉につなげるということであろう。

福祉をwell-beingとするのは個人主義とは整合的だが、家族や地域社会に包み込まれる場合の個人とは求めるものが違うかも知れない。

わが国での子ども家庭福祉のいきさつを中村強士や高橋重宏で見ておきた

い(22)。中村強士によればわが国の子ども家庭福祉は、初めは「児童家庭福祉」と呼ばれた。(ア) 1988年の全国社会福祉協議会の提言では、子どもを支える「健康で文化的な家庭機能」を家族だけでなく学校や市民・地域、マスコミ・企業などが分担・サポートすることだったという。(イ) 1993年の厚生省「子供の未来21プラン研究会報告書」では、従来の児童福祉は要保護児童、母子家庭等を中心に出発し「家庭の養育機能を代替する二次的な施策」が中心だったが、今後の児童家庭施策は「すべての子供の健全育成を対象とすると同時に、子供の生活の基盤である家庭やそれを取り巻く地域社会をも視野に入れて対応していく。」「従来、児童の養育は専ら家庭の責任であり、国及び地方公共団体は、家庭の養育機能が欠けた場合にはじめて事後的に責任を負う形で対応されてきた。しかし、子供が将来の社会を担う存在であることを考えると、子育てに関しては、保護者(家庭)を中心としつつも、家庭のみに任せることなく、国や地方自治体をはじめとする社会全体で責任を持って支援していくこと」と述べた。

また、高橋重宏は子どもの権利条約を踏まえた新たな制度を「子ども家庭福祉」とし、ウエルビーイングとは人権を尊重し自己実現を保障することとした。高橋は従来の児童福祉は救貧的・慈恵的・恩恵的で最低生活保障だったのに対して「子ども家庭福祉」は、権利保障的で普遍性・現代性があると主張する。

子どもの権利条約の第3条で社会福祉施設、裁判所、行政は「児童の最善の利益」を中心にすべき、第12条で意見を形成する能力のある児童が自分に影響する事柄について「自由に自己の意見を表明する権利」を確保すべきとしている。

ところでその前文には、「家族が、社会の基礎的な集団として、並びに家族のすべての構成員、特に、児童の成長及び福祉のための自然な環境として、社会においてその責任を十分に引き受けることができるよう必要な保護及び援助を与えられるべきである」とあり、家族は基礎的集団としても社会から保護・援助されるべきだというのである。

それに対してわが国の児童福祉法や子ども家庭福祉は、「家」制度の反動で子ども権利条約の家族重視は削ってしまい、家庭はあくまでも子どもの生活環境という位置づけとなる。国家からの家族の自立を求める日本型福祉社会論も、福祉国家で始まった子ども対策を否定はできない。山縣文治の「子ども家庭福祉の基本理念は児童福祉法にある」という違和感のある解説も、両者は日本型福祉社会論とは異なっているという文脈なら理解できる(23)。

ⅱ）

　韓国の新聞によると 2017 年 3 月末に韓国を訪問したフランス家族児童高齢化政策高等委員会のフラゴナール常任議長は、「フランスの家族政策は子供を産みたいと思わせる」と述べたという。フランスは 1990 年代まで代表的な低出生率国だった。今は、政府は満 3 歳になるまで子供 1 人当たり毎月約 1000 ユーロ（約 12 万円）を支給し、3 歳からは支援がもっと多くなる。子供の教育費（高等教育まで）と医療費はほぼ無料で支援は就職するまで続く。フランスでは多様な家族形態が認められていて、「カップルは簡単に別れる傾向があるが、また他の人に出会って子供を産む」と話したという[24]。

　19 世紀後半から出生率が低かったフランスは、保守と革新が国家存続レベルの危機感を共有し、フランスのミッテラン政権の 1994 年のシモーヌ・ベイユ法では「国家の未来は家族にかかっている」と述べた。近年は法律婚が減っても国が手厚い家族政策で結婚や子育てなど「家族の形成」と「家族の機能」を保護している。一方、わが国は家族主義的なのに憲法や児童福祉法や児童手当法などは個人の well-being 重視で、また、少子化対策も労働力確保の視点であり基礎的集団としての家族の保護のためとはいわない。

第 2 節　世代間扶養の正当化

　生活意識の調査では「生活が苦しい」という回答は 20 歳代で最も少なかったのが印象的であった。ところが家計調査によれば、家計全体の純保有資産（資産から負債を差し引いたもの）に占める高齢世代のシェアは 7 割近い。2014 年『家計調査（貯蓄・負債編）』の 2 人以上世帯の「世帯主の年齢階級別貯蓄および負債の 1 世帯当たり現在高」によれば、〜 29 歳の貯蓄は 268 万円（負債は 558 万円）、30 〜 39 歳 610 万円（995 万円）、40 〜 49 歳 1030 万円（1051 万円）、50 〜 59 歳 1663 万円（654 万円）、60 〜 69 歳 2484 万円（213 万円）、70 歳以上 2452 万円（78 万円）である。（高齢世代内部には大きな貯蓄格差があると考えられる。なぜなら、一般的に、世帯の収入や貯蓄残高の分布は平均値よりも低い方に半分近くの世帯が分布し、平均値を超えると世帯が減りつつ、かなりの高額にも世帯が分布するからである）。

　2016 年 12 月の政府広報のチラシ『年金ニュース』では、公的年金は「現役で働く世代が高齢者などを支え社会全体で安心を提供するもの」で「現役世代が

払う保険料を年金給付に充てる『仕送り』(賦課方式)が制度の基本」とされた。そしてマクロ経済スライドを行うが「前年度よりも年金額が下がる調整は行いません」と宣言した。ただし平成33年以降は賃金が大幅に減ったときは年金額を改定するが、そうしないと積立金が取り崩されすぎて「現役世代が将来受け取る年金の水準が低下」するという。

1 老親の私的扶養と社会的扶養

1) 高齢化社会以前の私的扶養

ⅰ)
わが国の老親の私的扶養とはどんなものであろうか。

明治以降、政府は「家」制度の浸透に努めたが、家族扶養は必ずしも十分には実行されなかったようだ。明治45年の「養老法案」の提案理由（窮民の自殺が多い、家族扶養が期待できない、良民だったのに窮老になる者が多いなど。第8章1節(3) 3)参照）、また、駒村康平の「明治期は家族内扶養が主流でしたが、必ずしもうまくいっていたわけではなく、当時から同居介護の負担や家族内トラブルが社会問題化していたという記録も多くあります」という指摘[25]がそれを物語っている。

しかし、それらは底辺の家族に過ぎないという反論もあろう。当時は庶民も含めて老親扶養は跡取りが中心になって行っていた。一般的には次三男・四男はその埒外だった。なぜなら明治民法の第732条で、戸主と同居する親族は「家族」となると規定し、第747条は老親も「戸主」が扶養するという規定である。そして戸主に家督を継がせることで「家の継承」を動機付けたが、直系家族制度の下では跡取りになる長男の地位が高かった。1917年生まれの社会学者福武直も「長男は、家長の地位を継ぐものであると同時に、家長夫婦が老後の扶養を全面的にゆだねるべきものでもあった」と述べている[26]。

戦後に限った人口を見ると1965年ころは、まだ農業や自営業や家族従業者が就業者の過半を占めていた。国連は65歳以上人口が全人口の7％になると「高齢化社会」と呼ぶが、わが国がそうなったのは1970年だから、昭和30～40年代の高齢人口は6％程度であったろう。そして厚生労働省サイト[27]の「ケーススタディ」には「年金制度創設時の私的扶養と社会的な扶養」の概念図がある。ここには、1970年の「65歳以上の者のいる世帯」のうち三世代世帯は44.4％と記されている。

ii）（家族扶養の単純なモデル計算）

　当時の高齢人口は多めでも7%程度だったから親が夫婦揃いと仮定するなら同居世帯数は、総人口の3.5%相当に過ぎない。ここで単純化したモデルで計算をしてみる。

(ア)　仮に全人口を100とし19歳以下を23、20〜49歳を50、50〜64歳を20、65歳以上人口を7とする。

(イ)　65歳以上は全員既婚なら65歳以上のいる世帯は3.5組の夫婦となり、3.5組のうち44.4%にあたる1.554組の夫婦が三世代同居で、仮に三世代の半分相当が二世代同居とすれば0.777組、合計で高齢夫婦2.331組が二世代または三世代同居である。

(ウ)　次に、50〜64歳人口20は全て既婚で夫婦は10組とすると、そのうち先の44.4%程度が三世代同居、その半分程度が二世代同居と考えると10組のうち6.666組が同居である。ここまでを「親世代」とすれば、その人口は27、夫婦は13.5組、既婚子と同居の人口は17.98でその夫婦は8.997組、そのうち三世代同居は5.998組である。

(エ)　20〜49歳の「子世代」の人口は50で、それと同居する「親世代」の世帯数は夫婦の数と同じ8.997世帯だから「子世代」人口50のうち親世代の「世帯」と同居する子人口は17.994%となる。また、同居する親が全て単身なら親人口17.98との同居となるから子人口50の同居率は35.96%となる。結局このモデルでは「子世代」つまり「今の高齢者」のうちで若かった時期に50歳以上の親と同居したのは18%から36%と推定できる。

(オ)　また別のケースで、同居「親世代」17.98の内訳を夫婦8組で単身9.98とすれば、親の世帯数は13.98世帯でそれと同居する子人口50の同居率は27.96%程度である。つまり、みんなが老親扶養をしていたら同居率はもっと大きくなるはずである。

　ちなみに、内閣府『平成18年版少子化社会白書』によれば、1970年の『国勢調査』では三世代世帯は総世帯数の12.2%で、「その他」世帯10.9%を除いた世帯で見ると三世代世帯は13.7%であった。

2）生前贈与はだめ

　戦後は、親の扶養は民法第877条の「直系血族及び兄弟姉妹は互いに扶養をする義務がある」といって子どもたちに「丸投げ」し、しかし親の遺産は「均分

相続」となった。家族の意識は親子とも「遺産はきょうだいで平等に」、「親の扶養は長男に」だから、いさかいが始まった。そこで相談の末、親が順番に兄弟の家を回って世話してもらうと、家族扶養に批判的だった進歩主義者は老人の「たらい回し」といって非難した。

　欧米では親と子の家族が別居しても「スープの冷めない距離」といって週末には子の家族が頻繁に親の家を訪れるともいわれていた（全社協『1972年工業化三国の老人福祉』ではデンマーク・英国・米国の独居親の約8割が1週間以内に子と交流していた）。それに比べてわが国では、調査によれば別居した子の家族が親を訪れることは稀だった。それでも公的年金があればたまに子や孫に何か買ってやれるから、それを目当てに子や孫が近づいてくれるかもしれない。明治・大正生まれの女性たちが「お金があればこそ子や孫が来てくれる。生前贈与なんて絶対にだめ」と話し合っていたのを今の高齢者たちが思い出している。

3) 世代間契約抜きの賦課方式

　ドイツの1957年の年金改革では、従来の定額部分＋報酬比例部分をやめて報酬比例部分のみとし業績主義を明確化した。また、インフレや経済成長で被用者の賃金は上昇し、老齢年金は現役労働者の賃金の28～32％にまで減価した。そこで年金受給者の年金水準を引き上げるために賃金スライドを導入したが、積立金が枯渇するので、1957年改革では年金を積立方式から「賦課方式」へと移行することが必要だった[28]。

　標準的な「賦課方式」は基本的には年金給付額の1年分程度の積立金を残すだけで、今年の現役が支払う保険料は今年支払う年金のために使ってしまうもので、ドイツでは背後に「世代間契約」が想定されると説明された（第3章2節(2) 4) 参照）。「世代間契約」が成り立つ根拠は、年金の賃金スライドが必要となる状況というのは現役世代の賃金が上昇しているはずだから現役の負担が大きくはならず、その一方で高齢世代は「成長から取り残される」という認識があったからであろう。まさに世代間の連帯である。それが、わが国のように豊富な金融資産を保有する高齢世代に支援するという世代間契約まで期待したかは大いに疑問だが、そのような契約が成り立つ場合というのは、現役世代に教育費、住宅費などに強力な公的支援がある場合であろう。

　わが国の「賦課方式」は「pay as you go方式」の訳である。「賦」は「公の事業のために役所が人民に割り当てて財物を徴収すること」、「課」は「割り当てて

義務を負わせる、税を割り当てる」（ともに『新漢語林』）で、「賦課」は「租税などを割り当てて負担させること」（『広辞苑』）である。わが国は官僚主導の年金だったから「世代間契約」などなくても、現役世代から強制的に財源を徴収すればよいと理解されたのかもしれない。

2 世代間扶養の正当化

1）祖父母の扶養として正当化

　厚生労働省のサイト「一緒に検証、公的年金〜（平成21年の）財政検証結果から読み解く年金の将来」[29]では、戦後になって私的扶養としての家族扶養ができなくなったから社会的扶養の「世代間扶養」が始まったとされる。「一緒に検証」では世代間扶養は昔からの家族扶養の代行だから、将来世代が当然に負うべき負担とみるようで、二つの理由を挙げている。

　第1点は、「今の高齢者」が支払った保険料と受け取る年金の比率が現役世代に比して有利すぎても「世代間不公平」ではないと主張する。先の厚生労働省サイトの「ケーススタディ」に出ている「年金制度創設時の私的扶養と社会的な扶養」の概念図が用いられる（本節(1)1)参照）。

　概念図によれば、現在の高齢者世代が現役だった昭和30〜40年代は、図から読み取ると、扶養負担のうち社会的扶養は2〜3割で私的扶養が7〜8割だった。現在の現役はそれが逆転して社会的扶養が7〜8割になっていて、棒グラフで示されたトータルの扶養負担は、当時と比べて若干増えたに過ぎないから、「今の高齢者」が今程度の年金を受給しても問題ないというのである。（ただし概念図としては、当時の高齢化率が6%で2014年の高齢化率が26%だからトータルの扶養は4倍以上に描かないとおかしい）。

　第2点は、若者が「世代間扶養」に賛成すべき理由として、受給世代から現役世代への社会資本の譲渡があったことを挙げている。「社会資本」には生産力を引き上げる間接効果があるから、確かに現役世代は先世代の「正の遺産」のお陰を被っている。ところが社会資本の建設にはマイナスもあり、実際、老人たちは「町や自然が破壊された」「昔は良かった」が口癖であった。また、巨額の公的債務というとんでもない「負の遺産」を残した。（しかも団塊世代の置き土産の新自由主義や長時間労働で勤労生活は悲惨になった、といわれよう）。だから若い世代は「団塊世代以上の高齢者は逃げ切った」と不信感を隠さない。つまり、社会的な

ものを「家族内の家督相続」と同列にするわけにはいかない。

2) 私的扶養の気兼ね・トラブルの解決

2012 (平成24) 年の『厚生労働白書』では51頁で、賦課方式の年金による「世代間扶養」とは「一人ひとりが私的に行っていた老親の扶養・仕送りを、社会全体の仕組みに広げたもの」で、いわば「扶養の社会化」であるという。その上で三つのメリットを挙げたが、「今の高齢者」という限定はない。

(ア) 私的な扶養の不安定性や気兼ね・トラブルなどを避けられる。(イ)「賦課方式」なら物価スライドによって実質的価値を維持した年金を一生涯にわたって保障するから、私的な貯蓄ではできないような老後所得保障を可能にする。(ウ) 若い世代には、自分の老親への私的な扶養に伴う経済的負担や自分自身の老後の心配を取り除く、の3点である。

通常の「賦課方式」年金のメリットは (イ) である。(ア) は親の扶養の生活相談である。(ウ) の「老後の心配」で問題なのは、少子高齢化で子の保険料負担が増え年金が削減されるということだから、やや違和感がある。

③ 年金100年安心プランの見通し

1) 厚生年金保険料率29.8%

1980年前後に社会保障研究所では市川洋・林英機らの研究グループがコンパクトな社会保障計量モデルを用いて、少子高齢化のもとで保険料負担がうなぎ登りとなるから、2025年に向けて給付圧縮が必要という指摘を行っていた (当時の審議会資料では受給者数や年金財政の見通しが2025年度までだった)。

1994年の公的年金の『財政再計算』では、厚生年金保険料は2025年度に29.8%を予定して財政見通しを立てていた。一方で経済団体連合会は96年に、事業主負担が大きくなると国際競争力が損なわれるから、年金だけで29.8%ではいくら何でも高すぎるだろうと年金制度の再構築を求めていた。

2) 年金100年安心プランのXデイ

2004年年金改正では、自公政権は「年金100年安心プラン」と称して、2017

年度以降、厚生年金保険料は18.3％に固定、国民年金保険料も固定すること、標準世帯の年金支給額は現役世代の手取りの50％確保などを決めた。そのために国庫負担を増やし、積立金を活用して給付を維持するという考え方をした。

そして「2009（平成21）年財政検証」の基準ケースの財政見通しでは、厚生年金「積立金」は2009年度の144兆円から増え続け65年度に723兆円でピークとなり、その後は減少し2105年度に192兆円となる。収支は2070年度から赤字で2105年度に35兆円の赤字となり積立金は年間支出の1年分に満たない[30]。翌年度は極端な保険料引き上げをやらないと破綻する。この財政見通しの積立金運用利回りは過大という疑問も出された。それに対して、このときの名目賃金上昇率の想定は2.5％で、これと運用の目標値1.6％の合計が4.1％で、これを名目運用利回りにしても当時としては過大とはいえなかったという説明もあるが[31]、それが過大なのだという異論もありそうである。

つぎの「2014（平成26）年財政検証結果」で「将来の厚生年金・国民年金の財政見通し」の試算表「出生中位、死亡中位、経済ケースA（変動なし）」をみると、つぎのようである[32]。

厚生年金の「積立金」は2090年度の1713兆円まで増え続けるがその後は急減し、2110年度741兆円となり、その時の年間支出が862兆円だから、2111年度には保険料率を大幅に引き上げないと破綻する。「積立度合」は2025年度の3.5年分が2050年度の5.4年分まで増え続けピークとなり、その後、2110年に1.0年分まで減少する。つまり、そのあとは「完全な賦課方式」に移行せざるを得ない。しかし途中で「積立金」を増やすのではなく保険料率を引き下げても良いはずであるが、そうしない理由は2110年度まで将来世代の保険料負担を増やすことなく「現行」制度を持続させることができるというシナリオのためだと推測できる。

財政見通しでは2110年度の翌年は積立金がゼロで運用収入はなくなるから、保険料や国庫負担を増やさねばならない。当然ながらそれ以前に巨額の国庫負担を注入するか、所得代替率を予定よりも引き下げるという選択肢があり得る。

せっせと積み上げた積立金を取り崩して年金に回しているのであるから、今の「世代間扶養方式」の最後の数十年間はバーチャルな積立方式といえなくもない。こう見ると今の若い世代は知らないうちに今の高齢世代の年金と自分たちが将来もらう年金のために二重の負担をしているのかも知れない。（厚労省は、積立方式に転換するため新たに必要となる財源を550兆円と試算している[33]。

結局、2111年には「高保険料・低所得代替率」の完全な賦課方式へ移行するほかはない。(この「財政見通し」の別の試算では、「所得代替率50％」で推移した場合に保険料率一定なら積立金が減ってしまうので2083年度以降は所得代替率が31〜2％まで下がるとしている。もっとも所得代替率が低下する場合でも、支給開始を75歳まで遅らせる選択をした人の所得代替率が5割程度になるという仕組みはあり得よう)。

　だから、政府は積立金の積立割合が高まり始める2025年ころに「90年後に、世代間扶養方式から高保険料・低所得代替率の完全賦課方式に移行します」と宣言し、同時に「所得代替率の低下により社会的扶養の比重が減るから自助努力と私的扶養の準備をしてください」と国民に要請することになろう。政治不在のもとでまさに年金官僚にとってのXデイである。確定拠出型年金の個人年金(iDeCo)に全国民が加入できるようにしたのが2016年でその10年後である。

　自己責任の要素が大きく連帯の要素が小さくなるが、少子高齢社会に迅速に適応しない年金制度の将来像かも知れない。

4　経済学の中立命題と世代会計

1) 中立命題

　世代間扶養の正当化として経済学の中立命題の応用がある。2013年8月の『社会保障制度改革国民会議報告書－確かな社会保障を将来世代に伝えるための道筋－』[34]の4－(2)「世代間の公平論に関して」で中立命題(または「等価命題」)という考え方を紹介している。世間の常識では、国債はその償還のために親のツケを子ども世代に回すものと考える。ところがそうはならないというのが中立命題である。

　人々の合理的行動を前提にすると、人々は国債償還のための増税に備えて今から貯蓄を殖やす、あるいは子ども世代に遺産を多めに残すために自分の消費を節約する。つまり、国債償還の負担は現在世代が消費を削って負担するから、増税も国債も現役世代の負担であることにかわりはない、というのである。

　この命題を金科玉条にして経済学者は、現行の社会保障は「子孫への負担のつけ回しにならない」と言い切るが、むしろ「現在世代がたくさん貯金をして十分に財産を遺せば子孫に負担をつけ回しせずに済む」という訓話であろう。これは今の消費低迷と整合的である。報告書では公的年金が存在するから私的な扶養負担が軽く済む、したがって「私的扶養の代替という年金制度が持つ本

来機能」を踏まえた議論が必要という。ヨーロッパに由来する社会保障論では年金制度は貧困予防で説明してきたが、こちらの年金本質論はユニークではあるが、夫婦家族制の欧米では通用せず、日本の直系家族制の継承を前提にしたものである。

　しかし、リバタリアンが中立命題によって現行の年金制度を正当化するのはおかしい。なぜならリバタリアンは私的貯蓄などの自助努力が本領で、社会的扶養は限定的なはずである。年金を認めるとしても世界銀行レポートのように積立方式を推奨し世代間扶養方式には否定的でないとおかしい。

2) 世代会計への反論

　1991年に米国のコトリコフらが「世代会計」の考え方を提唱し、現在の財政支出が将来世代へ与える影響を吟味すべきことを示した。わが国でも2009年に内閣府経済社会総合研究所『世代別の受益と負担』で、今の政府の借金は将来世代の増税で返済することを前提にして、それぞれの世代の受益と負担を求め「純負担」を出し、将来世代の稼いだ金額の半分は今の現役世代の借金返済に充てられることを示した。

　1999年にコトリコフらは世代会計の国際比較を行い、1995年時点で、日本の将来世代は0歳世代よりも169％多く負担するとした。また『2005年経済財政白書』も、2003年度時点で60歳以上の世代は政府部門から4875万円の受益超過、その後に生まれる将来世代は4585万円の負担超過であるとした[35]。

　これらに誘発されるように、社会保障給付費に占める高齢者関係費の割合が注目されるようになった。1990年度はおよそ60％、2003～04年度は70％強、それ以降も70％弱で推移した[36]。

　2012年に鈴木亘らは、生年別にみた年金、医療、介護の受益と負担を合算し、生涯純受給率（社会保障からの純受益が生涯収入に占める割合）を生年別に比較した。その結果、1950年生まれから2010年生まれへと生年が下るにつれて支払い超過が拡大する傾向にあり、社会保障を通じた世代間不均衡は無視できないとした[37]。

　但し、このペーパーには先の厚生労働省のサイト「社会保障の正確な理解についての一つのケーススタディ」で反論が寄せられている。定性的に次のような指摘をしている。（ア）社会保障だけ取り出して「世代間の不公平」というのは不適切。（イ）世代会計とはいえ、公債費を後世代に負わせたゆえに生まれる世

代間格差と、私的扶養の社会化ゆえに生まれる社会保障の中で観察される世代間格差の現象を混同されては困る。(ウ)もしも「各世代の生活当事者達が意識する公平・不公平感に近似できる指標」を作れば、老親への私的扶養は社会保険制度の充実に伴い減っているはずで、前世代が築いた社会資本から受ける恩恵は今の若人の方が高齢者より大きいのではないか、教育や子育て支援による給付は、今の若人の方が高齢者より充実している等も加味すべきではないか、ほか。

(経済学者の世代間格差は出生コーホートごとの財政や社会保障に限定した概念だったから「親と子」の損得比較ではなかった。また、戦争と戦後復興において多大のご苦労をされたのは、実は団塊世代などを育てた親世代だった。もちろん団塊世代も小学校以来のすし詰め人生で苦労した。しかし政府が現行制度を世代間扶養で正当化しているから、団塊世代も「親」に入れて「親から子へ」の幅広い支援があったと一般化するように見え、これでは世代間格差の世代の中身に行き違いが生じる)。

5 世代間合意の構成

1) 高齢世代内部の再分配

今、なぜ、貯金もろくにない現役世代を数百兆円の金融資産を保有する高齢世代に事(つか)えさせるのが好ましいのかという疑問に扶養の社会化としか答えられない。

これを見かねた八代尚宏が2011年12月1日の日本経済新聞で、「減少する一方の後代世代に社会保障負担を先送りするのではなく、豊かな高齢者が、貧しい高齢者を扶養する同一世代内の所得再分配の強化が求められている」と述べ、後に、この「世代内再分配」を強化することが、今後の社会保障改革の大きな柱となる、とまで主張していた[38]。

しかし、グローバル化のもとでの税制は付加価値税増税、法人税減税、所得税の最高税率引き下げが先進国の傾向で応能負担や垂直的再分配にブレーキをかけるが、八代尚宏はそれとは逆に、一方では資産課税を含む高所得高齢者からの再分配を提案し、他方で、例えば「年金充実―消費税増税」「医療・介護合理化―消費税減税」のように国民が選べる選択肢を設けることを提唱している[39]。

2）高齢富裕層の貢献（保守主義の例題）

ⅰ）（持続可能の条件）

ここで保守主義の例題をひとつ考えてみたい。自由主義と連携する保守派が、自由主義的な最低保障の社会保障とは違い若い世代の児童養育支援や教育機会の平等など平等指向の給付を充実させるため新たな財源を作ることである。

1987年に国連の環境と開発に関する世界委員会（ブルントラント委員会）の報告書では、持続可能な開発とは「将来の世代が自らのニーズを充足する能力を損なうことなく、現在の世代のニーズを満たすような開発」と定義した。これに従えば、「持続可能な社会保障」とは将来世代の負担を過大にしないものである（将来世代の生活を不利にさせないことを条件に現在世代の生活を最適化するわけで、世代の間のパレート最適といえる）。

この基準は子の親に対する「孝」と親の子に対する「慈愛」の儒教道徳にもなじむ。ただし中国のように子に回復不能な犠牲を求める「孝」はそぐわない。加地伸行は具体的な古典の文言は明示していないが、儒教では祖先祭祀と子孫一族の繁栄とがセットになっている、だから死を安らかに迎えることができると主張している[40]。

一方フランスでは、保守派とはいえないL.ブルジョワは「社会への負債」という観念を掲げて社会に連帯の組織の造成、個人に連帯への参加を義務づけた。同時にこれは自分が育った過去とこれからの将来世代への負債、義務とされたから、社会の持続につながるものでもあった。フランスでは現在も夫婦の税負担軽減など家族形成の保護や「育児の社会化」による家族機能の支援を進めている。

ⅱ）（高齢富裕層による投資）

今の高齢世代には子孫繁栄と伝統継承のために、わが国が第4次産業革命を乗り越えられるように「保険をかける」という選択肢がありうる。富裕な高齢層が自分の孫だけではなく日本の将来世代全体に投資し、ITや第4次産業革命を牽引する人材、AIを活用した相談、ケア、教育など対面的な仕事やローテクの伝統産業などの人材を養成することは将来社会の利益になる、つまり今の高齢世代へのリターンと見なせば合理的である。同時に将来への遺産となる「仕送り」ともいえる。このような投資機会は将来性を見込んで長期投資している高齢者の投資スタイルにも叶うといえよう。

欧米でも「人材への投資」といったが、保守の本音は技術革新に挑戦すると

同時に、伝統の継承という役割を持ち集団に包まれて暮らしたい個人である。
（社会の利益のために国が高齢世代に課す「強制的な投資」と見れば「ビナイン・パターナリズム」、子育て世帯への迎合とみれば「ポピュリズム」でいずれも市場原理が嫌う方法である。しかし、国連は2006年「責任ある投資原則」で投資家に対して環境・社会・企業統治（ESG）に配慮して株主として企業を選別するよう求めたが、これに多くの機関投資家が参加する時代である。そこで、わが国では児童手当方式で企業が社会手当財源に拠出するのにならい、高齢富裕層に対して将来世代への投資として「仕送り」を求めることが考えられる）。

ⅲ）
「仕送り」の財源調達の方法として高齢富裕層への資産課税、年金課税あるいは年金減額などが考えられるが、年金削減なら海外の例があり、カナダは税方式の基礎年金について高所得者の年金額を減額または支給停止している[41]。保守派が連携する経済自由主義は増税に反対するが、経済学には国家に税金を払うのは挑戦に失敗し自力で生活できなくなったときに公的扶助を受けるための「保険」という考えもある。「保険を掛ける」投資への富裕層の拠出も納税者の"willingness to pay"と矛盾しない。一般財源を賄う富裕税とは区別できよう。

国立社会保障・人口問題研究所『社会保障費用統計』によれば、2013年度の「年金給付」が54.6兆円で児童手当や児童扶養手当など「家族手当」が2.4兆円だから、高所得層への年金給付の約5%弱相当を徴収する、つまり現行とは逆に年金課税増税をするとか、500兆とも600兆ともいわれる高齢者の金融資産の0.5%課税で、児童手当や児童扶養手当を倍増することができる。あるいは、高齢者の金融資産500兆の2割、つまり100兆円が年々10%の収益を上げているとすればその収益10兆円の25%の課税となろう。いずれの場合も、高齢世代の拠出を財源とした給付であることを明示することが高齢者のインセンティブになる。孫がいる人は自分が拠出した以上に自分の孫が受け取れる場合もあるのだから損にはならない。

ただし普遍主義的給付の場合、中間層・上層への現金給付はその子弟の語学・学習塾・海外旅行・海外留学などの補助金になり低所得層との文化資本の格差拡大になるという批判がある（相対的貧困と関連するので批判されるが、文化資本は家族の所作や話し方、家庭で保有する楽器や本、学歴や資格、美的傾向などで、子どもの学習の成績の差や社会階層移動などの効果的な説明要因とされる）。

その心配への対応として児童のいる世帯と児童養育関連世帯限定の給付付

き税額控除や年金保険料免除の財源にも出来るが、選別的なものは孫世代への「投資」としては微妙かもしれない。むしろ保育待機児童の解消や保育費負担軽減や大学までの教育費負担軽減や子の専門教育、職業教育の充実の財源に使うこともできる。教育機会均等は長期的には若くて質のよい労働力供給に有効だから、自由主義者や社会民主主義者のシナリオにも合致する。

　これらの投資は「進歩を目指す保守」にもかなうはずだが、保守に潜む母子世帯への差別的意識の克服と高齢富裕層を世間に知らしめることへの抵抗感の払拭が最大の課題といえよう。

参考文献（第14章）

(1) 中村元『日本人の思惟方法』春秋社、1989年、pp.146 〜。
(2) 「地裁が泣いた介護殺人」デイリー新潮、2017年1月27日　http://www.dailyshincho.jp/article/2016/11161130/?all=1。
(3) 厚生労働省『年金制度基礎調査（老齢年金受給者実態調査）平成23年』https://www.e-stat.go.jp/SG1/estat/GL08020103.do?_toGL08020103_&tclassID=000001043921&cycleCode=0&requestSender=dsearch。
(4) 加藤彰彦「『直系家族制から夫婦家族制へ』は本当か」2003年　http://nfrj.org/nfrjs01-2005_pdf/nfrjs01-2005kato2.pdf。
(5) 加藤彰彦「出生率向上に必要なのは伝統的拡大家族の再生だ」正論、2015年12月号、pp.225 〜 227。同「日本の家族構造：変化・連続性・地域性」2010年　http://www.sal.tohoku.ac.jp/~tsigeto/qfam　/101017kato-abs.pdf。
(6) http://www.kantei.go.jp/jp/singi/ichiokusoukatsuyaku/iken_koukankai/dai3/siryou5.pdf。
(7) 小黒一正「公的扶助の国際比較：日本の生活保護は効率化の余地がある」　http://agora-web.jp/archives/1470045.html。
(8) 上野千鶴子『近代家族の成立と終焉』岩波書店、1994年、p.16。
(9) 「最も手厚いフランスの経済的支援」内閣府『平成17年版少子化社会白書』　http://www8.cao.go.jp/shoushi/shoushika/whitepaper/measures/w-2005/17webhonpen/html/h1420500.html。
(10) http://www.huffingtonpost.jp/2014/07/19/livelihood-subsidies_n_5601352.html。
(11) 国立社会保障・人口問題研究所『社会保障統計年報』　http://www.ipss.go.jp/s-info/j/seiho/seiho.asp。
(12) 岩田正美「生活保護法の一部改正案を考える」　synodos.jp/welfare/4302。
(13) 総務省『平成7年国勢調査、親子の同居等に関する特別集計』　http://www.stat.go.jp/data/kokusei/1995/22.htm。
(14) 「平成22年国民生活基礎調査の概況」　http://www.mhlw.go.jp/toukei/saikin/hw/k-tyosa/k-tyosa10/4-3.html。
(15) http://www.jsdi.or.jp/~y_ide/000915sys-doitu.htm。
(16) 本田麻衣子「第3号被保険者をめぐる議論―年金制度の残された課題―」調査と情報、第783号、2013年　dl.ndl.go.jp/view/download/digidepo_8198310_po_0783.pdf?...。
(17) 「高所得者の年金額の調整」　www.mhlw.go.jp/stf/shingi/2r9852000001y9ba.../2r9852000001yfuy.p...。
(18) 「瀕死の年金制度を救う方法が存在する？」　http://wpb.shueisha.co.jp/2012/10/30/14998/。
(19) 「日本の高齢者は生活費の心配を除くために犯罪生活に走る」FINANCIAL TIMES、2016年3月27日　http://www.ft.com/intl/cms/s/0/fbd435a6-f3d7-11e5-803c-d27c7117d132.html#axzz44Fr7GDJc。

⑳　総務省『平成7年国勢調査、親子の同居等に関する特別集計』　http://www.stat.go.jp/data/kokusei/1995/22.htm。

㉑　A. セン『福祉の経済学——財と潜在能力』(1985年) 岩波書店。同『不平等の再検討——潜在能力と自由』(1992年) 岩波書店。同『貧困の克服』(1999年) 集英社新書。山脇直司『公共哲学とは何か』ちくま新書、2004年、p.155。同『社会福祉思想の革新』かわさき市民アカデミー出版部、2005年、pp.38〜39。牧野廣義「自由・平等とケイパビリティ」阪南論集人文・自然科学編、Nov.2006年　www.ronsyu.hannan-u.ac.jp/open/n001938.pdf　ほか。

㉒　中村強士「『子ども家庭福祉』概念の検討」佛教大学大学院紀要社会福祉学研究科篇第37号、2009年、pp.72〜。http://www.ipss.go.jp/publication/j/shiryou/no.13/data/shiryou/syakaifukushi/473.pdf。高橋重宏『子ども家庭福祉論——子どもと親のウェルビーイングの促進』放送大学教育振興会、1998年。

㉓　http://www.mhlw.go.jp/stf/shingi/other-koyou.html?tid=371970。山縣文治『少子社会の子ども家庭福祉』放送大学教育振興会、2015年、p.33。

㉔　「フランスの家族政策は子供を産みたいと思わせる」韓国中央日報日本語版、2017年4月1日。

㉕　駒村康平「長寿社会——高齢社会を乗り越えるために」三田評論、2015年7月、p.59。

㉖　福武直『日本社会の構造』東京大学出版会、1981年、p.29。

㉗　「社会保障の正確な理解についての一つのケーススタディ〜社会保障制度の"世代間格差"に関する論点〜」http://www.mhlw.go.jp/stf/shingi/2r98520000026q7i-att/2r98520000026qbu.pdf。

㉘　小梛治宣「ドイツ年金制度の変容」経済科学研究所紀要、2006年　http://www.eco.nihon-u.ac.jp/assets/files/36onagi.pdf。

㉙　http://www.mhlw.go.jp/nenkinkenshou/verification/verification_03.html。

㉚　蓮見亮「マクロ経済と年金財政〜厚生年金・国民年金のリスク評価〜」経済のプリズム、2009年8月　http://www.sangiin.go.jp/japanese/annai/chousa/keizai_prism/backnumber/h21pdf/20097025.pdf。

㉛　権丈善一「公的年金保険の誤解を解く (6)」日本経済新聞、2016年12月29日。

㉜　http://www.mhlw.go.jp/stf/seisakunitsuite/bunya/nenkin/nenkin/zaisei-kensyo/。

㉝　http://www.yomidr.yomiuri.co.jp/page.jsp?id=67608。

㉞　http://www.kantei.go.jp/jp/singi/kokuminkaigi/pdf/houkokusyo.pdf。

㉟　青木勢津子 (厚生労働委員会調査室)「超高齢社会・人口減少社会における社会保障」立法と調査、2014年　http://www.sangiin.go.jp/japanese/annai/chousa/rippou_chousa/backnumber/2014pdf/20140115080.pdf。

㊱　社会保障研究所『社会保障給付費』。ただし、『社会保障費用統計』では算出していない。

㊲　鈴木亘・増島稔・白石浩介・森重彰浩「社会保障を通じた世代別の受益と負担」内閣府経済社会総合研究所、2012年、http://www.esri.go.jp/jp/archive/e_dis/e_dis281/e_dis281.html。

㊳　八代尚宏『社会保障を立て直す——借金依存からの脱却』日経プレミアシリーズ、2013年、p.12。

⑶⑼　八代尚宏『シルバー民主主義―高齢者優遇をどう克服するか』中公新書、2016年、pp.39〜40、p.135。

⑷⑽　加地伸行訳注『孝経』講談社学術文庫、pp.146〜147

⑷⑾　http://www.meti.go.jp/committee/sankoushin/kihonseisaku/005_03_03.pdf。国家戦略室「第5回 新年金制度に関する実務者検討チーム議事要旨」平成22年5月13日　http://www.cas.go.jp/jp/seisaku/npu/policy02/pdf/20100513/20100513_shinnenkin_team_5_yousi.pdf　など。

索引

▎数字

2分2乗 *349, 368*
6つの構造改革 *201*
2014（平成26）年財政検証結果 *379*
2016年世界経済フォーラム *243*

▎アルファベット

A
ADL *71*

D
D.B *33*
D.C *32*
DC法 *120*

I
IADL *71*
iDeCo *120*

N
N分N乗 *349*

P
pay as you go *31*

R
relative deprivation *332*

S
social welfare *102, 371*

W
well-being *371*

▎かな

あ
会田弘継 *98*
アウトリーチ *301*
圷（あくつ）洋一 *125*
足立正樹 *92*
阿部彩 *174, 175, 334, 350*
安部憲明 *128*
天瀬光二 *240*
安心社会実現会議 *228*

い
池田信夫 *74*
池本美和子 *271*
石田梅岩 *185*
依存的自立 *25, 253*

一億総活躍社会　77, 230
井上哲次郎　192
井上智洋　349
今井一男　285
医療介護総合確保推進法　230
医療扶助　343
医療保険改革法（オバマケア）　152
岩田正美　350, 365
岩間大和子　144
姻族関係終了届　362

う

ウイレンスキーとルボー　96
ウェーバー　53, 180
ウェッブ　41, 43, 55, 93, 326
上野千鶴子　190

え

エスピン-アンデルセン　59, 75, 86, 90, 113, 238, 271
エンゲル　39

お

応益原則　35
応能原則　35
大橋謙策　254
大平正芳　198, 219
岡村重夫　40, 252, 255, 271, 334
夫ハ外ニアリテ　192
オバマケア　152
重田（おもだ）園江　113

親保険　96
オランダの奇跡　149
オルドリベラリズム　91

か

介護納付金　303
皆保険・皆年金　212
確定給付型　33
確定拠出型　32
確定拠出型個人年金　120
掛け金建て　32
篭山（かごやま）京　197
加地伸行　181, 383
家族介護慰労金　300
家族政策（フランス）　362, 373
家族の保護（海外の憲法）　355
家族扶養（海外）　361
加藤彰彦　218, 274, 357
加藤みち子　204
貨幣的ニードから非貨幣的ニードへ　334
鎌倉治子　348
過労自殺　311, 320, 322
過労自殺の労災認定基準　320
河合栄治郎　108
川上昌子　350
川口大司　124, 165
川本隆史　98, 129

き

機会の平等　105

機会費用 218
基礎的集団 71
ギデンズ 129
機能主義の社会学 46
機能的等価物 45
逆選択 266
休業手当 240
休業補償給付 239
求職者支援制度 247
給付建て 33
給付付き税額控除 348
給付反対給付均等の原則 30
教育訓練給付制度 246
業者間協定方式 316
行天豊雄 199
業務災害 318
業務上の精神障害 322
共和党 96, 99
拠出建て 33
近代保守主義 61, 82
均等待遇 65

く

グリーン 40, 83
繰り出し梯子の理論 93
グローバル化 52, 128
グローバル化と平等化のジレンマ 73
グローバル経済圏 203

け

経済と福祉の両立 56
経路依存性 118
ケインズ 44, 87
結果の平等 105
健康保険 239
現住地特例 299

こ

講 181
高額医療・高額介護合算療養費 301
高額療養費 216, 289
後期高齢者医療制度 290
厚生年金 33
公的扶養 20
公費負担医療 31
効率的な福祉 46
効率と公正 63
行旅病人及び行旅死亡人取扱法 32
高齢世代の積立金 34
高齢者医療 290
高齢者の最低所得保障（海外） 329
ゴールドウォーター 99
ゴールドプラン 257
国民健康保険加入者の職業構成 214
国民健康保険組合 273
国民年金第1号被保険者の就業状況 214

国民年金の被保険者の年収　280
国民年金の被保険者数　222
国民負担率（海外）　160
国民保健サービス（N.H.S 英国）
　　　265
個人主義的貧困観　330
子育て支援　371
子育ての第一義的責任　360
子ども家庭福祉　371
子どもの権利条約　372
子どもの相対的貧困率　172
子ども保険　232
小林雅之　177
駒村康平　374
コミュニティケア　257
小山進次郎　210
小山路男　87
雇用調整助成金　244
雇用のリスク　123
雇用保険　239
五倫　191
混合介護　301
混合診療　288

さ

財界　121, 267
災害補償責任　317
財政の崖　152
在宅医療　258
最低所得標準（MIS）　335
最低生活権保障　41

最低生活水準　332
最低生活保障　70
最低生存水準　332
最低賃金　310, 312
最低賃金の決定方式　審議会方式
　　　312
最低賃金の決定方式　法定方式
　　　312
最低賃金の決定方式　労働協約拡張
　　　適用方式　312
最低賃金の決定方式　労働裁判所方
　　　式　312
最低賃金法第9条　316
参入最低所得法　72
佐々木閑　256
佐々木毅　98
サッチャー　106
サルチオバーデン協約　89
産業は福祉の糧　143
三綱　191
三世代世帯の割合　366

し

自己責任型社会　224
資産保有（海外の公的扶助）　337
自助、共助、公助　224
自助・互助・共助・公助　224
自助的自立　25
持続可能な社会保障　383
失業手当　239
失業扶助（英国）　85

索引

失業扶助（海外）*240*
失業法（英国）*85*
失業率（海外）*161*
実質GDP成長率（海外）*161*
私的扶養 *20, 374*
私的扶養の代替 *380*
児童家庭福祉 *372*
児童手当（海外）*248*
児童手当法 *215*
児童手当方式 *29*
児童福祉法（スウェーデン）*251*
児童扶養手当 *249*
ジニ係数 *45*
柴山桂太 *142*
自民党の憲法改正草案 *362*
市民に最も身近な当局 *75*
シモーヌ・ベイユ法 *27*
釈迦 *193*
社会関係（岡村重夫）*252*
社会国家 *138*
社会参加から取り残される人 *73*
社会支出（OECD）*26*
社会支出の対GDP比 *27, 159*
社会自由主義 *86*
社会生活の基本的要求 *40*
社会手当 *29*
社会的市場経済 *61, 91*
社会的統合機能 *39*
社会的ニーズ *334*
社会的入院 *258*
社会的排除 *72*

社会的扶養 *20*
社会的包摂 *72, 73*
社会復帰等促進事業 *318*
社会保障 *24, 84*
社会保障制度改革国民会議 *229*
社会保障制度改革推進法 *229*
社会保障制度審議会 *23, 26, 36, 74, 210, 224, 253, 272, 282*
社会保障の目的 *23*
社会保障費用統計 *26, 387*
社会保障費用の範囲 *26*
社会保障法（ニュージーランド）*21*
社会保障法（米国）*21*
社会民主主義 *58, 93*
社会民主主義レジーム *114*
社会民主党（スウェーデン）*58*
社会連帯 *89*
社会連帯主義（フランス）*93*
収支相等の原則 *30*
自由主義 *52, 131*
自由主義レジーム *114*
就職氷河期 *238*
自由診療 *288*
修正直系家族制仮説 *357*
収入充当額 *336*
収入のない配偶者の給付（海外）*278*
終末期医療 *294*
自由民主党（英国）*150*
儒教 *181*

儒教には弱点 *188*
朱子学 *185*
シュレーダー *137*
純所得代替率 *66*
上位1％の所得割合 *166*
上位10％の所得割合 *166*
障害者総合支援法 *227*
生涯設計計画 *219*
障害福祉サービスの利用者負担軽減措置 *227*
小規模多機能型居宅介護 *302*
傷病手当 *239*
傷病手当金 *239*
乗率 *275, 276*
職業性疾病 *320*
所得税の実際の負担率 *65*
所得代替率 *46*
自立 *253*
自立生活 *347*
自立と社会連帯（日本・欧米） *25*
自立の助長 *210*
新経済社会7カ年計画 *220*
新ゴールドプラン *257*
新自由主義 *131*
新自由主義（チリ） *131*
新自由主義（ドイツ） *61, 91*
人生の最終段階における医療 *294*
親族の扶養義務 *359*
真に救済を必要とする者 *199, 221*
診療報酬 *287*

す

水準均衡方式 *335, 340*
鈴木準 *201*
鈴木正三 *185*
鈴木亘 *158, 381, 387*
スティグマ *344*
スミス *53, 59*

せ

生活困窮者 *210*
生活困窮者自立支援制度 *347*
生活習慣病 *292*
生活の再生産 *54*
生活保護法 *210*
生活保護法を「準用」 *364*
成果の公正配分 *197*
生業扶助（高等学校等就学費） *343*
生存権 *41, 93*
生年別の出生児数別分布 *273*
税方式 *29, 30*
世界銀行の年金レポート *286*
責任無能力者の監督義務者等の責任 *300*
世代間契約 *92, 376*
世代間の給付と負担の関係について *47*
世代間扶養 *31, 36, 46, 285*
世代間扶養の正当化 *377*
世帯構造別に見た世帯 *218*
世帯単位の原則 *363*

世帯分離 *343, 363*
積極的労働市場政策 *67, 95, 245*
絶対的貧困率 *170*
セン *227, 371*
前期高齢者医療制度 *290*
専業主婦の年金権 *367*
戦争犠牲者援護 *211*
選別主義 *69*
全方位型社会保障 *232*
専門職か住民力か *231*

そ

相対的貧困率（OECD） *169*
相対的貧困率（海外） *170*
相対的剥奪 *333*
副田義也 *77*
措置から契約へ *223*
措置制度 *211*
措置による介護 *300*

た

第1次貧困 *330*
第2次貧困 *331*
第3号被保険者 *277*
第4次産業革命 *243*
第三の道 *91, 133*
大乗仏教 *182*
大同 *186, 232*
第二のセイフティー・ネット *247*
第二臨調第3次答申 *199, 221*
大陸型福祉国家 *91*

タウンゼント *326, 332*
高山憲之 *48, 74, 307, 370*
武川正吾 *125*
脱イデオロギー *116*
脱共同体 *255*
脱福祉国家 *26*
田中角栄 *216*
田中秀一郎 *92*
田中直樹 *104*
田中拓道 *93*
田中美知太郎 *189*
ダボス会議 *158*
短時間正社員 *231*

ち

地域共生社会 *303*
地域生活支援事業 *228*
地域福祉 *252*
地域包括ケアシステム *230, 302*
中間社会 *71*
中立命題 *380*
中流意識 *233*
長時間労働 *310*

つ

通勤災害 *318*
土田健次郎 *211*

て

ディズレーリ *83*
出来高払い *287*

と

同一労働同一賃金推進法　*242*
等価可処分所得　*169*
東京都「子供の生活実態」調査
　　　　174
登録人頭方式　*288*
特定健康診査　*259*
特定療養費制度　*289*
特別加入　*318*
栃本一三郎　*350*
都道府県別医療費　*295*
都道府県別介護費用　*304*
都道府県別世帯保護率　*345*
富永健一　*46, 209*
冨山和彦　*203, 216*
トリクルダウン　*133, 203*

な

長生きのリスク　*264, 273*
中岡望　*98*
中澤堅次　*297*
中島恵理　*72*
中嶋よしふみ　*123*
中曽根政権　*199, 221*
中根千枝　*191*
中村強士　*372*
中村元　*183*
ナショナル・ミニマム　*22, 43, 55,*
　　　　86

に

西山千明　*131*
ニスベット　*129*
日常生活自立支援事業　*227*
二宮尊徳　*194*
日本型安心社会　*228*
日本型福祉社会　*25, 120, 198, 209,*
　　　　220, 222, 254, 255
日本型福祉社会の自立と連帯　*210*
ニューリベラリズム　*84*

ね

ネオ・リベラル　*130*
年金100年安心プラン　*285, 378*
年金改革（サッチャー）　*136*
年金財産権　*369*
年金支給開始年齢の引き上げ（海外）
　　　　279
年金受給者調査　*357*
年金生活　*87, 264*
年金制度の一元化　*282*
年齢階級別医療費　*293*
年齢階級別受療率　*293*
年齢階級別貯蓄　*373*

の

能力に応じ自立した日常生活　*253*

は

バーク　*63, 82*

索引

パーソンズ　328
パートタイム労働条約　242
ハイエク　100
バウチャー制度　249
櫨（はじ）浩一　202
パターナリズム　74, 256
鉢呂吉雄　369
馬場啓之助　117
林羅山　186
原ひろみ　330
ハルツ委員会　137
反リベラル　99

ひ

ピケティ　45, 166
ビスマルク　90
非正規雇用　310
非正規社員の増加　167
ビナイン・パターナリズム　338
被用者年金の一元化　212
平等化の批判（経済学）　164
広田明　93
貧困線（EU）　169
貧困線（相対的貧困率）　333
貧困線（ロウントリー）　330
貧困の罠　347

ふ

深尾光洋　36
賦課方式　30, 31, 92, 376
複合社会　117

福沢諭吉　40
福祉から労働へ　70, 102
福祉国家　43, 46
福祉国家の二つの質的限界　119
福祉国家レジーム　114
福祉社会　119
福祉多元主義　69
福祉ニューディール　136
福祉ミックス　46, 120
福武直　374
福原宏幸　72
藤沢益夫　112
負の所得税　101, 348
普遍主義　66
扶養義務者へ通知（生活保護）　365
フリードマン　56, 101, 131, 348
ブルジョワ　93
ブレア　107, 117
フレキシキュリティ法　149
プログラム法　230

へ

平均在院日数　291
平行棒理論　93
米国保守主義　98
ベヴァリッジ　21, 22, 85, 86, 93, 213, 265, 267, 277, 292, 326
ベーシックインカム　44, 349
ベビーブーム世代　217

ほ

保育・介護の社会化　66
包括払い　288
防貧と救貧　93
保険外併用療養費制度　289
保険証の返納　226
保険診療　288
保険方式　29, 30
保険免責　293
保険料の転嫁と帰着　274
保険料免除　268, 284, 367, 369
保険料免除制度　268
母子家庭等自立支援対策大綱　250
母子世帯の定義　171
保守主義　61
保守主義者が共和党を乗っ取った　100
保守主義レジーム　114, 121, 212
保守派　21
補足給付　37, 302
捕捉率　344
ポピュリズム　142
堀江奈保子　280
ホリオカと神田玲子　121
堀勝洋　47, 48, 49
本田麻衣子　277, 367

ま

マーシャル　54, 84
マクロ経済スライド　283

マザーズハローワーク　252
マスグレイブ　43
マスロー　328
マルクス　58, 180
マルクス主義的な社会福祉研究　57

み

三浦文夫　254, 334
見えにくい貧困　331
水島治郎　108, 155
見なし掛け金建ての賦課方式　33
ミル　82, 83, 326
民主党（米国）　21, 61

む

向井洋子　109, 139

め

明治民法　356
メディケア　101
メディケイド　101
メリット制　317

も

モラル・ハザード　37, 293
森口千晶　167

や

夜警国家　42
八代尚宏　243, 382
山田篤裕　170

索引

山田昌弘 *235*
山本克也 *159*
山脇直司 *184*

ゆ

有配偶の女性の労働力率 *208*

よ

要介護度別認定者数 *299*
要介護度別の発生率 *298*
陽明学 *193*
吉田松陰 *187*

ら

濫給 *81*

り

リスク *272, 387*
リスク・シェア *121*
リスク選択 *266*
リスクの社会化 *121*
リスク・プーリング機能 *39*
リバタリアニズム *129*
リバタリアン *55, 98*
リベラル *99, 103*
リベラル派 *21*
リベラル・リフォーム *84*
両親扶養法（シンガポール）*116*

れ

レーン＝メイドナー・モデル *95*

連座 *250*
連帯 *26*
連帯意識 *270*
連帯主義 *20, 23, 196, 270*
連帯的賃金 *95*

ろ

漏給 *81*
労災保険 *239, 311, 317*
労災補償 *85*
老人医療無料化 *216*
老人貧困論 *37, 217*
老人保健法 *222*
労働移動支援助成金制度 *244*
労働基準法 *316, 317*
労働基準法施行規則第35条別表第1の2 *320*
労働基準法第26条 *240*
労働党（英国）*44, 87*
労働党党則 *136*
労働力の脱商品化 *238*
ロウントリー *44, 326, 330, 331*
老齢年金受給者実態調査 *280*
ローカル経済圏 *203*
ローズ *46, 117*
ロザンヴァロン *272*
ロビンズ *164*
ロブソン *180*
論語 *182*

わ

ワークフェア　*70, 102, 119, 136, 149*
我がこと　*303*
ワッセナー協定　*148*

岸　　功（きし　いさお）
1944 年生まれ
　　慶應義塾大学経済学部卒、同大学院社会学研究科修士課程修了、博士課程退学。
　　特殊法人社会保障研究所研究員、大正大学教授、関東学院大学教授、退職。
　　現在は社会保障リサーチ。

　単著
　　『社会保障分析序説』白桃書房
　執筆担当
　　「人口変動と社会福祉ニード」『社会福祉改革論 (I)』東大出版会。
　　「高齢化社会の中の福祉財政」『高齢社会の構造と課題』日本生命財団。
　　「生活構造論による生活理解」『社会政策の社会学』東大出版会　ほか
　論文
　　「超長期モデルによる社会保障の推計」季刊社会保障研究。
　　「少子高齢社会の政策調整」関東学院大学文学部紀要。
　　「新自由主義と社会保障」関東学院大学文学部紀要　ほか

増田　幹司（ますだ　かんじ）
1958 年生まれ
　　早稲田大学商学部卒、同大学院経済学研究科応用経済学専攻（社会政策専修）修士課程修了。
　　労働省に労働基準監督官として入省後、札幌東労働基準監督署、労働本省労働経済課、中央労働委員会事務局などでの勤務を経た後、厚生労働省東京労働局での勤務、またこの間に関東学院大学大学院文学研究科社会学専攻博士後期課程満期退学などを経て、現在は旭川大学保健福祉学部教授。

　共著
　　「労災かくし」『社会研究のキーワード』ハーベスト社
　論文
　　「エスピン・アンデルセンにおける福祉レジームシフトと新自由主義　−ニュージーランドに関する考察−」関東学院大学社会論集
　　「ユニークな労災補償法制」ニュージーランド研究　ほか

社会保障の保守主義　増補改訂版

2018年3月10日　発行

著　者　岸　　功、増田幹司
発行所　ブックウェイ
　　　　〒670-0933　姫路市平野町62
　　　　TEL.079 (222) 5372　FAX.079 (223) 3523
　　　　http://bookway.jp
印刷所　小野高速印刷株式会社
©Isao Kishi, Kanji Masuda 2018, Printed in Japan
ISBN978-4-86584-279-1

乱丁本・落丁本は送料小社負担でお取り換えいたします。
本書のコピー、スキャン、デジタル化等の無断複製は著作権法上での例外を除き禁じられています。本書を代行業者等の第三者に依頼してスキャンやデジタル化することは、たとえ個人や家庭内の利用でも一切認められておりません。